AGON SPORTVERLAG

90 Jahre deutscher Ligafußball

D1672491

AGON SPORTVERLAG

90 Jahre deutscher Ligafußball

Hardy Grüne

Hardy Grüne, Jahrgang 1962, geboren und bis zum Ausbruch des Fußballfiebers wohnhaft in Dortmund. Dort an Papas Händen regelmäßiger Besucher der *Roten Erde.*

Hardy Grüne lebt heute als freier Autor in Göttingen, wo er vor zwanzig Jahren seiner großen Fußballliebe *Göttingen 05* begegnete. Ein kurzes aktives Intermezzo als linker Außenverteidiger in der Jugend des RSV Geismar mußte abgebrochen werden, da zeitgleich die 05-Kicker im Jahnstadion auf Wattenscheid 09 (mit Carlos Babington!) trafen. In der Halbzeitpause fiel die folgenschwere Entscheidung, die eigene hoffnungsvolle Karriere zugunsten des regelmäßigen Stadionbesuchs aufzugeben.

Zahlreiche Reisen führten ihn in diverse europäische und außereuropäische Länder, bei denen er auch immer wieder Fußballspiele besuchte. Seit einigen Jahren beschäftigt er sich mit der deutschen und europäischen Fußballgeschichte, zu der er auch viele Beiträge in diversen Magazinen und Büchern veröffentlicht hat. Derzeit arbeitet er an einem Tabellen- und Ergebnisbuch des deutschen Fußballs seit 1903 mit dem Titel *Von der Bundesliga bis zum Kronprinzen.*

*Gewidmet Harald Snater, der mich am
Pfingstsonntag 1980 mit seinem Kopfballtor im
Zweitligaaufstiegsspiel bei Preussen Berlin in
den allerhöchsten Fußballhimmel beförderte.*

Bilder:
Agon-Archiv
Privatarchiv Hardy Grüne
Archiv R. Keifu

©1995 by AGON SPORTVERLAG
            Frankfurter Str. 92A
            D - 34121 Kassel
Alle Rechte vorbehalten
Printed in Germany

ISBN 3-928562-69-X

Inhalt

Vor dem Spiel

If you know your history
you'll know where you're coming from
(Bob Marley, Reggae-Musiker und Fußballfan)

Heutzutage wird ja bekanntlich gerne von Fußball als Phänomen gesprochen. Sicherlich nicht ganz zu Unrecht, denn bislang ist es nichts anderem - außer der Kirche vielleicht, aber das ist eine andere Geschichte - gelungen, über einen so langen Zeitraum derartige Massen anzulocken, wie dem Fußball. Zwar füllen auch die *Rolling Stones* mühelos jedes Stadion, aber sie kommen nur alle zwei Jahre. Borussia Dortmund oder Bayern München schaffen das jedes Wochenende.

Dennoch ignorieren sämtliche Geschichtsbücher dickfellig die allwochenendlichen Massendemonstrationen, wie sie spätestens seit den 1920er Jahren hierzulande die Regel sind. Neidisch blickt man nach England, wo Fußballgeschichte lebendig ist - und entsprechende Bücher dazu problemlos erhältlich. Im Land des dreifachen Weltmeisters aber zählt nur die laufende Saison. Oder vielleicht doch nicht? Den zahlreichen Zuschriften auf meine beiden ersten Bücher nach zu urteilen, ist die Anzahl derer, für die Fußballgeschichte keineswegs ein totes Feld ist, viel größer, als bislang angenommen. Das ist höchst erfreulich, denn gerade in Zeiten, in denen Fußball von den Medien förmlich über*rann*t wird, darf der Kontakt zu seinen Wurzeln und seiner Geschichte auf gar keinen Fall verloren gehen.

Dieses Buch ist - so erstaunlich das klingt - das erste, welches sich mit der Geschichte des Ligafußballs von den Anfängen an beschäftigt. Dafür, daß Deutschland auch als *Land der Dichter und Denker* bekannt ist, ist es ein eher trauriges Zeugnis. Aber die Dichter und Denker beschäftigen sich wohl auch eher selten mit so profanen Dingen wie dem Lederballtreten.

Wenn man jedoch bedenkt, daß inzwischen eine gewaltige Industrie vom Fußball lebt, daß Kommunen wie Kaiserslautern oder Meppen ohne ihre Bundesligateams um einiges ärmer und unbekannter wären, kann die fortdauernde Ignoranz eigentlich nur verwundern. Warum ist das so? Ich muß zugeben, daß ich selbst nach zwei Jahren intensiver Recherche, zahlreichen Interviews und Bergen von gewälzten Zeitungen immer noch keine befriedigende Antwort darauf geben kann.

Sicherlich, Fußball haftete jahrzehntelang das Image eines Proletensports an, der von der Intelligenz in unserem Lande wie die Pest gemieden wurde. Von dieser Seite ist also nicht unbedingt etwas zu erwarten gewesen. Daß die Träger der Fußballbewegung - namentlich DFB und FIFA - sich ignorant zeigen, macht ebenfalls Sinn: Zu viele dunkle Flecken weisen ihre angeblich so weißen Westen auf, als daß sie sie noch mit ruhigem Gewissen präsentieren könnten. Insofern überraschte es mich auch nicht, daß weder der DFB noch die FIFA meine an sie gerichteten Anfragen beantworteten. Dabei liegt die deutsche Fußballgeschichte eigentlich gar nicht im Dunkeln. In den meisten Publikationen wird zwar lediglich ein kleiner Ausschnitt präsentiert - die sportliche Seite nämlich - doch mittels einiger Anstrengung und einer gewissen Hartnäckigkeit ist es durchaus möglich, Hintergrundinformationen zu erhalten. Nur ein Beispiel: Es ist überall nachzulesen, daß 1903 der DFC Prag im Endspiel stand. Doch warum die *Böhmen* am *deutschen* Endspiel teilnehmen durften, das wird nirgendwo erläutert.

Erst wenn man die Geschehnisse auf dem DFB-Gründungstag vom Januar 1900 hinzuzieht, lüftet sich das Geheimnis, das eigentlich gar keines ist. Nun will ich in diesem Buch gar nicht der Frage nachgehen, warum wir Fußballfreunde in der Regel einseitig informiert wurden. Wichtiger ist nämlich, daß sich das geändert hat. Denn Autoren wie Schulze-Marmeling, Gehrmann, Baroth und andere haben schon vor einiger Zeit begonnen, Fußball als das zu betrachten, was er ist: ein Teil der deutschen Sozialgeschichte.

Damit wird es aber schon wieder problematisch. Viele verbinden mit Fußballgeschichte lediglich Ergebnisse, Tabellen und Nationalspielernamen. Fußball mit Sozialgeschichte oder gar Politik zu verbinden, ist außerordentlich verpönt - auch und gerade von vielen regelmäßigen Stadionbesuchern. Ich habe versucht, dem Rechnung zu tragen, denn dieses Buch soll für alle Fußballfans sein. Doch Geschichte ernsthaft und dennoch unterhaltsam aufzuarbeiten, ist ein Balanceakt zwischen wissenschaftlicher Langeweile und trivialer Nutzlosigkeit. Ob mir der Balanceakt gelungen ist, mögen Sie, liebe Leserin und lieber Leser, selbst entscheiden.

Im *Who's who des deutschen Fußballs: Die deutschen Vereine seit 1903* schrieb ich, daß dieser Textband das Salz in der Suppe sein sollte. Tatsächlich ist er das zweite Buch aus einer Serie von dreien, die sich um eine statistische Erfassung und historische Aufarbeitung der deutschen Fußballgeschichte kümmern will. Während sich der erste Band dieser Trilogie, das erwähnte *Who's who*, noch ausschließlich mit den Vereinen beschäftigt, wird der im Frühjahr 1996 erscheinende dritte Teil sämtliche Tabellen- und Ergebnisse der wichtigsten Spielklassen seit 1903 enthalten.

Dem Titel nach dreht es sich im vorliegenden Buch vornehmlich um die Ligageschichte, präziser gesagt, um die der höchsten Spielklassen. Doch bei genauerem Hinsehen wird deutlich, daß eine derartige Beschränkung keineswegs unproblematisch ist. Ganz abgesehen davon, daß sich hochklassiger Fußball nur mit Hilfe eines entsprechenden Unterbaus entwickeln kann, gab es noch ein anderes Problem: Zwar sind deutsche Klubs derzeit weder in Atomwaffenschmuggelgeschäfte verwickelt, noch werden sie von egozentrischen Staatschefs gelenkt (wie Simon Kuper in seinem höchst empfehlenswerten Buch *Football against the Enemy* aus der Ukraine bzw. Kamerun zu berichten weiß), doch das war nicht immer so.

Keine Frage, Fußball und Politik gehören - auch wenn es viele nicht wahrhaben wollen - zusammen wie Frühstück und Sonnenaufgang. Nennen wir nur zwei Vereine, um dies deutlich zu machen: Ostberlins Fußballretorte *BFC Dynamo* und den Ex-Gauligisten *Sportgemeinschaft 'SS' Straßburg*. Gerne hätte ich die Politik aus diesem Buch herausgelassen, denn ich höre schon die vielen klagenden Worte. Doch es ist nun mal - um es ganz kraß zu formulieren - nicht meine Schuld, daß Politiker den Fußball permanent mißbrauchen und sich Fußballspieler und Funktionäre auch permanent mißbrauchen lassen. Allerdings hoffe ich, eine akzeptable und angenehme Mischung getroffen zu haben, um auch dem politisch und historisch weniger interessierten Fußballfreund das Lesen nicht zu vermiesen. Denn trotz allem soll dies keineswegs ein politisches Buch sein! Ganz im Gegenteil. Tatsächlich möchte ich nämlich der Faszination Fußball, der ich selbst schon so lange verfallen bin, huldigen. Manchmal war ich dabei geneigt, die ganze Sache rosarot darzustellen - wie eine längst verloschene Liebe, die man nachträglich wehmütig idealisiert. Aber lassen wir uns nicht blenden, Deutschlands Fußballgeschichte (und nicht nur die Deutschlands) ist nicht rosarot.

Folglich muß sie mit den nüchternen Augen eines Außenstehenden betrachtet werden und nicht mit dem verschwommenen Blick eines Verliebten. Nur so glaube ich, aus Liebe keine blinde Abhängigkeit werden zu lassen, denn nichts schadet einem Liebesverhältnis bekanntlich mehr als bedingungslose Ergebenheit.

Fußball hat sich nämlich gewaltig verändert. Ich erinnere mich noch gut an die Zeiten, in denen man sich bei Wind und Wetter in den Farben seines Teams gehüllt auf einem Stehplatz wohlfühlte. Sie sind offensichtlich vorbei. Nun hat sich Fußball immer verändert, doch die Entwicklung der letzten Bundesligajahre läßt nichts Gutes erahnen. Fernseh-Direktübertragungen von Mittelfeldduellen der 2. Bundesliga, ein höchst bedenklicher Jungstarkult und die immer komfortabler werdenden V.I.P.-Logen im "Erlebnispark Stadion" sind deutliche Signale. Für uns Fußballfans sollten es Warnsignale sein. Dieses Buch will daher auch an die Wurzeln der Kickerei erinnern und alle wirklichen Fußballfreunde auffordern, die große Liebe nicht "denen da oben" allein zu überlassen. *Reclaim the game* - holt Euch das Spiel zurück - heißt es in England. Machen wir es den britischen Fußballfans nach!

Bevor ich Sie nun in die nachfolgenden Seiten entlasse, bleibt mir noch die angenehme Pflicht, einigen Zeitgenossen für ihre Hilfe zu danken. Anfangen möchte ich mit *Hannelore Ratzeburg, Dieter* und *Klaus Dings, Andreas Meyer, Günter Heimann, Dirk von der Heyde, Franz Schoo, Edgar Cremer* und *Thomas Stolzenberger*. Stundenlange, nicht nur die Telekom bereichernde Gespräche, deren Essenz in dieses Buch eingeflossen ist, konnte ich mit ihnen führen. Und werde ich hoffentlich weiterhin führen können!

Ein ganz besonderes Dankeschön geht an *Elke Bode, Thomas Godschalk, Martina Görlitz* und *Ilka Schmidt*, die mit unermüdlicher Ausdauer das Schwierigste getan haben, was bei einem Buch zu tun ist: Es auf "Lesbarkeit" zu prüfen. Obwohl Eure Bemerkungen mich manchmal ganz schön ins Schwitzen gebracht haben, waren sie es, welche aus vielen aneinandergereihten Ideen erst ein Buch machten. Ich hoffe, es ist mir in Eurem Sinne gelungen! Wie wichtig und überaus hilfreich es für einen Autor ist, ein Verlagsteam hinter sich zu wissen, konnte ich bei meinen vielen "Arbeitsbesuchen" im AGON-Sportverlag feststellen. Trotz unendlich vieler bohrender Fragen und einer mir eigenen Ignoranz, die wunderbaren Möglichkeiten eines Computers erlernen zu wollen, fühlte ich mich jederzeit wie einer von Euch!

Übrig bleiben vier Personen, die zu diesem Buch eigentlich gar nichts beigesteuert haben, ohne die es aber dennoch niemals entstanden wäre: *Heike Hannen, Mark Hillebrand, Pia Meyer* und (noch einmal) *Ilka Schmidt*. Ohne Eure wohltuende Unterstützung, Neugierde, Lächeln, aufmunternden Worte, vor allem aber Ablenkung, wäre ich vermutlich noch während der Arbeiten an diesem Buch in eine Art Anstalt für (fußball-)geistig Gestörte eingeliefert worden. Ihr gabt mir das Schönste, was ein Mensch bekommen kann: Aufmerksamkeit und Verständnis!

Glastonbury (Sommerset, England), den 3. Januar 1995

Ach, Fußball...

(Ich will kein Vorwort sein)

> *Ich verliebte mich in Fußball, wie ich mich später in Frauen verlieben sollte: plötzlich, unerwartet, unkritisch, keinen Gedanken an den Schmerz oder die Störungen, die es mit sich bringen würde, verschwendend.*
> *(Nick Hornby in seinem großartigen Fußballroman* Fever Pitch*)*

Juni 1994. 37°C im Schatten, Fenster zur Südseite. Links der Computerbildschirm, rechts der Fernseher, Irland läßt sich gerade von den Niederlanden schlagen, es ist WM-Zeit. Mitten im Jahrhundertsommer schrieb ich, langsam vor mich hinschwitzend, über Fußball im Kalten Krieg. Eine Frage fiel mir - Gott sei Dank - nicht ein: Warum tut ein Mensch so etwas?

Seit fast zwanzig Jahren steht Fußball mehr oder weniger in meinem Lebensmittelpunkt. Da dort, was Menschen, Berufspläne und Interessen betrifft, ein heftiges Kommen und Gehen herrscht, muß an der ganzen Sache etwas Besonderes sein. Nichts hat mich bislang mit einer vergleichbaren Hartnäckigkeit und Intensität gefesselt wie der Fußball. Unabhängig von meinem Wohnort, denn in der Fußballprovinz und Intellektuellenhochburg Göttingen wird eine gleichzeitig mit 05-Emblem und Friedenstaube beklebte Autoheckscheibe noch immer als etwas völlig miteinander Unvereinbares bestaunt. Auch die Friedhofsatmosphäre, die (leider) bei den Heimspielen der 05er herrscht, hat sowohl meiner Zuneigung für die Schwarz-Gelben als auch meinem Interesse für alles, was mit dem runden Leder zusammenhängt, keinen Abbruch getan. Vielleicht ist es ja gerade die fußballerische Einöde Göttingens, die mich dazu gebracht hat, der Fußballvergangenheit auf den Pelz zu rücken. Denn das ist vermutlich der einzige Weg, sich Göttingens Fußball zu nähern, **ohne** dabei in Verzweiflungstränen auszubrechen. In den 50ern und 60ern waren Göttingens Fußballer schließlich (und dann will ich meine tragische Fußballiebe auch schon wieder in der ihr leider zustehenden Versenkung verschwinden lassen) fast bekannter als die hiesige Universität!

Fusslümmelei

Die Geschichte der Körperübungen in Deutschland ist ein Spiegelbild der Gesellschaftsgeschichte. Vor 180 Jahren führte Turnvater Jahn das Turnen unter anderem deshalb ein, um den Deutschen Selbstbewußtsein im Kampf gegen die französischen Besatzer einzuflößen und eine Lanze für die einheitliche Nation zu brechen. Entsprechend wenig erfolgsorientiert war die Turnerei, schließlich ging es vornehmlich darum, Gleichheit herzustellen. 1871 kam die langersehnte politische Einheit, doch sie kam ganz und gar nicht in der Gestalt, wie sie Jahn und seine Mitstreiter im Sinn gehabt hatten. Im Gegenteil. Mitten in Europa stand plötzlich ein junges Reich, das von längst erwachsenen Nationalstaaten umgeben war und scheu, aber dennoch protzig über die Grenzen schaute. Nicht aus Demokratieliebe, sondern aus machtpolitischem Kalkül heraus entstanden, trug es autoritäre und nationalistische Züge.

In dieser Zeit kam etwas aus England hergerollt: Der Fußball. Doch das deutsche Nationalgefühl war zuwenig gefestigt, als daß sich eine englische Sportart problemlos hätte durchsetzen können. Trotzig verteidigten die Deutschen ihr junges Reich gegen alles Fremde und eben auch die englische "Fusslümmelei." Dennoch setzte sich das Spiel innerhalb weniger Jahre durch. Wenn man genauer hinschaut, war der Widerspruch nur ein scheinbarer. Denn das Deutsche Reich hatte sich in seinen jungen Jahren bereits etwas äußerst Häßliches zugelegt: Eine aggressive Militärpolitik. "Kämpfen um des Siegens willen" hieß das Motto, und ausgerechnet das so urdeutsche Turnen versagte an dieser Stelle, denn es sah keine Sieger vor. Fußball tat es.

Doch die Orientierungslosigkeit war groß. Dazu nur ein Beispiel: Eine Gesellschaft, die wenige Jahre zuvor tödliche Duelle noch für normal gehalten hatte, verurteilte nun das vergleichsweise harmlose Fußballspiel als "roh" und "gemein". Die Ursachen für die Orientierungslosigkeit sind klar: Zu autoritär war die Reichsgründung verlaufen, als daß aus vielen kleinen deutschen Völkern und Völkchen schon eine Nation hätte werden können. Vieles von dem, was uns heute selbstverständlich ist, gab in den Zeiten der ersten Fußballspiele Anlaß zu hitzigen Diskussionen. Turnen und Sport beispielsweise, für uns heute mehr oder weniger dasselbe, waren in der Vergangenheit wie Hund und Katz. Warum wohl heißen so viele Vereine *Turn- und Sportverein*; warum gibt es sowohl *Turnvereine* als auch *Sportvereine*? Dabei darf man nicht glauben, daß Turnen nur aus Reckübungen oder Bocksprüngen bestand. Gerade in der Anfangszeit hatten die Turner eine Menge Spaß, und es waren vor allem Spiele, die ihnen Freude bereiteten! Daß es dennoch zu einer eigenständigen Spielbewegung kommen mußte, zeigt erneut, wie vertrackt die Situation war. Glaubt man der zeitgenössischen Literatur, dann lehnten die Turner Fußball vor allem deshalb ab, weil er "undeutsch" war. Ist demnach Deutschland seit Durchbruch des Fußballs heimliche englische Kolonie? Natürlich nicht! Zwar nennen wir Torhüter noch immer liebevoll Keeper und sprechen vom Fußballmutterland England, doch die Kickerei ist inzwischen (auch) ein deutsches Spiel geworden. Insofern kann Konrad Koch, Deutschlands Fußballpionier Nummer 1, der genau dieses 1894 in einem Zeitungsartikel forderte, sich nachträglich selbst auf die Schulter klopfen.

Wiener Schule

Fußball hat sich vor allem deshalb durchsetzen können, weil er lebt. Ein Blick in die Kolonialgeschichte zeigt, daß insbesondere dort gekickt wird, wo einst Briten und Franzosen herrschten. Insofern kann mit gewisser Berechtigung sogar von einem Fußballkolonialismus gesprochen werden. Zumal auch an den Orten, wo sie machtpolitisch nicht vertreten waren, Briten oder Franzosen das Fußballspiel ins Land brachten. Doch inzwischen haben sich die Verhältnisse gewandelt. Heute scheitert Mutterland England an seinem einstigen Ziehkind Norwegen. In deren Hauptstadt Oslo, die seinerzeit noch Christiana hieß, war es am 16. Mai 1887 erstmalig zu einem Fußballspiel gekommen. Entscheidend daran beteiligt waren britische Studenten. An der Saat, die die Briten einst säten, haben sie also inzwischen schwer zu knabbern. Was jedoch viel entscheidender ist: Fußball hat viele Gesichter, genaugenommen in jedem Land ein anderes. Das macht seine weltweite Faszination aus, und das verhalf ihm auch in Deutschland zum Durchbruch.

Spätestens seit 1920 kann man von einem "deutschen" Fußball sprechen. Seitdem sind nämlich fünfstellige Zuschauerzahlen die Regel, lassen sich Fußballer für ihre Künste bezahlen (anfangs noch illegal) und existiert eine Fußballnebenindustrie. Von Anfang an war und ist der deutsche Fußball mit herausragenden Spielerpersönlichkeiten verbunden; Adolf Jäger, Ernst Kuzorra oder Günter Netzer - um drei Epochen zu verbinden - stehen synonym dafür. Eines der wesentlichen Merkmale deutscher Fußballgeschichte sind ihre Individualisten. Waren sie da - wie in der EM-Elf von 1972 - kam der Erfolg. Fehlten sie, blieb der Erfolg aus. Jüngstes Beispiel ist die amerikanische WM, wo genau diese Sorte Spieler fehlte (oder nach Hause geschickt wurde).

Doch der deutsche Fußball hat auch Glück gehabt. Mitten in Europa gelegen, waren die Einflüsse anderer Länder und damit anderer Stilrichtungen jederzeit vorhanden. Während England stolz "seine" Art Fußball zu spielen auf der Insel konservierte und damit den Anschluß verpaßte, tauschten die "Kontinentaleuropäer" fortwährend - bewußt oder unbewußt - ihre Ideen aus. Wien beispielsweise kann zweifelsohne als Mekka frühester Fußballkünste bezeichnet werden, wobei die Betonung auf Künste liegt. Ohne einen Matthias Sindelar jemals spielen gesehen zu haben, glaube ich den vielen Zeitzeugen, die noch heute mit leuchtenden Augen von der "Wiener Schule" schwärmen. Da Ideen nun mal die positive Eigenschaft haben, sich nicht um politische Grenzen zu scheren, kam die "Wiener Schule" unter anderem auch nach Deutschland.

Am Beispiel Wien zeigt sich allerdings auch noch etwas anderes: Seitdem nämlich 1938 diese schaurige Demonstration großdeutscher Machtgier die freisinnige Wiener Kickerei innerhalb weniger Jahre erstickte, liegt Österreichs Fußball mehr oder weniger am Boden. Fußball und Politik vertragen sich eben nicht unbedingt. Dennoch: Gerade aufgrund seiner außerordentlichen Popularität eignete und eignet sich die Kickerei leider auch für äußerst häßliche Dinge. Dafür gibt es unzählige Beispiele. Während beider Weltkriege leistete Fußball einen Beitrag zur Unterstützung des Kriegstaumels.

Im *Kalten Krieg* half er, die Stimmung anzuheizen. Länderspiele verkommen auch 1995 immer wieder zu abartigen nationalen Demonstrationen. Fußball war nie unpolitisch. Er hat viele Gesichter, war Protestbewegung, Werkzeug für faschistische Machthaber, Betäubungsmittel fürs Volk. Auch Politiker haben immer wieder verstanden, die Massenbewegung für ihre Zwecke einzuspannen - oder was war Helmut Kohls medienwirksame Kußorgie anläßlich der WM in Mexiko anderes? Genau genommen ist es allerdings gar nicht der Fußball, der sich mißbrauchen läßt. Tatsächlich sind es nämlich Funktionäre, Zuschauer und Spieler, die - aus welchen Gründen auch immer - den Mißbrauch geschehen lassen oder sogar mitmachen.

Um es ganz deutlich zu sagen: Der Fußball an sich ist unschuldig. Fußballfunktionäre, -spieler und -zuschauer sind die Verantwortlichen!

Fernsehligen

Doch wenden wir uns wieder den angenehmen Seiten der Lederkugel zu: Seiner außerordentlichen Volkspopularität. Betrachtet man die Bundesligatabelle, fällt eine erstaunliche Kontinuität auf: Sämtliche siebzehn aktuellen Erstligstädte sind von Anfang an dabei. Im Klartext: In München, Freiburg, Hamburg, Bremen usw. wohnten vor über einhundert Jahren jene Pioniere, die das Spiel allen Widerständen zum Trotz durchsetzten. Gleichzeitig fällt auf, daß fast alle Bundesligastädte renommierte Universitätsstädte sind. Auch das paßt hervorragend, denn es waren damals eben just die höheren Schulen, welche die erste Fußballsaat legten. Sie ist gerade dort - natürlich - zu schönster Pracht erblüht. Zweifellos gehören Fußball und Tradition zusammen. Nicht umsonst fällt es Orten wie Homburg, Wattenscheid und auch Leverkusen schwer, sich - vor allem in punkto Zuschauerzahlen - in der Eliteklasse zu behaupten.

Fußball hat diverse Krisen hinter sich: Die politisch verursachte Spaltung der zwanziger, das starrsinnige Festhalten am Amateurstatus der Fünfziger, der Bundesligaskandal der siebziger Jahre. Im Medienzeitalter, in dem wir seit einigen Jahren leben, scheint er sich allerdings keineswegs in einer Krise zu befinden. Tägliche Fernsehübertragungen lassen eher das Gegenteil vermuten. Das Volk strömt mehr denn je in die Stadien, um seine Helden zu sehen.

Doch genau da steckt der Fehler im System: Ohne Stars kommen keine Zuschauer.

Während sich nämlich die besten Teams der Eliteklasse über gigantische (Fernseh-) Zuschauerzahlen freuen können, beginnt bereits im Bundesligamittelfeld das Dilemma. Wenn heutzutage zwei Millionen Mark für ein UEFA-Cup-Spiel gegen den IA Akranes eingefahren werden können, dann rückt der 1. FC Kaiserslautern in unerreichbare Ferne für den VfL Bochum. Und da liegt die Crux. Früher hatten (angeblich) nur die Bayern Geld. Heute haben es die Europacupteilnehmer.

Zum Thema Fußball und Fernsehen eine Meldung aus der Frankfurter Rundschau vom 11. Oktober 1994:

*H**eißester Kandidat auf die EM-Partien in Moldawien und Georgien ist gegenwärtig das ZDF. Allerdings möchten die "Mainzelmänner" wie in Ungarn eine Anstoßzeit gegen 18.00 Uhr MEZ garantiert haben. Denn bis 20.00 Uhr dürfen auch die öffentlich-rechtlichen TV-Anstalten Werbung senden, und so kann das ZDF einen Teil der Kosten refinanzieren.*

Offen bleibt die Frage, wer sich nach wem zu richten hat: Der Fußball nach der Werbung oder die Werbung nach dem Fußball.

Das Fernsehen hat deutlich zu machen, was es vom Sport braucht. Und der Sport wird darauf reagieren müssen.

Klaus Hempel vom Schweizer *Champions-League*-Vermarkter *Team AG* bringt deutlich zum Ausdruck, was demnächst auf uns zukommen wird. Aber kann man überhaupt noch von "demnächst" sprechen? Wo ist beispielsweise der samstägliche Anstoßtermin geblieben? Freitag, Samstag, Sonntag und Montag gibt es Bundesligafußball; Dienstag, Mittwoch und Donnerstagabend Europacup. Es soll noch "besser" kommen, denn die Fußballvermarkter haben Großes vor mit der Kickerei. Bald brauchen wir gar nicht mehr ins Stadion zu gehen, sondern nur noch einen Fernseher, ein Telefon und etwas Bargeld. "Pay per view" heißt die Zauberformel. Franz Beckenbauer faßt zusammen, was es damit auf sich hat: "Du suchst dir das Spiel Bremen gegen Bayern aus, rufst an, wirst zugeschaltet, zahlst fünf Mark oder zehn." Bei jedem Spiel vom Fernsehsessel aus live dabei, statt des Zaunes trennt der Bildschirm den Zuschauer von den Geschehnissen, so sieht also die Fanzukunft aus. Fehlt nur noch eine TED-Umfrage, nach der der Sieger gekürt wird.

Aber mal im Ernst: Fußball ist Stadionsport, keine Fernsehshow. Die mediale Vermarktung wird Folgen haben, und sie hat bereits Folgen. Kürzlich saß ich in einem mit HSV-Fans vollgepfropften Zug. Ein mir gegenübersitzender Neunjähriger fragte seine Mutter, warum die alle extra nach Hamburg fahren würden, denn "das Spiel kommt doch im Fernsehen". Wenn das der Fannachwuchs ist, wo bleibt dann das, was mich und viele andere erst in die Stadien gelockt hat: Die Fahnen, die Gesänge, die wogende Masse, kurz: die Atmosphäre? Muß sich der Fußball - und damit meine ich Vereine und Medien - nicht darum kümmern, daß der Nachwuchs ins Stadion kommt? Aber wie funktioniert das heute? Ich für meinen Teil bin noch auf die traditionelle Art Fan geworden: Eines Tages nahm mich mein Vater bei der Hand, und gemeinsam ging es in die *Rote Erde*. Was ist mit diesen "Fußball-Initiationsriten" passiert? Wie schafft es eine Gesellschaft, in der der Einzelne immer autonomer, aber ebenauch immer einsamer wird, die Jugendlichen ins Stadion zu bekommen, um Teil einer Masse zu werden? Es droht die Überalterung. Mit Schaudern beobachte ich eine entsprechende Entwicklung in Göttingen, sicherlich nicht vergleichbar mit den Bundesligastädten und dennoch repräsentativ. Es kommen nur wenige neue Gesichter hinzu; kaum auszudenken, wie es in zehn Jahren sein wird. Das traditionelle "Fannachwuchssystem" *Vater - Sohn* existiert nicht mehr. Es muß sich erst noch herausstellen, ob der Fußball das verkraften kann.

Volkssport?

Uns Fußballnostalgikern bleibt nur noch der wehmütige Blick zurück. Jedes Jahr verschwinden neue Traditionsteams: Arminia Hannover, Wormatia Worms, 1. FC Magdeburg, Stuttgarter Kickers, Alemannia Aachen - um nur ein paar der bekannten Namen zu nennen - sind bereits zu regionalen Größen degradiert worden. Wenn die Europaliga, dieser Tage in aller Munde, tatsächlich kommt, werden sich Teams wie VfL Bochum, Hamburger SV, Karlsruher SC, Borussia Mönchengladbach und auch Schalke 04 hinzugesellen.

Im Medienzeitalter scheint die alte Gleichung: "Tradition sorgt für sportliche Kontinuität" nicht mehr aufzugehen. Voller Furcht fragt man sich, ob es den "Volkssport" Fußball überhaupt noch gibt. Die Antwort ist so eindeutig wie deprimierend: Nein! Denn wenn beispielsweise für einen Platz auf der Dortmunder Nordtribüne ganze 50 Mark hingeblättert werden müssen, bleibt ein Teil des Volkes außen vor. Damit ist die Grundbedingung für einen "Volkssport" nicht mehr gegeben. In diesem Zusammenhang fällt aber noch etwas anderes auf: Die Nordtribüne ist nämlich den Gästefans vorbehalten. Wenn also ein Dynamo Dresden-Fan sein Team im Westfalenstadion unterstützen will, muß er - neben den Reisekosten - einen halben Hunderter Eintritt zahlen. Dafür darf er zwar sitzen, aber das ist dann wahrlich "für'n Arsch", weil er sich ein solch' kostspieliges Vergnügen wohl kaum wird leisten können! Keine Frage: Eine derartige Preispolitik selektiert das Publikum! Der BVB erlebt - wie die Bundesliga - gerade einen gewaltigen Boom und kann sich eine derartige Politik leisten. Doch was wird passieren, wenn der Boom eines Tages nachläßt?

König Fußball darf den Kontakt zu seinem Volk nicht verlieren, sonst passiert ihm das, was jedem abgehobenen Herrscher eines Tages passiert: Er wird abgesägt.

Nun wollen wir aber nicht sämtliche Teufel an die Stadionwände malen, denn das Gute an der Zukunft ist nun einmal ihre relative Ungewißheit. So lächeln wir heute auch über die schwarzmalenden Trikotwerbungsgegner aus den siebziger Jahren, die seinerzeit den bevorstehenden Untergang des Fußball prophezeiten. Heute fallen nur noch die Klubs ohne Firmenlogo auf den Trikots auf. Was wird man also im Jahr 2010 über diese Zeilen denken? Vermutlich wird man ebenfalls nur müde lächeln, während der Fußball-Pay-Kanal ein Weltligaspiel zwischen Tokyo und München live überträgt. Dieses Risiko muß ich eingehen, denn nach heutigem Wissensstand befürchte ich schlicht und einfach, das Fußball nicht mehr lange der Fußball sein wird, der mich seit zwanzig Jahren begleitet hat. Und ich meine keineswegs diese "taktischen Zwänge", die wir regelmäßig in der *Champions-League* vorgeführt bekommen.

Mir geht es um Fußball als "Fanspiel". Genau darum mache ich mir nämlich Sorgen. Was wird passieren, wenn Fußball erst einmal sein traditionelles Feld als Volkssport verlassen hat und zur reinen Show mutiert ist? Er wird, so glaube und hoffe ich zugleich, sterben. Aus ganz einfachem Grund: Die Symbiose Fußball und Fußballatmosphäre würde platzen und damit ein großer Teil der Faszination, die unter anderem zum derzeitigen Boom beiträgt! Denn was wäre Freiburg ohne sein ausverkauftes Dreisamstadion, Kaiserslautern ohne seine Fans, die 60er ohne ihre Löwen?

Die Medien - allen voran die TV-Sender - sind sich dessen bewußt. Nicht umsonst sind die Fernseh-Kurzberichte garniert mit Kuriositäten von den Tribünen, bengalischen Fanfeuerwerken und untermalt von mehr oder weniger einfallsreichen Anfeuerungsrufen. Individuen sind gefragt, nicht nur auf dem Spielfeld. Ich will und kann den Fußball, so wie ich ihn kennen- und liebengelernt habe, nicht begraben. Ich will mich auch gar nicht gegen notwendige Veränderungen wehren. Doch wachsam sein will ich. Die heutigen Fußballwortführer haben mir nämlich zuviel DM-Zeichen in den Augen und zuwenig echte Fußballliebe im Herzen. Glücklicherweise gibt es aber auch positive Anzeichen. Typen wie Hitzfeld, Lienen und Finke stehen dafür. Obwohl denen, bei der Verantwortung, die ihnen inzwischen von allen Seiten aufgeladen wurde, ziemlich übel sein muß. Unterstützt werden sie von einer kräftig in Bewegung geratenen Fan-Szene. Einst vornehmlich proletarisch geprägt, ist sie inzwischen weitaus vielschichtiger.

Selbst in der linken Szene ist Fußball - dank St. Pauli? - inzwischen akzeptiert, und man darf sogar in der Universität erwähnen, daß man Fußballfan ist. Noch vor wenigen Jahren genügte das, um als Außenseiter abgestempelt zu werden! Zweifelsohne hat sich die abseits vom leistungs- und profitorientierten Fußball entstandene Fankultur dem Zuschauerwesen eine neue Dimension gegeben. Aus dem "Zuschauer" ist ein "Mitspieler" geworden, Fan-Clubs geben Fanzines heraus, die sich kritisch und bisweilen ironisch mit sich selbst, ihrem Verein und dem Fußball im allgemeinen auseinandersetzen. Das zeigt, daß die Fans endlich erkannt haben, welch wichtige Rolle sie spielen. Es wurde höchste Zeit, denn schon viel zu lang sahen die Vereine in ihren Fans ausschließlich - manchmal störende - Individuen, die ihren Obolus an den Kassenhäusern ablieferten und mit stumpfsinniger Begeisterung all die Fan-Artikel kaufen sollten, die ausgebuffte Marketingexperten entworfen haben und die plötzlich "absolut nötig sind, wenn du FC-Fan bist!"

Gerade die immens boomende Fanartikel-Branche macht deutlich, daß Fußball mehr ist, als nur eine Freizeitbeschäftigung, die mit einem schlichten Resultat endet. Wie kann es sonst sein, daß eine ganze Stadt trauert, wenn ihr Verein aus der Bundesliga absteigt? Oder die Färöer-Inseln einen freien Arbeitstag bekommen, nur weil elf ihrer Männer elf österreichischen Männern ein einziges Mal in neunzig Minuten einen Lederball zwischen zwei Holzpfosten geschossen haben? Doch keine Angst, ich werde jetzt nicht versuchen, der Faszination Fußball auf den Grund zu gehen. Denn zu groß ist meine Angst, daß die Erklärung zu einfach und unbequem für mich wäre.

Seit achtzig Jahren ist es eben nicht nur ein Spiel gewesen, nämlich seit die Arbeiterklasse hier einen Fluchtweg aus dem Elend entdeckte und diesen Sport für sich reklamierte. Das war nicht nur eine Randerscheinung dieses Jahrhunderts. Was auf dem Fußballfeld passiert, hat große Bedeutung, nicht so wie Essen und Trinken, sondern die Bedeutung, die für manche Leute Lyrik hat und für andere Alkohol. Er nimmt von der Persönlichkeit Besitz. (Aus: Arthur Hopcraft, The Football Man, London 1971)

Für Fans ist Fußball mehr als ein Sport. Mit Boris Becker fiebert man einige Jahre mit, dann wird er ausgetauscht gegen Michael Stich oder sonst jemanden. Mit Schalke 04 oder Borussia Dortmund aber fiebert man sein ganzes Leben. Die Kicker wechseln, das Team bleibt gleich. Und auch die Funktion ändert sich nicht. Man darf die Kickerei durchaus als Katalysator für den Alltagsfrust betrachten, denn während es im Alltag verpönt ist, Sorgen offen zu äußern, sind sie auf den Tribünen legal. Dort darf man fluchen und schreien und sogar am Nachmittag öffentlich Bier trinken! Man sorgt sich um sein Team, prophezeit den drohenden Abstieg, befürchtet den Weggang des Mittelfeldregisseurs zum besserzahlenden Konkurrenten. Somit wird der Samstagnachmittag für viele von uns zum absolut notwendigen "Seelengleichgewichtsretter"!

In einer Zeit, in der viele Menschen Probleme damit haben, ihr wahres Selbst zu leben, ist das ein nicht zu unterschätzender Vorteil. Denn wo sonst kann das Temperament schon so kollektiv entfesselt werden wie im Stadion? Und wo sonst ist es gleichfalls relativ ungefährlich - auch wenn mir die Nichtfußballer jetzt vom Hooligan erzählen werden? Schon 1927 stellte R. Kirchner in seinem Buch *The Football Crowd* fest: "Was immer der Anlaß sein mag, die Befähigung zum Erleben ist nichts Geringes". Für einen Fußballfan ist der Stadionbesuch Erleben pur!

Sereetz live

In letzter Zeit wurde verstärkt versucht, das Erleben zu kanalisieren. Das freie Wechselspiel zwischen Fußballspiel und Publikumsreaktion soll gelenkt werden. "Medial aufbereitet" heißt das, glaube ich. Die Zeit der kritischen Berichterstattung ist offensichtlich vorbei und wurde abgelöst von einer kritiklosen Chancenzählerei der mehr oder weniger erträglichen *Rans* und Co, die Blicke ins Dekolleté von Bianca Illgner toll finden. Heutzutage geht es eben nicht mehr um das Spiel. Wer ist deutscher Rückpaßmeister, wieviel Stundenkilometer erreichte Bernd Schusters Schuß, was denkt Matthias Sammer, während er an einer roten Verkehrsampel steht? Das beschäftigt den deutschen Fußballfan - angeblich.

Wie Kometen steigen Jungstars am Bundesligahimmel empor, genauso schnell stürzen sie auch wieder ab. Wo sind die Anicics und Rickens geblieben? Es ist verführerisch einfach, einen Buhmann für diese Entwicklung zu nennen: das Fernsehen. Gerade die Privaten - abhängig von den Einschaltquoten - saugen aus der Kickerei das Letzte heraus und bauschen jede Bagatelle gehörig auf. Dem Sensationsgehabe der privaten Fernsehsender steht eine provinzielle Biederkeit der Öffentlich-Rechtlichen gegenüber, die auch nicht das Gelbe vom Ei ist. Nehmen wir eine Woche im Mai 1994: Das WM-Fieber kommt langsam auf Touren, die Sender überschlagen sich mit ihren "Geist-von-Malente" Reportagen. In der ersten Reihe kann man die Schlagerpartie zwischen der bundesrepublikanischen Hoffnungself für Amerika und der Auswahl Schleswig-Holsteins live mitverfolgen.

Man beachte, der Auswahl Schleswig-Holsteins! Deren bestes Vereinsteam - Holstein Kiel - hatte die kurz zuvor abgelaufene Saison an 7. Stelle der drittklassigen Oberliga Nord beendet! Und nun gehen die norddeutschen Kicker aus Kiel, Lübeck und Sereetz zur besten Sendezeit am Pfingstmontag über bundesdeutsche Fernsehschirme! Soll da bloß nie wieder einer kommen und erzählen, der Fußball würde sich selbst zerstören. Ich kenne keinen Fan, der **das** Spiel live im Fernsehen gefordert hätte.

Gut, wir Fußballfans sind süchtig. Jahrelang fiel es mir verdammt schwer, den Fernseher nicht anzustellen, wenn dort Fußball zu erwarten war. Heutzutage beschränkt sich mein Konsum - neben dem regelmäßigen heimischen Stadionbesuch - auf den Samstagabend und - bei entsprechender Paarung - die Europacupduelle. Früher freuten wir uns noch riesig, wenn die Halbfinalpartie Mönchengladbach gegen Roter Stern Belgrad live übertragen wurde. Die halbe Nation saß dann vor den Bildschirmen. Heute ist das Fernsehen bei jedem Dorfkick live dabei. Selbst echte BVB-Fans sitzen nicht unbedingt vor der Röhre, wenn das Hinrundenmatch zwischen Floriana und den Schwarzgelben live ins Wohnzimmer gebracht wird. Nicht das wir uns mißverstehen: Ich will den Medien gar nicht den alleinigen Schwarzen Peter zuschieben. Medien und Fußball gehören zusammen, sie profitieren auch voneinander. Doch man kann es schließlich auch übertreiben.

Es bleibt noch ein weiterer schaler Beigeschmack. Wie auf dem Operationstisch wird jeder Bundesligaspieltag in alle Einzelteile auseinandergenommen bis keine Fragen mehr übrig bleiben. Nicht nur die Zeitungsjournalisten, die in der Montagsausgabe schließlich auch noch irgend etwas "Neues" schreiben müssen, leiden darunter. Uns Fans fehlt Diskussionsstoff. Wie kleine Häppchen bekommt man seinen Bundesligaspieltag vorgekaut, die fünfte *slow motion* vom vermeintlichen Handspiel im Strafraum belegt "eindeutig", daß der Schiedsrichter einen Fehler gemacht hat. Worüber soll ich denn am Montag noch diskutieren, wenn mir am Samstag zweifelsfrei bewiesen wird, daß der Elfer gar keiner war? Am Samstagabend um 19.30 ist alles gesagt und bewiesen. Tödliche Beweise für einen Sport, der vom Unerwarteten, Unklärbaren lebt. Warum ist wohl die Frage, ob das 1966er Endspieltor von Wembley wirklich "drin" war, immer noch heißdiskutiert?

Des Kaisers neue Kleider
(1874-1918)

Wie der Ball das Laufen lernte
(Von den Anfängen der Fußlümmelei)

1874 war die Welt in Deutschland noch in Ordnung. Die Jungen hatten Respekt vor den Alten, der preußische Kaiser stand dem ganzen Volk vor, überall herrschte Zucht und Ordnung. Der Schein trog, denn wie wir noch sehen werden, war beileibe nicht alles Gold, was glänzte.

Im niedersächsischen Braunschweig lebte seinerzeit ein leidenschaftlicher Schulmann, der sich über seine Lehrtätigkeit hinaus Gedanken um die Zukunft seiner Schüler - und somit der ganzen Nation - machte. Konrad Koch, so hieß der Herr, unterrichtete am örtlichen Gymnasium Martino-Catharineum und war ein durchaus bemerkenswerter Mann. Man darf ihn ohne Umschweife als den deutschen Fußballvater bezeichnen, denn - obwohl selbst begeisterter Turner - hatte er stets ein offenes Ohr für alle über das Turnen hinausgehenden Körperübungen. Denn Turnen war zwar im kaiserlichen Deutschland - neben Rudern - mehr oder weniger die einzige "sportliche" Freizeitbeschäftigung, doch die Jugend war mit der eintönigen Turnerei schon lange nicht mehr hinterm Ofen hervorzulocken. Die Turnbewegung erwies sich als blind - oder ignorant - demgegenüber. Ungeachtet zurückgehender Mitgliederzahlen verwies sie stur auf ihre lange Tradition und schob jeglichen Veränderungsvorschlägen einen Riegel vor.[1]

Weil er überall mitmischte und im Laufen der Schnellste war, trug er auch den Namen "Laufkoch": Deutschlands Fußballvater Konrad Koch.

Konrad Koch aber hatte erkannt, daß es so nicht weitergehen konnte und sich fieberhaft auf die Suche nach einem Spiel gemacht, dessen Ausübung sowohl Freude bereiten, als auch die Persönlichkeit fördern würde. Er wußte, in welchen bewegten Zeiten er lebte, denn die ihrem Höhepunkt entgegensteuernde industrielle Revolution hatte für einen völligen Umbruch der Gesellschaft gesorgt. Vor allem das Bürgertum, in der 1848 gescheiterten Revolution noch an vorderster Front dabei,[2] war ruhig geworden und hatte sein revolutionäres Gehabe abgeworfen, um sich Seite an Seite mit dem herrschenden Adel zu stellen.

Und die 1871 vollzogene deutsche Einheit war auch kaum Volkes Wille gewesen, sondern vielmehr ein geschickter Schachzug der preußischen Führer, der das Ziel hatte, ihren Kaiser an die Spitze aller Deutschen zu stellen.[3] Im Sport sah es mit der Machtverteilung kaum anders aus. Direkt nach der 1848er Revolution war Fechten zum beliebtesten Sport geworden und hatte damit die altehrwürdige und im wahrsten Sinne des Wortes todernste Duell-Tradition abgelöst. (Dabei darf allerdings nicht vergessen werden, daß wir an dieser Stelle nur von einer kleinen Gruppe - der Oberschicht - sprechen, die überhaupt Zeit und Geld zum Sporttreiben hatte.) Seit Beginn der 1870er Jahre war Rudern auf dem Vormarsch.

> In den 1860 herausgegebenen Statuten des Turnverein Saarbrücken heißt es u.a.: "Die Herausbildung rüstiger, waffenfähiger Männer, Belebung und Stärkung des deutschen Nationalgefühl ist Zweck des Vereins"

Dies geschah durchaus im Sinne der herrschenden Klasse, denn in der kaiserlichen Residenz wurde gleichzeitig eine gewaltige Flotte aufgebaut, um Deutschland als Weltmacht zu etablieren. Rudern als Freizeitsport galt als durchaus gute Vorbereitung für die künftigen Soldaten, wobei es sich fast ausschließlich um künftige Offiziere handelte, denn die Ruderei war eindeutig ein Elitevergnügen.

Da gab es dennoch etwas anderes. Etwas, das seit seinem ersten Aufkommen gut sechzig Jahre zuvor mit völlig neuen Ideen auf sich aufmerksam machte: Die Turnbewegung. Getragen vor allem von der Mittelschicht, hatte sie 1874 schon eine wahrlich bewegte Geschichte hinter sich. 1811 hatte auf der Berliner Hasenheide alles angefangen: "Turnvater" Friedrich Ludwig Jahns völlig neuartige Vorstellungen von Körperertüchtigung hatten sich anschließend in Windeseile im ganzen Reich verbreitet und überall dafür gesorgt, daß Turnvereine gegründet wurden. Und darin lag das Besondere: Die Turner betrachteten sich selbst nämlich als "demokratisch-national", und nicht nur ihre Überzeugung, daß alle Turnbrüder gleich seien, brachte sie in Gegensatz zur herrschenden Klasse.[4]

Hannovers Turner turnen

Turnvereine waren Oasen demokratischer Ordnung (sie verfügten u.a. über einen Turnrat), und da in ihnen weitaus mehr gespielt als geturnt wurde, machte die ganze Angelegenheit den Beteiligten auch noch Spaß. Die Turner waren eben auch politisch. Daß sie den Abzug der französischen Besatzungstruppen forderten (Teile der deutschen Länder waren seinerzeit von Napoleon besetzt), war der herrschenden Adelsklasse ja noch recht. Daß sie aber zudem Stimmung für die deutsche Einheit machten, konnte den Führern der zahlreichen kleinen und größeren Staaten nur sauer aufstoßen. Eine deutsche Einheit hätte ihre Machtposition nämlich aufs Äußerste gefährdet, und so belegten sie die demokratischen Turnfreunde mit der sogenannten Turnsperre.[5] Jahn wurde verhaftet, seine Turnbewegung dümpelte fortan im Untergrund vor sich hin.

Im Revolutionsjahr 1848 waren sie mit vollem Eifer wieder dabei. Erst als die Revolution niedergeschlagen war, machten die verbliebenen Turner eine Kehrtwende. Nachdem sich - wie erwähnt - das Bürgertum auf die Seite des Adels geschlagen hatte, wurde aus der Turnbewegung eine stramm autoritäre Einrichtung, die sämtliche demokratischen Errungenschaften über Bord warf. Der einst revolutionäre Nationalismus wandelte sich in einen reaktionären, aus der von Jahn eingeführten schlichten Kleidung wurden Uniformen, der Grundsatz "alle Turnbrüder sind gleich" fiel einer beinahe militärischen Hierarchie zum Opfer, und das Turnen unter Drillbedingungen ließ die einst attraktive Körperbewegung zu einem billigen Abklatsch des Militärs werden. Als Leitwolf sollte sich die 1868 gegründete *Deutsche Turnerschaft* bewähren, die uns im Verlauf dieses Buches noch einige Male - zumeist eher unangenehm - über den Weg laufen wird.

Soweit zu den Bedingungen, die Koch Anfang der 1870er Jahre vorfand. Auf die Schülerschaft hatte dies natürlich ebenfalls seine Auswirkungen gehabt. Nachdem das Turnen seinen revolutionären Charakter verloren hatte und zunehmend militarisiert worden war, verlor es an Reiz für die Jugend. Koch beobachtete mit Sorge, daß die deutsche Jugend "des frischen Spiels im Freien entwöhnt sei" und stellte gar fest, daß es "Stubenhocker gäbe, die sich innerhalb eines Jahres nicht einmal aus den Toren der Stadt herausgewagt hätten."[6]

Allerdings waren die Spielmöglichkeiten innerhalb der Stadt durch die zunehmende Industrialisierung auch arg geschrumpft, denn es wurde überall fleißig gebaut. Und an den Orten, wo noch hätte gespielt werden können, griff preußisches Recht, nachdem solche Dinge nicht erlaubt waren.[7]

Kaum verwunderlich also, daß im Laufe der Jahre die der Jugend innewohnende Spielfreude verschwunden und einem Streben nach steifem Erwachsensein gewichen war. Spielen hatte unter den Heranwachsenden den Charakter einer "unmännlichen Tätigkeit" bekommen und wurde von ihnen naserümpfend abgelehnt. Koch ließ sich davon nicht beirren. Bei seinen Beobachtungen stellte er fest, daß es zwar in den höheren Klassen eine richtiggehende Scham gäbe, öffentlich zu spielen, die unteren und mittleren Klassen aber durchaus noch latente Spielfreude hätten, die mittels geeigneter Spiele wiedererweckt werden konne. Zunächst versuchte er es mit der Renaissance alter Turnspiele wie Barlaufen, Schlagball und Kettenreißen. Als sich das als wenig erfolgreich herausstellte - nur das noch heute bekannte "Räuber und Gendarm-Spiel" fand Anklang bei den Jugendlichen - erinnerte er sich der Schriften des englischen Pädagogen Thomas Arnold, über die er während seines Studiums eine Prüfungsarbeit geschrieben hatte.

Arnold beschreibt in seinem Werk "Tom Browns Schooldays"[8] ein eigenartiges Spiel mit einer Lederkugel, das den Beteiligten gehörigen Spaß bereiten würde. Es war nicht nur das Spiel an sich, welches Koch begeisterte. Gemeinsam mit Arnold war er nämlich der Meinung, daß der Lehrer keineswegs "natürlicher Feind der Schüler sein solle,"[9] sondern daß

Im Unterricht die wertvollsten, höchsten Erfolge nur dann erzielt werden können, wenn die Selbsttätigkeit der Schüler kräftig erweckt wird und ihre selbständige Arbeit das Beste tut. Mit bloßem Zwang ist auch im Klassenzimmer sehr wenig zu erreichen."[10]

Genau dieses würde das eigenartige Spiel ermöglichen.

Noch ein Wort über Konrad Koch selbst: Was ihn nämlich von den meisten seiner Kollegen unterschied, war eine gewisse Form von Weitblick. Der Pädagoge achtete eben nicht nur auf die schulische Leistung, sondern behielt die ganze Person vor Augen:

> *Im Auswendiglernen sehr schwach, auf dem Spielplatz ganz ausgezeichnet"[11]*

schrieb er beispielsweise über einen seiner Zöglinge und fragte sich, was seine Schüler wohl - neben Latein und Mathematik - noch so interessieren könne:

> *Der tief in der menschlichen Natur wurzelnde Trieb nach Geselligkeit veranlaßt den Knaben und den heranwachsenden Jüngling, Gemeinschaften aufzusuchen oder diese zu bilden[12]*

Mit dieser Erkenntnis war er nun endlich bei einem der ganz großen Probleme der damaligen Zeit angekommen. Die Schülerschaft drängte nämlich in die immer stärker aufkommenden Schülerverbindungen, welche die bereits etablierten und als außerordentlich männlich geltenden Studentenverbindungen kopieren wollten. Und in diesen Verbindungen wurde vor allem eins getan: Exzessiv getrunken.

Kampf dem Alkohol

Als fürsorglicher Lehrer suchte Koch nach einer Möglichkeit, die Attraktivität der (saufenden) Schülerverbindungen einzudämmen und befand:

> *Eine Erziehung, die sich mit vollem Bewußtsein auch der Pflege der ethischen Tugenden unterziehen will, muß ihre Wirksamkeit auf den Spielplatz ausdehnen. Dort findet eine Anzahl wichtiger Anlagen des jugendlichen Geistes die beste Gelegenheit, sich zu entfalten und zu bestätigen, wie es anderswo nicht geboten werden kann![13]*

Freilich waren Braunschweigs Gymnasiasten - wie geschildert - keineswegs begeistert von Kochs Versuchen. Er hatte es zunächst mit freiwilligen Spielnachmittagen versucht, damit aber lediglich bei den unteren und mittleren Klassen Anklang gefunden. Da er von einem Spielzwang nichts hielt, beschloß Koch, das Übel an der Wurzel zu packen:

> *Wenn wir die Jugend in dem Alter zum Spiele führen, in dem sie noch dazu bereit ist, wird sie vielleicht auch im höheren Alter weiterspielen.[14]*

Welche Spiele würden dieses Vorhaben unterstützen? Nun erhielt Koch unerwartete Hilfe. Sein Schwiegersohn Friedrich Reck war nämlich als Militärarzt auf den britischen Inseln gewesen und hatte dort das Fußballspiel mit eigenen Augen gesehen - und sich davon begeistern lassen.

Kaum zurück, berichtete er auch schon mit leuchtenden Augen seinem Schwiegervater davon und beide beschlossen, einen Versuch zu wagen. Nun zeigte sich erneut Kochs abenteuerliches Naturell von seiner besten Seite. Statt seine Schüler zu versammeln und ihnen umständlich das neue Spiel zu erläutern, ließ er sich einen Ball aus England kommen, warf ihn eines Oktobernachmittags 1874[15] mitten unter die Pennäler und wartete ab, was passieren würde. Anfangs passierte erstmal gar nichts, denn sie standen staunend und eher abwartend vor diesem eigenartigen runden Ding, und fragten sich, ob es einem deutschen Gymnasiasten wohl angemessen sei, einen Gegenstand mit dem Fuß zu treten.

Nachdem einige Mutige vorsichtig ihre Fußspitzen gegen die Lederkugel geführt und sich davon überzeugt hatten, daß sie dadurch zu rollen beginnt - also sozusagen der erste Ballkontakt hergestellt worden war - nahm der Siegeszug des Fußballs seinen Lauf.

Koch selbst wußte am besten, daß (und was) er gewonnen hatte, denn

Beim Fußballspiel findet unsere deutsche, des frischen Spiels im Freien entwöhnte Jugend am schnellsten und leichtesten ihre verlorene Spiellust wieder"16

Das war noch nicht alles, denn offensichtlich übertraf die Akzeptanz des neuen Spiels sogar Kochs kühnste Erwartungen:

Der große Eifer, der alle zunächst Herangezogenen beseelte, machte es gleich im ersten Winter trotz der rauhen Jahreszeit möglich, ja nötig, zweimal in der Woche, am Mittwoch- und am Sonnabendnachmittag zu spielen; dabei war die Beteiligung der einzelnen am Spiel durchweg rege und unablässig. Und das alles ward in keiner Weise etwa durch Anwendung irgendwelcher Mittel erreicht; weder wurden die Eltern der Schüler zum Zuschauen eingeladen, noch sonst irgend Aufhebens von der Sache gemacht, noch weniger wurden besondere Anzüge nach Art der englischen Flanellanzüge gefordert; es wurde einfach ein guter Fußball aus England auf den Platz geworfen, einige der wichtigsten Regeln angegeben und bald spielten die deutschen Knaben das englische Spiel, wenn auch anfangs noch nicht mit allen Feinheiten, doch eifrig und geschickt, und zu ihrem größten Vergnügen."17

Rugby gegen Eton

Zwar hatte der Siegeszug des Fußballs damit auch in Deutschland begonnen, aber es war keineswegs der Fußball, wie er uns heutzutage vertraut ist. Wie in England war das Spiel nämlich anfangs eine Mischung aus Balltreten, Ballfangen und Gegnerjagen und grundsätzlich eher mit dem heutigen Rugby vergleichbar.

Auch im Fußballmutterland war die Trennung zwischen *Rugby football* (= Fußball mit Aufnehmen durch die Hände) und *Association football* (= Fußball ohne Aufnehmen) erst spät vollzogen worden, und es war immer wieder zu Vermischungen zwischen beiden Spielen gekommen.

Das hatte seine historische Ursache, denn sowohl Fußball als auch Rugby entstammen derselben Quelle. Um dies zu erläutern, müssen wir einen kleinen Schlenker auf die britischen Inseln machen und uns in die Urzeiten der Balltreterei versetzen.

"Die Hurler nehmen den direktesten Weg über Hügel, Täler, Hecken, Gräben, ja durch Büsche, Dornensträucher, Sümpfe, Teiche und Flüsse, was auch immer. So sieht man manchmal 20 oder 30 im Wasser liegen und sich abmühen, sich um den Ball reißen und kratzen. Ein Spiel - wahrlich so roh und ... ... nicht frei von Politik ist, in gewisser Weise den Kriegstaten ähnlich. (...) Und wo der Ball selbst entlang getragen wird, sieht es aus wie der Zusammenstoß zweier Hauptschlachtarmeen." (aus "The Survey of Cornwall" von R. Carwe aus dem Jahre 1602)

*Ruppig ging es einst zu.
Zwei Szenen aus Englands
Straßenfußball um 1720*

Das "Steinzeitalter" des (europäischen) Fußballs liegt ungefähr im 10. Jahrhundert. Damals war die Kickerei tatsächlich noch ein richtiges "Volksspiel". Ganze Städte oder Dörfer standen sich nämlich gegenüber, und gekickt wurde auf den Feldern zwischen den Orten der beiden "Mannschaften". *"Footballe"* oder *"hurling over country"*[18] nannte man die Sache damals, bei welcher der geschickte Umgang mit dem Ball (mit Hand und Fuß) bei weitem nicht im Mittelpunkt stand.

Ein Filigrantechniker wie *Günter Netzer* hätte wohl recht bald mit zerschundenen Knochen entnervt aufgegeben, es zählte nämlich vor allem Kraft und Gewalt bei dem von, wie man sagte, Bauernlümmeln und Gesellen betriebenen Spiel. Für die "höheren" (und vermeintlich besseren) Klassen war das Spiel erheblich zu wild, und es verwundert folglich kaum, daß es im Laufe der Zeit mehrfach verboten wurde.[19]

Wenn es nicht gerade mal wieder verboten war, spielten die Mannschaften den ganzen Tag über bis zum Einbruch der Dunkelheit. Als dann das "niedere Volk" im Zuge der um 1760 einsetzenden industriellen Revolution zunehmend an Fabrikzeiten gebunden war, fehlte plötzlich die Zeit für das wilde Vergnügen. Es geriet in Vergessenheit und wurde erst gut sechzig Jahre später von den "Public Schools" - die im Gegensatz zu heute, wo sie Eliteschulen sind, ursprünglich eingerichtet worden waren, um den Kindern der unteren Schichten eine kostenlose Schulausbildung anzubieten - wiederbelebt. Peu à peu entfernten sie die Gewalt aus dem wilden Treiben und schufen damit die Grundlage für den heutigen Ballsport.

Als ab 1830 sogar feste Regeln entwickelt wurden, kam es zu einer folgenschweren Auseinandersetzung. Denn in Englands Sportwelt gab es zwei Zentren. Das eine war Rugby, und welche der beiden Sportarten dort als die "einzig wahre" betrachtet wurde, braucht wohl kaum noch erwähnt zu werden. Das andere war Eton. Aus Prestigegründen - Eton und Rugby mochten sich nicht sonderlich - veröffentlichte Eton 1849 eigene Regeln, die sich von denen in Rugby vor allem dahingehend unterschieden, daß das Handspiel verboten war. Damit wurde die Trennung zwischen Fußball und Rugby eingeleitet, die später mit den Verbandsgründungen von 1863 (*Football Association*) und 1871 (*Rugby-Union*) vollendet wurde.

Soweit zur Frühgeschichte der Kickerei, über deren Problematik sich Koch sehr wohl im klaren war.[20] Für sein Gymnasium gab er die Devise aus:

> *Vom turnerischen Standpunkt aus empfiehlt sich das Rugbyspiel, weil es außer den Beinen gleichfalls die Arme übt und anstrengt; das andere Spiel ist entschieden weit weniger wild und aus diesem Grunde zur ersten Einführung besonders für Erwachsene geeignet.*[21]

Fußball - so wie wir ihn heute kennen - wurde nur im Winter (oder bei schlechtem Wetter) ausgeübt. Das ist wiederum britische Tradition, denn nicht umsonst wird auf den britischen Inseln zwischen Weihnachten und Neujahr bis heute ein gnadenloses Ligaprogramm durchgepeitscht.

Für das Winterhalbjahr hatte man also ein reizvolles Spiel gefunden. Blieb noch der Sommer. Zwei Jahre später präsentierte sich die Lösung. Auch sie kam aus England. Es handelte sich um das Cricketspiel. Wie eng Fußball und Cricket auch in Deutschland noch bis weit in das 20. Jahrhundert hinein miteinander verbunden waren, kann mit Leichtigkeit an den Vereinsnamen abgelesen werden: Allerorten sprossen nämlich "Fußball- und Cricket" bzw. "Thorball- und Fußballclubs" hervor, wobei Thorball als deutsche Bezeichnung für Cricket galt.[22]

Warum die Sportler bemüht waren, deutsche Bezeichnungen für ihren englischen Sport zu finden, wird später ausführlich beschrieben werden. Bleiben wir zunächst noch einen Moment in Braunschweig.

Dort hatte Konrad Koch sein Ziel nun fast erreicht: Er verfügte sowohl über ein Sommer- als auch über ein Winterspiel, und konnte nun darangehen, die Teilnahme an diesen zur Pflicht zu machen. Koch wollte nämlich möglichst die gesamte Bevölkerung an den Spielen teilnehmen lassen, also mehr oder weniger Volksspiele schaffen.

Anfangs spielte man gar noch mit Kopfbedeckung, die vor dem Kopfball abgenommen werden mußte und anschließend wieder aufgesetzt wurde...

Welch glückliche Hand er zumindest mit dem Fußball dabei hatte, wissen wir heute. Seinerzeit mußte er aber noch hart kämpfen, denn erst 1878 wurde sein Braunschweiger Gymnasium die erste Schule in Deutschland, an der Schulspiele verbindlich betrieben wurden.[23]

Inzwischen hatte er einige Kollegen mit seiner Begeisterung für Fußball - der noch immer rugbyähnlich war - anstecken können. Auf Turnlehrertagungen ließ er sowohl Fußball als auch Cricket vorführen, woraufhin auch in Hannover, Göttingen und Bremen entsprechende Übungen ins Repertoire aufgenommen wurden. Gleichzeitig sorgten britische Studenten im Süden des Reiches (Cannstatt, Heidelberg und Frankfurt) dafür, daß sich das Fußballfieber auch dort ausbreiten konnte. Es waren ebenfalls höhere Schulen, an denen gespielt wurde, denn bis weit in die 1890er Jahre war Fußball mehr oder weniger ausschließlich ein Schulsport. Folglich gab es auch noch keine Vereine. In Braunschweig beispielsweise wurde erst 1895 - zwanzig Jahre nach den ersten Spielversuchen - ein "privater" Verein gegründet.[24] Zuvor hatte es lediglich reine Schulvereine gegeben, wie den 1874 von Koch ins Leben gerufenen *Fußballverein der mittleren Klassen des Martino-Catharineums zu Braunschweig*. Koch selbst blieb sein ganzes Leben - er starb 1911 fünfundsechzigjährig an Blutzersetzung - am Ball, wobei er zunehmend für den heutigen Fußballtypen eintrat.

1894 war nämlich in Braunschweig eine endgültige Entscheidung zugunsten des "Fußballs ohne Aufnehmen" gefallen: Nach einem Gastspiel niederländischer Studenten hatten die Welfenstädter Rugby fallenlassen und Fußball höchste Priorität eingeräumt. Koch ging sogar soweit, daß er im selben Jahr in der *Deutschen Turnzeitung* öffentlich Überlegungen anstellte, ob (und wie) Fußball ein "deutscher Spiel" werden könne![25] Natürlich war der bis dato an anderem ziemlich desinteressierten Turnern nicht entgangen, welche Faszination die Spielbewegung auf die Jugend ausübte. Sie waren zu selbstherrlich, als daß sie sich kritisch mit ihrer eigenen Position auseinandergesetzt hätten. Stattdessen wetterten sie lautstark gegen die "undeutschen" Spiele und wurden dabei sogar von den kaiserlichen Behörden unterstützt. Koch als weitsichtigem und intelligentem Menschen war klar, daß er nicht frontal die Turner - und damit indirekt den Staat - angehen durfte, um seinen Spielen[26] zum Durchbruch zu verhelfen. Geschickt mahnte er die Turnbewegung, daß man sich vor

Dem Irrtume hüten müsse, das Fußballspiel mit anderen bekannten Ballspielen auf eine Stufe zu stellen. Von diesen unterscheidet es sich im wesentlichen dadurch, daß den Ball zu schlagen verboten ist, ebenso auch, wenige Ausnahmefälle abgerechnet, ihn zu werfen, und als Hauptaufgabe der Fußballspieler anzusehen ist, worauf schon der Name hindeutet, daß der Ball mit den Füßen zu stoßen ist. (...) Was aber das wichtigste ist und worauf man in England mit gutem Recht den größten Wert legte: es lehrt den einzelnen, sich der Gesamtheit willig einzupassen und unterzuordnen."[27]

Karl Planck, vom ersten DFB-Präsidenten Ferdinand Hueppe als "komische Figur" bezeichneter Professor am Eberhard-Ludwig-Gymnasium in Stuttgart, veröffentlichte 1894 nebenstehende Schrift, in der es u. a. heißt: "Zunächst ist jene Bewegung ja schon, auf die bloße Form hin angesehen, häßlich. Das Einsinken des Standbeins ins Knie, die Wölbung des Schnitzbuckels, das tierische Vorstrecken des Kinns erniedrigt den Menschen zum Affen. (...) Was bedeutet aber der Fußtritt in aller Welt? Doch wohl, daß der Gegenstand, die Person keinen Wert sei, daß man auch nur die Hand um ihretwillen rührte. Er ist ein Zeichen der Wegwerfung, der Geringschätzung,

Das letzte Argument sollte sich als besonders zugkräftig erweisen, denn es war schlicht und einfach zeitgemäß. Schließlich war das Deutsche Reich Prototyp eines autoritären Staates, denn es wurde größtes Gewicht auf Zucht und Ordnung gelegt. Koch selbst war zwar keineswegs unbelastet von solchem Gedankengut[28], wollte aber dennoch für eine stärkere Selbstbestimmung der Schülerschaft eintreten und erkannte im Fußball eine großartige Möglichkeit, beiden Wünschen gerecht zu werden.

Dazu aber war es nötig, das Image des "englischen Sports" abzustoßen, denn im Zeitalter der Nationalstaaten - und in dem befinden wir uns - galt nur das als gut, was national war. Für Turnen als deutsche Erfindung traf dies zu. Trotz seiner einst demokratischen Grundidee, die es allerdings zum Großteil aufgegeben hatte. *Football* hingegen war nicht nur "undeutsch", sondern kam auch noch aus dem Land, mit dem man gleichzeitig einen erbitterten Aufrüstungskampf führte.[29] - So war er also doppelt negativ belastet. Die Fußballfreunde im ganzen Reich (Koch war nicht mehr der einzige, der sich für die Kickerei einsetzte) machten sich an die Arbeit: Begriffe wie *Goal, Corner* etc. wurden ins Deutsche übertragen, 1875 erschienen die ersten ins Deutsche übersetzten Fußballregeln und man suchte Kontakte zu den Turnern. 1889 erhielt man gar die Gelegenheit, auf dem Deutschen Turnfest in Leipzig einen Schaukampf zwischen der Spielabteilung des ATV Leipzig und dem Londoner Verein *Orion* vorführen zu lassen! Noch sah es also so aus, als könnten Turnen und Sport miteinander - statt gegeneinander - existieren. Das sollte sich bald ändern.

Endlich Vereinsgründungen

Der Fußball machte den störrischen Turnern inzwischen ernste Sorgen. Das Fußballfieber hatte sich nämlich wie ein Lauffeuer im ganzen Lande verbreitet. Die Kickerei war dabei, zu einer ernstzunehmenden Konkurrenz für die Turner heranzuwachsen.

Nachdem 1880, dreiundzwanzig Jahre nach Gründung des ersten Fußballvereins der Welt (Sheffield FC), in Bremen mit dem *Football Club* der erste auf deutschem Boden gegründete Club entstanden war,[30] ging es Schlag auf Schlag. In Bremen waren es noch - man erkennt es am Vereinsnamen - Briten gewesen, die den Anstoß zur Gründung gegeben hatten.

Bald aber übernahmen überall Deutsche die Initiative und gründeten eigene Clubs. Und was für welche! Die Liste der seinerzeit gegründeten Vereine liest sich wie eine ewige Tabelle der Fußballbundesliga: Hamburger SV (1887), Hertha BSC Berlin (1892), VfB Stuttgart (1893), Karlsruher SC (1894), Eintracht Braunschweig und Fortuna Düsseldorf (1895), Hannover 96 (1896), Werder Bremen, TSV 1860 München (Fußballabteilung) und Eintracht Frankfurt (1899) - um nur einige zu nennen - sind allesamt vor der Jahrhundertwende gegründet worden.[31]

Ganz im Sinne der Vorgeschichte hatten sie sich übrigens zumeist aus ehemaligen Schülervereinen entwickelt. Wie man außerdem sieht, handelte es sich vornehmlich um Handels- und Universitätsstädte. Zweifellos war dies auch dem Einfluß der dort lebenden Briten zu verdanken. Vor allem aber lag es an der nur in solchen Städten vorhandenen akademischen Gesellschaft. Der einstige Schulsport war ganz und gar kein Proletensport, wie man es heutzutage immer wieder gerne erzählt. Obwohl die vom DDR-Werk *Fußball in Vergangenheit und Gegenwart* geleistete Interpretation

Die Anfänge des modernen Fußballspiels in Deutschland sind also eine Auswirkung der Herausbildung des Kapitalismus[32]

ein wenig zu kurz gegriffen ist, muß klar und deutlich festgestellt werden, daß Fußball um die Jahrhundertwende - und dies sollte noch bis 1918 so bleiben - vor allem ein dem besitzenden Bildungsbürgertum vorbehaltener Sport blieb. Gehen wir an dieser Stelle ganz kurz auf die soziale Gesellschaftsschichtung ein: Die breite Masse der Arbeiterschaft hatte mit Sport nichts am Hut, denn bei Arbeitszeiten von 12 bis 14 Stunden - wie sie seinerzeit üblich waren - blieb keine Zeit, um Sport zu treiben. Ganz abgesehen davon, daß man wahrscheinlich nach einem so langen Arbeitstag sowieso keine Lust mehr hatte, sich körperlich zu betätigen.

Schienbeinschützer.

Fußball-Hemd.

Lederklötzchen

Gute Fußballstiefelform.

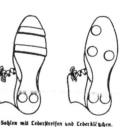

Sohlen mit Lederstreifen und Lederklötzchen.

Am beliebtesten war englische Qualität. Ausrüstungsgegenstände um 1895

Fußball-Strümpfe und Strumpfschäfte.

Deutsche Ballform.

Englische Ballform.

28

er Adel und diejenigen, die sich gerne zu diesem gezählt hätten, verpönten das englische Fußballspiel als - wir hatten das schon - "Fusslümmelei", und widmete sich vornehmeren Sportarten wie Rudern und Fechten. Bleibt das Bürgertum, und genau da setzt die Spaltung ein. Die Älteren unter ihnen blieben dem Turnen treu, während die Heranwachsenden - vornehmlich die aus kaufmännischen Familien - sich von ganzem Herzen für die Kickerei begeisterten.

Das aber hatte zur Folge, daß die Vereine nicht nur aus eher jungen Mitgliedern bestanden, sondern meist auch von Jugendlichen angeführt wurden. Freilich wurden 17jährige als Vereinsvorsitzende seinerzeit genausowenig ernst genommen, wie sie es heute würden; keine leichte Aufgabe also, die die Pioniere damals zu bewältigen hatten. Und auch rechtlich standen die jungen Clubs vor einigen Problemen, denn Schüler - die bei weitem größte Klientel - beispielsweise durften gar keinen Vereinen angehören. Auch die Beschaffung der allernötigsten Gegenstände zur Bolzerei (Lederkugel, Schuhe und Spielkleidung) war nicht immer einfach und mußte organisiert werden. Dennoch übte Fußball eine ungeheure Attraktivität auf die Jugendlichen aus. Auf dem grünen Rasen konnten sie ihre - inzwischen wiedergefundene - Spiellust umsetzen und zugleich dem drillmäßig betriebenen Turnen entgehen. Die meisten Jugendlichen hatten einfach keine Lust, den eintönigen Turnübungen - noch dazu unter den beschriebenen autoritären Bedingungen - zu frönen. Dazu kommt außerdem, daß Fußball Wettbewerbscharakter hat, etwas, das beim Turnen und auch bei den Turnspielen immer schmerzlich vermißt worden war. Dem frühen deutschen Fußball haftet also durchaus das Flair einer innerhalb der bürgerlichen Schicht stattfindenden Protestbewegung an. Auch für die besitzenden Protestler war es ein steiler Weg, ehe sie endlich kicken konnten. Am allerschwierigsten war es, einen Platz zu finden, auf dem regelmäßig gespielt werden konnte. Nicht selten sah man eine Horde junger Männer mit zwei eigenartigen Holzgestängen durch die Städte ziehen, auf der Suche nach einer freien "Spielwiese". Ein eigener Platz kostete viel Geld, und das war damals, selbst bei den zumeist aus gut betuchten Familien stammenden ersten Fußballenthusiasten, nicht im Überfluß vorhanden. Im Jahr 1894 meldete der BFC Preussen Berlin als einer der ersten Clubs im ganzen Reich den Erwerb eines eigenen Terrains an der Berliner Straße in Tempelhof.

> Als die Jahrhunderte gewendet wurden, war Fußball im deutschen Sport zumindest toleriert, und sogar schon von der Presse entdeckt worden. Am 14. März 1885 beispielsweise konnte man in der Göttinger Zeitung lesen: "Wie wir hören, wird heute nachmittag auf der Masch, in der Nähe der Maschmühle, ein Wettspiel zwischen dem Fußballverein des Gymnasiums unserer Stadt und dem "Aryte-American-Skratek-Team" stattfinden. Wir machen Liebhaber dieses Sports auf dieses bislang hier noch nicht gezeigte Schauspiel aufmerksam. Das Spiel wird um 2 Uhr beginnen".

Fußballmekka Berlin

Mit den Berliner Preussen sind wir im ersten Fußballmekka Deutschlands angekommen. Braunschweigs Rolle als Fußballgeburtsstätte war nun beendet, und die Reichshauptstadt erwies sich mit ihren zahlreichen ausgedehnten Exerzierplätzen (auf denen nach Herzenslust gekickt werden konnte) als weitaus geeigneter für die endgültige Herauslösung der Kickerei aus den höheren Schulen. Am 5. Mai 1885 hatte die Stadt mit dem *BFC Frankfurt*[33] ihren ersten privaten Fußballclub erhalten.

An der Spree entwickelte sich rasch ein reger Spielbetrieb zwischen den an allen Ecken und Enden der Stadt gegründeten Fußballmannschaften. Eine davon existiert noch heute: Der *BFC Germania von 1888* gilt als ältester reiner Fußballclub, wovon er allerdings - rein sportlich betrachtet - überhaupt nichts hat. Die alten Germanen dümpeln nämlich in der fünfthöchsten Berliner Landesliga vor sich hin, und haben in ihren inzwischen 107 Vereinsjahren eigentlich gar nichts gewonnen. Denn warum der 1891 von ihnen gewonnene Deutsche Meistertitel heute mehr oder weniger vergessen ist, davon mehr in den nächsten beiden Kapiteln.

ANMERKUNGEN

(1) 1868 war mit der *Deutschen Turnerschaft* das organisatorische Flaggschiff der Turnbewegung gegründet worden. In ihr versammelten sich Vertreter konservativer politischer Anschauungen, die eventuell vorhandene liberaldemokratische Tendenzen in den Vereinen rigoros unterdrückten und stattdessen eine militärisch-obrigkeitshörige Gesinnung durchsetzen wollten.

(2) Die 1848er Revolution war durchaus keine Volksbewegung, sondern vor allem getragen vom bürgerlichen Mittelstand, Studenten und Intellektuellen. Wichtigste Forderung war die Einrichtung eines deutschen Einheitsstaates als Rechts- und Verfassungsstaat. Als der preußische König die von der Frankfurter Nationalversammlung angebotene Kaiserkrone ablehnte, war die Revolution gescheitert. Anschließend wurde sie blutig niedergeschlagen und von einer Reaktionsperiode gefolgt.

(3) Im allgemeinen wird die Staatsgründung, mit der die deutsche Kleinstaaterei beseitigt wurde, als "preußisch - militärische Revolution von oben" bezeichnet. Durch die sogenannte "kleindeutsche Lösung" (= ohne Österreich) wurde das unter preußischer Führung stehende Deutsche Reich gegründet, das fortan eine militärische Ausrichtung erhielt.

(4) In seiner 1816 veröffentlichten Schrift "Deutsches Volkstum" forderte Jahn die Umgestaltung von Gesellschaft und Staat, blieb aber mit seinen Forderungen völlig im Rahmen der seinerzeitigen bürgerlichen Emanzipationsbewegung. Auf dem Turnplatz äußerten sich Forderungen nach bürgerlichem Gleichheitsdenken u.a. in einheitlicher Turnkleidung und dem seinerzeit völlig unüblichen und verpönten "Du". Als der turnende Gardeoffizier v. Plehwe dieses in einem Schreiben an den König verwandte, kam es zu einem Skandal.

(5) Die Turnsperre wurde je nach Land zu unterschiedlichen Zeiten ausgesprochen (zwischen 1820 und 1840). Allerdings konnte in einigen deutschen Staaten (z.B. Mecklenburg, Oldenburg, Hamburg, Lübeck und auch Braunschweig) während der gesamten Zeit relativ unbeschadet weitergeturnt werden. Dennoch überstanden nur zwei Jahn'sche Turnvereine (Hamburger Turnerschaft 1816 und Mainzer TV 1817) die Verbotszeit. In diesem Zusammenhang: Der erste Sportverein auf deutschem Boden wurde 1836 mit dem Hamburger Ruder-Club ins Leben gerufen.

(6) Vgl. Krüger (Hrsg.) (1986), Seite 25.

(7) Strenge Polizeibestimmungen verboten das Spielen auf Gassen und Plätzen.

(8) Thomas Arnold war von 1828 bis 1843 Direktor der Public School in Rugby, wo der gleichnamige Sport "erfunden" wurde.

(9) Vgl. Hopf (Hrsg.) (1994), Seite 66.

(10) Vgl. Hoffmeister (1982), S. 198.

(11) Vgl. Hoffmeister (1982), S. 198.

(12) Vgl. Hoffmeister (1982), S. 198.

(13) Vgl. Krüger (Hrsg.) (1986), S. 19.

(14) Allgemeine zeitgenössische Auffassung war die folgende: "die Buben versorgt seien, *bevor* sie in den heimlichen Kneipenbetrieb hineingezogen werden, und gegen ihn bereits ihr Antidot [Gegengift] im sportlichen Ehrgeiz bei sich haben. (aus Hopf 1994, Seite 73).

(15) Wann genau gespielt wurde, ist nicht bekannt. Das Archiv des Braunschweiger Gymnasiums spricht vom Michaelistag 1874 (= 29. September), Koch selbst in seinen Aufzeichnungen von Oktober.

(16) In: Koch, *Die Braunschweiger Schulspiele* (1899).

(17) Vgl. Hoffmeister (1982), S. 66.

(18)   Hurling, ein dem Hockey ähnliches Spiel, wird heute nur noch in Irland gespielt

(19)   Erstmalig wurde es 1349 von Eduard dem III verboten. Damalige Begründung: "Footballe ist als nutzloses Spiel zu unterdrücken, weil es die Bürger hindere, sich in der kriegswichtigen Kunst des Bogenschießens zu unterrichten".

(20)   Immerhin schrieb Koch 1895 einen Artikel "Zur Geschichte des Fußballs".

(21)   In: Koch, *Fußball, das englische Winterspiel.* In: Pädagogisches Archiv, Stettin 1877

(22)   Die Vereine trugen ihr "Thorball" teilweise noch bis in die Zeit der Weimarer Republik (bsp. Viktoria 89 Berlin), ehe sie es - schon lange kein Cricket mehr spielend - ablegten.

(23)   Das hat natürlich auch einen bitteren Nachgeschmack, denn dadurch wurden die einst freiwilligen Spielnachmittage zur Pflichtübung aller Schüler. Eigentlich widersprach sich Koch damit selbst, denn er wollte doch die Fremdbestimmung der Schüler zugunsten der Selbstbestimmung lockern.

(24)   Der Verein nannte sich Victoria und mußte nach wenigen Wochen wieder aufgelöst werden, da ihr Satzung festgeschrieben war, daß nur Schüler beitreten dürfen. Die aber durften laut Gesetz keinem Verein angehören... Am 15. Dezember 1895 gründete sich dann mit dem Fußball- und Cricket-Club Eintracht der Vorläufer des heutigen BTSV Eintracht. Ihm durften dann auch Nicht-Schüler beitreten.

(25)   In: Deutsche Turnzeitung 1894, Seiten 549-550.

(26)   Neben Fußball und Cricket sorgte Koch auch dafür, daß Handball (1891) und Basketball (1896) in Deutschland eingeführt wurden.

(27)   In: Koch, *Fußball, das englische Winterspiel* a.a.O.

(28)   1897 beispielsweise forderte er die Intensivierung des "Kriegsspiels, das bis jetzt leider vernachlässigt ist". Auch bei nationalen Gedenktagen wie dem Sedantag marschierte er mit seinen Schülern in der Regel stolz vorneweg.

(29   Im Kampf um die Weltmacht (Stichwort Kolonien) leisteten sich vor allem Deutschland und England eine kostspielige und muskelprotzende Flottenpolitik.

(30)   Zwar war bereits am 14. September 1878 in Hannover der *Deutsche Fußballverein von 1878* gegründet worden, doch in ihm wurde - bis heute - nur Rugby gespielt.

(31)   Keiner der aufgeführten Vereine wurde allerdings unter seinem heute gültigen Namen gegründet. Für Einzelheiten siehe: Grüne, *Who's who des deutschen Fußballs. Die deutschen Vereine seit 1903. Kassel, Agon 1995.*

(32)   Seite 17.

(33)   Der Club erhielt seinen seltsamen Namen von seinem Gründer, dem gebürtigen Frankfurter Georg Leux.

Von der Geburt eines schwierigen Kindes
(Ein Ball setzt sich durch)

Zur Jahrhundertwende war aus dem einstigen Schulsport längst ein in gewissen Kreisen äußerst beliebtes Freizeitvergnügen geworden. Vom Adel immer noch naserümpfend abgelehnt, von der Arbeiterschaft zwangsläufig aus Zeitgründen vernachlässigt, hatte sich Fußball in bürgerlichen Kreisen einigermaßen durchgesetzt. Darüber hinaus war das Hickhack zwischen Fußball und Rugby beendet worden, denn der härtere Rugbysport konnte sich in Deutschland - im Gegensatz zu England - niemals richtig durchsetzen. Das lag sicherlich in erster Linie an seiner potentiellen Gewalttätigkeit, aber auch an dem weitaus englischeren Touch, den Rugby hatte (und hat), was in Anbetracht der im vorigen Kapitel geschilderten deutschnationalen Widerstände nicht unbedingt förderlich war. Und daß man zum Rugby fünfzehn Spieler braucht, mag zwar aus heutiger Sicht ein kaum noch nachzuvollziehendes Argument sein, doch vor einhundert Jahren war die geringere Teilnehmerzahl beim Fußballspiel ein nicht von der Hand zu weisender Vorteil

Fußball hatte sich also einen Platz in der deutschen Sportlandschaft erobert und verzeichnete überdurchschnittliche Wachstumszahlen.[1] Bald entstanden erste Verbände die, wie wir noch erfahren werden, auch Meisterschaften austrugen. Noch etwas hatte sich inzwischen herausgestellt: Ein friedliches Nebeneinander von Turnern und Fußballern würde es nicht geben. Das lag durchaus nicht an den Fußballern, denn die waren kooperationsbereit. Die Turner zeigten sich dickfellig ablehnend gegenüber der, wie sie sich ausdrückten, "englischen Krankheit". Noch 1914 hieß es auf einem Turnlehrgang:

Wir lehnen es ab, den Sport (also Fußball u.a. Spiele; Anmerkung des Verf.) *als ein wertvolles Mittel zur Stärkung des Charakters der Jugend heranzuziehen.*

Angesichts solcher Umstände zogen die Fußballer ihre Konsequenzen und begannen, ein eigenes Organisationswesen aufzubauen. Auch auf Vereinsebene hatte dies seine Auswirkungen, denn statt in den bestehenden Turnvereinen Spielabteilungen einzurichten, gingen sie vermehrt dazu über, eigenständige Fußballclubs zu gründen.[2]

Durchbruch als Vereinssport

Daß sich der Fußball trotz aller Widerstände durchgesetzt hatte, lag wohl vor allem an seinem Wandel vom Schulsport zum Vereinssport. Dabei hatten die Schüler überhaupt nicht vorgehabt, sich aus der schützenden Hand der Schulen zu befreien. Aus der schützenden war rasch eine hemmende Hand geworden, denn auch die Schulen hatten wohl die Faszination, die das seltsame Spiel auf ihre Schüler ausübte, unterschätzt. Konrad Kochs alter Traum, wonach Fußball den Schülern mehr Selbstbestimmung statt Fremdbestimmung verschaffen sollte, hatte sich zwar erfüllt, doch hatte das neugewonnene Selbstbewußtsein der Schüler bedrohliche Ausmaße für die Autorität der Schulen angenommen. Diese sahen sich in Zugzwang und reagierten: Zunächst wurde Rugby mehr oder weniger verboten, anschließend rückte man den Fußballfreunden auf den Pelz.

An den meisten Schulen wurde sie ab ca. 1895 nach und nach zurückgedrängt. Die Fußballbegeisterten mußten folglich zunehmend auf außerschulische Gemeinschaften zurückgreifen. Das war allerdings auch nicht ganz einfach, denn oft war Schülern die Mitgliedschaft in Vereinen verboten, und die Clubs mußten Trainings- wie Spieltermine geheim halten.

Allerdings kann an dieser Stelle keine allgemeingültige Aussage über die Verhältnisse getroffen werden, denn welche Chancen ein Verein hatte, war von den Gegebenheiten vor Ort abhängig. So heißt es beispielsweise von der Gründung der *Mannheimer Fußballgesellschaft von 1896*, daß Professor Carl Specht den Schülern der örtlichen Realschule und des Realgymnasiums als "opferwilliger Freund" beiseite stand,[3] während Wattenscheids Gymnasialdirektor Professor Hellinghaus den von Pennälern seiner Schule gegründeten Verein *Germania 06* umgehend wieder auflösen ließ.[4] In den Jahren 1895/1896 löste sich der Fußball fast überall aus den Schulen heraus und wandelte sich zum Vereinssport. Die mit geringen finanziellen Mitteln ausgerüsteten Vereine hatten es allerdings schwer: Das kärgliche Taschengeld der Aktiven ging für den Kauf von Torstangen und Bällen drauf, als Schuhe mußten - sehr zum Ärger der Mütter - die Straßenstiefel herhalten. Ihr Enthusiasmus war riesig, und langsam erhielten sie sogar die Aufmerksamkeit der örtlichen Medien, denn die Berichte über Fußballspiele in den Lokalzeitungen häuften sich. Der anfänglichen Skepsis war überall freundliche Neugierde gewichen. Diese half mit, daß sich die jungen Fußballclubs innerhalb weniger Monate etablieren konnten.

Vorbildliche Beinhaltung des Preussenstürmers.
Zur Jahrhundertwende war der BFC Preussen Nummer 1 an der Spree,
obwohl das Match gegen Hertha FC (gestreifte Trikots) nur 3:3 endete.

Bald kam es zu ersten lokalen Verbandsgründungen, die kleine Meisterschaftsrunden organisierten. Insbesondere in Mittel- und Süddeutschland fand Fußball viele Anhänger, und es ist durchaus nicht zufällig, daß die späteren Deutschen Meister VfB Leipzig, Karlsruher FV sowie Phönix Karlsruhe in den Jahren zwischen 1891 und 1894 gegründet wurden.

Deutscher Meister BFC Germania 88

Zentrum des organisierten Fußballs aber war Berlin. Die Hauptstädter hatten den immensen Vorteil, relativ viele Clubs auf engem Raum versammelt zu haben. Denn trotz des großen Enthusiasmus' mangelte es den Vereinen in den kleineren Städten schlicht und einfach an Gegnern. So mußte beispielsweise der 1898 gegründete Göttinger Fußballclub fünf Jahre später wieder aufgelöst werden, da sich keine örtliche Konkurrenz hatte etablieren können und für Fahrten ins benachbarte Cassel[5] kein Geld da war. An der Spree hingegen konnte 1891 bereits eine Stadtmeisterschaft ausgetragen werden. Damit stoßen wir auf ein neues Problem: Berlin sah sich nämlich als Nabel der Welt an und protzte mit seinem vermeintlichen Weltstadtflair. Selbstbewußt hatten die lokalen Fußballfreunde ihren Wettbewerb folglich mit "Deutsche Meisterschaft" deklariert, was ziemlich übertrieben war. Tatsächlich war es nämlich noch nicht einmal eine Berliner Meisterschaft, da mit Germania 88, Hellas, Askania, Vorwärts 90 und Teutonia gerade einmal fünf der bestehenden örtlichen Vereine teilnahmen.[6]

Schon wenige Wochen nach Gründung des ausrichtenden *Bund Deutscher Fußballspieler*[7] waren die paar bestehenden Vereine Berlins nämlich ins Streiten gekommen und hatten - vor allem auf Initiative des BTuFC Viktoria 89 - mit dem *Deutschen Fußball- und Cricketbund* einen weiteren Verband ins Leben gerufen. Diesem schlossen sich dann nicht nur zwölf der bestehenden zwanzig örtlichen Vereine an, sondern mit Hanau 93, Hannover 78 und Lipsia Leipzig sogar drei reichsdeutsche Clubs![8] Die internen Probleme an der Spree dauerten an: Weil der Fußball- und Cricketbund wiederholt Antragsgesuche abgelehnt hatte, ergriff der BTuFC Britannia 1892 am 11. September 1897 selbst die Initiative und gründete mit dem *Verband Deutscher Ballspielvereine* (VDB) den Vorläufer des noch heute bestehenden *Berliner Fußball-Verbands*. Natürlich waren es nicht die Britannen allein gewesen, die in den Kreuzberger "Düsteren Keller" geladen hatten: BFC Preussens, Rapide 93, Argo, Akademischer BC, Brandenburg 92 und Fortuna hatten sich ihrem Ansinnen angeschlossen, und als im März 1898 das Fußball- und Cricketbund-Flaggschiff TuFC Viktoria 89 seinen Wechsel zum VDB erklärte, war dieser zum unbestrittenen Regionalverband geworden.[9] Auch im Süden war es schon frühzeitig gelungen, einen Verband zu gründen. Die 1893 ins Leben gerufene *Süddeutsche Fußball-Union* überstand bloß zwei Jahre und erhielt kaum Beachtung. Wichtiger war da schon der am 17. Oktober 1897 im Karlsruher "Landsknecht" gegründete *Verband Süddeutscher Fußballvereine*. Seine Urheber waren die acht spielstärksten Südteams.

> Jm Laufe der 90er Jahre empfanden die sich bildenden Vereine mehr und mehr die Notwendigkeit, sich in Wettspielen von Stadt zu Stadt zu üben, deren Veranstaltung bloß von Verein zu Verein zu vielen Schwierigkeiten führte, so daß das Bedürfnis nach Organisation sich bald ziemlich früh bemerkbar machte" (Friedrich Hueppe in einem Artikel über die "Spielbewegung in Deutschland und die Entstehung des Deutschen Fußballbundes")

Unter ihnen waren die späteren Deutschen Meister Karlsruher FV und Phönix Karlsruhe.[10] Erster süddeutscher Landesmeister wurde freilich der Freiburger FC, der sich im 1898er Endspiel mit 2:0 gegen den Karlsruher FV durchsetzte.

Frühe Verbandsgründungen	
04.11.1890	Bund Deutscher Fußballspieler (1892 aufgelöst)
18.11.1891	Deutscher Fußball- und Cricketbund (1903 aufgelöst)
11.09.1897	Verband Deutscher Ballspielvereine (Berlin)
03.07.1893	Süddeutsche Fußball-Union (1895 aufgelöst)
20.10.1894	Hamburg-Altonaer Fußballbund
1896	Fußball- und Cricketvereinigung Magdeburg
1897	Verband Leipziger Ballspielverein und Ring Magdeburger Fußballvereine
17.10.1897	Verband Süddeutscher Fußballvereine
23.10.1898	Rheinischer Spielverband
01.04.1899	Verband Bremer Ballspielvereine

Den Süddeutschen wohnte eine ähnliche Arroganz inne, wie ihren Kollegen von der Spree. Auch sie betrachteten sich nämlich als Herzstück des deutschen Fußballs und waren wenig erpicht darauf, einen reichsweiten Verband zu gründen. Um ein Haar hätten diese frühen Eifersüchteleien den Fußball in Deutschland seinen Kopf gekostet. Denn da er inzwischen seine niedlich anmutende Provinzialität abgelegt hatte und dabei war, zu einer gewaltigen Spielbewegung zu werden, paßten Spielabsprachen à la:

Der FC Abazia fordert hiermit den FC Alexandria zum letzten Male zu einem Gesellschaftsspiel auf. Sollte letzterer nicht erscheinen, so erklären wir diesen für besiegt[11]

absolut nicht mehr ins Bild.

Es war einfach Zeit, eine straffere Organisation zu schaffen, zumal auch noch keine einheitlichen Spielregeln existierten. Da kam es dann schon einmal vor, daß die Spielkapitäne vor dem Anstoß zu verhandeln hatten, nach welchen Regeln man eigentlich spielen wollte. Man braucht nicht viel Phantasie, um sich vorzustellen, was für ein Tohuwabohu dabei herrschte! Es mußte also dringend etwas passieren. Dabei waren alle auch mehr oder weniger davon überzeugt, daß die unabdingbare Voraussetzung dazu ein reichsweiter Verband sei. Nun rückt die Messestadt Leipzig ins Rampenlicht. In Sachsen hatte man zwar weder einen Landesverband noch eine Meisterschaft, betrachtete dafür die ganze Angelegenheit aber mit erheblich mehr Weitsicht als im selbstherrlichen Süden bzw. in Berlin. Die ersten Impulse zur DFB-Gründung gingen von der 1897 eingerichteten *Deutschen Sportbehörde für Leichtathletik* aus.

Leipzig im Januar 1900

Auf einem von der *Deutschen Sportbehörde für Leichtathletik* 1899 in Leipzig ausgerichteten Sportfest trafen sich nämlich der Berliner Demmler und die Leipziger Büttner und Kirmse, um den vielen Worten endlich Taten folgen zu lassen. Am 18. Januar 1900 war es soweit: In der "Wochenschrift für Fußball, Cricket, Athletik, Lawn-Tennis, Croquett, Schwimmen, Radfahren und Billard" erschien eine vom *Verband Leipziger Ballspiel-Vereine* unterzeichnete Einladung zum "1. Deutschen Fußballtag". Motto der Veranstaltung: "Ob und wie ist eine Einigung sämtlicher Fußballvereine Deutschlands möglich?" Gastgeber Johannes Kirmse vom örtlichen Verband mietete den großen Versammlungssaal der Gaststätte *Mariengarten,* und gemeinsam hoffte man auf rege Teilnahme.

Um diese sicherzustellen, waren neben den reinen Fußballvereinen bzw. -verbänden, auch noch die Rugbyvereine sowie die deutsch-böhmischen und deutsch-österreichischen Clubs eingeladen worden.

Am Morgen des 28. Januar 1900 wachte Johannes Kirmse sicherlich etwas früher als normalerweise auf. Nachmittags sollte es losgehen, und erst als im Laufe des Tages Aktive und Funktionäre aus dem ganzen Reich in der Messestadt eintrudelten, beruhigte er sich ein wenig, denn die ganze Angelegenheit schien ein großer Erfolg zu werden.

Als er die Sitzung am frühen Nachmittag eröffnete, lauschten ihm 36 Herren, die 86 Vereine vertraten. So ist es zumindest den Annalen zu entnehmen, obwohl im Gründungsprotokoll lediglich 52 Vereine aufgeführt sind und sechs weitere genannt werden, die vor dem Ja-Wort Rücksprache mit ihren Mitgliedern halten wollten. Eine Analyse des Gründungsprotokolls zeigt deutlich, wo der deutsche Fußball seine Hochburgen hatte: Von den 52 laut Protokoll sogleich beigetretenen Klubs kamen 15 aus Thüringen und Sachsen (der sogenannten "Mitte"), zwölf aus dem Norden[13] sowie jeweils elf aus dem Süden und Berlin.

Darüber hinaus waren noch zwei Böhmen und ein Südostler mit von der Partie, während der Westen und die Baltenregion durch Abwesenheit glänzten. Daß Fußball ein städtisches Vergnügen war, kann das Dokument ebenfalls nicht verheimlichen, denn neben den elf Berlinern waren Hamburg mit acht und Leipzig mit fünf Abgesandten am zahlreichsten vertreten. Es folgen Braunschweig und München mit jeweils drei, sowie Pforzheim, Prag, Magdeburg und Dresden mit je zwei Clubfunktionären. Man darf die DFB-Gründung sogar als Großstadtsache bezeichnen, denn mit Aschersleben, Naumburg, Mühlhausen/Thüringen und Mittweida waren lediglich vier kleinere Orte vertreten, die zudem den Vorteil einer relativ kurzen Anreise hatten.

---

60 Vereine traten dem DFB unmittelbar nach Gründung bei, dem Gründungsprotokoll folgend waren es allerdings nur 52:

Verband Süddeutscher Fußball-Vereine (in Leipzig vertreten durch Dr. Manning und Walter Bensemann) und die ihm angeschlossenen Vereine: Frankfurter FC, Hanauer FC 93, Mannheimer FG 1896, Karlsruher FV, Pforzheimer FC Frankonia, 1. FC Pforzheim, Straßburger FV 93 und Freiburger FC

Deutscher Fußball- und Cricket-Bund und die ihm angeschlossenen Vereine: Alemannia FC 1893, Vorwärts Berlin und Hertha FC Berlin

Hamburg-Altonaer Fußballbund und die ihm angeschlossenen Vereine: Altonaer FC 93, FC Eintracht, SC Germania, Hamburger FC 1880, Hammonia, St. Georger FC und FC Victoria Hamburg

Einzelne Vereinsvertreter: Sport Excelsior Friedenau, BFC Preussen Berlin, VfB Pankow, Kolumbia Berlin, Deutschland Berlin, Berliner FC Frankfurt, Komet Berlin, Toskana Berlin, DFC Prag, DFC Germania Prag, SC Erfurt, FC Viktoria 1896 Magdeburg, Fußball- und Cricket-Club Viktoria Magdeburg, DFV Hannover 78, Dresdener FC 93, Dresdener SC, Lipsia Leipzig, Leipziger BC, Wacker Leipzig, Olympia Leipzig, Sportbrüder Leipzig, Brunsviga Braunschweig, Eintracht Braunschweig, Germania Braunschweig, FC Bavaria München, 1. FC München, Nordstern München, SC Naumburg, FC Germania Mühlhausen/Thüringen, SV Blitz Breslau, Ascherslebener SC, FC Britannia Chemnitz, Mittweidaer DC

BFC Germania 88 Berlin (Dremmler) und der Frankfurter Verband (Wamser) mit seinen ihm angeschlossenen Vereinen: FC Frankfurt 1880, Viktoria, FC 1899, Bockenheimer FC, Hanauer FC 99 und Hanauer FC Viktoria wollten erst die Genehmigung ihrer Mitglieder einholen. Der Verband Bremer Fußballvereine mit seinen ihm angeschlossenen Vereinen: Bremer SC, FV Bremen, Spiel und Sport, Germania u.a. stellte seinen baldigen Beitritt in Aussicht. Der Verband Deutscher Ballspiel-Vereine (in Leipzig anwesende Vertreter: Boxhammer, Sasse) und die ihm angeschlossenen Vereine: Akademischer BC, TuFC Britannia 92, Akademischer SC Concordia, Phönix, Rapide, Stern, FC Tasmania Rixdorf, TuFC Union 92, BTuFC Viktoria 89, Burgund trat am 17. Juni 1900 bei, nachdem einige Satzungsänderungen vorgenommen worden waren.[12]

Die längste Strecke hingegen mußten die Vertreter des Freiburger FC, des Straßburger FV[14] und der drei Münchner Vereine Bavaria, 1. FC und Nordstern zurücklegen, wohingegen der SV Blitz Breslau den fußballerisch am geringsten entwickelten Teil Deutschlands vertrat. Daß unter den Anwesenden auch ein Herr Ferdinand Hueppe aus Prag war, paßte den Berliner Vertretern ganz und gar nicht. Sie forderten, die böhmischen und österreichischen Vereine von der Teilnahme auszuschließen und überhaupt die Gründung eines Fußballbundes zurückzustellen, um sich zunächst einmal um einheitliche Regeln zu kümmern.

Über zwei Stunden lang diskutierte man leidenschaftlich, dann trat etwas Unvorhergesehenes ein: Die Anwesenden hatten Hunger. Vor allem Frankfurts Wamser muß Magenknurren gehabt haben, denn er erhob sich und forderte die Versammlung feierlich auf, sofort über die Gründung eines Verbandes abzustimmen. Eilig wurden die entsprechenden Vorkehrungen getroffen, dann folgten einige Minuten voller Bangen und Hoffen, ehe Johannes Kirmse mit strahlenden Augen verkündete, daß die Gründung eines "Bundes Deutscher Fußballspieler" mit 64 zu 22 Stimmen beschlossen worden war.

Nun konnte man sich endlich dem Vergnügen zuwenden, denn der Rest des Tages war frei. Erst am folgenden Tag traf man sich erneut, um die Details zu besprechen. Man diskutierte über den Namen der frischgegründeten Vereinigung, einigte sich auf *Deutscher Fußball-Bund* und schloß pünktlich um 17.05 Uhr den "1. Allgemeinen Deutschen Fußballtag". Alle Anwesenden blieben sitzen, denn im gleichen Atemzug war der 1. Bundestag des DFB eröffnet worden.

Man beachte das disziplinierte Publikum beim Spiel zwischen Preussen und Concordia Berlin

Erste Maßnahme der Frischvereinten war die Wahl eines Ausschusses, der den Verband bis zur endgültigen Einrichtung eines Vorstandes lenken sollte. Die Wahl fiel auf Ferdinand Hueppe. Seine Wahl gibt gleichzeitig Antwort, was aus den erwähnten Berliner Bedenken geworden war: Mit 16:69 hatten sich die reichsdeutschen Vertreter für einen großdeutschen DFB ausgesprochen und den deutschen Vereinen aus Prag und Wien damit die DFB-Tür geöffnet.

Endlich einheitliche Regeln

Die wichtigste Aufgabe erhielten anschließend die Herren Manning, Boxhammer, Perls und Heineken: Schaffung von einheitlichen Spielregeln. Knapp acht Monate nach der Gründungsversammlung war es soweit: Stolz konnten die dem englischen Vorbild angelehnten Regeln präsentiert werden, nach denen sich fortan jeder deutsche Fußballspieler zu richten hatte. Ansonsten kümmerte man sich in den ersten Jahren vorwiegend um organisatorische Dinge und die schwierige Aufgabe, die vielen lokalen Verbände zu regionalen zu vereinen. Im Norden gab es beispielsweise Einzelverbände in Hamburg-Altona, dem Herzogtum Braunschweig, Bremen, Unterweser, Kiel, Hannover und Mecklenburg, aber keinen landesweiten. Ganz abgesehen davon, daß Teile der norddeutschen Tiefebene damit gänzlich verbandslos waren, hatte der DFB rasch die Nase voll davon, immer mit sieben Einzelverbänden verhandeln zu müssen.

Er forderte die Nordlichter ultimativ auf, sich zu einem Verband zusammenzuschließen, ansonsten würden Sanktionen in Form von Ausschlüssen aus DFB-Wettbewerben folgen. Das half: Am 15. April 1905 schlossen sich die sieben zum *Norddeutschen Fußball-Verband* zusammen, und der DFB gab Ruhe. Auch in den balltreterischen Randgebieten Schlesien und Baltenland herrschte bald Ordnung, denn am 18. März 1906 konstituierte sich zunächst der *Südostdeutsche Fußball-Verband* und nachdem zwei Jahre später der *Baltische Rasensportverband* das Licht der Welt erblickte, waren die Regionalverbände komplett.[15]

Von einer Region haben wir noch gar nichts erfahren: Dem Westen. Im heutigen Fußballparadies war die Lederkugel nur ganz mühsam ins Rollen gekommen, denn es gab zwar eine Menge Arbeiter, die hatten aber vor lauter Malocherei keine Zeit zum Balltreten. Und höhere Schulen, über die sich die Kickerei bekanntlich verbreitet hat, gab es an Rhein und Ruhr auch nicht allzuviele, von wenigen Ausnahmen in Köln, Dortmund und Düsseldorf einmal abgesehen. Insofern war es kaum überraschend, daß die Westdeutschen am 28. Januar 1900 in Leipzig gefehlt hatten, denn sie waren noch sehr damit beschäftigt, in ihrer eigenen Region aufzuräumen. Zwar hatten am 23. Oktober 1898 acht Klubs der Rheinregion gemeinsam mit dem Dortmunder FC 1895[16] den *Rheinischen Spielverband* ins Leben gerufen, doch mit einer Landesmeisterschaft hatte es noch nicht geklappt.

Allerdings sollte sich die Verbandsgründung als Initialzündung erweisen, denn am 21. Oktober waren dem Verband schon derart viele nichtrheinische Vereine beigetreten (vor allem aus der Emscher-Ruhr-Region), daß er sich in *Rheinisch-Westfälischer Spielverband* umbenennen mußte. Sieben Jahre später erhielt er mit *Westdeutscher Spielverband* seinen endgültigen Titel, denn inzwischen waren auch die westdeutschen Randgebiete im Emsland, Südniedersachsen und Nordhessen wach geworden.

Angesichts der erheblichen Ausmaße, die das westdeutsche Verbandsgebiet nunmehr angenommen hatte (immerhin verlief eine Partie zwischen dem *Casseler FV 1895* und der *Spielvereinigung Gießen* genauso unter westdeutscher Führung, wie *Alemannia Aachen* gegen *Sparta Nordhorn*), dürfte klar sein, daß der WSV bald an führende Position innerhalb des DFB rückte. Obwohl es mit sportlichen Erfolgen der Westmannschaften noch bis in die 30er Jahre dauern sollte!

Zwischenzeitlich waren vom DFB die ersten Meisterschaftsendrunden ausgerichtet worden und der reizvolle Titel des "Bundesmeisters" trug sicherlich erheblich dazu bei, daß Fußballvereine allerorten wie Pilze aus dem Boden schossen. Die gesamte Spielbewegung war in wenigen Jahren nicht nur zu einem ernsthaften Konkurrenten für die Turnbewegung herangewachsen, sie hatte sie an manchen Orten an Attraktivität gar schon überholt. Bevor wir uns mit der zeternden *Deutschen Turnerschaft* beschäftigen, noch ein resümierender Rückblick: Schon ein Blick auf die "Ewige Tabelle der Fußballbundesliga" verdeutlicht, was in den Jahren zwischen 1895 und 1910 geschehen war: Mit Ausnahme der "Sonderfälle" Hansa Rostock und Dynamo Dresden[17] sind sämtliche Bundesligisten in dieser Zeit gegründet worden, und auch in den

> *Die Platzfrage war für einige Vereine derart kompliziert geworden, daß sie sich zusammenschließen mußten. 1908 beispielsweise fusionierte der FC 04 Singen mit dem Nachbarn FC Radolfzell, weil dieser über einen Spielplatz verfügten. 1910 konnte man in Singen ein eigenes Spielgelände erwerben und trennte sich wieder von den Radolfzellern.*

zweit- und dritthöchsten Spielklassen finden sich fast nur Vereine, die in diesem Zeitraum das Licht der Welt erblickten. Die Klubs erfreuten sich nicht nur allergrößter Beliebtheit bei Aktiven, sondern wuchsen langsam auch in eine gesellschaftliche Rolle hinein. In einem Göttinger Stadtführer aus dem Jahre 1906 findet sich beispielsweise zwischen "Deutsch-österreichischer Alpenverein", "Ärztlicher Verein" und "Deutscher Kolonialgesellschaft" auch der "Fußballverein"![18]

Zwar war die Kickerei noch immer ein eher städtisches Vergnügen, doch wie Hubertus Grimm aus dem Kreis Höxter zu berichten weiß, begann sich auch dies allmählich zu ändern:

> *Doch nicht nur in den Städten des Kreises, sondern auch auf dem Dorfe wurde schon frühzeitig dem Fußball nachgejagt. So wird aus Bellersen berichtet, daß die männliche Jugend des Ortes nicht zu halten war, als ein im Ruhrgebiet arbeitender Bellerser einen Lederball mit nach Hause brachte. Um 1910 fand die Entwicklung ihren vorläufigen Höhepunkt in einem Spiel auf 'Hoffmeß Wiesen' gegen Fußballer aus Rheder.[19]*

Platzprobleme

Fußball hatte sich also flächenmäßig über das gesamte Reich verteilt und sogar erste Anzeichen seiner künftigen Rolle als Zuschauersport gezeigt. Gesellschaftlich betrachtet war es aber immer noch eine eindimensionale Sache, denn außer dem Bildungsbürgertum trat kaum jemand gegen den Ball. Vielleicht half den meist aus Kaufmannsfamilien entstammenden Fußballfans ja ihre weitaus tolerantere Einstellung, denn obwohl durchaus national eingestellt, zeigten sie keinerlei Berührungsängste gegenüber anderen Nationen.

Die frühen Gastspiele englischer, französischer und anderer Fußballmannschaften in vielen Orten des Reiches belegen dies. Die Turner hingegen wetterten was das Zeug hielt gegen die "undeutsche" Kickerei.

Mit wachsender Popularität des Fußballspiels verschärfte sich der Konflikt, ehe er schließlich 1924 in der im übernächsten Kapitel beschriebenen "reinlichen Scheidung" gipfelte. Neben den Turnern erwiesen sich immer wieder die Behörden als Hemmschuh. Wobei sich bei dieser Gelegenheit mal wieder zeigt, wie eng Sport und Politik miteinander verbunden sind. Ein Beispiel: 1908 beantragte der SC Arminia Berlin eine seinerzeit noch notwendige "Spielkonzession" beim örtlichen Generalstab.

Wenige Tage später erhielten die verdutzten Arminen eine von Generalmajor von Eberhardt persönlich unterzeichnete Absage mit der Begründung:

Die durch das Schreiben vom 11. 3. d. J. erneut nachgesuchte Erlaubnis zum Spielen auf dem Tempelhofer Felde kann nicht erteilt werden, weil sich unter den Mitgliedern des Vereins ein Sozialdemokrat befindet.[21]

Auch ohne Politik hatten die Vereine Probleme genug. Was sich im 19. Jahrhundert schon angedeutet hatte, wurde nun zum ärgsten Widersacher: Die Platzfrage. Greifen wir das Beispiel des Marburger Fußballclubs heraus, der seine nach langen Verhandlungen endlich erreichte Spielgenehmigung auf dem Gelände des Bauern H. Blaufuß nach wenigen Spielen wieder abzugeben hatte. Blaufuß begründete dies wie folgt:

Gestatten sie mir ihnen die Mittheilung zu machen daß ich meine Wieße an Herrn Knau vermietet habe als Viehweide. Es sei so besser, denn die Kühe düngen was sie vertrambelt haben wieder, was ihr nicht thut. Ich han auch gesehen, wie verhunzt die Scherzenwiese sein thut, weil sie nicht gemistet wird.[22]

Wie den Hessen erging es mehr oder weniger allen Klubs, denn einen eigenen Platz zu kaufen, war für die meisten nicht drin. Sie waren also darauf angewiesen, tolerante Bauern zu finden, die ihnen ihre Brachflächen vermieteten. Wozu das führte, ist in der englischen Vereinslandschaft weitaus lebendiger als in der deutschen: Auf der Insel kicken nämlich mit den Wolverhampton und Bolton Wanderers noch heute zwei Teams in der *First Division*, deren frühe (Zwangs-) Wanderschaften sich im Namen manifestiert haben.[23]

In Deutschland trat eine Verbesserung der Lage erst 1911 ein: Da nämlich forderte ein Erlaß des preußischen Ministers "der geistlichen, Unterrichts- und Medizinal-Angelegenheiten betreffend Jugendpflege":

Die Entwicklung der Mitgliederzahlen des DFB bis 1920:		
Jahr	Vereine	Mitglieder
1903	60	
1904	194	9.317
1905	276	13.644
1906	433	24.462
1907	555	32.779
1908	730	44.261
1909	881	58.770
1910	1.053	82.326
1911	1.361	109.577
1912	1.630	137.633
1913	2.233	189.294
1920	3.087	467.962

Dem heranwachsenden Geschlecht ein fröhliches Heranreifen zu körperlicher und sittlicher Kraft zu ermöglichen und daher kommunale Spielplätze, Turnhallen und Schwimmbäder zu bauen.[24]

Anschließend entstanden überall Spielstätten, aus denen nicht selten später Stadien wurden. Für die Vereine bedeutete dies eine erhebliche Entlastung, denn sie konnten sich nun weitaus konzentrierter auf ihren eigentlichen Zweck besinnen.

Des Kronprinzen neue Kleider

Neben der allmählichen Beseitigung der Platzproblematik durch die Behörden erhielt der Fußballsport aber noch von einer ganz anderen Seite Unterstützung. Der bis in heutige Tage als "Proletensport" verschrieene Balltreterei halfen nämlich ausgerechnet Mitglieder verschiedener Dynastien auf die Sprünge! 1905 hatte alles begonnen:

Enthusiastisch feierte man das große Ereignis des Erscheinens Sr. Kaiserl. Hoheit des Kronprinzen beim internationalen Spiel Germania 88 - Civil Service am 30. April 1905 auf dem Germanenplatz, das Germania mit 3:2 gewann. Und welche Auszeichnung, der Kaisersohn blieb nicht nur wie vorgesehen 30 Minuten, sondern war interessierter Zuschauer bis zum Schluß. Ja, er versprach - welche Huld - gelegentliches Wiederkommen.[25]

Prinz Friedrich Karl von Preußen ging gar einen Schritt weiter, indem er dem SC Charlottenburg beitrat und höchstpersönlich dem Ball nachjagte! Anschließend wuchs des Fußballs Popularität rapide an.

Eigentlich sollte man darüber aber eher traurig sein, denn es belegt eindrucksvoll, wie obrigkeitsgläubig die Deutschen seinerzeit waren. Kaum spielte ein Adeliger, schon waren sämtliche Bedenken ausgeräumt... Als Kronprinz Wilhelm 1909 sogar einen Wanderpokal für Ländermannschaften stiftete,[26] war die Kickerei durch nichts mehr aufzuhalten.

Seine Königliche Hoheit Prinz Friedrich von Preußen als Fußballspieler

Das, wofür die ersten Balltreter so lange mühsam und nur wenig erfolgreich gekämpft hatten, war nun quasi im Handumdrehen geschehen: Fußball wurde eine gesellschaftlich angesehene und geachtete Freizeitbeschäftigung! Sogar das Heer und die Marine entdeckten ihr Herz für die Kickerei und führten Meisterschaften durch, bei denen sie vom DFB unterstützt wurden. Denn daß Soldaten auf Heimaturlaub hervorragende Werbeträger waren, hatten die DFBler längst erkannt.

Damit sind wir wieder beim inzwischen etablierten und einzigen reichsweiten Fußballverband angelangt, dem die letzten Zeilen dieses Kapitels gewidmet sein sollen.

1906 ging es dem DFB bei fast 25.000 Mitgliedern schon recht gut. Der Vorstand freute sich. (v.l. Roth, Sanß, Hinze, Boxhammer und Kubaseck)

Nachdem sowohl die Regionalverbände eingerichtet als auch eine Deutsche Meisterschaft geschaffen war, widmete man sich höheren Aufgaben. Da war beispielsweise die Bildung einer "Bundesauswahlmannschaft", heutzutage würde man sie als Nationalmannschaft bezeichnen. Eigentlich hätte man schon 1904 gerne eine Adlerelf zu den Olympischen Spielen in das amerikanischen St. Louis geschickt, doch dafür fehlte das Geld. Ein Jahr später faßte man dann auf dem 9. Bundestag zumindest den Beschluß, eine solche Auswahlmannschaft aufzubauen, doch erst drei Jahre später debütierten elf Mannen im weißen Trikot mit dem Adler auf der Brust.

Gegner am 5. April 1908 waren vor 3.500 Neugierigen die Schweizer Eidgenossen, gegen welche die mit Kickern aus dem ganzen Reich bestückte Elf (nur die Balten und Südostler waren nicht vertreten) beim 3:5 allerdings keine Chance hatte. Dennoch konnte sich der verantwortliche Betreuer Dettinger (einen Nationaltrainer leistete sich der DFB erst achtzehn Jahre später!) über die Treffer von Fritz Becker (2) und Fritz Förderer, vor allem aber das langersehnte Länderspieldebüt freuen.

Daß der DFB, obwohl selbst durchaus national, nicht in das deutschtümelnde Verhalten der Turnerschaft verfallen war, bewies er im Januar 1904: Kaum hatten sich im fernen Paris Abgesandte aus Belgien, Dänemark, Frankreich, Spanien, der Schweiz und den Niederlanden auf die Gründung der *Fédération International de Football Association* (FIFA) geeinigt, tickerten die gleichzeitig in Kassel tagenden DFBler ihr Beitrittsgesuch gen Frankreich.

Ihr Interesse am internationalen Geschehen sollte den Fußballern künftig noch erheblichen Ärger bereiten, denn so gern gesehen war dies Anfang des Jahrhunderts wahrlich nicht. Zumal auch der DFB nicht ganz ohne war. Wiederholt verweigerte man seinen Mitgliedern das Kräftemessen mit tschechischen Fußballteams[27], und auch der als Kosmopolit bezeichnete Karlsruher Walter Bensemann rief mit seinen internationalen Kontaktgesuchen immer wieder Ärger hervor.[28]

Schlachtfelder statt Spielfelder

Ein Jahr bevor der Deutsche Kaiser seine männliche Jugend in das "Stahlbad Krieg" schickte, hatte der DFB seinen ersten Höhepunkt erreicht. Aus den sechzig am Gründungstag beigetretenen Vereinen waren 2.233 geworden, in denen fast zweihunderttausend Balltreter aktiv waren. Regional betrachtet hatte der Süden seine führende Position zwar halten können, war aber dicht gefolgt vom "Newcomer" Westdeutschland. Dort kickte man bereits in 230 Ortschaften gegen die Lederkugel, während es im Süden nur 220 Gemeinden waren. Reichsweit waren die 2.233 Vereine auf 793 Orte verteilt, wovon also die Hälfte im Westen und im Süden lagen. Demgegenüber schnitten die restlichen Gebiete vergleichsweise schwach ab: Mitte 140 Orte, Norden 94, Berlin-Brandenburg 39, Baltenverband 37 und Südosten 33.

Im August 1914 wurde Fußball von einem auf den anderen Tag unwichtig. Die von einigen europäischen Mächten (u.a. auch Deutschland) betriebene Kriegspolitik hatte Früchte getragen. Überall legte man sich mächtig ins Zeug, die angehäuften Waffen endlich einzusetzen. Der DFB und die meisten Aktiven hatten sich der allgemeinen Kriegslust angepaßt, und so zog man mit fliegenden Fahnen ins Getümmel, aus dem es für viele keine Wiederkehr gab.

Der Fußball hatte - sicherlich nicht zum Verdruß der Funktionäre - auch diesbezüglich seine Anerkennung erfahren, wie dem Artikel des kaiserlichen Kriegsministers Falkensteyn im DFB-Jahrbuch von 1913 zu entnehmen ist:

Als besonderen Vorteil bei ihrem Sport schätze ich die Unterwerfung unter die Anordnungen des Parteiführers, des Schiedsrichters und in größeren Verhältnissen des Bundesvorstands. Das sind disziplinfördernde Eigenschaften, deren eifrige Weiterpflege von ihrer Seite dem Heeresersatz zum Vorteil gereichen werden.[29]

ANMERKUNGEN

(1) Aus der Frühzeit der Spielverbände liegen nur wenige Zahlen vor. Erst nach DFB-Gründung wurden die Mitgliederzahlen festgehalten (siehe Tabelle in diesem Artikel). Doch in jeder Quelle wird übereinstimmend von einem starken Wachstum der Spielbewegung gesprochen.

(2) Wie beispielsweise den 1. FC Nürnberg, Werder Bremen oder der Kölner BC (später 1. FC). Auch lösten sich seinerzeit viele Spielabteilungen aus den Turnvereinen, wie der FC Bayern München aus dem MTV München.

(3) Zeilinger (1992), Seite 10.

(4) Röwekamp, Ballnus (1993).

(5) Schreibweise bis 1926.

(6) Wieviele Vereine seinerzeit bestanden war leider nicht festzustellen, in jedem Fall waren es weitaus mehr als die genannten fünf.

(7) Am 4. November 1890 von dem gebürtigen Frankfurter Georg Leux gegründet. Mußte sich 1892 aufgrund Mitgliederschwund aufgelöst werden.

(8) Auch dieser Verband richtete im übrigen eine "Deutsche Meisterschaftsrunde" aus, die 1891 vom English FC gewonnen wurde. In den nächsten fünf Jahren gewann dann der TuFC Viktoria 89 sämtliche Meistertitel. 1898 traten bis auf fünf Vereine alle Mitglieder aus, 1903 wurde der Fußball- und Cricketbund aufgelöst.

(9) Gleichzeitig existierten noch der Märkische Fußball-Bund und der Verband Berliner Athletik-Vereine, die ebenfalls Meisterschaften austrugen. Am 20. April 1911 schlossen sich beide - auf sanften Druck des DFB - dem VDB, der seit 1902 *Verband Berliner Ballspielvereine* hieß, an, woraufhin eine Umbenennung in *Verband Brandenburgischer Fußball-Vereine* erfolgte.

(10) Die anderen sechs Vereine waren: 1. FC Pforzheim, Fidelitas Karlsruhe, FC Heilbronn, Hanau 93, Germania Karlsruhe und Mannheimer FG 96. 1914 benannte sich der VDFV um in *Süddeutscher Fußball-Verband*.

(11) Konnehel (1950), Seite 21.

(12) Präsenzliste entnommen aus: 25 Jahre Deutscher Fußballbund.

(13) "Der Norden" ist irreführend, da neben den acht Hamburger Vertretern nur noch Hannover (einer) und Braunschweig (drei) vertreten wurden.

(14) Straßburg (Elsaß-Lothringen) gehörte seit 1871 (mal wieder) zu Deutschland. 1918 fiel es wieder an Frankreich, dem es, unterbrochen von einer kurzen Periode im 2. Weltkrieg, immer noch angehört.

(15) Im Südosten hatten sich 1903 (Breslau) und 1904 (Niederlausitz) lokale Verbände gegründet, im Baltenland war dies in Stettin (1903) und Königsberg (1907) geschehen.

(16) 1. FC M.-Gladbach, Duisburger TV 48, Kölner TV, Düsseldorfer TV 47, Bonner TV, Rheydter FC, TG Düren, Hochfelder TB und genannter Dortmunder FC 1895 waren die Gründer.

(17) Durch im Kapitel *Leistungskollektive im Kampf um den Meistertitel* beschriebene Umstände beginnt die Geschichte dieser beiden Bundesligen erst 1945.

(18) Führer durch Göttingen (1906).

(19) Grimm (1994), Seite 14.

(20) Wobei hinzugefügt werden muß, daß in England kaum jemand turnte, da es ein vornehmlich deutsches Vergnügen war.

(21) Aus: Rosenzweig (1972), Seite 14.

(22) Aus: Fischer (1983), Seite 10.

(23)   Neben den beiden genannten existieren noch viele andere "Wanderer"-Mannschaften, in der *Second Division* beispielsweise die Wycombe Wanderers.

(24)   Günter (1994) Seite 403.

(25)   Rosenzweig (1972), Seite 30.

(26)   Der heutige Länderpokal.

(27)   Damit wird eine Frage berührt, die im gesamten Kapitel noch nicht zur Sprache kam: Das Profitum. Weil die tschechischen Clubs Profis in ihren Reihen hatten, verbot der DFB mit Verweis auf seine Amateursatzung den Kontakt. Es dürften allerdings auch "nationale" Grunde einen Rolle gespielt haben, denn während die Spiele gegen die Slawen verboten waren, konnte man ungehindert gegen britische Profiteams spielen.

(28)   Bensemann war einer der bedeutendsten Fußballpioniere. Überall wo er hinkam gründete er Fußballclubs. Zunächst in der Schweiz und Frankreich, später in Deutschland (Karlsruhe). Seine Fußballiebe hatte er aus England mitgebracht, wo er in Colleges Kontakt zum runden Leder erhalten hatte. Er bemühte sich, Kontakte zu ausländischen Mannschaften herzustellen und lud 1899 als erster eine englische Mannschaft zu Spielen nach Berlin, Prag und Karlsruhe ein. Am 14. Juni 1920 erschien unter seiner Redaktion erstmalig der *Kicker*. Bensemann mußte 1933 wegen seiner jüdischen Mutter Deutschland verlassen und emigrierte in die Schweiz.

(29)   Entnommen der zur WM 1978 erschienenen Broschüre *Fußball und Folter*.

Gefälschte Telegramme und andere Geschichten
(Die Endrunden von 1903 bis 1914)

Pfingstsonntag 1903. Ungeduldig warten zweiundzwanzig Männer in den Katakomben des Altonaer Exerzierplatzes.[1] Es ist kurz nach vier Uhr und eigentlich sollten sie seit einigen Minuten um die allererste "Meisterschaft von Deutschland" spielen. Draußen warten 2.000 Menschen, die gekommen sind, um das geschichtsträchtige Ereignis mitzuerleben. Sie haben ihre Jackets ausgezogen, denn die unbarmherzig von Westen her stechende Sonne hat die Luft gehörig aufgeheizt. Genauso ist die Stimmung auf den Rängen. Die zusätzliche Wartezeit zehrte an den Nerven. Sie ist unvermeidlich, denn erst kurz vor Spielbeginn hatte der Altonaer Schiedsrichter Franz Behr entsetzt festgestellt, daß das einzige vorhandene runde Leder völlig untauglich ist. Die Nähte drohten beim geringsten Windstoß aufzuplatzen, und jeder konnte sich ausmalen, was passieren würde, wenn Leipzigs gefürchtete Stürmer ihre Stiefelspitzen dranbekommen würden. Also schickte Behr einen Freund ins nahe Hamburg, um von dort einen neuen, funktionstüchtigen und möglichst original englischen Lederball zu beschaffen. Kurz vor halb Fünf kam er unter großem "Hallo" mit einem schönen braunen Ball unter dem Arm zurück. Mit dreiviertelstündiger Verspätung - die Sonne schien inzwischen etwas weniger unbarmherzig - begann ein Spiel, auf das viele Fußballfreunde schon lange gewartet hatten.

Im Gegensatz zu England, Irland, Schottland, Italien und sogar dem Nachbarn Niederlande war man in Deutschland mit einer Landesmeisterschaft nämlich recht spät dran. Obwohl, andererseits wiederum recht früh, denn in Portugal und Österreich[2] beispielsweise schlummerte man noch immer selig vor sich hin. Es war ein langer und harter Weg für die Verantwortlichen gewesen, ehe am 31. Mai 1903 endlich das Arbeitsergebnis in Form eines Endspiels präsentiert werden konnte. Daß eine Meisterschaft nicht im Handumdrehen eingerichtet werden würde, wußte man freilich schon bei der DFB-Gründung im Januar 1900. Zwei Jahre brauchte man zur Regelung organisatorischer Dinge und der Einrichtung von Regionalverbänden, ehe auf dem 5. DFB-Bundestag am 17. und 18. Mai 1902 erstmalig die Frage der Fragen aufgeworfen werden konnte. Die Einrichtung einer Bundesmeisterschaft! Minuten zuvor war nämlich der Durchbruch gelungen, die Regionalverbände hatten dem DFB endlich das Aufsichtsrecht über das gesamte Reich übertragen, unabdingbare Voraussetzung für einen landesweiten Wettbewerb. Man feierte gar nicht erst lange, sondern machte sich gleich an die Arbeit. Zunächst galt es, einen Teilnahmemodus zu finden, denn schließlich konnte man den großen und mitgliederstarken *Verband Süddeutscher Fußballvereine* nicht gleichberechtigt mit dem relativ unbedeutenden Fußballverband an der Unterweser behandeln. Vor diesem Hintergrund war die Regelung, nach der lediglich Verbände mit mehr als vier angeschlossenen Vereinen Teilnehmer melden durften, durchaus verständlich und stieß auch nur auf wenig Widerstand. Was man vom nächsten Thema nicht sagen kann.

Im eigentlichen Sinne ging es dabei um Geld, doch darüber hinaus war es mehr oder weniger offensichtlich mit moralischen und nationalen Gedanken besetzt. Ich will gar nicht erst auf die Frage eingehen, denn sie ist derart komplex, daß sie den Rahmen dieses Buch bei weitem sprengen würde. Erwähnt werden muß sie: Es ging um die Frage "Amateur oder Profi."

Im Fußballland England gab es seit Einführung der Landesmeisterschaft (1888) Profifußballer, und die dort gemachten Erfahrungen waren recht gut gewesen. Auch in Böhmen und Österreich-Ungarn war man dazu übergegangen, einige Fußballspieler für ihre Vorführungen zu bezahlen, doch beim DFB herrschte die einhellige Ablehnung jeglicher Bezahlung vor. Schaut man sich den gesellschaftlichen Status derjenigen an, die beim DFB das Sagen hatten, macht die Einstellung Sinn.

Im Gegensatz zu England war Fußball in Deutschland nämlich noch immer fast ausschließlich auf bürgerliche Kreise beschränkt. Die kickenden Kaufmannssöhne konnten sich schlicht den Luxus leisten, fürs reine Vergnügen zu spielen. In England hingegen hatte die Arbeiterschaft schon früh eine großartige Gelegenheit im Fußball entdeckt, ihr Geld mit einer weitaus angenehmeren Tätigkeit als der öden und kräftezehrenden Fabrikarbeit zu verdienen, zumal auf der Insel schon erkleckliche Zuschauerzahlen die Regel waren. Es ist reine Spekulation, doch die Frage, was in Deutschland wohl passiert wäre, hätten auch die Arbeiter in den ersten zwanzig Jahren des 20. Jahrhunderts schon nach eigenem Gutdünken Fußball spielen können, ist dennoch reizvoll. Immerhin waren sie es, die die Profifrage immer wieder aufwarfen. 1902 verankerten die braven bürgerlichen Amateure auf dem erwähnten DFB-Bundestag noch folgendes:

A mateur ist jeder, der wissentlich nie um einen Geldpreis oder gegen eine Entschädigung in Geld, Geldeswert oder Gegenständen Fußball gespielt oder zum Zweck des Lebensunterhaltes Unterricht in dem von ihm betriebenen Sportzweig erteilt hat, oder der für Reisen als Spieler eine Entschädigung in Geld oder Geldeswert oder in Gegenständen erhalten hat, die seine Reise- und Unterhaltungskosten nach Ansicht des Bundes-Ausschusses erheblich übersteigen oder für verlorene Zeit entschädigt worden ist.[3]

Wer bislang noch nicht geglaubt hatte, daß der DFB eine typisch deutsche Organisation war, sollte nun wirklich eines Besseren belehrt sein, denn wo sonst kann man solch wunderschöne Bandwurmsätze finden? Fassen wir in kurzen Worten zusammen, was gesagt wurde: Fußballspieler und -trainer: Finger weg vom Geld! Das Thema Geld war damit aber noch nicht vom Tisch. Daß niemand an der Kickerei verdienen sollte, war nun beschlossen, doch die Erstattung entstehender Kosten und vor allem die Verwendung der zu erhebenden Eintrittsgelder mußten noch geklärt werden:

D enjenigen Verbänden, die zu den Spielen um die Meisterschaft des DFB eine Mannschaft stellen, werden die durch evtl. notwendig werdende Reisen entstehenden Unkosten der Eisenbahnfahrt vergütet, dafür fallen alle Einnahmen, die sich aus den Meisterschaftsspielen des DFB ergeben, dem DFB zu.[4]

Würde Egidius Braun den Bundesligisten etwas Vergleichbares vorlegen, sie würden wohl herzhaft über ihn lachen und den DFB-Boss anschließend zum Teufel jagen. Vor 90 Jahren freilich waren die Clubs froh, überhaupt Geld zu bekommen.

Gefälschte Telegramme

Nachdem sämtliche Geldangelegenheiten geklärt waren, konnte man sich endlich dem Sport zuwenden. Gleichzeitig ging damit auch die Verantwortung wieder auf die Regionalverbände über, denn welche Vereine teilnehmen, und wie sie ausgewählt werden sollten, darum mußten sich die Landesväter selber kümmern. Vom DFB kam lediglich die Vorgabe, die Auserwählten bis spätestens 15. Februar 1903 zu melden.

Nun war das freie Spiel der Kräfte in Form einer Landesmeisterschaft 1902 aber lediglich im Süden, der Mitte und in Berlin eingerichtet worden.[5] Deren Sieger, Karlsruher FV, VfB Leipzig und TuFC Britannia 92 Berlin waren rasch ermittelt und galten von vornherein - allein aufgrund der entwickelten Ligastruktur - als Favoriten. Denn die drei anderen Teams, Altonaer FC 1893, Magdeburger FC Viktoria 1896 und Deutscher FC Prag hatten sich lediglich gegen lokale Konkurrenz durchsetzen müssen und waren den Beweis ihrer wahren Klasse noch schuldig geblieben. Kleine Verbände wie der erwähnte *Fußballverband an der Unterweser* oder der *Verband Breslauer Ballspielvereine* verzichteten aus finanziellen Gründen von vornherein auf die Teilnahme, während Westmeister Kölner FC 1899 fehlte, weil sein *Rheinisch-Westfälischer Spielverband* dem DFB noch nicht beigetreten war.[6]

Am 3. Mai 1903 ging es endlich los: Auf der Altonaer Exerzierweide fertigte der heimische AFC 93 seinen Magdeburger Gegner mit 8:1 ab und zog als erster Club ins Halbfinale ein. Eine Woche später zog der VfB Leipzig mit einem 3:1 Sieg beim Berliner Meister Britannia 92 nach. Die dritte Begegnung - Karlsruher FV gegen DFC Prag - hatte es in sich: Der DFB hatte sie nach München vergeben, später aber dem Prager Vorstoß nachgegeben, sie aus finanziellen Gründen nach Prag zu verlegen. Dagegen protestierte verständlicherweise der KFV. Da inzwischen derartig viel Zeit vergangen war, setzte der DFB die Partie kurzerhand als Halbfinalspiel mit Austragungsort Leipzig an. Damit waren alle einverstanden, zumal es bei sechs Teilnehmern sowieso Freilose gegeben hätte. Als am 17. Mai angepfiffen werden sollte, standen die Prager alleine auf dem Leipziger VfB-Platz.

Was war passiert? Gerade als die KFV-Spieler abreisebereit in ihre Jacken geschlüpft waren, trudelte ein Telegramm mit der Mitteilung: "Meisterschaftsspiel verlegt, DFB" ein. Traurig zogen sie ihre Jacken wieder aus und ertränkten die Enttäuschung im Wein. Einige Tage darauf brauchten sie noch mehr Wein, diesmal um ihre Empörung zu ertränken. In den "bundesamtlichen Mitteilungen" des DFB stand nämlich zu lesen, daß sie "wegen Nichtantretens" aus dem Wettbewerb ausgeschlossen und Halbfinalgegner DFC Prag kampflos für das Finale qualifiziert war. Empört kabelte man dem DFB und verwies auf das Telegramm, einzig um die Antwort zu erhalten, daß der DFB von keinem Telegramm wisse. Es war nämlich schlicht und einfach gefälscht, und bis heute ist es ein wohlgehütetes Geheimnis, von wem es stammt. Nur die Prager hatten ihre Freude an der ganzen Geschichte, denn kampflos ins Finale zu ziehen war so ganz nach ihrem Geschmack. Auch sie sollten noch Ärger bekommen.

Böhmen als deutsche Vizemeister

"Viktoria" - so nannte man die Trophäe, um die am 31. Mai 1903 erstmalig gespielt wurde. Ursprünglich war sie für einen ganz anderen Zweck bestimmt, denn ihr Auftraggeber, das *Komitee für die Beteiligung Deutschlands an den Olympischen Spielen 1900* wollte sie eigentlich als Siegespreis für ein Rugbyländerspiel zwischen Deutschland und Frankreich ausloben. Dann überlegte man es sich doch anders und übergab sie dem DFB als künftigen Wanderpokal. Jedenfalls stand die jungfräuliche Viktoria stolz an der Seitenlinie, als sich - mit eingangs erwähnter Verspätung - der VfB Leipzig (6:3-Halbfinalsieger über Altona 93) und der DFC Prag gegenüberstanden.

534   Eintritts · Karte

zum

⚜ **Fussballwettspiel** ⚜

um die Meisterschaft von Deutschland

Pfingstsonntag, 31. Mai 1903

Nachm. 4 Uhr

⚬ ⚬ ⚬ Exerzierplatz Altona. ⚬ ⚬ ⚬

Preis 1 Mk   Vorverkauf 50 Pf.

Diese Karte ist sichtbar zu tragen.

Die Prager hatten die lange Reise nach Hamburg-Altona optimistisch angetreten. Sie galten als eine der besten Mannschaften Europas und hatten sogar schon erfolgreich gegen englische Profiteams gespielt. Zudem war der Griff zur deutschen Meisterkrone nicht ihr erster, denn 1896 hatten sie bereits die böhmische Trophäe gewonnen.[7] Nach zweiundzwanzig Minuten brachte Meyer den DFC auch planmäßig in Führung, doch dann hatten die Böhmen der großen Hitze Tribut zollen: Ausgleich durch Friedrich in der 31. Minute, Leipziger Führungstreffer vier Minuten nach Wiederanpfiff, nach 90. Minuten hatte der DFC mit 2:7 deutlich verloren!

Daß die Prager verloren, freute vor allem die noch immer schmollenden Karlsruher. Der KFV sah sich nämlich als wahren Deutschen Meister an, immerhin hatte er drei Jahre zuvor mit 5:1 beim DFC Prag gewonnen und den VfB Leipzig erst wenige Wochen vor dem Finale mit einer 7:1-Niederlage im Gepäck nach Hause geschickt. Und nun war man ausgeschieden, ohne jemals das grüne Viereck betreten zu haben! Dieses ominöse Telegramm beschäftigte Fußballdeutschland immer noch und rasch kam die schon im Januar 1900 kontrovers diskutierte Frage um die Mitgliedschaft böhmischer Vereine erneut auf. Denn irgendwie waren die Prager wohl verdächtig, obwohl - wie bereits erwähnt - bis heute kein Verantwortlicher ausgemacht werden konnte. Jedenfalls zog der DFB seine Konsequenzen, komplimentierte die Prager aus dem Verband, wählte mit dem Karlsruher (...) Friedrich-Wilhelm Nohe[8] einen neuen Vorsitzenden und ließ fortan nur die "kleindeutsche" Meisterschaft spielen. Erst im Jahr 1938 machten die politischen Verhältnisse wieder eine "großdeutsche" Endrunde möglich, aber das ist eine ganz andere Geschichte. Obwohl: 1939 wurde der DFC Prag nach Einmarsch der Wehrmacht in die goldene Stadt umgehend aufgelöst. Er war nämlich ein jüdischer Club. Soviel zum Umgang der Deutschen mit ihren Pionieren.

Krach um den KFV

Wer gedacht hatte, das Jahr 1903 wäre aufregend gewesen, wurde im Folgejahr eines Besseren belehrt. Wieder spielte der Karlsruher FV die Hauptrolle. In den ursprünglichen Regularien für die Endrunde war festgeschrieben, daß sämtliche Spiele auf neutralen Plätzen stattzufinden hatten. Wie schon im Vorjahr scherte sich auch 1904 niemand darum. Bis der Karlsruher FV am 24. April 1904 mit 1:6 beim Berliner TuFC Britannia 92 unterging. Aufgrund der weiten Anreise hatten die Badenser nur eine dezimierte Mannschaft an die Spree schicken können, die dort zudem völlig übermüdet ankam.

Deutschlands begehrteste Viktoria

Empört legten sie nach Spielende Protest ein und verlangten ein dem Reglement entsprechendes Wiederholungsspiel auf neutralem Platz.

Den DFB packte nun die Wut: Die gesamte Meisterschaftsrunde inklusive Finale wurde abgeblasen, einen Deutschen Meister 1904 würde es nicht geben! Besonders lange Gesichter machten nun die beiden vermeintlichen Finalisten, Titelverteidiger VfB Leipzig und Herausforderer (sowie KFV-Bezwinger) Berliner TuFC Britannia. Die waren nämlich bereits im Endspielort Kassel eingetroffen als der DFB seine Entscheidung fällte. Enttäuscht mußten sie kampflos den Heimweg antreten. doch auch die Karlsruher waren ein wenig traurig, denn sie hatten sich von ihrem Protest mehr versprochen.

1905 ging dann erstmalig alles ziemlich reibungslos über die Bühne, denn der DFB hatte seine Lektion gelernt. Sämtliche Spiele wurden auf neutralen Plätzen ausgetragen und wenn nicht "Titelverteidiger"[9] VfB Leipzig zur Überraschung aller aus finanziellen Gründen auf sein Vorrundenspiel gegen die Braunschweiger Eintracht verzichtet hätte, gäbe es nicht viel zu berichten. Sportliche Sensation der Runde war der Berliner TuFC Union 92. Als krasser Außenseiter gestartet, mauserte er sich zunehmend zum Favoritenschreck. Nach Eintracht Braunschweig räumte er auch den Dresdner SC aus dem Feld und traf am 11. Juni 1905 im Weidenpescher Park zu Köln-Merheim auf den turmhohen Favoriten Karlsruher FV. Im dritten Anlauf war der KFV endlich bis ins Finale vorgedrungen und galt als designierter Meister. In den zeitgenössischen Quellen wird seine Mannschaft als "körperliche Augenweide" bezeichnet, gegen die die Union kaum irgendwelche Siegesmöglichkeiten habe.[10] Es kam ganz anders. Nach zehn Minuten brachte Alfred Wagenseil die Unioner in Führung, die anschließend mit einem Abwehrbollwerk sämtliche Karlsruher Angriffe erfolgreich abwehrten. Besonders Ersatzkeeper Krüger wuchs dabei über sich hinaus, und als Paul Herzog in der 50. Minute per Konter gar zum 2:0 vollendete, war der große Favorit geschlagen! Wieder nichts mit dem Deutschen Meistertitel, Karlsruhes Fußballhimmel war düster.

Organisatorische Klarheit

Langsam stabilisierte sich die Endrunde, und aus rein organisatorischer Sicht war der 26. Januar 1908 ein Festtag. An diesem Tag wurde nämlich mit dem *Baltischen Rasensportverband* der letzte Landesverband ins Leben gerufen, und fortan waren die Qualifikationsbedingungen zur Meisterschaftsendrunde eindeutig geregelt: Die Meister der nunmehr sieben Landesverbände sowie der Titelverteidiger waren automatisch qualifiziert. Mit acht Teilnehmern ließ sich auch hervorragend ein k.o.-System gestalten. Dennoch schwankte die Teilnehmerzahl bis 1925 immer zwischen sechs und acht Mannschaften. Mal wurde ein regionaler Meister erst nach Endrundenbeginn ermittelt (wie Eintracht Braunschweig in der Saison 1912/13), mal war der Titelverteidiger auf regionaler Ebene nur Vizemeister geworden (Phönix Karlsruhe in der Saison 1909/10, wodurch Südmeister und Lokalrivale KFV ebenfalls teilnehmen durfte), mal waren es ganz andere Probleme, wie beispielsweise die von Lituania Tilsit: 1911 konnten die Balten ihr Viertelfinalspiel bei Viktoria 89 Berlin nicht absolvieren, da ihre Aktiven nicht vollständig von der Arbeit frei bekommen hatten. Volkssport war Fußball eben immer noch nicht, zumindest nicht im hohen Nordosten.

4.000 Zuschauer beim 1912er Finale zwischen Holstein Kiel und dem Karlsruher FV (0:1)

Vor einem Resümee noch ein kurzer Blick ins Jahr 1910. Es skandalte mal wieder, und erneut war der Karlsruher FV mit dabei. Just als die Schwarz-Roten zum Südmeisterschaftsspiel beim 1. FC Pforzheim starten wollten, trudelte ein Telegramm in der Karlsruher Telegrafenkaserne ein, auf dem von der Absage des Spiels berichtet wurde (Wem das jetzt bekannt vorkommt: Wir hatten es tatsächlich schon mal!). Diesmal ließen sie sich nicht täuschen, sondern reisten dennoch nach Pforzheim. Wo der 1. FC auch schon auf sie wartete, denn das Telegramm war - wie hätte es anders sein können - erneut gefälscht. Glücklich und wütend zugleich fegten die KFVler ihren Pforzheimer Gegner mit 5:0 vom Platz, wurden Südmeister, schlugen in der anschließenden Endrunde den Duisburger Spielverein (1:0), Lokalrivale Phönix (2:1) und gewannen auch das Endspiel gegen Holstein Kiel (1:0 nach Verlängerung). Endlich hatten sie es geschafft! Es war aber auch verdammt Zeit geworden, denn zwar stießen sie zwei Jahre später noch einmal ins Finale vor, danach aber ging es steil bergab mit ihnen.

Steil bergauf hingegen ging es mit zwei anderen Mannschaften: Der Spielvereinigung Fürth und dem 1. FC Nürnberg. In diesem Kapitel soll nur von den Kleeblättern die Rede sein, denn die große Zeit des Clubs begann erst 1920.

Die Endspiele von 1903 bis 1914		
31.05.1903	VfB Leipzig - DFC Prag	7:2
22.05.1904	VfB Leipzig - Britannia Berlin	agf.
21.05.1905	Union Berlin - Karlsruher FV	2:0
27.05.1906	VfB Leipzig - 1. FC Pforzheim	2:1
02.06.1907	Freiburger FC - Viktoria Berlin	3:1
07.06.1908	Viktoria Berlin - Kickers Stuttgart	3:1
02.06.1909	Phönix Karlsruhe - Viktoria Berlin	4:2
15.05.1910	Karlsruher FV - Holstein Kiel	1:0 n.V.
04.06.1911	Viktoria Berlin - VfB Leipzig	3:1
26.05.1912	Holstein Kiel - Karlsruher FV	1:0
11.05.1913	VfB Leipzig - Duisburger SpV.	3:1
31.05.1914	SpVgg. Fürth - VfB Leipzig	3:2 n.V.

Am 31. Mai 1914 hatten die Fürther ihr großes Ziel erreicht: 3:2-Finalsieg nach Verlängerung gegen den VfB Leipzig, die Viktoria wanderte erstmalig in den Ronhof. Daß sie dort sechs Jahre lang Staub ansammeln würde, hatte dann wiederum andere Gründe. Denn im August 1914 beendete des Kaisers Ausruf "Ich kenne keine Parteien mehr, ich kenne nur noch Deutsche" den gesamten Fußballspielverkehr. Und das Leben vieler Menschen, unter ihnen solch hoffnungsvolle Nationalspieler wie die Kieler Ernst Möller, Georg Krogmann und Willy Fick, die hier stellvertretend für viele genannt sein sollen.

Erster Titelgewinn für die SpVgg. Fürth:
Im Magdeburger Endspiel bezwangen die Franken
den VfB Leipzig mit 3:2 nach Verlängerung

Obwohl es ein trauriger Anlaß ist, gibt der Weltkriegsbeginn Zeit zu einer Analyse der bisherigen Ereignisse im deutschen Spitzenfußball. Elfmal war der Meistertitel vergeben worden, viermal davon in den Süden, jeweils dreimal nach Berlin sowie Mitteldeutschland und einmal in den Norden. Keinesfalls überraschend ist das Fehlen des Westens, denn an Rhein, Ruhr und Emscher war man einfach noch nicht soweit. Am häufigsten war das Emblem des VfB Leipzig auf dem Viktoriasockel befestigt[11] worden, und die Sachsen dürfen - eingefleischte KFV-Fans werden zwar widersprechen - mit gutem Recht als die Ausnahmemannschaft ihrer Zeit bezeichnet werden. Neben ihren drei Endspielsiegen traten sie nämlich noch zwei weitere Male - erfolglos - im Finale an. Dazu kommt das ausgefallene von 1904, für das sie ebenfalls qualifiziert waren. Ihr überragender Akteur war Stürmer *Adalbert Friedrich*, der nicht nur bei allen fünf Endspielen dabei war, sondern mit neunzehn Einsätzen auch die meisten Endrundenspiele überhaupt bestritt.

Der Karlsruher FV! Vom Titel der "tragischsten Mannschaft" können sich die Badenser zwar nichts kaufen, verdient haben sie ihn dennoch. Unangefochten die Nummer 1 im Süden, strebten die Schwarz-Roten Jahr für Jahr das Höchste an - und konnten doch nur 1910 feiern. Besonders tragisch wird ihre Geschichte dadurch, daß sie schon nach dem 1. Weltkrieg kaum noch auf sich aufmerksam machen konnten. Besser erging es da schon der Berliner Viktoria, die zwar nach 1918 ebenfalls mehr oder weniger unterging, mit zwei Meisterschaften bei vier Finalteilnahmen aber einiges mehr vorzuweisen hatte. Dazu stand mit zwanzig Treffern Endrundentorschützenkönig *Willi Worpitzky* in ihren Reihen.

Apropos Tore! Insgesamt fielen in den 86 Endrundenspielen 396, was einem traumhaften Durchschnitt von über fünf pro Spiel entspricht! Vielleicht lag es ja daran, daß das Publikum langsam sein Herz für die Kickerei entdeckte. Zwischen 1910 und 1914 strömten durchschnittlich mehr als 4.500 Besucher zu den Endrundenbegegnungen, wobei am 4. Juni 1911 bei der Endspielbegegnung Viktoria Berlin gegen VfB Leipzig mit 12.000 Neugierigen der Rekord aufgestellt wurde.

Keine Frage, Fußball war auf dem besten Wege, zum Zuschauersport zu werden. Und es sollte noch besser werden.

ANMERKUNGEN:

(1)   Katakomben ist reichlich übertrieben, tatsächlich war das Spielfeld eine grüne Wiese, die mit Band umrandet war. Von Katakomben weit und breit keine Spur. Aber es hört sich schön an.

(2)   England 1888, Irland, Schottland und Niederlande 1890, Italien 1896. Portugal 1906, Österreich 1911. Es handelt sich um Landesmeisterschaften. In Österreich gab es seit 1887 bereits einen Pokalwettbewerb (Challengecup).

(3)   Aus: Rosenzweig (1972), Seite 24.

(4)   Aus: Rosenzweig (1972), Seite 24.

(5)   Im Süden und Berlin seit 1898, in Mitteldeutschland seit 1902. 1903 wurde die erste Westmeisterschaft ausgetragen. Die weiteren Daten: Nord (1906), Südost (1906) und Balten (1908).

(6)   Trat erst am 8. Januar 1904 bei.

(7)   An der Meisterschaft hatten allerdings lediglich vier Mannschaften teilgenommen.

(8)   Bis dahin saß der Prager Ferdinand Hueppe dem DFB vor. Er mußte ebenfalls gehen.

(9)   Da 1904 kein Titel vergeben worden war, stand die Viktoria noch immer in Leipzig.

(10)   Michler (1941), Seite 13.

(11)   Am Sockel der Trophäe wurde nach dem Finale eine mit dem Vereinsemblem besetzte Platte angebracht.

Weimar und sein Fußball
(1918-1933)

Das Fußballfieber erreicht Höchsttemperatur
(Die Lederkugel erzählt aus den goldenen Zwanzigern)

Tumultartig ging es zu im November 1918. Gegen alle Überzeugung war die größte Material- und Menschenschlacht der Weltgeschichte von der Deutschen Armee verloren und, für viele beinahe noch schlimmer, die Monarchie gestürzt worden. Der am Krieg wahrlich nicht unschuldige Wilhelm II. hatte sich in sein niederländisches Exil verdrückt, nachdem er kurz zuvor die Führung des Landes hastig in die Hände einer SPD-Regierung gelegt hatte. Die nun ihrerseits verzweifelt versuchte, Ruhe und Ordnung in einem von Krieg und Niederlagen aufgewühlten Land wiederherzustellen.

Der Wechsel von der autoritären Monarchie zur vermeintlichen Demokratie (überlassen wir eine detailliertere Deutung den Historikern) wirkte sich jedenfalls auch gewaltig auf den Fußball aus. Das machte sich zwar erst zum Ende der zwanziger Jahre verstärkt auch im Spitzenfußball bemerkbar, die Wurzeln der umwälzenden Veränderungen aber liegen in den Jahren 1918/19. Als nämlich die Arbeiterschaft von der neuen Regierung einen 8-Stunden-Arbeitstag gesetzlich zugesichert bekam,[1] da konnten auch die vielen Tausend Kumpel endlich dem Ball nachjagen.[2] Eine Tätigkeit, der sie zuvor kaum hatten frönen können, da ihnen bei einem 10- bis 12- Stunden-Arbeitstag schlicht und einfach die Zeit gefehlt hatte. Mit dem deutschen Fußball passierte daraufhin Revolutionäres. Erstmalig wurde er über die bürgerliche Schicht hinaus auf breitester Ebene gespielt und man darf die Zwanziger daher mit gewissem Recht als die Epoche bezeichnen, in der die Kickerei zum Volkssport wurde. Schließlich beschränkte sich der Wandel nicht allein auf das Aufkommen reiner Arbeitersportvereine, sondern die Werktätigen strömten auch in die bereits bestehenden bürgerlichen Clubs. Genau genommen hat unser heutiger Volkssport - längst entrüstet seinen proletarischen Geruch von sich weisend - seine Seele in den goldenen Zwanzigern bekommen, denn erst durch die Einbeziehung der Arbeiter wurde er "Sport zum Anfassen" und lockte auch das Massenpublikum ins Stadion.

Fußball wird zum Volkssport

Die Weimarer Zeit hat nicht nur schöne Fußballseiten, sondern auch eine eher trübe, die - wie sollte es anders sein - ziemlich viel mit Politik zu tun hat. Deutschland war nach dem verlorenen Krieg hoffnungslos zerstritten, und die fortwährenden Straßenkämpfe, wiederholten Putsche und andauernden Regierungswechsel hinterließen ihre Spuren natürlich auch in der Balltreterei. Sie war, wie man so schön sagt, politisiert. Ein großer Teil der Arbeiterschaft hatte nicht vergessen, wie untätig die besitzende Mittelschicht in den vergangenen Jahrzehnten ihrem verzweifelten Kampf um bessere Lebensbedingungen zugesehen hatte und wollte mit ihnen nichts mehr zu tun haben. Auch auf dem Spielfeld nicht, und so gründeten sie reine Arbeitersportvereine.

Da diese dem DFB oder irgendwelchen anderen bürgerlichen Sportverbänden ebenso ablehnend gegenüberstanden, schufen sie konsequenterweise auch eigene Verbände[3] und organisierten Wettbewerbe. So kam es also, daß 1920 nicht nur der 1. FC Nürnberg deutscher Fußballmeister wurde, sondern auch der TSV Fürth. Bei den Arbeitern eben.

Und weil deren Fußballgeschichte nicht nur äußerst spannend ist, sondern in der Literatur für gewöhnlich auch unter den Tisch fällt, ist ihr das nachfolgende Kapitel ganz allein gewidmet. Das aber bedeutet, daß die folgenden Zeilen ausschließlich vom unter DFB-Aufsicht stehenden Fußball handeln.

Der Krieg und der DFB

Der DFB hatte sich in den Kriegsjahren verändert. Rein äußerlich nicht unbedingt, denn lediglich die Dortmunder Geschäftsstelle hatte zunächst geschlossen, dann aber 1916 in Kiel wiedereröffnet werden können.[4] Die Gralshüter des deutschen Fußballs hatten sich auch um über den Fußball hinausgehende Dinge gekümmert. 1911 dokumentierten sie ihre Zustimmung zur aggressiven deutschen Außenpolitik durch Beitritt zu der paramilitärischen Organisation *Jungdeutschlandbund* und ließen sich anschließend bereitwillig vor des Kaisers Kriegskarren spannen, wie auch ein Blick in ihr Jahrbuch von 1913 zeigt:

Waffenklirrend schreitet die Zeit einher, zerschlägt mit stählerner Faust, was morsch und alt geworden und düngt das Land zu neuer Saat mit Blut und Bein. Freuen wir uns, wenn in deutschem Lande wieder eine stärkere Kampfeslust aufkommt, und heißen den größten Propheten dieser neuen Zeit, den Sport, willkommen.[5]

Als es im Herbst 1914 dann - einige meinten endlich - losging mit dem Krieg, zogen auch die Fußballer voller Begeisterung in die Schlacht. Problemlos hatte die allgemeine Kriegseuphorie für den - mit Ausnahme von Berlin - reichsweiten und vollständigen Abbruch des gesamten Spielbetriebes gesorgt, denn nun zählte nur noch, was unmittelbar zum Kriegserfolg beitragen konnte. Und das tat Fußball dann doch nicht. Die Euphorie wich bald der Ernüchterung, denn schon wenige Monate nach Kriegsbeginn war die deutsche Angriffswelle - vor allem im We-

> Als 1918 die überlebenden Soldatenfußballer geschlagen von der Front zurückkamen und sich freuten, endlich wieder spielen zu können, staunten sie nicht schlecht. Um den Hunger zu mindern, waren ihre Fußballplätze nämlich zu Gemüsefeldern und Kartoffeläckern umfunktioniert worden, und waren ganz und gar nicht mehr für gepflegte Matches geeignet. Doch bald hatte sich der Hunger auf Fußball gegen das Magenknurren durchgesetzt: Kartoffeln und Rüben wurden rausgerupft, Wiesen geglättet, Bälle aufgepumpt und los gings.

sten - ins Stocken geraten, und es hieß, sich auf einen längeren Stellungskrieg einzurichten. Im Norden, Süden und der Mitte versuchten daraufhin die Dabeigebliebenen, den Spielbetrieb wieder in Gang zu bringen. Das war zwar nicht ganz einfach, denn die meisten Aktiven waren natürlich an den Fronten, doch mit Hilfe von Alten Herren und Jugendkickern - und wo das nicht reichte bildete man Kriegssportvereinigungen - gelang es schließlich doch, und schon 1916 hatte man wieder Regionalmeister. Nur im Westen, dem Südosten und dem Kriegsschauplatz Baltenland ruhte die Lederkugel fast völlig bis nach Kriegsende.[6]

Am 11. November 1918 hatte der vom neuen sozialdemokratischen Regierungschef Friedrich Ebert nach Compiègne geschickte Matthias Erzberger die undankbare Aufgabe zu erfüllen, Deutschlands Kapitulation zu unterzeichnen. Zu Hause tobte derweil das Chaos. Innerhalb weniger Tage hatte sich ein am 5. November in Kiel begonnener Matrosenaufstand zu einer ausgewachsenen Revolution entwickelt, die nun im ganzen Land tobte. Am schlimmsten war es in Berlin.

Dort hatten sich am 9. November der konservative Sozialdemokrat Philipp Scheidemann und der linksgerichtete Karl Liebknecht einen Wettlauf mit der Zeit um die Republikgründung geliefert, den Scheidemann gewonnen hatte. Damit war der SPD die Macht über ein Land übertragen worden das drohte, im Chaos zu versinken. Mittendrin stand SPD-Chef Friedrich Ebert. Von der einen Seite des Vaterlandsverrats angeklagt, von der anderen des Revolutionsverrats bezichtigt, versuchte er so gut es ging, Ordnung zu schaffen. Nur einer war fein raus: der Kaiser. Er hatte sich nämlich kurz zuvor in die Niederlande abgesetzt und konnte nun gemütlich mit ansehen, wie sich alle möglichen Seiten um seine Nachfolge stritten. Soweit zu der Geschichte mit der Revolution von 1918/19, die wir an dieser Stelle verlassen wollen. Natürlich geht sie noch weiter, doch was wir über die Geschehnisse im deutschen Fußball jener Jahre wissen müssen, haben wir nun gehört.

> Wie groß die Verunsicherung war, dazu ein Beispiel aus Nordhessen: Weihnachten 1918 trat der Casseler FV Eintracht zu einem Freundschaftsspiel gegen eine Auswahl festgehaltener englischer Kriegsgefangener an. Der Westdeutsche Spielverband, dem die Casseler Vereine seinerzeit noch angehörten, fand das eine Ungeheuerlichkeit, und sperrte die Eintracht für ein halbes Jahr. Weil sie gegen eine Auswahl des "Feindes" gespielt hatte!

Viktoria in engeren Grenzen

Bevor wir uns aber endgültig dem Fußball zuwenden können, ist noch ein kurzer Abstecher in die damalige Weltpolitik nötig. Deutschland war nämlich kleiner geworden. Der Versailler Vertrag vom 28. Juni 1919 hatte nicht nur Reparationen und Truppenbegrenzungen, sondern auch Gebietsabtretungen zur Folge.

Die abgetretenen Kolonien in Afrika und Asien können wir allerdings vernachlässigen, denn dort wurde - zumindest laut vorliegenden Quellen - kein organisierter Ligafußball gespielt.[7] Die ebenfalls festgeschriebenen Grenzlandabtretungen wirkten sich allerdings ziemlich auf den Ligafußball aus. Werfen wir nur einen kurzen Blick auf eine Landkarte: Westpreußen und Posen waren dem wiedergegründeten Polen zugesprochen worden, das Memelgebiet fiel an Litauen, Eupen-Malmedy an Belgien und Nordschleswig an Dänemark.

Turnübung oder Fußballspiel?
Freiburgs Torhüter Nägele fischt den Ball vor dem Angreifer des Stuttgarter Sportclubs aus der Luft.

Die Stadt Danzig kam als Freie Stadt unter den Schutz des Völkerbundes und Elsaß-Lothringen, das 1871 Deutschland einverleibt worden war,[8] mußte wieder an Frankreich zurückgegeben werden.

Zwar verlor Deutschlands Fußball dadurch eine Menge Mannschaften, doch die Nostalgiker unter uns werden wohl nur einem einzigen wirklich nachtrauern: Dem süddeutschen Meister der Jahre 1899 und 1900, dem Straßburger FV 1893. In den anderen Gebieten hatte sich der hochklassige Fußball niemals breitmachen

Derbystimmung! Wenn Bayern auf Wacker München traf, waren die Tribünen voll und Spannung garantiert.

können und Danzigs Vereine durften immer noch - trotz Freistadt-Status - im Baltenverband mitspielen.

Soweit zur Vorgeschichte, von der aus wir nun direkt in die fußballerische Nachkriegszeit springen können. Dem DFB hatte das politische Chaos offensichtlich kaum geschadet, denn die schon vor 1914 beachtliche Steigerungsrate wuchs noch an, und bereits 1920 konnte er sein halbmillionstes Mitglied begrüßen!

Über dreitausend Vereine waren ihm angeschlossen, doch es sollte noch besser kommen. Fußball war auf dem besten Wege, Zuschauer- und Volkssport zu werden, wobei die eingangs erwähnte Einrichtung der 8-Stunden-Woche eine der wesentlichen Voraussetzungen dafür war. Denn als die Arbeitermassen erst einmal genug Zeit zu Training und Spiel hatten, waren sie nicht mehr zu halten, und es dauerte nur noch wenige Jahre, ehe sie den einstmals bürgerlichen Sport in einigen Regionen fast vollständig unter ihren Fittichen hatten.

Ich will nicht vorgreifen, denn der starke Anstieg der Aktivenzahlen hatte noch andere Ursachen. Zum einen die nach dem langen und zermürbenden Krieg plötzlich freigewordene Lebenslust, zum anderen aber hatte die Politik endlich einmal einen positiven Beitrag aufzuweisen: Die Wandlung vom monarchistischen zum demokratischen Staat brachte nämlich eine verstärkte Sportförderung durch die öffentliche Hand mit sich,[9] die sich vornehmlich im Bau von Spielstätten äußerte. Und soviel kann sicherlich schon jetzt gesagt werden: Wenn in den Zwanzigern nicht überall Großstadien geschaffen worden wären, der Fußball hätte sich niemals so gut durchsetzen können, wie er es schließlich tat.

Schmelztiegel Ruhrpott

Wenn wir von Großstadien sprechen, müssen wir unseren Blick unweigerlich auf das Ruhrgebiet richten. Dort wurde beispielsweise 1922 das Duisburger Wedaustadion mit über 40.000 Plätzen eröffnet; 1927 folgte die Dortmunder Rote-Erde, 1928 Schalkes Glück-Auf-Kampfbahn. Nun genügt bereits ein Blick auf die Endrundenteilnehmer der späten Zwanziger, um einen Zusammenhang zwischen Stadionbau und fußballerischer Klasse entdecken zu können: Clubs wie der Meidericher Spielverein, Schalke 04 und BV Altenessen tauchen da plötzlich Seite an Seite mit bekannten Größen wie 1. FC Nürnberg oder VfB Leipzig auf. Wenn man bedenkt, daß der Westen bis 1914 als tiefste Fußballprovinz im ganzen Land eigentlich nur belächelt wurde, ein enormer Fortschritt und heute wissen wir, daß dies erst der Anfang war. Der Westen, womit eigentlich nur ein Gebiet von ungefähr 30 Kilometern Ost-West-Erstreckung gemeint ist (der sogenannte Ruhrgau),[10] war Schmelztiegel für den Fußball der Zukunft. Auf Schalke und anderswo paarte sich Kampfkraft mit spielerischer Frechheit, und das Ergebnis ließ die Konkurrenz nur noch staunen. Für die kickenden Arbeiter hatte das Spiel eben eine völlig andere Bedeutung, als für die bürgerlichen Pioniere von einst. Während die nämlich noch aus reinem Spaß an der Freude gegen die Lederkugel getreten hatten, stand Fußball für Kuzorra & Co. im Lebenszentrum. Den schwer schuftenden Bergleuten oder Metallarbeitern bot das Spiel die einzigartige Gelegenheit, der tagtäglichen Eintönigkeit für einen kurzen Augenblick zu entgehen und etwas ganz anderes zu machen. Auf dem grünen Rasen konnten sie kreativ sein, ihre eigenen Ideen umsetzten und gemeinsam mit guten Freunden feiern. Da sie zudem von der täglichen Arbeit mit einem ausgeprägten Kollektivbewußtsein ausgerüstet waren, wurden ihre Mannschaften rasch zu fast unschlagbaren Gemeinschaften. Dazu kam, daß auf den Tribünen diejenigen standen, mit denen sie während der Woche unter Tage fuhren oder am Hochofen schwitzten. Kein Wunder, daß Publikum und Spieler bald eine eingeschworene Gemeinschaft bildeten, die für die berühmt-berüchtigte Atmosphäre sorgte und die Gegner, vor allem wenn sie bürgerlicher Herkunft waren, zittern ließ.

Heutzutage ist die Geschichte des Ruhrgebietfußballs der Weimarer Jahre vor allem mit dem Namen Schalke 04 verbunden. Die Königsblauen waren nicht die ersten kickenden Arbeiter, die im Pott auf sich aufmerksam machten. Da gab es nämlich zuvor noch den BV Altenessen. Am 27. Mai 1906 waren die Schwarzblauen von Arbeitern der umliegenden Zechen ins Leben gerufen worden und hatten seit ihrem 1909 erfolgten Beitritt zum Westdeutschen Spielverband mehr oder weniger erfolgreich in der Ruhrelite mitgekickt. Auf den ersten Blick unterschied den BVA kaum etwas von seinen proletarischen Nachbarvereinen aus Essen, Gelsenkirchen oder Hamborn. Zweck der Vereinigung war es, den schweren Arbeitstag mit Spaß und Freude im Kreise Gleichgesinnter ausklingen zu lassen. Die Führungsriege des Clubs bewies ungewohnte Weitsicht. Bereits im Dezember 1918 hatte sie eine Jugendabteilung eingerichtet, mit dem Ziel, ihre Nachwuchskicker an die westdeutsche Elite heranzuführen.[11] Die hieß damals noch Duisburger Spielverein, Essen Turner-Bund (dessen Fußballabteilung ab 1924 als SK Schwarz-Weiß selbständig wurde) oder SuS 1896 Schalke und war alles andere als proletarisch. Insbesondere Lokalrivale Schwarz-Weiß, dem nicht umsonst der zweifelhafte Ruf "Lackspitzenklub"[12] anhaftete, war bei seinen proletarischen Konkurrenten nicht besonders wohlgelitten.

Am 21. Februar 1926 platzte die Hubertusburg aus allen Nähten,
- und der BV Altenessen wurde Ruhrmeister.

1926 schlug die große Stunde des BVA: Punktgleich hatte er die Ruhrgaumeister-schaft mit dem schwarzweißen Nachbarn vom Uhlenkrug beendet. Es mußte ein Entscheidungsspiel her, um den Teilnehmer an der westdeutschen Meisterschaftsendrunde zu ermitteln. Essen war wie elektrisiert. Die übermächtigen Schwarzweißen hatten plötzlich Konkurrenz in den eigenen Mauern bekommen und nicht wenige der Essener Fußballfans drückten dem Herausforderer aus dem Norden die Daumen. Am 21. Februar war es soweit: Die Hubertusburg war bis auf den letzten Platz ausverkauft, als Schwarzblau auf Schwarzweiß traf. Nach neunzig nervenaufreibenden Minuten hatte der BVA die Sensation geschafft. Mit 3:2 war der große Rivale besiegt, und die "Kölnische Rundschau" kommentierte wie folgt:

Wie eine Sturmflut braust diese Jugend dahin; im Ausdruck des heutigen BV Altenes-sen, wie diese Mannschaft spielt, kämpft, spiegelt sich der neue Fußballstil vollkom-men wider. Altenessen ist Kraft, Härte, Wucht, ist aber auch edle Linie und Schönheit. Man möchte eine Kopie des glanzvollen 1. FC Nürnberg vermuten mit dem Unterschied, daß die Altenessener durch größere Schnelligkeit das Maß an Technik ersetzen, das Nürnberg einmal als Trumpf besaß.[13]

Dem ist wohl kaum noch etwas hinzuzufügen, außer vielleicht, daß der erwähnte 1. FC Nürnberg seine verdiente Würdigung in diesem Buch erst im übernächsten Kapitel erfährt. Der größte Coup gelang den Altenessenern einen knappen Monat später: Nach dem Sieg über Schwarzweiß waren sie tatsächlich in die westdeutsche Meisterschaft-sendrunde eingezogen, wo sie auf den siebenmaligen Westmeister Duisburger Spiel-verein trafen. Die "Rotblusen" waren noch einige Nummern größer als Ortsrivale Schwarz-Weiß, denn sie waren immerhin schon einmal deutscher Vizemeister gewor-den und hatten gar Nationalspieler gestellt.[14] Der BVA ließ sich davon nicht beein-drucken. Tatsächlich war es ein Generationswechsel, den der frischerbaute Uhlenkrug am 14. März erlebte.

Der pomadig spielende Altmeister hatte dem Hurra-Fußball der Nordessener nichts entgegenzusetzen und mußte sich ebenfalls mit 3:2 geschlagen geben. Damit hatten die Altenessener nicht nur als erster "Arbeiterverein" die Endrunde um die Deutsche Meisterschaft erreicht, vielmehr hatten sie eindrucksvoll den Generationswechsel eingeläutet, den anschließend vor allem Schalke 04 vollenden sollte. Für den BVA war der Sieg über Duisburg nämlich gleichbedeutend mit dem Erreichen des sportlichen Höhepunkts. Der anschließenden 1:2 Endrundenniederlage beim FSV Frankfurt folgte der langsame Abschied aus der Ruhrelite. Heute bleibt dem nunmehrigen Bezirksligisten nur noch der wehmütige Rückblick.

Bürgerliche Arbeitervereine

An dieser Stelle muß ein kurzer Einschub erfolgen. Es ist wiederholt von Arbeiter- bzw. Proletariervereinen die Rede gewesen. Nun war aber, wie eingangs erwähnt, von großen Teilen der Arbeiterschaft eine separate Sportbewegung aufgebaut worden, mit der weder die Altenessener noch die Schalker - als dem DFB angeschlossene Vereine - etwas zu tun hatten. Sie saßen irgendwie zwischen den Stühlen, denn die ganze Angelegenheit war hochpolitisch. Einerseits war es natürlich selbstverständlich, daß sie sich ihrer klassengerechten Organisation - also dem Arbeiter Turn- und Sportbund, ATSB - anschlossen. Andererseits waren damit aber einige schwerwiegende Nachteile verbunden. Wie beispielsweise die von den ATSB-Funktionären geforderte politische Betätigung neben der sportlichen. Was viele Aktive davon hielten, dazu stellvertretend Ernst Kuzorra:

Wir wollten Fußball spielen, mit was anderem wollten wir nichts zu schaffen haben. Politik und Religion spielten bei uns im Verein überhaupt keine Rolle.[15]

Das war noch nicht alles. Denn da die Arbeitersportfunktionäre sich lange Zeit energisch gesträubt hatten, Fußball zuzulassen, war die ATSB-Meisterschaft nicht annähernd so populär wie ihr DFB-Gegenstück.[16] So kam es, daß sich viele Arbeiter entweder den bestehenden bürgerlichen Vereinen angeschlossen hatten, oder aber, da diese oft eine restriktive Aufnahmepolitik verfolgten,[17] eigene Clubs gründeten, die dann allerdings um Aufnahme in den DFB nachsuchten.[18]

Das hatte einen weiteren Vorteil, denn während die ATSB-Vereine als klassenkämpferisch angesehen wurden, galten die - nennen wir sie "bürgerliche Arbeitervereine" - "nur" als proletarisch. Ein kleiner aber dennoch wichtiger Unterschied. Längst hatten die großen Arbeitgeber an Ruhr und Emscher nämlich erkannt, welch zähmende Wirkung das Fußballspiel auf die Arbeitermassen hatte und waren dazu übergegangen, die Vereine zu sponsern. Nun wird ein Kapitalist natürlich keinen Verein finanziell unterstützen, der gegen den Kapitalismus kämpft.

Die ATSB-Vereine gingen also leer aus, während die bürgerlichen Arbeitervereine um so mehr zugesteckt bekamen. Die Zechen halfen beim Stadionbau, spendeten Spielkluften, stellten Fahrzeuge für Auswärtsspiele und schufen damit eine gewisse - sicherlich nicht ganz unproblematische - Verbindung zwischen Arbeitgeber und Beschäftigen. Außerdem ging diese Bindung zudem über eine bloße Beziehung zu den Aktiven hinausging, da das Publikum, wie wir noch hören werden, eng mit den Spielern verbunden war.

Man darf ja nicht vergessen, daß die Zwanziger keineswegs Wunderjahre waren. Viele Menschen waren von Arbeitslosigkeit bedroht,[20] nicht wenige waren bereits ohne Arbeit, und das finanzielle Loch, in das sie fielen, war weitaus größer als heute. Sicherlich verhalf diese permanente Bedrohung dem Fußball zum Durchbruch, doch sie brachte auch eine bis weit in die 1970er Jahre andauernde Auseinandersetzung mit sich. Es ging ums Geld. Wie an anderer Stelle schon angedeutet, kann die Profifrage im Rahmen dieses Buches nicht ausführlich behandelt werden, da sie einfach zu komplex ist. Ab und an muß sie einfach einfließen.

Spätestens in der zweiten Hälfte der zwanziger Jahre ist es mal wieder soweit. Stellen Sie sich einmal vor, für einen erfolgreichen Fußballverein zu spielen, dessen Kassen aufgrund der durch ihre guten Leistungen erzielten Zuschauereinnahmen quasi überquellen. Ihr Umfeld verändert sich allmählich, die Vereinsfunktionäre tragen plötzlich feinen Zwirn und fahren mit Autos vor, am Stadion werden überall Verbesserungen vorgenommen. Sie selbst aber können abends nicht einschlafen, weil sie nicht wissen, ob sie morgen schon arbeitslos sind und hungern müssen. Ähnlich erging es den proletarischen Kickern seinerzeit. Man braucht nicht viel Weitsicht, um zu ahnen, was passierte: Sie forderten leistungsgerechte Bezahlung. Das aber stieß beim DFB auf taube Ohren, und er drohte mit saftigen Strafen für den Fall, daß jemand gegen das 1903 verabschiedete Amateurstatut verstieß.[21] Die hohen Herren hatten gut reden, denn ihnen ging es gut, und sie hatten vermutlich keine Ahnung was es heißt, von Arbeitslosigkeit bedroht zu sein. Auf Vereinsseite war man natürlich daran interessiert, daß sich die Aktiven möglichst wenig Sorgen um ihre Existenz machen mußten. Darüber hinaus war man aber auch gewillt, sie gezielt zu "motivieren", damit sie noch bessere sportliche Leistungen brächten.

Logische Folge waren Schwarzzahlungen. Um es vorab zu sagen: Sie waren keineswegs auf das Ruhrgebiet beschränkt. 1921 beispielsweise erwischte der DFB einen berühmten Mannheimer namens Josef "Sepp" Herberger! Dem späteren Reichs- und Bundestrainer wurde am 7. Dezember wegen "zahlreicher Vergehen gegen die Amateurparagraphen des DFB das Recht als Amateur abgesprochen"; er wurde zum Berufsspieler erklärt.[22] Das aber kam einem Spielverbot gleich, denn Berufsspieler waren in der vorsintflutlichen DFB-Denkweise nicht vorhanden. Ähnlich erging es Kickern von Rot-Weiß Frankfurt und Hertha BSC Berlin, um nur zwei weitere Beispiele zu nennen.[23] Als dann im August 1930 die Schalker Aktiven Rothardt, Badorek, Sobotka, Zajons, Boeke, Jaszek, Valentin, Tibulski, Kuzorra, Szepan, Simon, Kampmann, Neumann und Rodner ebenfalls zu Berufsspielern erklärt und damit gesperrt wurden, kochte die Volksseele über. Die Funktionäre waren zu weit gegangen, denn das Lahmlegen des "Schalker Kreisels" rief Proteste aus dem ganzen Reich hervor. Nun kam die Berufsspielerfrage so richtig auf Touren. Von allen Seiten bedrängt hob der Westdeutsche Spielverband am 1. Juni 1931 das Urteil gegen die Schalker Balltreter wieder auf und avancierte gleichzeitig zum Anwalt für die Profiinteressen. Er forderte die strikte Trennung zwischen Berufsspieler und Amateuren und drohte dem DFB gar mit eigenständigem Vorgehen, wenn nichts unternommen werden würde.

> Am 21. Oktober 1930 wurde ein "Deutscher-Professional Fußballbund" gegründet, der eine zehn Teams starke westdeutsche Profiliga einrichten wollte, in der die Kicker eine gerechte und offizielle Entlohnung erhalten sollten. Nachdem der DFB aber eine Generalamnestie für alle wegen "Profivergehen" bestraften Spieler verkündet hatte, wurde der Profiverband im November 1930 wieder aufgelöst.

Angesichts dieser Situation zeigte er sich gesprächsbereit und berief für den 28. Mai 1933 einen außerordentlichen Bundestag ein, der sich ausschließlich um die Berufsspielerfrage kümmern sollte. Am 28. Mai 1933 tagte niemand mehr, denn die nationalsozialistische Machtübernahme hatte die Berufsspielerfrage gelöst. Die Nazis mochten keine Profis.

"Es regt sich der Masseninstinkt"

Bislang haben wir fast ausschließlich vom Ruhrgebietsfußball gehört. Das hat seinen guten Grund, denn es war die Zeit der Wachablösung. Für die folgenden gut vierzig Jahre sollte Deutschlands Fußballherz auch mehr oder weniger im Pütte schlagen. Ihren ersten Deutschen Meister bekam die Region erst 1934. Demzufolge wäre es falsch, den Weimarer Fußball ausschließlich im Ruhrbezirk zu suchen. Folgt man der Ehrentafel der Deutschen Meister, lag das Epizentrum deutscher Fußballkünste nämlich in einer völlig andere Region: am Zerzabelshof und am Ronhof. Wem dies nun nichts sagt, für den sei hinzugefügt, daß es sich um zwei Stadien in Nürnberg und Fürth handelt, in denen zwischen

> Mancherorts gab es ganz wilde Verbindungen, wie im 2.000-Seelen-Nest Harste (Landkreis Göttingen): Da wurde 1920 der Fußball-Klub ins Leben gerufen, der 1926 mit den örtlichen Turnern zum TSV fusionierte, um nur ein Jahr später als Fußballverein wieder selbständig zu werden. Nach dem zweiten Weltkrieg kamen Turner und Fußballer dann wieder zusammen und gründeten gemeinsam den noch heute bestehenden SV Rot-Weiß.

1920 und 1929 siebenmal der Deutsche Meistertitel gefeiert werden konnte. Freilich gehört die Epoche fränkischer Fußballbrillanz in die Zwanziger, und doch wird ihre Geschichte erst im übernächsten Kapitel erzählt. Ganz einfach deshalb, weil die Franken ein Auslaufmodell darstellten, und die Zukunft des Fußballs währenddessen im Ruhrgebiet geschmiedet wurde.

Noch heute gilt die Atmosphäre in Dortmund, Gelsenkirchen, Essen oder Duisburg als einzigartig. Die Bindung zwischen Publikum und Spielern ist nirgendwo so intensiv, wie im Ruhrgebiet, und daran hat sich bis heute nicht viel geändert. Denn auch ein gutverdienender sächsischer Fußballkünstler namens Matthias Sammer kann einen ähnlichen Popularitätsgrad erreichen, wie der einst unter Tage arbeitende gebürtige Gelsenkirchener Ernst Kuzorra. Solange er ehrliche Arbeit abliefert. Michael Rummenigge, Ex-Borusse sagte einmal:

> *D*u findest in Deutschland kein Publikum wie dieses. Man kriegt bald mit, daß diese Zuneigung einem nur geliehen wird. Die Fans schwärmen nie wirklich für den einzelnen Spieler - es ist immer eine Liebe zu dem Verein.[24]

Er muß es wissen, denn nach seinem Wechsel von den Bayern ins Westfalenstadion hatte er lange Zeit buchstäblich gegen eine Wand von Vorurteilen anzukämpfen und wurde, nachdem er diese niedergekämpft hatte, reichlich vom Dortmunder Publikum belohnt. Es handelt sich keineswegs um ein Dortmunder Phänomen. Als Schalke mit 1:6 in Leverkusen verlor, feierten die Fans ihre Königsblauen wie nach einem Sieg. Sie hatten nämlich trotz allem bis zum Schluß weitergekämpft. Dortmund und Schalke sind eindrucksvolle Beispiele für das, was in den Zwanzigern begann und im Ruhrpott - darüber hinaus allerhöchstens noch in Kaiserslautern - immer noch quicklebendig ist:

Die besondere Identifikation zwischen Fans und Verein. Fußball wurde seinerzeit zum Kollektiverlebnis, denn das, was auf dem Rasen geschah, hatte plötzlich Wirkung auf das Publikum. Wobei sich die Zusammensetzung des Publikums ebenfalls verändert hatte. Betrachtet man Bilder aus der Vorkriegszeit fällt sofort das diszipliniert ausschauende und fein gekleidete Publikum auf, das relativ unbeteiligt dem Spiel folgte. Man war "Herr" und verhielt sich entsprechend. In den Zwanzigern zeigen die Bilder ein anderes Publikum. Aus Zylindern wurden Mützen und wie Zeitzeugen berichten, veränderte sich auch das Verhalten auf den Rängen:

Im ganzen werden 12 bis 15 000 Zuschauer dem Spiel beigewohnt haben. Wir nähern uns mit Riesenschritten holländischen und selbst englischen Verhältnissen. Sogar Sirenen und andere mehr oder weniger musikalische Instrumente ließen schon vereinzelt während des Spiels ihre nervenpeitschende Melodie ertönen... Die Aufregung der Spieler ist sehr groß. Sie überträgt sich sofort auf das Publikum, das in seiner überwältigenden Mehrheit natürlich westdeutsch empfindet und dem Spielverein, wenn auch nicht immer mit Recht, den Rücken stärkt (...) Das Spiel wird nach einer Viertelstunde immer schärfer und das Publikum aufgeregter. Es regt sich der Masseninstinkt. Wie Meeresbrausen schwillt das Grollen der Menge an, wenn sie glaubt, eingreifen zu müssen.[25]

Im Gepäck der neuen Zuschauerbewegung war auch eine verstärkte Kommerzialisierung. Den Zigarettenpackungen beispielsweise wurden Fußballbildchen der besten Kicker beigelegt, überall sprossen Fußballwetten aus dem Boden, und es entwickelte sich eine richtige Fußball-Industrie. Sie traf den Zeitgeist und sie wußte es, denn in einem Sammelalbum aus dem Jahre 1931 heißt es:

Nein, es waren keine Schönwetterfußballer. Hier basteln Münchens Haringer (gestreiftes Trikot) und Finneisen vom Karlsruher FV "Schneebomben".

Der "Geist der Gemeinsamkeit" ist eine der stärksten Antriebskräfte der ständig wachsenden Sportbewegung. Diese Erkenntnis veranlaßte uns, als Bilderbeilage zu unseren Zigarettenpackungen eine Sammlung der Abzeichen und Farben aller an Verbandsspielen um die deutsche Meisterschaft beteiligten Fußball-Oberliga-Vereine des Jahres 1930/31 herauszubringen.[26]

Räumliche Ausbreitung

Von der Wandlung des ursprünglich eindimensionalen Mittelstandvergnügens zum schichtenlosen Volkssport haben wir nun aber wahrlich genug gehört. Dieser Wandel war sicherlich Voraussetzung für die bis heute andauernde Fußallerfolgskurve, doch er war es nicht allein. Dazu gehört nämlich noch seine räumliche Ausbreitung bis hinein in kleinste Ortschaften oder gar Dörfer. Bis 1918 waren diese eindeutig turnerische Hochburgen gewesen und fußballspielenden Männern hatte man in der Regel einen Vogel gezeigt, ehe sie wieder an Reck und Barren zurückgebracht wurden. Der Turnbewegung - angeführt von der *Deutschen Turnerschaft* - war der Machtwechsel von der Monarchie zur Demokratie gar nicht gut bekommen. Ihre Mitgliederzahlen gingen rapide zurück, und sie konnte sich immer weniger gegen die Bestrebungen, auch in Dörfern Fußballvereine zu gründen, wehren.[27]

Von 1919 bis 1929 gab es einen gewaltigen Gründungsboom. Im Landkreis Göttingen wurden beispielsweise von den 107 derzeit dem DFB (bzw. NFV) angeschlossenen Vereinen 53 in diesen zehn Jahren gegründet. Rechnet man die 27 vor 1918 gegründeten hinzu, in denen seinerzeit erstmalig eine Fußballabteilung eingerichtet wurde, stellt sich heraus, daß quasi der gesamte Landkreis innerhalb von zehn Jahren mit Fußballmannschaften versorgt wurde! Übertragen auf das Reich bedeutet dies, daß Fußball seine zum Volkssport notwendige breite Basis ebenfalls in den Zwanzigern erhalten hat.

Anhand der Vereinsnamen fällt übrigens noch ein interessanter Nebenaspekt auf. Die meisten vor 1918 gegründeten Clubs nennen sich nämlich *Turn- und Sportverein*, trennen also namentlich das traditionsreiche Turnen vom - für die Dörfer - neuen Sport (wozu auch der Fußball zählte) ab. Die später ins Leben gerufenen Vereine hingegen heißen *Fußballclub* oder *Sportclub*. Zwar existieren viele von diesen FCs oder SCs heute nicht mehr, da es fast überall zu Zusammenschlüssen von Turnverein und Sportverein gekommen ist (die dann interessanterweise *Turn- und Sportverein* genannt wurden) aber das gewachsene Selbstbewußtsein der Sportler gegenüber den Turnern ist dennoch überdeutlich zu sehen. Wie sehr sich die Fußballer durchgesetzt hatten, macht ein Blick in die nüchterne Welt der Zahlen deutlich. Aus den 3.087 dem DFB 1920 angeschlossenen Clubs waren 1930 bereits 7.959 geworden. Zählt man die dem ATSB angehörenden 6.818 Vereine hinzu, wird die Entwicklung noch eindrucksvoller. Regional betrachtet waren der Süden mit 2193 und der Westen mit 1932 Vereinen die DFB-Hochburgen, denn die anderen Regionen fielen demgegenüber deutlich ab: Mitte 1016 Clubs; Nord 871; Brandenburg-Berlin 456; Baltenverband 442 und Südost 361.

Turner gegen Fußballer

Die Statistiker unter uns wissen ein Lied davon zu singen: Die Zwanziger sind auch Blütezeit der Fusionen und Vereinsumbenennungen. Das hat, neben lokalen Problemen, seine Ursache auf allerhöchster Funktionärsebene. Wie schon erwähnt, war die einstige Führungsrolle der *Deutschen Turnerschaft* längst Geschichte geworden und aus dem Streit um die Frage, ob Deutsche nun englische Spiele ausüben dürfen oder nicht, war ein Machtkampf um Einfluß geworden.

Die ganze Geschichte fand ihren Höhepunkt in der so harmlos klingenden "reinlichen Scheidung", der wir uns nun zuwenden wollen. Wer sich da scheiden ließ, das waren die Sportverbände (unter ihnen der DFB)[28] und die *Deutsche Turnerschaft* (DT), die sich hoffnungslos zerstritten hatten. Es ging, wie gesagt, um Macht. Die DT beharrte nämlich weiterhin auf ihren Alleinvertretungsanspruch für jeden Sport und jeden Sportler,[29] während die Sportverbände Verwaltungshoheit für ihren Zweig erreichen wollten.

Ehrentafel der Meister der Deutschen Turnerschaft:	
1925	MTV Fürth
1926	MTV Fürth
1927	TV 1861 Forst
1928	ATV Paunsdorf
1929	TV 1846 Mannheim
1930	Kruppsche TG Essen

Im Klartext: Der DFB wollte Alleinverantwortung für den gesamten Reichsfußball, also neben seinen eigenen Kickern auch die fußballspielenden Turner unter sein Dach bekommen. der Streit hatte 1918 nicht urplötzlich begonnen, sondern schwelte schon seit der Jahrhundertwende. Als seinerzeit in vielen Turnvereinen Spielabteilungen gegründet wurden, nahmen diese mehr oder weniger illegal an den DFB-Meisterschaften teil. Am 23. Juli 1910 legalisierte die DT auf einer Tagung in Straßburg diesen Zustand, da sie Angst vor einem Massenaustritt der Fußballer hatte und ihr Interesse an der Kickerei eher gering, sie also zu Konzessionen bereit war. Ein Jahr später änderten die Turner plötzlich ihre Meinung: Sie verkündeten, künftig ebenfalls eine für alle Vereine offene Fußballmeisterschaft auszuschreiben und betraten damit eindeutig DFB-Terrain. Dessen Antwort ließ nicht lange auf sich warten und sie fiel harsch aus: Im Juni 1911 untersagte er seinen Mitgliedern das Kräftemessen mit allen Spielabteilungen der DT-Vereine, die nicht auch dem DFB angehörten. Als die DT wenige Tage später ihren Beschluß von 1910 wieder aufhob, war der Karren endgültig festgefahren.

Vier Jahre lang guckten sich Turner und Fußballer nicht mehr in die Augen, ehe ausgerechnet der 1. Weltkrieg die Streithähne wieder zusammenführte. Sie

Die Entwicklung der Mitgliederzahlen des DFB		
Jahr	Vereine	Mitglieder
1925	6.285	796.408
1926	6.683	873.874
1927	6.879	865.946
1928	7.117	890.688
1929	7.277	935.923
1930	7.959	986.040
1931	6.602	1.025.321

vereinbarten, künftig zumindest wieder Freundschaftsspiele zuzulassen. Der auf beiden Seiten herrschende Aktivenmangel hatte es möglich gemacht, obwohl die DT immer noch mit der Durchführung einer eigenen Meisterschaft liebäugelte. Nach dem Krieg ging es dann hoffnungsvoll weiter. 1919 bildeten der Norddeutsche Fußballverband und die DT-Turnkreise IV, V und VI eine Arbeitsgemeinschaft, die später in Mittel- und Westdeutschland kopiert wurde.[30]

Und als die DT im Frühjahr 1920 sogar freiwillig auf die Durchführung einer eigenen Meisterschaft verzichtete und die ihm angeschlossenen Fußballabteilungen den DFB-Statuten unterstellte, sah es so aus, als wäre der Streit beigelegt. Die DT, der noch immer nicht allzuviel am Fußball lag, hatte ganz nüchtern kalkuliert, daß ein Festhalten am Meisterschaftsanspruch zu einem puren Machtkampf geführt hätte, durch den ihr vermutlich viele Mitglieder verloren gegangen wären.

Am 28. November 1920 forderte der "Sportdreiverband"[31] die Turnerschaft ultimativ auf, einem radikalen Fachverbandssystem zuzustimmen, nach dem sie aufs Turnen reduziert worden wäre. Die DT-Führung schrie empört auf, sprach von einem "Friedensdiktat" und bot dennoch Verhandlungen an.

Im Januar 1921 war der Karren erneut festgefahren, denn die kompromißlose Haltung der Sportverbände hatte zum Scheitern der Verhandlungen geführt. Erst als Theodor Lewald, Vorsitzender des dem heutigen Deutschen Sport-Bundes vergleichbaren Deutschen Reichsbund für Leibesübungen vermittelnd eingriff, bahnte sich wieder eine Lösung an. Am 20. März 1921 schlossen die Sportverbände und die DT einen Vertrag, mit dem die DT erneut auf eigene Meisterschaften verzichtete, seinen Vereinen aber die Teilnahme an denen der Sportverbände freistellte. Damit war die im Vorjahr von der DT angebotene Lösung bestätigt worden, doch diesmal kippten die Turner den Kompromiß. Am 4. Oktober 1921 beauftragten mit dem Vertrag unzufriedene Turner den DT-Vorstand, erneut Verhandlungen mit den Sportverbänden aufzunehmen. Erstmalig war auch zu hören, daß eine Doppelmitgliedschaft untersagt werden solle, ein Verein also nicht mehr gleichzeitig zwei Verbänden angehören dürfe.[32] Die "reinliche Scheidung" bahnte sich ihren Weg. Am 13. April 1922 fand der Streit mit der Auflösung des Vertrags von 1921 seinen ersten Höhepunkt. Anschließend untersagten die Sportverbände den ihnen angeschlossenen Spielabteilungen die Teilnahme an DT-Veranstaltungen[30] und die DT begann, eigene Meisterschaftsrunden auszuschreiben. Es kam noch schlimmer: Am 14. Dezember 1922 findet sich in der *Deutschen Turnzeitung* folgender Beschluß:

Abteilungen und Einzelmitglieder unserer Turnvereine, welche auch einem Sportverbande angehören, haben dort oder bei der Deutschen Turnerschaft auszuscheiden, sobald ihnen die Teilnahme an Veranstaltungen der Deutschen Turnerschaft durch den Sportverband verwehrt wird.[33]

Noch war der Beschluß recht moderat ausgefallen, denn er überließ den Sportverbänden die Verantwortung für die künftige Entwicklung. Am 30. Dezember 1922 unternahm die DT sogar noch einen letzten Einigungsversuch, als sie vorschlug, einen "Deutschen Bund für Leibesübungen" einzurichten. Die Sportverbände zeigten sich wenig interessiert, so daß die DT am 1. September 1923 ihre Konsequenzen zog: Die reinliche Scheidung wurde vollzogen. Sie forderte ihre Vereine auf, entweder aus den Sportverbänden oder aber der DT auszutreten, und setzten den 1. November 1923 als letzten Termin für die Lösung von Doppelmitgliedschaften an. Ein Jahr später zog man Bilanz: Mit ca. 25.000 Austritten war der Schwund noch im Rahmen des erträglichen geblieben, und daß der Großteil der Ausgeschiedenen Fußballer waren, machte die Trennung für die noch immer wenig fußballbegeisterten Turner nur noch leichter. 1924 beschloß die DT dann allerdings, Fußball offiziell in ihren Kanon aufzunehmen, und ein Jahr später stand mit dem MTV Fürth bereits der erste Deutsche Turnerfußballmeister fest.[34]

Soweit also die Geschichte der "reinlichen Scheidung", deren Leidtragende vor allem die Vereine waren. Die geforderte Trennung riß nämlich lange gewachsene Gemeinschaften auseinander, wie beispielsweise die des Essener Turner-Bundes, dessen erfolgreiche Fußballabteilung sich nun als Sport-Klub Schwarz-Weiß selbständig machen mußte. 1930 näherten sich Turner und Sportler dann allmählich wieder einander an und ermöglichten per Vertrag die Doppelmitgliedschaft einzelner Sportler, nicht aber Vereine.

Drei Jahre später wischten die Nationalsozialisten dann das Problem mit einem Handstreich vom Tisch, denn unter ihrer diktatorischen Führung wurden kurzerhand sämtliche Verbände unter einem Dach vereint.

Als Adolf Hitler am 30. Januar 1933 die Kanzlerschaft über das Reich übernahm, war der deutsche Fußball so quicklebendig wie nie zuvor. Seit 1918 war er zum Breiten-, Volks-, und Spitzensport gereift und landauf, landab beliebtestes Freizeitvergnügen geworden. Ihm standen schwere Jahre bevor, denn auch er widerstand der faschistischen Versuchung der kommenden Jahre nicht

---

ANMERKUNGEN:

(1)   Am 23. 11. 1918 erfolgte eine Anordnung des Reichsamtes für wirtschaftliche Demobilisierung, nach der die tägliche Arbeitszeit die Dauer von acht Stunden nicht überschreiten dürfe. Die Arbeitszeitverordnung vom 21. 12. 1923 führte den Achtstundentag dann in die ordentliche Gesetzgebung ein.

(2)   Auch vor 1914 hatten Arbeiter natürlich schon gespielt. Die Mitgliedschaft der Fußballabteilung des TV 1877 Schalke beispielsweise, ab dem 5. 1. 1924 als FC Schalke 04 selbständig, war 1914 zu über 70% proletarischer Herkunft. Nach 1918 stiegen die Zahlen kometenhaft an. Innerhalb der Arbeiterschaft Essens beispielsweise verfünffachte sich die Anzahl aktiver Fußballer zwischen 1914 bis 1923.

(3)   Der 1893 gegründete Arbeiter Turner-Bund, ab 1919 Arbeiter Turn- und Sport-Bund. Siehe nachfolgendes Kapitel.

(4)   1910 war in Dortmund zur Geschäftsführer Walter Sanss die erste Geschäftsstelle eröffnet worden (Neuer Graben bzw. Gutenbergstraße). 1916 erfolgte der Umzug nach Kiel, ehe der DFB in Berlin seine endgültige Heimat fand.

(5)   Aus: Skorning (1978), Seite 29f.

(6)   Während im Süden und in der Mitte Vereinsmeisterschaften ausgetragen wurden, spielte man im Norden 1915/16 und 1917/18 eine Meisterschaft auf Auswahlbasis aus. Lediglich 1916/17 nahmen dort Vereine teil.

(7)   Aus der asiatischen Kolonie *Kiautschou* ist allerdings die Existenz eines deutschen Vereins bekannt.

(8)   Nach dem 1870/71er Krieg gegen Frankreich.

(9)   Damit konnten zwei Fliegen mit einer Klappe geschlagen werden: Arbeitslose kamen zeitweilig von der Straße und Sportplätze entstanden zu günstigen Preisen.

(10) In etwa von Duisburg bis Gelsenkirchen bzw. Buer und Essen.

(11) Vor 1918 war es durch gesetzliche Auflagen nur bedingt möglich, eine Jugendabteilung einzurichten. Genaueres im folgenden Kapitel.

(12) Aufgrund des edlen Schuhwerks der Vereinsmitglieder. Aus: Gehrmann (1988), Seite 56.

(13) Aus: Gehrmann (1988), Seite 89.

(14) Vizemeister waren sie 1913 (1:3 Finalniederlage gegen den VfB Leipzig). Ihre Nationalspieler: Lothar Budzinsky, Hans Gruber, Wilhelm Straßburger, Walter Fischer und Christian Schilling.

(15) Aus: Gehrmann (1988), Seite 193.

(16) Erst 1920 wurde mit dem TSV Fürth der erste deutsche Arbeitermeister gekürt. Der DFB hatte also einen immensen zeitlichen Vorsprung.

(17) Der Duisburger SC Preußen beispielsweise verlangte das Zeugnis der Obersekundarreife zur Aufnahme!

(18) Genauer in die dem DFB angeschlossenen Landesverbände.

(19) Die Unternehmer erhofften sich dadurch eine bessere Identifikation der Arbeiter mit ihrem Werk.

(20) Gelsenkirchen beispielsweise hatte 1930 eine Arbeitslosenquote von 66,3 %.

(21   Zu finden im Kapitel *Gefälschte Telegramme und andere Geschichten.*

(22) Herberger erhielt zunächst eine zweijährige Sperre, wurde aber begnadigt und spielte bereits im Frühjahr 1923 wieder für den VfR Mannheim.

(23)   Während in England noch knallharte soziale Gründe für Ärger um die Berufsspieler gesorgt hatten (die feineren Leute, wie in Deutschland auch in England Fußballpioniere, wollten ihre Exklusivität sichern), war es in Deutschland eher ein ideologisches Problem. Der DFB verstand sich ja durchaus als gesellschaftsübergreifend, erhob dafür aber das "olympische Ideal" zu seiner Weltanschauung. "Dabei sein ist alles" war sein Motto - und blieb es praktisch bis zur Einführung der 1. Bundesliga (1963).

(24)   Aus: Schulze-Marmeling (1994), Seite 319.

(25)   In: *Fußball und Leichtathletik* vom 7. Mai 1914, Seite 326. Zwar stammt dieses Beispiel noch aus der Vorkriegszeit, doch man kann sich ausmalen, was anschließend passierte. Dem Spiel, es handelte sich übrigens um eine Endrundenpartie zwischen dem Duisburger Spielverein und Altona 93, wohnten viele Zuschauer proletarischer Herkunft bei, denn als Zuschauersport war Fußball von den Arbeitern bereits entdeckt worden.

(26)   In: KURMARK Cigaretten *Sport-Wappen I Fussball.*

(27)   Das soll keineswegs heißen, daß der Sturz der Monarchie Schuld am Rückgang der DT-Mitgliederzahlen war. Aber die DT trauerte der "ordnenden" Hand des Kaisers sicherlich hinterher und hatte gewisse Probleme, sich demokratischen Verhältnissen anzupassen.

(28)   Der sich, das sei an dieser Stelle eindeutig festgestellt, von der DT in seiner nationalen Haltung nicht unbedingt unterschied. Allerdings legte die DT immer offen Wert auf ihre national-vaterländische Einstellung, während der DFB versuchte, einen unpolitischen Schein zu wahren. Allen klassenkämpferischen Parolen setzten beide Organisationen das "Deutschtum" entgegen, das die Klassen ihrer Überzeugung nach überwinden würden. In welcher Konsequenz sowohl DFB als auch DT ihr "Deutschtum" verfolgten, zeigte sich 1933, als sie sich nicht nur vor den nationalsozialistischen Karren spannen ließen, sondern ordentlich Stimmung für Hitler machten.

(29)   Damit folgte sie Turnvater Jahns Einstellung, daß "Turnen" alle Leibesübungen umfasse.

(30)   Sie nannte sich "Norddeutsche Arbeitsgemeinschaft für Turnen, Spiel und Sport" und hatte eine gleichberechtigte Behandlung von Turn- und Sportverbänden zum Ziel.

(31)   Nicht offizielle Bezeichnung für die drei Verbände: Deutscher Sport-Bund, Deutscher Schwimm-Verband und Deutscher Fußball-Bund.

(32)   Bis dahin gehörte die Spielabteilung eines DT-Turnvereins i.d.R. dem DFB an, während der Hauptverein (inkl. Spielabteilung) gleichzeitig DT-Mitglied war.

(33)   Aus: Krüger (Hrsg.) (1984), Seite 123.

(34)   Der Wettbewerb war ähnlich der DFB-Meisterschaft organisiert: Die auf regionaler Ebene ermittelten Landesmeister spielten in einer Endrunde mit Finale um den Meister.

Arbeiter bewegen das runde Leder
(Deutschlands "anderer" Fußball)

Obwohl Fußball seinen Durchbruch vor allem Arbeitern wie Ernst Kuzorra, Leo Tibulski und Fritz Szepan zu verdanken hat und über Jahrzehnte als "proletarischer Sport" bezeichnet wurde - von der Arbeitersportbewegung spricht heute niemand mehr. Schon gar nicht vom organisierten Arbeiterfußball oder gar dem Rekordmeister Dresdner Sportverein 1910, der trotz seines sechsfachen Triumphes heutzutage unbekannt ist, als sein Ex-Lokalrivale Dresdensia.[1] Was die beiden voneinander unterschied, war ihre Verbandszugehörigkeit. Dresdensia war nämlich DFB-Mitglied, während der DSV 1910 dem Arbeiter Turn- und Sportbund (ATSB) angehörte. Und das war eben Grund genug, in solch hochpolitischen Zeiten wie den Zwanzigern trotz aller Erfolge wenig Beachtung zu erhalten. Denn die klassenkämpferischen Arbeitersportler hatten es verdammt schwer. Obwohl, was den Fußball betrifft machten sie es sich auch selbst nicht ganz leicht.

Tausend Prozent Bevölkerungswachstum!

Rollen wir die Geschichte vom Anfang her auf und versetzen uns dazu in die Emscherzone zwischen Oberhausen und Herne des Jahres 1850. Wir kommen in ein idyllisches Fleckchen Erde, wo Kühe zwischen den vereinzelt stehenden Gehöften weiden und die Bewohner bescheiden, aber durchaus zufrieden leben. Von den rasch anwachsenden Städten Berlin, Hamburg und Frankfurt haben sie zwar gehört, doch für sie zählt nur die traditionelle Landwirtschaft. So ist es auch in einem Ort namens Schalke, deren knapp 500 Seelen sich gottesfürchtig um die Kirche herum angesiedelt haben. Wenn sie sich abends - nach langer Feldarbeit - in der Kneipe auf ein Bierchen treffen, kommt die Diskussion schon mal auf die "Kohlegräben" in Werden oder Hattingen, und die dort waagerecht in den Berg getriebenen Stollen, aus denen sie Kohle herausholen. Und manchmal sprechen sie sogar über diese "Dampfmaschine", die seit kurzem in Langendreer steht, um das Wasser aus den Stollen zu holen.[2] Alle sind sich einig: "Hier tut das nich hinkommen".

Fünfzehn Jahre später. Die kleine Schalker Dorfkneipe hat geschlossen, die Bauern haben sich vergrämt zurückgezogen, überall sind Bergwerke entstanden. Dahlbusch, Hibernia, Rheinelbe, Alma, Wilhelmine Victoria und Consolidation heißen sie und sie fördern unentwegt das schwarze Gold aus der Erde. Gewiefte Geschäftsmänner sind auf die Idee gekommen, die Kohle gleich vor Ort zu verhütten und sich damit die Transportkosten zu sparen. Einer davon ist Friedrich Grillo. 1866 gründet er mit seinem Freund Carl Funke das Puddel- und Blechwalzwerk "Gewerkschaft Grillo, Funke und Co.", das sofort gut anläuft. Um mit der vielen Arbeit fertig zu werden, schicken sie Anwerber nach Schlesien und Ostpreußen, um dort kräftige junge Männer mit Arbeitsplätzen zu ködern. Ihre Mission ist erfolgreich. In den nächsten Jahren kommen hunderttausende von Männern mit Nachnamen wie Kwiatkowski, Cieslarczyk und Szepan in die Region. 1890 ist aus dem kleinen verträumten Schalke eine Großstadt mit über 15.000 Einwohnern geworden. Die Äcker und Wiesen der einstigen Bauern sind längst von Bergarbeitersiedlungen besetzt.

Die wiederum waren nötig geworden, weil die angeworbenen Arbeiter immer mehr dazu übergegangen waren, sich an Ort und Stelle niederzulassen, statt weiterhin regelmäßig nach Schlesien oder Ostpreußen zu pendeln. Die Region wächst immer mehr. 1903 zählt man bereits 37.000 Einwohner und insgesamt steigt die Bevölkerungszahl der Emscherregion von 1820 bis 1925 um sage und schreibe 1045%!

Sportverbot

Die ganze Sache hatte auch ihre Schattenseiten. Die Lebensbedingungen der Bevölkerung waren nämlich schlichtweg unerträglich. Kinder- und Frauenarbeit waren ebenso an der Tagesordnung wie Arbeitsschichten zwischen zehn und zwölf Stunden. Kein Wunder, daß bald Vereinigungen entstanden, die sich um eine Situationsverbesserung bemühten. Zunächst waren es Bildungsvereine, die die benachteiligte Arbeiterschaft lediglich lesen und schreiben lehren wollten. Daraus entwickelten sich dann politische und gewerkschaftliche Organisationen.[3] Und Sportvereine. Soweit sind wir noch nicht, denn zuvor passierte etwas, was auf den ersten Blick überhaupt nichts mit Sport zu tun hat: Weil Reichskanzler Otto von Bismarck die proletarisch-politische Massenbewegung unheimlich vorkam, belegte er sie am 21. Oktober 1878 mit einem Verbot.[4] Zwölf Jahre lang durften die Genossen offiziell weder tagen noch Politik machen. Bismarcks Rechnung ging nicht auf. Als er 1890 entnervt das Verbot aufhob, wußte er, daß sein Versuch, die Sozialdemokraten mittels Verbot zu zähmen, fehlgeschlagen war. Gestärkt durch zwölf Jahre zusammenschweißender Untergrundarbeit, tauchte die SPD wieder auf der politischen Bühne auf und zog 1913 sogar erstmalig in den Reichstag ein.

Verweilen wir noch einen Moment im Jahr 1890 und wenden uns dem Sport zu. Auch unter den Arbeitern hatte es Sportler gegeben, die trotz der langen Arbeitszeit ihrem Hobby nachgehen wollten. Solange das Verbot bestanden hatte, war ihnen dies allerdings nur in bürgerlichen Vereinen möglich gewesen. Daß aber war verbunden mit der Mitgliedschaft in der *Deutschen Turnerschaft*, und wie national-konservativ die eingestellt war, haben wir schon an anderer Stelle erfahren. Jedenfalls stand die DT im krassen Gegensatz zum Arbeiterslogan "Proletarier aller Länder, vereinigt Euch!" So kam, was kommen mußte: Kaum war das Verbot gefallen, wurde fieberhaft an der Einrichtung eigener Arbeitervereine gearbeitet. Pfingsten 1893 sollte der vorläufige Höhepunkt kommen: Die Einrichtung eines eigenen Verbandes. Vor allem in Leipzig und Berlin war man äußerst aktiv gewesen, doch als man sich am 21. und 22. Mai in Gera traf, da waren Vertreter von 49 Orten aus dem ganzen Reich anwesend. Man sang einige Arbeiterlieder, legte ein flammendes Bekenntnis zur eigenen Klasse ab und gründete den *Arbeiter-Turnerbund* (ATB), der sich künftig um die turnenden Proletarier kümmern sollte. Damit nicht genug, denn man legte dem Frischgeborenen noch einen politischen Auftrag mit in die Wiege:

> *Wir alle sind Angehörige dieser großen Klasse, die nach Befreiung ringt. ... Greifen wir auch nicht direkt ein in den politischen und wirtschaftlichen Kampf des Proletariats, so bilden wir doch ein Glied der Bewegung, welche für die Emanzipation der Arbeiterklasse wirkt. ... Als Arbeiterturner haben wir zunächst die Aufgabe, den Körper zu stählen und widerstandsfähiger zu machen, den körperlichen Nachteilen, die eine moderne Produktion heute mit sich bringt, entgegenzuwirken.*

Die Erziehung des Jungproletariats zu gesunden, kräftigen, lebensfrohen, energischen Menschen, das ist die Aufgabe des ATB. (...) Indem wir in dieser Weise wirken, verrichten wir eine große Kulturaufgabe, wir haben einen großen Anteil an dem Emanzipationskampf der Arbeiter. In dieser Hinsicht stehen wir in innigster Beziehung zur modernen Arbeiterbewegung, und wir sind stolz darauf.[5]

Die turnenden Proletarier hatten es nicht leicht. Natürlich war ihr klassenkämpferisches Selbstverständnis nicht gerade förderlich im Umgang mit den bürgerlichen Turnbrüdern oder gar den deutschen Behörden. Insbesondere die Behörden setzten hohe Hürden. Da war beispielsweise das Vereinsrecht. Nach ihm war Frauen, Schülern und Lehrlingen die Mitgliedschaft in politischen Vereinen verboten. Nun ist ein Turnverein noch lange kein politischer Verein, doch den preußischen Bürokraten genügte es bereits, wenn das normalerweise den Sozialdemokraten vorbehaltene Lokal benutzt wurde, oder gar das Vorhandensein von Arbeiterliedern im Vereinsrepertoire. Nun wird es wohl keinen Arbeiterverein ohne Arbeiterlieder gegeben haben. Konsequenz war, daß die Jugendarbeit für die Arbeitervereine - und nur für die! - flach fiel. Erst 1918 wurde dieses unsägliche Gesetz aufgehoben, viel zu spät vor allem für die fußballspielenden Arbeitervereine. Dazu später mehr.

> *1912 veröffentlichte Adolf Levenstein eine Studie über die Verhältnisse in der Industriearbeit. Zwei von ihm interviewte Betroffene schildern eindrucksvoll die damaligen Bedingungen:*
>
> *Ein 42jähriger Metallarbeiter aus Solingen: "Stellen Sie sich vor, sie hätten bereits 24 Jahre jeden Morgen eine Kaffeemühle genommen und dann im Akkord täglich 11 bis 13 Stunden gedreht, so können Sie vielleicht begreifen, wieviel Interesse ich meiner Arbeit entgegenbringe."*
>
> *Ein 29jähriger Bergmann aus dem Ruhrgebiet: "Das Kohlenflöz, wo ich augenblicklich drin beschäftigt bin, hat eine Steigung von 50 Grad, und eine Mächtigkeit von 11-15 Zoll (= 33-45 cm, d. Verf.). Hierin arbeite ich beinahe 7 Stunden ununterbrochen, entweder immer auf derselben Seite liegend, mit der einen Schulter das Liegende und mit der anderen Schulter das Hangende berührend oder auf dem Rücken liegend, wo es unmöglich ist sich mal umzudrehen, die Füße auf einem dünnen Holzpfeiler ruhend, denn bei 50 Grad kann man ohne einen Halt nicht mehr arbeiten. Das bei dieser Arbeit, die Hacke ständig in den Händen, sich die Ermüdung bald einstellt, wird sich jeder leicht denken können. Am größten ist die Müdigkeit des Morgens beim Aufstehen, dann sind alle Knochen wie zerschlagen."*[6]

"Nurfußballer"

Einer Frage sind wir nämlich bislang noch gar nicht nachgegangen: Was war eigentlich mit den proletarischen Fußballern? Um schon einmal eine vorläufige Antwort zu geben: Erstaunlicherweise taten sich die turnenden Arbeitersportler ähnlich schwer mit der englischen Kickerei, wie es die Bürgerlichen getan hatten! Vielleicht sogar noch schwerer, denn erst 1920 schaffte Fußball im Arbeitersport endgültig den Durchbruch!

Immerhin gut und gerne zwanzig Jahre nach den Bürgerlichen. Angesichts der Tatsache, daß die Kickerei bis in heutige Tage als "proletarisch" bezeichnet wird, kann das eigentlich nur erstaunen. Versuchen wir, die Ursachen herauszufinden. Fußball ist ja, wenn wir uns an die ersten Aktivitäten in England wie in Deutschland erinnern, ein grundsätzlich bürgerliches Spiel. Anfangs hatten die Kumpel also schlichtweg keinen Zugang zu den Lederbällen. Bei der ATB-Gründung war dies freilich schon lange Vergangenheit. Es waren nämlich die turnenden Arbeiter selbst, die die Lederkugel mit schiefem Blick betrachteten und die Kickerei einfach mit den Adjektiven "roh, gefühllos und unzivilisiert" abqualifizierten.

Wem das nun bekannt vorkommt: Richtig, die DT hatte ähnliche Äußerungen vom Stapel gelassen! Die Arbeiterturner hatten sogar ihren "Karl Planck" (das war, wir erinnern uns, der Herr mit dem "Fusslümmelei-Pamphlet"). Richard Koppisch hieß er, wurde später ATB-Bundesspielwart und meinte u.a. folgendes äußern zu müssen:...

Die Jugend möchte auch mit dabei sein!

> *D*aß die Roheit und Rücksichtslosigkeit, die Grundzüge des englischen Nationalcharakters nicht zum wenigsten durch die Übertreibungen und das Aufdiespitzetreiben dieser Leibesübungen verschuldet und großgezogen werden.[7]

Wenn es nicht in der Arbeiter Turnzeitung gestanden hätte, man würde es in einem nationalkonservativen Blatt vermuten, denn Koppisch' Äußerungen sind eindeutig als nationalistisch einzustufen.

Für die turnenden Arbeiter brachte der Kampf um die Lederkugel einfach nicht das rechte Ergebnis mit sich. Ihrer Ansicht nach würden durch das Fußballspiel Eigenschaften und Verhaltensweisen ausgeübt, die eines Arbeiters unwürdig wären. Zwei Dinge stießen den turnenden Kumpels sauer auf: Der Wettkampfcharakter mit all seinen Folgen wie Konkurrenzkampf und Egoismus und die angeblich einseitige Körperausbildung durch das Fußballspiel. Noch 1922, als Fußball sich längst auch bei den Arbeitern durchgesetzt hatte, konnte man in einem Arbeitersportblatt lesen:

> *W*ährend der Turner in stolzer Haltung mit gehobener Brust daherschreitet, kommt der "Nurfußballer" mit gesenktem Kopf, die Brust tief eingedrückt, die Arme wie unnötige Anhängsel mit sich führend, daher geschlendert. ... Eine solche einseitige Betätigung muß den Menschen unbedingt mit der Zeit in seiner Gesundheit schädigen.[8]

Da die proletarischen Fußballfreunde einfach keine Ruhe gaben, sah sich die ATB-Führung unter Zugzwang und beschloß 1901:

> *V*ereine, welche infolge einseitiger Betätigung dem Grundprinzip der Turnerei, eine möglichst allseitige Ausbildung unseres Körpers zu erreichen, entgegenstehen, sind von der Mitgliedschaft zum ATB ausgeschlossen.

Ein Ball setzt sich durch

So richtig ruhig bekamen sie die Fußballer damit aber auch nicht. Denn obwohl viele enttäuschte Arbeiterkicker nun bürgerlichen Vereinen beitraten, verblieben noch genügend im ATB, um im Untergrund weiterzuarbeiten. Intern wurde nämlich weitaus mehr gekickt, als es der ATB-Führung lieb sein konnte, und langsam wurden die eingefleischten Turner auch mürbe. Der Nachwuchs hatte einfach keine Lust mehr, an Reck oder Barren rumzuturnen und wollte mehr Spaß am Spiel.

Nach und nach bröckelte der Widerstand der Turner und im April 1909 wurde tatsächlich eine Satzungsänderung vorgenommen, nach der "Spielvereine, die die Statuten des ATB anerkennen, in den ATB aufgenommen werden dürfen". Schon ein Jahr später feierten die Arbeiterfußballer mit der *Freien Turnerschaft Berlin-Charlottenburg* ihren ersten Regionalmeister.

Im weiteren Verlauf erhielten sie einen unerwarteten Bundesgenossen. Den entscheidenden Durchbruch zur Etablierung der proletarischen Balltreterei verursachte nämlich niemand anders als der bürgerliche *Deutsche Fußball-Bund*. 1911 war er dem paramilitärischen und nationalistischen *Jungdeutschlandbund* beigetreten, und hatte damit der ATB-Führung endgültig die Notwendigkeit signalisiert, die fußballspielenden Arbeitermassen in ihren Reihen willkommen zu heißen. Dazu hieß es seinerzeit in der *Arbeiter Turn-Zeitung*:

Straßen- und Hinterhoffußball: unerschöpfliche Nachwuchsquelle gerade im Revier

W*ir dürfen uns eben nicht der Tatsache verschließen, daß die Jugend vor allem für das Fußballspielen schwärmt.*[9]

Rein optisch war den Fußballer damit der Durchbruch gelungen, und tatsächlich wurden weitere regionale Meisterschaften ins Leben gerufen. Intern waren die Fußballer von ihren turnenden Genossen ganz und gar nicht anerkannt. Die Turner hatten zumeist die Führungspositionen im Verein inne und meinten, die Fußballer bevormunden zu müssen. Was darin gipfelte, daß sie ihnen vorschrieben, regelmäßig am Turnbetrieb teilzunehmen. Es zeichnete sich noch ein ganz anderes Problem ab.

Wie schon erwähnt, hatten die turnenden Arbeiter Probleme mit dem Wettkampfcharakter des Fußballs. Konkurrenzkampf und Egoismus widersprachen eben den Idealen der Arbeitersportbewegung und so kamen Diskussionen auf, den Fußball entsprechend zu verändern. Die Spieldauer sollte nur sechzig Minuten betragen, und vor allem von einem ausschließlichen Freundschaftsspielbetrieb versprach man sich eine Eindämmung des Konkurrenzkampfes. Nicht übertriebener Ehrgeiz und Siegen um jeden Preis sei die Sache der Arbeitersportler, sondern faires und rücksichtsvolles Verhalten der Spieler untereinander. Bevor allerdings die Diskussion richtig begonnen hatte, mußte sie auch schon wieder abgebrochen werden. Der Kaiser hatte zu den sogenannten Fahnen gerufen!

Kriegskredite spalten

Im August 1914 zog man überall in Europa mit "Hurra" in den Krieg, und nicht nur in Deutschland appellierte man an die Aufgabe des Klassenkampfes zugunsten des "gemeinsamen nationalen und heroischen Kampfes". Bis dahin hatte der ATB sich prächtig entwickelt.

Die Zahl der Mitglieder war von 1.600 (1894) auf 156.000 (1910) angestiegen, und der Fußballsport hätte vermutlich für ein noch weiteres Anwachsen gesorgt. Nun war ganz Deutschland in glückseliger Kriegslaune, und auch die breite Masse der Arbeiterschaft war dabei. Der Krieg wurde zu einer Zerreißprobe für die gesamte Arbeiterbewegung inklusive Arbeitersportbewegung, die, so orakelte man, am "klassenübergreifenden" Patriotismus zerbrechen werde. Sie sollten Recht bekommen, wenn auch die Ursachen etwas anders lagen. Zunächst einmal hieß es nun, ins Feld zu ziehen. Betroffen davon waren allerdings vornehmlich die turnenden Arbeitersportler, denn die Fußballanhänger waren meist noch zu jung für die Abschlachterei. Sie blieben zurück und erkannten ihre große Chance. Umgehend wurden die Lederbälle ausgepackt, und wo es keine gab, verkaufte man eben Turngeräte und schaffte vom Erlös englische Fußbälle an. Als 1918 die geschlagenen Arbeiterturner aus dem Krieg zurückkamen, glaubten sie ihren Augen nicht zu trauen. Doch all' ihr Gezeter half nichts, der Fußball hatte sich durchgesetzt. Im Krieg!

Warum gerade Fußball - oder: Was machte die Balltreterei für Arbeiter eigentlich so interessant?

Trotz ihrer harten und monotonen Tätigkeit erhielten die Arbeiter nur wenig Geld, das kaum zur Sicherung des Lebensunterhaltes langte. Finanziell aufwendige Sportarten konnten also nicht betrieben worden, was das Fußballspiel schon mal grundsätzlich attraktiv machte. Denn dazu brauchte man nicht mehr als einen Ball und mindestens zwei Spieler, wobei letztere seinerzeit genügend vorhanden waren, schließlich gab es um die Jahrhundertwende durchschnittlich vier Kinder pro Arbeiterfamilie. Und wo, wie so häufig, kein Ball vorhanden war, da tat es auch ein kugelähnliches Gebilde aus Lumpen, oder eine Blechbüchse. Schuhe waren keine nötig, denn in der Pionierzeit wurde - zumindest bei den Arbeitern - barfuß gespielt. Gespielt werden konnte überall da, wo eine halbwegs ebene Spielfläche vorhanden war. Fußball gab es also praktisch "für lau". Aber auch die Wohnverhältnisse förderten die Kickerei. Die extra angelegten Arbeitersiedlungen - im Ruhrgebiet waren es vorwiegend isoliert stehende Kleinhäuser - befanden sich meist abseits der städtischen Zentren in der Nähe der jeweiligen Industrieanlagen. Und da dort kaum motorisierter Straßenverkehr hinkam (welcher Arbeiter konnte sich schon ein Auto leisten, und die "Bessergestellten" fuhren nicht zum niederen Volk), boten sich die Straßen als Spielflächen für die Kickerei förmlich an. Der Straßenfußball war geboren! Weil außerdem beim Fußball eine unbegrenzte Anzahl von Mitspielern möglich ist (die elf Spieler umfassende Mannschaft ist ja nur beim regelgerechten Spiel nötig) konnten auch alle Kinder der Siedlung mitkicken, was zu einem starken Gruppen- und Solidaritätsgefühl führte, ein wichtiger Aspekt bei den späteren Vereinsgründungen und vor allem bei der Identifikation des Publikums mit "seiner" Mannschaft. Das Hauptargument aber lieferte der Fußballsport selbst. Zum Fußballspielen braucht man nicht nur Kraft, Härte und Kondition, sondern eben auch Intelligenz, körperliche Geschicklichkeit und eine gehörige Portion Frechheit. Fußball wird "zelebriert", man braucht nur an den berühmten Schalker "Kreisel" zu denken, um das Vorurteil vom "dummen" Fußballspieler zu widerlegen. Eigenschaften wie Kreativität und Intelligenz, die während der monotonen Tätigkeiten der Arbeiter in keinster Weise gefragt waren, fanden sich auf dem grünen Rasen ihre vollste Entfaltung, und wie schön das dann anzuschauen war, dafür stehen Spieler wie Kuzorra und Szepan.

Nachträglich erwies sich dies aber durchaus als Glücksfall. Denn der ATB stand vor schweren Zeiten, und die Fußballer sollten sich dabei als große Stütze erweisen. Der Arbeitersport geriet in die politischen Turbulenzen der unmittelbaren Nachkriegszeit.

Verbleiben wir noch einen Moment bei den Fußballern. Die hatten nämlich 1919 einen Riesenerfolg zu feiern. Auf dem 12. Bundesturntag in Leipzig erhielten sie endlich einen eigenen Bundesausschuß, und der ATB-Wandel machte sich auch namentlich bemerkbar. Er hieß nämlich fortan ATSB (Arbeiter- Turn- und Sportbund). 1921 wurde den Fußballern dann gar eine eigenständige Sparte eingerichtet, da ihre immensen Wachstumszahlen vermuten ließen, daß Fußball bald mitgliederreichste Disziplin werden würde.[11] Spartenleiter wurde übrigens Richard Koppisch, der, wir erinnern uns, noch zwanzig Jahre zuvor heftige nationalistische Äußerungen von sich gegeben hatte!

So bedauerlich es auch ist, nun muß die Politik zu Wort kommen. Denn der ATSB war in Gefahr. 1914 hatte sich die SPD mit der Bewilligung der Kriegskredite intern eine Menge Gegner geschaffen, die sich 1917 als USPD abgespalten hatten.[12] Die SPD-Spaltung hatte ihre Auswirkungen bis in die Arbeitersportkreise. Auf dem erwähnten 12. Bundesturntag war es bereits zu hitzigen Auseinandersetzungen der Delegierten gekommen. Während die einen weiterhin treu an der SPD-Seite marschieren wollten, forderten nicht wenige die "Erkämpfung des Sozialismus" als neues Verbandsziel zu definieren. Nur mit Mühe gelang es den ATSB-Funktionären, die Diskussion unter Kontrolle zu halten und sie soweit zu beruhigen, daß ein Scheinfrieden geschlossen werden konnte. Denn obwohl man sich einigte, weiterhin SPD-nah zu stehen, gelöst war das Problem noch lange nicht.

> *Ein Dortmunder Arbeiterturner erinnert sich: "Während des Ersten Weltkrieges spielten wir Kinder und Jugendliche auf der Straße Fußball. Es war für uns die einzige Möglichkeit Sport zu treiben, denn die Turnstunden fielen während des Krieges aus. Nach Ende des Krieges sollte das ursprüngliche Turnen wieder eingeführt werden. Unser aus dem Krieg heimkehrender Vorturner, Max Zimmermann, war sehr enttäuscht, als er feststellen mußte, daß wir Zöglinge Turnutensilien verkauft hatten, um Fußbälle dafür zu kaufen."[10]*

1. Deutscher Arbeiterfußballmeister

Für die fußballspielenden Genossen war der Turntag rundherum jedoch erfolgreich verlaufen. Sogar für eine Bundesmeisterschaft hatten sie grünes Licht bekommen, und bereits 1920 begannen die ersten Rundespiele. Rein technisch verliefen sie ähnlich wie die des DFB: Auf regionaler Ebene wurden Meister ermittelt, die in einer Endrunde mit Finale um den Meister spielen sollten. Die Spiele gingen übrigens, das nur nebenbei, über die volle Neunzigminutendistanz. Der absurden Turneridee von einstündigen Fußballspielen war nämlich glücklicherweise niemand ernsthaft nachgegangen. Im Mai 1920 waren die vier Regionalmeister ermittelt: TSV Waldau (bei Kassel), TSV Fürth, SC Süden Forst und Dresdner Spielverein 1910. Als großer Favorit galt der Dresdner Sportverein, der allerdings gleich in der Vorrunde beim Mitfavoriten TSV Fürth antreten mußte. In einem mitreißenden Spiel unterlagen die Sachsen mit 2:3, während sich in der zweiten Vorrundenpartie der SC Süden Forst deutlich mit 5:1 gegen den TSV Waldau durchgesetzt hatte. Der 10. Juni 1920 war Endspieltermin. Am Wochenende zuvor hatte Fürths bürgerlicher Lokalrivale Spielvereinigung bereits das DFB-Endspiel gegen den 1. FC Nürnberg verloren, und der proletarische Konkurrent wollte es um jeden Preis besser machen. Es gelang ihm eindrucksvoll, denn vor 4.500 Zuschauern schlugen die Franken ihre Forster Genossen deutlich mit 3:0.

Wenn man sich die Endrundenbesetzung anschaut, fällt eines auf: Die große Industrieregion an Rhein und Ruhr war nicht vertreten, dafür nahm der Kasseler Vorortsclub TSV Waldau teil.[13] Ausgerechnet der Schmelztiegel proletarischer Fußballkünste fehlte also bei der proletarischen Fußballmeisterschaft - das konnte doch nicht mit rechten Dingen zugehen. Tatsächlich lagen die Hochburgen des ATSB-Fußballs in Leipzig, Dresden und Berlin, später kam noch Hamburg hinzu. Im Ruhrgebiet hingegen spielte man zwar ebenfalls fleißig in ATSB-Staffeln, doch über die Kreisgrenzen hinaus wurde keiner der Clubs bekannt. Die Probleme, denen der Arbeiterfußball sowohl von außen als auch intern ausgesetzt war, hatten sich im Ruhrgebiet eben als besonders hemmend erwiesen. Denn genügend kickende Arbeiter gab es in jedem Fall, nur spielten die zumeist für die bürgerlichen Vereine. Das hatte natürlich seine Gründe. Einer davon war die bereits erwähnte verbotene Jugendarbeit der Vereine. Dadurch war die fußballspielende Jugend gezwungen worden, bür-

ATSB-Endspiel 1932: TSV Nürnberg-Ost gegen Cottbus 93 (4:1).

gerlichen Vereinen beizutreten. Als dann das Verbot 1918 aufgehoben wurde, waren sie einfach nicht mehr bereit, die dort gefundene Gemeinschaft wieder aufzugeben, um sich dem Klassenkampf zu widmen.

Denn darin lag das nächste Problem: Die ATSB-Funktionäre forderten von ihren Aktiven neben dem sportlichen auch politisches Engagement. Um am Vereinsleben teilhaben zu können, waren Demonstrationen oder gewerkschaftlicher Einsatz wichtiger als Tore. Einmal ganz abgesehen davon, daß politische Aktivität seinerzeit nicht ganz ungefährlich war, hatten viele einfach keine Lust dazu. Sie wollten, wie Ernst Kuzorra es so treffend ausdrückte, "spielen, sonst nichts".

Im Arbeiterfußballbecher war noch ein weiterer Wermutstropfen. Die wegen des Krieges abgebrochene Diskussion um Fußball als Wettkampfsport kam wieder auf. Zähneknirschend hatten sich die Turner der Forderung nach einer Meisterschaftsrunde mit richtigen "Siegern" gebeugt, aber sie hatten Bedingungen gestellt. Wenn es schon Sieger geben sollte dann durften das allerhöchstens Vereine sein. Im Klartext: Keinen Starkult bitte! Was das bedeutete, kann man in den Arbeitersportzeitungen nachlesen, wo Texte wie "Fortunas Stürmer und Stralaus Torwart im Kampf um den Ball" als Bildunterschriften auftauchten. Bis weit in die zwanziger Jahre hinein wurden nämlich keinerlei Spielernamen genannt, und man kann sich leicht ausmalen, daß dies bei den jugendlichen Kickern nicht besonders gut ankam.

Zumal die Montagszeitungen bereits voll mit Fußballernamen wie Luitpold Popp, Tull Harder oder Hanne Sobeck waren und jeder Kicker davon träumte, eines Tages selbst Schlagzeilen zu machen. Und irgendwie braucht doch auch das Volk seine Helden - oder?

Als Ende der zwanziger Jahre die Strategie geändert wurde, war es bereits zu spät. Denn alle mehr oder weniger guten Arbeiterkicker hatten sich den bürgerlichen Vereinen angeschlossen, wo sie sich ganz auf die Kickerei konzentrieren konnten. Und damit haben wir den Grund für die westdeutsche Abstinenz bei den ATSB-Meisterschaften. Denn an Rhein und Ruhr gab es genügend bürgerliche Clubs, die die Arbeitersöhne mit offenen Händen aufnahmen und sie nach Herzenslust - ohne Politik - spielen ließen.[14]

Und dann zerstritt sich die Arbeitersportbewegung auch noch.

Arbeiter spalten sich

Ende der zwanziger Jahre waren die Gräben zwischen sozialdemokratischen Arbeitersportlern und kommunistisch orientierten "Revolutionären" unüberbrückbar geworden. Folgendes war geschehen: 1928 hatte die *Kommunistische Internationale* auf Druck der sowjetischen KPdSU die Kommunisten angewiesen, einen ultralinken Kurs einzuschlagen und die SPD als "sozialfaschistisch" zu betrachten. Nun waren viele der ATSB-Funktionäre gleichzeitig überzeugte SPD-Mitglieder und fühlten sich durch das Verhalten der Ultralinken provoziert. Auf dem 16. Bundestag im Juni 1928 kam es zum Eklat. Die ATSB-Spitze wollte die SPD zur führenden Partei der Arbeitersportbewegung proklamieren, womit die "Linken" natürlich überhaupt nicht einverstanden waren. Nach kurzer leidenschaftlicher Diskussion wurde den rund 33.000 KPD-Anhängern die rote Karte gezeigt, und sie wurden kurzerhand wegen organisationsschädigenden Verhaltens ausgeschlossen! Damit schien das Problem gelöst und man schipperte von nun an ungestört im SPD-Fahrwasser, während die ausgeschlossenen "Störenfriede" ihren eigenen Weg gehen mußten.

Den gingen sie auch. Am 26. Mai 1929 gründeten sie die *Interessengemeinschaft zur Wiederherstellung der Einheit im Arbeitersport* (IG), die allerdings weniger eine Sportorganisation war. Erstes und wichtigstes Ziel war nämlich - der Name macht es deutlich - die Wiederaufnahme in den ATSB. Um ihre Verhandlungsbereitschaft zu unterstreichen, boten sie ihren ATSB-Brüdern sogenannte Solidaritätsspiele an.

> *Natürlich stellten die Arbeiterkicker auch eine Nationalmannschaft auf, die am 11. Oktober 1924 erstmalig im roten Trikot mit dem ATSB-Wappen antrat, um der Welt deutschen Arbeiterfußball vorzuführen. Und 10.000 Zuschauer im Pariser Buffalo-Stadion staunten nicht schlecht über eine Mannschaft, welche die französische Arbeiterauswahl mit 3:0 besiegte. Pikanterweise war es ausgerechnet der seinerzeitige "Erzfeind" Frankreich, den sich die Arbeitersportler, ganz im Sinne der "internationalen Solidarität", als ersten Gegner ausgeguckt hatten. Waren es bei diesem ersten offiziellen Länderspiel noch ausschließlich Spieler des seinerzeitigen Meisters Dresdner SV 1910 gewesen, so betrat während der 1. Arbeiterolympiade im Juli 1925 erstmalig eine Auswahl von Spielern aus Dresden, Nürnberg und Leipzig den Rasen. Am 26. Juli traf sie im Endspiel auf Finnland und nach 90. Minuten waren: Sparke, Dorn, Krahmer, Bogen, Naumann, Ehrlich, P. Schmidt, R. Schmidt, Reichel, Günther und Apitz Olympiasieger! Was international betrachtet der erste große (und heute fast vergessene) Erfolg des deutschen Fußball war, denn die bürgerlichen Adlerträger bezogen bei ihren damaligen Auftritten zumeist mehr oder weniger deftige Niederlagen. Ruhm ist vergleichlich jedenfalls bestritt die ATSB-Auswahl zwischen 1924 und 1933 insgesamt 45 Spiele, von denen sie 30 gewann.*

Das allerdings stieß beim ATSB-Vorstand gar nicht auf Gegenliebe, der jedem Mitglied mit dem Ausschluß drohte, wenn ein solches Spiel zustände käme. Selbst vor dem vierfachen Deutschen Meister *Dresdner Sportverein 1910* machte der Streit nicht halt, denn der DSV spaltete sich in einen kommunistischen und einen sozialdemokratischen Flügel. Im Dezember 1930 gaben die kommunistischen Sportler ihr Ziel auf. Sie lösten die IG auf und gründeten unter direkter Schirmherrschaft der KPD mit der *Kampfgemeinschaft für Rote Sporteinheit* (KG) eine Sportorganisation, die "den höheren Anforderungen des Klassenkampfes Rechnung tragen" sollte. Auf den Straßen tobte nämlich inzwischen ein mörderischer Kampf zwischen Rechten und Linken.[15]

Zwei Arbeitermeister

Trotz allem hatten fußballspielende KG-Mitglieder noch Zeit gefunden, eine Bundesmeisterschaft auszuschreiben. 1931 war es erstmalig soweit. Zwar sind die meisten Informationen darüber heutzutage verschollen, doch daß der Dresdner SV seinen Berliner Gegner Sparta 1911 mit 3:2 bezwang, das steht fest. Ebenso bekannt ist der ATSB-Meister. Noch bekannter ist einer, der in deren Siegerelf stand. Die hieß SC Lorbeer 06 Hamburg und ihr gehörte

kein geringerer als *Erwin Seeler* an, der wohl bekannteste Arbeiterfußballer. Obwohl seine proletarische Sportvergangenheit heutzutage lieber verleugnet wird und man vorzugsweise nur seine bürgerliche HSV - Karriere erwähnt.[16]

Der Arbeitersport ging schweren Zeiten entgegen. Geschwächt durch die Spaltung mußte er das Aufziehen ziemlich brauner Wolken über Deutschland mit ansehen, und sein befürchtetes Schicksal wurde bald zur bitteren Gewißheit. Zuerst traf es die KG, die als kommunistische Organisation erklärter Feind Hitlers war. Anfang Februar 1933 wurden ihre Büros von der Polizei gestürmt, am 27. Februar waren sie sämtlich geschlossen, das KG-Zentralorgan *Rot Sport* verboten. Ende April waren die rund 4.000 KG-Vereine (Hochburg war Berlin-Brandenburg gewesen) vollständig liquidiert. Den ATSB-Vereinen erging es nicht viel besser, obwohl sie anfangs noch versuchten, mit den Veränderungen Schritt zu halten. Im April 1933 beispielsweise hieß es in einem ATSB-Rundschreiben:

Unsere Stellung zum neuen Staat ist getragen vom ehrlichen Willen zur Mitarbeit.[17]

Es half alles nichts. Im Mai waren der ATSB und seine 6.886 Vereine aufgelöst, die 738.048 Aktiven vereinslos. Damit hatten sie allerdings noch vergleichsweise Glück, denn für die meisten KG-Sportler hatte es gleich "Ins KZ!" geheißen. Den gesamten Besitz übernahmen die Nazis per eigens erlassenem Gesetz "über die Einziehung volks- und staatsfeindlicher Vermögen." Auch die mit Eigenmitteln erbaute Leipziger ATSB-Bundessportschule fiel darunter, sie wurde fortan für militärische Schauspiele genutzt.

Alle ehemaligen Arbeitersportler, die aktiv bleiben wollten, konnten zu einem bürgerlichen Verein wechseln, wozu sie allerdings zwei "nicht-marxistische Bürgen" brauchten. Im Mai 1933 war der Arbeitersport vollständig ausgelöscht.

Als 1945 die Alliierten die Macht im Lande übernahmen, beriefen sie überall ehemalige ATSB- und KG-Funktionäre in ihren Personalstab und übertrugen ihnen den Wiederaufbau des Sports. Es gab kurzzeitige Überlegungen, den ATSB wiederzugründen, letztlich verzichteten die alten Funktionäre aber darauf und leisteten damit einen entscheidenden Beitrag, daß es nicht zum Wiederaufleben des alten Klassenkampfes kam.

Doppelt bitter für sie, daß die Arbeitersportgeschichte heute fast vergessen ist

Meistertafel		
1920	TSV Fürth – SC Süden Forst	3:0
1921	VfL SO Leipzig-Stötteritz – Nordiska Berlin	3:0
1922	VfL SO Leipzig-Stötteritz – SV 06 Kassel	4:1
1923	VfL SO Leipzig-Stötteritz – Alemannia Berlin	1:0
1924	Dresdner SV 1910 – Stern Breslau	6:1
1925	Dresdner SV 1910 – SV Stralau Berlin	7:0
1926	Dresdner SV 1910 – SC Süden Forst	4:1
1927	Dresdner SV 1910 – Nürnberg-West	4:1
1928	Adler Berlin – Frankfurt-Westend	5:4
1929	Lorbeer 06 Hamburg – FT Döbern	5:4
1930	TSV Nürnberg-Ost – Bahrenfelder SV	6:1
1931	ATSB: Lorbeer 06 Hamburg – SV Pegau	4:2
	KG: Dresdner SV 1910 – Sparta 11 Berlin	3:2
1932	ATSB: TSV Nürnberg-Ost – Cottbus 93	4:1
	KG: Dresdner SV 1910 – Sparta 11 Berlin	3:2

Zum letzten Mal konnte 1932 mit dem TSV Nürnberg-Ost ein Arbeitermeister ermittelt werden.

ANMERKUNGEN

(1)   Der SC Dresdensia Dresden war zwar auch nicht übermäßig bekannt, aber dennoch, wie ich aus eigener Erfahrung zu berichten weiß, den meisten Fußballhistorikern ein Begriff. Den DSV 1910 hingegen kennt kaum jemand.

(2)   Bis etwa Mitte des 18. Jahrhunderts gab es lediglich Zechen mit fast waagerecht in den Berg getriebenen Stollen. Solche Kleinzechen mit einer Belegschaft von 10 bis 12 Mann befanden sich u.a. in den südlich von Essen gelegenen Orten Werden und Hattingen. 1801 kam in Langendreer bei Bochum erstmalig eine Dampfmaschine zum Einsatz, um das Wasser aus den Stollen zu holen. Seinerzeit war das eine enorme Verbesserung.

(3)   1863 war in Leipzig von Ferdinand Lassalle der *Allgemeine Deutsche Arbeiterverein* gegründet worden, der sich 1875 mit der *Sozialdemokratischen Arbeiterpartei* (1869 gegründet) zur SPD vereinte.

(4)   Offiziell hieß es "Gesetz gegen die gemeingefährlichen Bestrebungen der Sozialdemokratie". Allgemein wird vom "Sozialistengesetz" gesprochen.

(5)   Aus: Gehrmann (1988), Seite 146.

(6)   Aus: Gehrmann (1988), Seite 48.

(7)   In *Arbeiter Turn-Zeitung* vom 1. 11. 1901.

(8)   In: *Volkssport* vom 1. 3. 1922. Entnommen: Teichler (Hrsg.) (1987), Seite 168.

(9)   In: *Arbeiter Turn-Zeitung vom 1. 7. 1911.* Dem muß allerdings hinzugefügt werden, daß die ATBler einfach Angst hatten, daß ihre Jugend beim DFB militarisiert wird. Vor dieser Aussicht stehend, bissen sie dann doch lieber in den sauren Fußballapfel.

(10)   Aus: Teichler (Hrsg.) (1987), Seite 164.

(11)   Drei Zahlen veranschaulichen das: 1919 gehörten dem ATSB 26.053 Fußballer an. 1920 waren es 48.130; 1922 bereits 100.893.

(12)   Im Oktober 1920 gründete die linke Hälfte der USPD dann die KPD, während der verbliebene Rest sich wieder mit der SPD vereinte.

(13)   Das Ruhrgebiet gehörte, ebenso wie Kassel, zum Kreis Nordwest.

(14)   Damit soll keineswegs gesagt werden, die sportliche Schwäche der westdeutschen ATSB-Vereine sei einzig und allein bürgerlicher Beeinflussung zu verdanken. Nirgendwo anders prallten proletarischer und bürgerlicher Fußball so eng aufeinander, wie im Ruhrgebiet. Und für einen von der Arbeitslosigkeit bedrohten begnadeten Fußballer muß es eine schwere Entscheidung gewesen sein, auf die Verlockungen der bürgerlichen Clubs zu verzichten, um Arbeitersportler zu werden. Spätestens nachdem die Zechen dazu übergegangen waren, "ihre" Vereine zu "sponsern" (Stadien, Fahrzeuge, Kleidung usw.), hatten die bürgerlichen Vereine einen gewaltigen Trumpf in der Hand.

(15)   Zu Beginn der 1930er begannen die Straßenkämpfe zwischen Kommunisten auf der einen und Nazis auf der anderen Seite immer heftigere Formen anzunehmen und forderten viele Todesopfer.

(16)   Erwin Seeler, Vater von "Uns" Uwe, wechselte später zunächst zum SC Victoria Hamburg und dann zum Hamburger SV.

(17)   In: Skorning (1978), Seite 168.

Kleeblätter und sonstige Frankenblüten
(Die Endrunden 1920 bis 1933)

Die DFB-Bosse glaubten ihren Augen nicht zu trauen. In wenigen Minuten sollte das erste Nachkriegsendspiel über die Bühne gehen, doch vor den Kassen des Frankfurter Germania-Stadions warteten noch immer Tausende geduldig auf Einlaß! Obwohl das Stadion mit mehr als 30.000 bereits rappelvoll war. Trotz aller hoffnungsfroher Erwartung - damit hatten sie nicht gerechnet. Gleichwohl, so überraschend war der Massenandrang eigentlich gar nicht, denn immerhin war seit sechs Jahren kein Deutscher Meister mehr gekürt worden. Zudem hatten die Kriegsjahre mit ihren an anderer Stelle beschriebenen umwälzenden Folgen dafür gesorgt, daß man sich verstärkt ablenkenden Dingen zuwandte - und was kann da besser geeignet sein, als ein Fußballspiel? Und wenn bei diesem dann auch noch die feinsten Mannschaften des Landes aufeinandertreffen - der 1. FC Nürnberg und die Spielvereinigung Fürth nämlich - wen hält es da schon noch am heimischen Herd?

35.000 hatte es nicht gehalten, meldeten die Zeitungen am Tag danach und, daß die Sandhöfer Wiesen[1] damit einer riesigen Heringskiste geglichen hätten. Neben dem buchstäblich hautnahen Dabeisein war den Fans aber noch mehr geboten worden. Erste Überraschung waren die Outfits der beiden Teams. Nürnberg lief statt in den traditionellen weinroten Jerseys in blauen Hemden auf, und die Fürther hatten das schwarzblau gestreifte Trikot gegen ein strahlend weißes getauscht, auf dem unübersehbar ein Kleeblatt prangte.

Soweit zu der Geschichte mit ihrem Spitznamen,[2] doch am 13. Juni 1920 brachte ihnen das Kleeblatt kein Glück: Nachdem Luitpold Popp die Nürnberger in der zwölften Minute in Führung geschossen hatte, beherrschte der Club das Spiel, und die Fürther rannten vergebens an. Als dann Peter Szabó siebzehn Minuten vor Spielende sogar auf 2:0 erhöhte, fingen die mitgereisten Clubfans bereits zu feiern an. Der erste Meistertitel war gewonnen - und viele ahnten schon damals, daß dem Club die nächsten Jahre ziemlich allein gehören würden. Das taten sie auch - sehr zum Leidwesen der Fürther Spielvereinigung. Daß die nämlich trotz ihrer seinerzeit unbestrittenen Klasse nur drei Meistertitel an den Ronhof holten, lag vor allem am Nürnberger Konkurrenten. Allerdings nicht direkt, denn die Weinroten konnten schließlich auch nichts für ein Ligasystem, das Deutschlands Spitzenfußball hoffnungslos zersplitterte.

559 Titelbewerber

Wenn man nämlich korrekt ist, traten beispielsweise in der Saison 1923/24 sage und schreibe 559 Mannschaften an, um Deutscher Meister zu werden. Es war gar nicht einmal die große Teilnehmerzahl, sondern vielmehr die regionale Ungleichheit, die für Ungerechtigkeit sorgte.

Nun stellt sich an dieser Stelle ein Problem: Das damalige Ligasystem kann nämlich mit ruhigem Gewissen als "chaotisch" umschrieben werden, und Chaos übersichtlich darzustellen ist nicht ganz einfach. Ich möchte es mit einem Beispiel versuchen: Im Bereich des *Süddeutschen Fußball-Verbandes* spielten vierzig Mannschaften.

Die auf fünf Staffeln (nämlich Bayern, Württemberg-Baden, Rhein, Rheinhessen-Saar und Main) verteilten Mannschaften kämpften um die Qualifikation zur süddeutschen Meisterschaftsendrunde, an der lediglich die Staffelsieger teilnehmen durften. Gleichzeitig kickten im Bereich des *Mitteldeutschen Fußball-Verbandes* 213 Mannschaften in 27 Staffeln um Kreismeisterschaften vom Kaliber "Göltzschtal" oder "Eine-Bode", deren Sieger - vergleichbar mit dem Süden - an der mitteldeutschen Meisterschaftsendrunde teilnehmen durften.

Rein theoretisch betrachtet bedeutet dies, daß die thüringische Partie zwischen TV 05 Ilversgehofen und SC Zella vergleichbar mit dem bayerischen Derby 1. FC Nürnberg gegen Spielvereinigung Fürth war! Denn der Preis war ja derselbe, egal ob Kreisliga Thüringen oder Bayernmeisterschaft: Nur der Staffelsieger qualifizierte sich für die Landesmeisterschaft, deren Erreichen notwendig war, um sich für die deutsche Meisterschaftsendrunde zu qualifizieren. Wenn man sich dann aber die Besetzung der bayerischen Staffel anschaut, wird das Dilemma rasch deutlich: Da trafen nämlich Fürth, Nürnberg und die drei Münchner Eliteclubs TSV 1860, FC Bayern und FC Wacker[3] aufeinander - und jedes Jahr konnte nur ein einziger davon in die süddeutsche Meisterschaftsendrunde einziehen. So kam es, daß jede Saison vier der großen Fünf in die Röhre gucken mußten, während "nebenan" in Mitteldeutschland Clubs wie Preußen Biehla oder VfL Schneeberg kurz vor dem Erreichen der Deutschen Meisterschaftsendrunde standen! Allerdings hatte die süddeutsche Lösung ihren großen Vorteil in der Kräftekonzentration, wodurch die ganze Geschichte im Endeffekt wieder ausgeglichen wurde. Denn von den dreizehn Deutschen Meistern zwischen 1920 und 1933 kam nicht ein einziger aus Mitteldeutschland, dafür aber acht aus dem Süden![4]

Hochburg Frankenland

Damit habe ich erheblich vorgegriffen. Kehren wir noch eine Weile in das Jahr 1920 zurück. Wie gewohnt durften die sieben Landesmeister *Brandenburg-Berlin, Mitte, Süd, West, Nord, Balten* und *Südost* an der Endrunde teilnehmen; automatisch qualifiziert war zudem der Titelverteidiger. Da dieser - obwohl der Triumph bereits sechs Jahre zurücklag - Spielvereinigung Fürth hieß, war ein fränkisches Finale überhaupt erst möglich geworden. Denn eigentlich waren die Kleeblätter bereits auf bayerischer Ebene am Club gescheitert. Neben den beiden Rivalen hatten sich noch Altmeister VfB Leipzig, VfTuR M.-Gladbach, Arminia Hannover, Titania Stettin, Sportfreunde Breslau und der SC Union Oberschöneweide qualifiziert. Soweit nichts Ungewöhnliches, obwohl Arminia Hannovers Nordmeisterschaft durchaus überraschend war. Die Blauen hatten allerdings vom Rauswurf der Kieler Holsteinelf durch Borussia Harburg profitiert und enttäuschten bei ihrer ersten Endrundenteilnahme auch ziemlich. Denn die 1:2 Heimniederlage gegen die Underdogs von Titania Stettin war ganz und gar nicht eingeplant gewesen.[5] Das Spiel der Spiele fand zwischen Altmeister Leipzig und Emporkömmling Nürnberg statt. Nicht unerwartet gewann der Club mit 2:0, denn seine hervorragende Jugendarbeit begann allmählich Früchte zu tragen. Kein Zweifel: Das 1914 durch den Fürther Endspielsieg vorsichtig eingeläutete Frankenzeitalter war da. Ob es an der fränkischen Luft oder dem bayerischen Bier lag, ist ungeklärt; die Viktoria jedenfalls nistete sich nun in der Doppelstadt Nürnberg-Fürth ein. Denn von 1920 bis 1929 verbrachte sie nur zwei Jahre an anderen Orten.

4:2 gewann Hertha BSC am 6. Juni 1926 gegen den Hamburger SV.
Doch im Finale unterlagen die Berliner anschließend der SpVgg Fürth mit 4:1.

Die Bilanz der fränkischen Fußballgötter ist eindrucksvoll: Von ihren sieben End-
spielauftritten verloren sie nur ein einziges, und das zwangsläufig, es handelte sich
nämlich um die 0:2 Niederlage der Fürther im eingangs erwähnten rein fränkischen
Nachkriegsendspiel. Ansonsten aber machten Heiner Stuhlfauth, Hans Kalb und Luitpold Popp auf Nürnberger und Hans Sutor, Hans Hagen und Josef Müller auf Fürther
Seite kurzen Prozeß mit ihren Gegnern. Nürnbergs Finalergebnisse 2:0; 5:0; 2:0; 1:0
und 2:0 - nicht ein einziges Gegentor in fünf Endspielen! - zeugen von solider
Abwehrarbeit. Fürth hingegen frönte mehr dem schöneren Spiel, wie auch die Finalergebnisse zeigen: 0:2; 4:1 und 3:2.

280 Minuten ohne Sieger

Der buchstäblich heißeste Kampf um die "Deutsche" begann am Nachmittag des 18.
Juni 1922 und endete erst am 6. August desselben Jahres. Trotzdem sah er keinen Sieger.
Wie jede gute Geschichte, so hat auch diese eine Vorgeschichte und mit der wollen wir
anfangen: Im hohen Norden war seit dem Niedergang des Ex-Meisters Holstein Kiel
Tristesse eingekehrt. In Hamburg witterte man dadurch die große Chance, das einst
übermächtige Kiel endlich hinter sich zu lassen und beschloß, die Kräfte zu bündeln.
Denn eigentlich hatten sich bis auf die altehrwürdige Victoria und den SC Germania
nur noch Altona 93 über die Stadtgrenzen hinaus etablieren können.

*Waren es 40.000 oder 70.000? Jedenfalls waren die Tribünen der halbfertigen
Leipziger Probstheida brechend voll, als sich der HSV und der 1. FC Nürnberg zum zweiten Akt trafen.*

Mit den großen Südteams konnte allerdings keiner der drei mithalten. An der Elbe wußte man, daß dies nur durch Fusionen möglich war, eine erfahrungsgemäß jedoch eher heikle Angelegenheit. Die während der vergangenen Kriegsjahre gebildeten Kriegssportvereinigungen[6] hatten sich als durchaus positiv erwiesen, denn die dabei geschlossenen engen Kontakte bildeten nun eine brauchbare Verhandlungsbasis. 1919 waren sich Hamburger SV 1888[7], FC Falke 06 und SC Germania 1887 grundsätzlich über das Zusammengehen zu einem Großverein einig.

Nun wird es allerdings kompliziert. Denn zum gewünschten Fusionstermin - Mai 1919 - war der HSV 1888 im Rahmen seiner Kriegsvereinigung mit dem SC Victoria noch im Ligabetrieb verwickelt und konnte demnach gar fusionieren. Rasch fand man eine Lösung: Am 12. Mai löste sich der 1906 von Realschülern gegründete FC Falke auf, und seine Mitglieder traten dem HSV 1888 bei. Als der dann seine letzten Spiele absolviert hatte, fand am 1. Juni die Fusion mit dem SC Germania statt. Name des stolzen Kindes war Hamburger Sport-Verein.

Wenden wir uns nach diesem kleinen Ausflug endlich dem 18. Juni 1922 zu. Da hatte der HSV sein Nahziel nämlich erstmalig erreicht, als ihm der 1. FC Nürnberg im Meisterschaftsfinale gegenüberstand. Die Hamburger waren guten Mutes, denn ihre im In- und Ausland zusammengekaufte Startruppe[8] galt als harte Nuß für die Nürnberger. Die Franken selbst hielten sich allerdings für ziemlich unschlagbar und absolvierten wenige Tage vor dem Endspiel auf die Schnelle noch ein Freundschaftsmatch bei Eintracht Frankfurt, denn die Club-Kasse war mal wieder ziemlich leer. Bei diesem unwichtigen Spiel passierte das Malheur: Spielmacher Dr. Hans Kalb verletzte sich so schwer, daß er für die Finalbegegnung gegen die Norddeutschen ausfiel - und sein Ausfall war selbst für die hartgesottenen und erfolgsverwöhnten Franken nicht leicht zu verdauen. Dennoch ging der Club als Favorit in die Partie. Nachmittags um fünf hatten sich gut und gerne 35.000 Zuschauer im Berliner Grunewaldstadion versammelt, die trotz gleichzeitiger galoppierender Inflation offensichtlich genügend Kleingeld hatten auftreiben können. Sie hatten einen langen Nachmittag vor sich: 19 Minuten lang plätscherte die Partie so dahin, dann ging es plötzlich Schlag auf Schlag. Zunächst markierte Hans Rave den Hamburger Führungstreffer, doch den mitgereisten HSV-Fans blieb die Freude im Halse stecken, denn Heinrich Träg sorgte postwendend für den Ausgleich. Zehn Minuten später schoß Luitpold Popp die Franken sogar in Führung, und im weiteren Verlauf sahen sie mal wieder wie der sichere Sieger aus. Vier Minuten vor Spielschluß passierte es: Gewühl vor dem Nürnberger Gehäuse, die Hamburger Harder, Flohr und Breuel stochern nach dem Ball, der plötzlich im Netz liegt! Ausgleich, alles war wieder offen, wer das Tor geschossen hatte ebenfalls, die Partie mußte jedenfalls in die Verlängerung. Das hieß 1922 noch nicht "zweimal fünfzehn Minuten", sondern "spielen bis zur Entscheidung". Um ein langes Spiel an dieser Stelle kurz zu fassen: Abends um neun brach Schiedsrichter Bauwens die Partie wegen Dunkelheit ab und bat beide Teams zu einem Wiederholungsmatch.

Zwei Wochen später ging es weiter. Schauplatz war diesmal die noch im Bau befindliche Leipziger Probstheida, in der schon Stunden vor Spielbeginn chaotische Zustände herrschten. Die nur notdürftig aufgestellten Absperrgitter waren von den Fans niedergerissen worden und als um vier Uhr die Mannschaften das Spielfeld betreten wollten, mußten sie buchstäblich über gut und gern 40.000 Menschen[9] steigen, die das grüne Viereck umrandeten.

Eine halbe Stunde später begann der zweite Akt des 1922er Finales - und er sollte dem ersten in nichts nachstehen. Zwar stand bereits nach 69. Minuten das Endergebnis fest - 1:1 - doch die Aktiven mußten noch vierzig weitere Minuten dem Ball hinterherjagen. Nach mehr als 100 Spielminuten war die Club-Elf auf sieben Mann zusammengeschrumpft, denn Willi Böß und Heinrich Träg waren des Feldes verwiesen worden, und Luitpold Popp und Anton Kugler hatten verletzungsbedingt ausscheiden müssen. Dem Schiedsrichter blieb keine andere Wahl: Erneuter Spielabbruch. Freilich ging die Partie diesmal am grünen Tisch weiter, denn der HSV wurde vom DFB zum Sieger und Deutschen Meister erklärt. Auf eine solche Art wollten die Norddeutschen ihren ersten Titel nun wirklich nicht gewinnen und lehnten dankend ab. 1922 gab es keinen Deutschen Meister.

Endlich Hertha

Trotz dieser Erfahrungen blieb das k.o.-System unangetastet,[10] denn die dadurch erzeugte Spannung war eben durch nichts zu ersetzen. Um sie noch zu steigern, und weitere Teams davon zu begünstigen, stockte man 1925 sogar die Teilnehmerzahl auf: Neben ihren Meistern durften fortan der Süden und der Westen zwei weitere, die anderen Verbände einen weiteren Verein zur Endrunde melden, dafür entfiel die automatische Qualifikation für den Titelverteidiger.

Die Geschichte mit den drei Westvertretern sorgte seinerzeit allerdings für einigen Wirbel. Mit den Südclubs hatte man keine Probleme, dort war nun mal die Crème de la Crème des deutschen Fußballs versammelt und drei Südvertreter in der Endrunde, das war nur recht. Daß der Westen auch drei stellen sollte, das verstand man nicht. Eigentlich waren doch der Norden und die Mitte viel spielstärker,

Die Endspiele von 1920 bis 1933		
13.06.1920	1. FC Nürnberg - SpVgg. Fürth	2:0
12.07.1921	1. FC Nürnberg - Vorwärts Berlin	5:0
18.06.1922	1. FC Nürnberg - Hamburger SV	2:2 n.V.
06.08.1922	1. FC Nürnberg - Hamburger SV	1:1 n.V.
(HSV wurde zum Meister erklärt, verzichtete aber auf den Titel)		
10.06.1923	Hamburger SV - Union Oberschöneweide	3:0
08.06.1924	1. FC Nürnberg - Hamburger SV	2:0
07.06.1925	1. FC Nürnberg - FSV Frankfurt	1:0
13.06.1926	SpVgg Fürth - Hertha BSC Berlin	4:1
12.06.1927	1. FC Nürnberg - Hertha BSC Berlin	2:0
29.07.1928	Hamburger SV - Hertha BSC Berlin	5:2
28.07.1929	SpVgg. Fürth - Hertha BSC Berlin	3:2
22.06.1930	Hertha BSC Berlin - Holstein Kiel	5:4
14.06.1931	Hertha BSC Berlin - TSV 1860 München	3:2
12.06.1932	Bayern München - Eintracht Frankfurt	2:0
11.06.1933	Fortuna Düsseldorf - Schalke 04	3:0

immerhin hatten sie mit dem Hamburger SV und dem VfB Leipzig wirkliche Ausnahmemannschaften zu bieten, während der Westen nur seinen untergehenden Stern Duisburger Spielverein hatte. Und genau da vermuteten nicht wenige das Problem: Deren ehemaliger Spielführer Gottfried Hinze war nämlich inzwischen DFB-Präsident geworden und man munkelte, daß... Die Diskussion beruhigte sich bald, denn die Westclubs bewiesen - wir kommen darauf noch zu sprechen - auf dem grünen Rasen, wie stark sie tatsächlich waren.

Wenn wir von den fußballerischen Zentren der Zwanziger sprechen, haben wir nicht viel aufzuzählen: Nürnberg, Fürth und Hamburg. Deren Herausforderer waren oftmals gar keine. Wie 1921, als der Berliner FC Vorwärts im Endspiel mit 0:5 vom 1. FC Nürnberg förmlich demontiert wurde. Wenig besser erging es 1923 Union Oberschöneweide, die dem HSV mit 0:3 unterlag, womit die Norddeutschen, ein Jahr nach der "Endlosschlacht" ihren ersten Meistertitel errangen. 1925 tauchte der Name FSV Frankfurt im Endspielbericht auf, doch auch die "Bernhemer" hatten der Nürnberger Fußballkunst beim 0:1 nichts entgegenzusetzen. 1926 stieg ein neuer Stern am Fußballhimmel empor: Hertha BSC Berlin. Irgendwie scheiterten die Herthaner immer wieder kurz vor dem großen Ziel, denn von ihren sechs aufeinander folgenden Finalauftritten von 1926 bis 1931 beendeten sie ganze zwei als Sieger. Dabei hatte man sich das ganze so schön ausgedacht! Die Blauweißen kauften ihren Stadtkonkurrenten nämlich einfach alles weg, was Beine hatte, und glaubten, damit den Erfolg zu verpflichten. Nur wenige der kostspieligen Neuerwerbungen konnten ihre Beine auch gewinnbringend einsetzen. Einer, der es bestimmt konnte, war der 1925 vom BFC Alemannia losgeeiste Johannes "Hanne" Sobeck.[11] In allen sechs Hertha-Endspielen stand das Urgestein auf dem Feld, und vor allem der 22. Juni 1930 bleibt wohl unvergessen. Hertha stand - zum fünften Mal in Folge - im Finale. Gegner in der Düsseldorfer Rheinkampfbahn war Altmeister Holstein Kiel. Nach acht Minuten stand es bereits 2:0 für die Norddeutschen, und alles deutete auf eine erneute Finalniederlage Herthas hin. Hanne Sobeck hatte genug von den dauernden Vizemeisterschaften. Er krempelte die Ärmel hoch und machte sich höchstpersönlich an die Arbeit. In der 22. Minute erzielte er den 1:2 Anschlußtreffer, vier Minuten später den Ausgleich. Nun lief das Berliner Spiel wie von selbst. Als Hertha nach 90. Minuten tatsächlich 5:4 gewonnen hatte und damit erstmals Deutscher Meister war, wußte jeder, wem der Erfolg zu verdanken war: Hanne Sobeck! Freilich geht Herthas Geschichte noch weiter: 1931 schlugen die Berliner im als "Schönheitsendspiel" bekanntgewordenen Finale den TSV 1860 München mit 3:2, anschließend war die Berliner Luft raus. Vor lauter Einkaufen hatten die Hertha-Verantwortlichen nämlich vergessen, sich um die eigene Jugend zu kümmern und somit stand der Klub, als seine Meistermannschaft erstmal ins Alter gekommen war, ohne Ersatz da. Das sollte ihm ja nicht das letzte Mal passiert sein.

Torschützen vom (Endrunden-) Dienst waren der Herthaner Willi Kirsei mit 29 Treffern (von 1925-33) und der Hamburger Otto "Tull" Harder mit 27 Treffern (1921-29). Doch auch die anderen Schützen ließen sich nicht lumpen, denn die 102 Tore in den sechzehn Endrundenspielen von 1930 beispielsweise können sich durchaus sehen lassen. Zum Schnitt von 6,38 Toren pro Spiel trugen seinerzeit vor allem der 1. FC Nürnberg und der Dresdner SC bei, die ihre Gegner aus Breslau (Sportfreunde) und Königsberg (VfB) mit 7:0 bzw. 8:1 vom Platz fegten. Zweistellige Ergebnisse fehlten diesmal, was auf eine gewisse Niveauangleichung im deutschen Fußball deuten läßt.

Herthas Meisterjahre dokumentieren gleichzeitig den Übergang von der fränkischen zur westdeutschen Ära. 1932 ging der Titel zwar noch einmal in den Süden (Bayern München), doch 1933 deutete Fortuna Düsseldorf bereits an, wo zukünftig meisterlicher Fußball gespielt werden würde: Im Westen. Obwohl, irgendwie war es kurios, denn seit zwanzig Jahren hatte kein Westvertreter mehr im Endspiel gestanden. Und nun waren es mit Düsseldorf und Schalke gleich zwei! Wer genauer hinsah, wunderte sich nicht länger, denn zu deutlich hatte sich abgezeichnet, was an Rhein, Ruhr und Emscher heranwuchs.

Vor allem die 55.000 erwartungsfrohen Zuschauer im Kölner Stadion begrüßten frenetisch den Beginn der neuen Epoche. Das Spiel an sich war atemberaubend, obwohl Schalke 04 deutlich mit 0:3 unterlag. Die Knappen hatten schön gespielt aber eben keine Treffer markiert, während die Flingerbroicher konsequent jede sich bietende Chance genutzt hatten, um ihren ersten und bislang einzigen Meistertitel unter Dach und Fach zu bringen.

Schalke holte seine erste Viktoria schon im Folgejahr. Da hatte sich allerdings bereits ein anderer Herr in Deutschland breitgemacht: Adolf Hitler. Und damit kommen wir zu einem anderen Kapitel, denn die nationalsozialistische Machtübernahme äußerte sich in einer radikalen Umgestaltung des deutschen Fußballs. Wovon auf den nächsten Seiten zu lesen sein wird.

ANMERKUNGEN

(1) Sandhöfer Wiesen war, entgegen landläufiger Meinung, ein Frankfurter Stadion und kein Mannheimer.

(2) Das Kleeblatt stammt aus dem Fürther Stadtwappen.

(3) Der bayerischen Bezirksliga gehörten in der Regel zehn Vereine an. Neben den Nürnbergern, Fürther und Münchner Teams zählten dazu noch Augsburger, Bayreuther und Ulmer.

(4) Was die Fürther allerdings kaum tröstet, denn sie schieden ja schon immer gegen den Club aus.

(5) Im norddeutschen Endspiel hatte Arminia mit 2:1 gegen Borussia Harburg gewonnen und war durchaus als Favorit gegen die Balten ins Spiel gegangen.

(6) Beispielsweise: Concordia und Germania oder Victoria und Hamburger SV 1888.

(7) Der am 1. Juni 1888 von Gymnasiasten gegründete Hamburger FC 1888 hatte sich am 26. Februar 1914 in Hamburger SV 1888 umbenannt.

(8) Tull Harder war aus Braunschweig verpflichtet worden, Risse und Horn aus dem Ruhrgebiet, Martens aus Berlin, Carlsson aus Schweden und Halvorsen aus Norwegen.

(9) Die Angaben in den zeitgenössischen Zeitungen schwanken zwischen 40.000 und 70.000 Zuschauern!

(10) Es existierte ja bereits seit 1903 und ließ die Vereine im Losverfahren gegeneinander antreten.

(11) Bis 1965 wurde sein Name *Sobek* geschrieben.

Fußball unterm Hakenkreuz
(1933-1945)

Braune Flecke auf weißem Trikot
(Fußball und Nationalsozialismus)

Es ist schon eine komische Geschichte. Glaubt man nämlich den Vereins- und Verbandspublikationen, dann hat sich zwischen 1933 und 1945 nichts Außergewöhnliches ereignet. Wie in den Jahren zuvor kickte man um Meistertitel und erfreute sich wachsender Beliebtheit beim Publikum. Vom politischen Machtwechsel und seinen weitreichenden Folgen war offensichtlich nichts zu spüren. Erst als zu Beginn der vierziger Jahre der Krieg verstärkt auch auf deutschem Boden stattfand, häuften sich die Berichte über Einschränkungen des Spielverkehrs und Abbrüche aufgrund von Bombenangriffen. Daß sich Fußballvereine und -verbände in der Regel widerstandslos den neuen Machthabern unterstellten, bleibt ebenso unerwähnt wie das Schicksal der jüdischen Vereinsmitglieder. Daß viele Vereine ein neues Spielfeld billig erwerben konnten, weil die Nazis zuvor den Arbeitervereinen ihre Grundstücke weggenommen hatten - nirgends finden sich Hinweise. Fußball und Nationalsozialismus: Eine düstere Geschichte. Vor allem aber eine unbekannte.

Versuchen wir, ein wenig Licht ins Dunkel zu bringen: Nach dem Ersten Weltkrieg hatte die erste auf deutschem Boden entstandene Republik harte Zeiten durchmachen müssen. Bürgerkriegsähnliche Zustände bei ihrer Gründung und noch lange danach, ein "Friedensvertrag", der eine wirtschaftliche Gesundung quasi unmöglich machte, die Ruhrbesetzung, Inflation, Weltwirtschaftskrise und vieles andere mehr.

Eine Auswahl der deutschen Jugendkraft (DJK) stellt sich vor ihrem Gastspiel in den Niederlanden den Fotografen

Anfang der dreißiger Jahre war die Stimmung am Siedepunkt angelangt. Gerade richtig für einen Demagogen wie Adolf Hitler, um sich als Retter der Nation aufzuspielen. Am 30. Januar 1933 hatte er sein Nahziel erreicht: Von Reichspräsident Paul von Hindenburg zum Kanzler ernannt,[1] begann er, Deutschland seinen Vorstellungen entsprechend umzukrempeln. Zwei Monate später ließ er sich vom Reichstag per Ermächtigungsgesetz die alleinige Macht übertragen, und als er nach Hindenburgs Tod am 2. August 1934 auch noch dessen Posten übernahm, war der einstige Postkartenmaler aus Österreich am Ziel: Er war Führer und Reichskanzler!

Mit Hitlers Amtsantritt änderte sich das Leben in Deutschland schlagartig und natürlich war davon auch der Fußballsport betroffen. Allerspätestens nach dem wohl von den Nazis selbst inszenierten Reichstagsbrand (27. Februar 1933), begannen Hitler & Co. mit ihrer systematischen Verfolgungs- und Repressionspolitik gegen all' diejenigen, die ihrer Ideologie nicht nahestanden. Wozu auch auf dem Fußballsektor eine Menge Menschen und Organisationen gehörten. Nun kann Fußball nicht losgelöst vom "restlichen" Sport betrachtet werden, und da die Eingriffe der Nazis in der Regel den gesamten Sport betrafen, müssen wir zunächst einen großen sportpolitischen Schlenker durch das "Tausendjährige Reich" machen, in dem im übrigen erstmalig in der deutschen Geschichte eine direkte Vereinnahmung des Sports durch die Politik betrieben wurde. Der Reihe nach.

Zunächst Verbote

Zuerst erwischte es den Arbeitersport, der in den Weimarer Jahren eine erstaunliche Entwicklung genommen hatte. Und hätte er sich nicht durch seine (politisch verursachte) Spaltung selbst geschwächt, wer weiß, welche Gefahr den bürgerlichen Verbänden noch gedroht hätte. Der kommunistisch orientierten *Kampfgemeinschaft Rote Sporteinheit* jedenfalls wurde bereits im Februar 1933 der Garaus gemacht, und drei Monate später waren dann auch die "gemäßigten" (der SPD nahestehenden) Vereine des *Arbeiter Turn- und Sport-Bundes* von den Nazis ausgelöscht. Viele Funktionäre, die oft auch für KPD oder SPD politisch aktiv waren (und teilweise gewählte Reichstagsmitglieder waren), wurden ins Gefängnis gesteckt, wo sie nicht selten ermordet wurden.

Nächstes Opfer nationalsozialistischer Gleichschaltungspolitik waren der katholische *DJK*-Reichsverband und die evangelische *Eichenlaub*-Organisation.

Allen konfessionellen Jugendverbänden ist die Betätigung, die nicht rein kirchlich-religiöser Art ist, insbesondere eine solche politischer, sportlicher und volkssportlicher Art, untersagt,[2]

hieß es in der am 23. Juli 1935 erlassenen Polizeiverordnung, was praktisch einem Verbot gleichkam. Die in 4.481 Vereinen organisierten 230.000 Mitglieder der *DJK* hatten sich einem regimetreuen und konfessionslosen Verein anzuschließen, wobei sie, anders als die Arbeitersportler, die zwei "nichtmarxistische" Bürgen dafür brauchten, relativ problemlos wechseln konnten.[3] Ebenfalls großen Schikanen waren die Deutschen jüdischen Glaubens ausgesetzt. Bis 1933 waren sie überwiegend im deutschen Vereinswesen integriert gewesen, und es gab nur relativ wenige rein jüdische Vereine (z.B. *Bar Kochba Leipzig*). Als dann auch im Sport "Arisierung" gefordert wurde, hatten sie ihre angestammten "völkischen" Vereine zu verlassen, um sich in jüdischen Vereinen einzufinden, die allerdings erst einmal gegründet werden mußten.

Da diese dann aber aus den "völkischen" Verbänden (wie beispielsweise dem DFB) ausgeschlossen waren, konnten sie an deren Spielbetrieb nicht teilnehmen, und mußten eigenständige Meisterschaftssysteme einrichten.[4] Dennoch konnten jüdische Sportler - im Gegensatz zu den proletarischen und konfessionellen - noch bis 1936 ihren Körperübungen nachgehen. Auf den ersten Blick mag das verwundern, doch seinerzeit gab es eben noch ein anderes sportliches Ereignis, daß eine zurückhaltendere Verfolgungspolitik ratsam machte: 1931 hatte nämlich Berlin den Zuschlag zu den Olympischen Sommerspielen 1936 erhalten, und Hitler wollte die günstige Gelegenheit nutzen, sein angekratztes internationales Image ein wenig aufzupolieren. Schließlich war die hitlersche Macht- und Unterdrückungspolitik im Ausland aufmerksam beobachtet worden, und insbesondere in den USA hatten die judenfeindlichen Aktionen einigen Wirbel entfacht.

Kurz vor den Olympischen Spielen lud man jüdische Sportler zu "Schulungslagern" ein, um herauszufinden, ob sie reif für die Olympischen Spiele seien. Einer der Teilnehmer sagte später: Wir trainierten so hart vom frühen Morgen bis zum späten Abend, daß keiner von uns fähig war, die Vergleichskämpfe am Wochenende zu bestreiten. Vor diesem Hintergrund ist es also wenig verwunderlich, daß sich bald nur noch "Arier" in der Leistungsspitze tummelten.

Als dann 1935 mit den "Nürnberger Gesetzen"[5] die Grundrechte der Juden eingeschränkt wurden, gab es einen Aufschrei auf der ganzen Welt, und eine Olympiaboykottbewegung begann sich zu formieren. Eilig beruhigten daraufhin die Nazi-Bosse die Weltöffentlichkeit mit Besuchen bei Wettspielen jüdischer Sportler und versprachen gar, daß auch Juden in die deutsche Olympiamannschaft aufgenommen würden.

Daher konnte der jüdische Sport sich bis zum Ende der Olympischen Spiele erstaunlich ungestört entfalten. So einfach war das dann doch wieder nicht. Denn zwar waren sie "relativ" ungestört, aber eben auch isoliert. Wettkämpfe fanden nur noch intern statt, wobei die Grundvoraussetzung, nämlich einen Sportplatz mieten zu können, in der Regel das größte Problem darstellte. Denn die Juden waren nicht unbedingt gerngesehene Gäste, folglich verweigerten ihnen die meisten Kommunen die Benutzung ihrer Sportanlagen. Nach den Olympischen Spielen wurde alles noch schlimmer. Die Nazis "brauchten" die Juden nun nicht mehr und gingen zu einer offenen Verfolgungspolitik über, deren erster Negativ-Höhepunkt die staatlich organisierte Pogromnacht ("Kristallnacht") vom 9. November 1938 war. Im selben Jahr noch wurden sämtliche jüdische Vereine und Verbände aufgelöst und ihr Vermögen "zugunsten des Reiches beschlagnahmt."

Sport zur Wehrerziehung

Nachdem alle "unerwünschten Elemente" in der Politik wie im Sport (was - zumindest damals - so ziemlich dasselbe war) ausgeschaltet bzw. ausgeschlossen waren, ging man daran, dem Sport einen militärischen Stempel aufzudrücken. Obligatorisch wurden Leistungs- und Härtetests, und grundsätzlich zog militärischer Drill mit all seiner Disziplin und notwendigen Gehorsamkeit in den Sport ein.

Daß sich die Politik des Sports annahm, war - wie schon erwähnt - eine wesentliche Neuerung in der deutschen Sportgeschichte. Sport paßte einfach in das nationalsozialistische Konzept und erschien den Faschisten als geeignetes Mittel, um der Selbstdarstellung des politischen Systems sowie der Entwicklung des nationalen Selbstbewußtseins dienlich zu sein.

Von Anfang an waren die Nazis generalstabsmäßig vorgegangen. Um sich langfristigen Einfluß zu sichern, brachten sie zunächst die Sportjugend unter ihre Fittiche. Mit Wirkung vom 24. Juli 1934 wurde den Sportvereinen mitgeteilt, daß sie sich fortan in ihrer Jugendarbeit auf den sportlichen Sektor zu beschränken hätten und Aktivitäten wie Heimabende, Wanderungen und kulturelle Veranstaltungen verboten seien. Für viele Klubs hatte das fatale Folgen, denn es waren gerade die außersportlichen Aktivitäten, die das Vereinsleben ausmachten. Die neuen Machthaber waren noch nicht zufrieden. Zwei Jahre später wurde auf einer Großkundgebung der *Hitler-Jugend* ein Beschluß gefeiert, womit den im *Deutschen Reichsbund für Leibesübungen* (DRL) - von ihm wird später noch die Rede sein - zusammengeschlossenen Vereinen (also allen) endgültig die Jugenderziehung entzogen wurde.

> *Es darf kein Tag vergehen, an dem der junge Mensch nicht mindestens vormittags und abends je eine Stunde lang körperlich geschult wird, und zwar in jeder Art von Sport und Turnen. (Adolf Hitler in "Mein Kampf", Seite 454)*

Es wurde eine an der Hitler-Jugend orientierte Zweiteilung beschlossen: Die für die 10- bis 14jährigen zuständige HJ-Untergruppe "Jungvolk" war fortan für sämtliche Belange dieser Altersgruppe - also auch sportlicher Art - zuständig. Die betroffenen Jugendlichen fielen dadurch für ihre Vereine völlig aus. Den 14- bis 18jährigen, also der Hitler-Jugend im engeren Sinne, erging es aber nicht viel besser: Sie durften zwar weiterhin Vereinssport ausüben, mußten aber gleichzeitig Mitglied in einzurichtenden vereinsinternen HJ-Gruppen sein. Damit war den Vereinen die Jugendarbeit quasi aus der Hand genommen, was sich einige Jahre später vor allem dadurch bemerkbar machte, daß ihnen schlicht und einfach der Nachwuchs fehlte.

Nach der Jugend visierten die Faschisten die Freizeit- und Firmensportler an. Zwischen bürgerlichem und proletarischem Sport hatte sich nämlich seit 1929 auch noch ein *Reichsverband Deutscher Firmensportvereine* breitgemacht, in dem vornehmlich Sportabteilungen von Großbetrieben organisiert waren. Diese von den Arbeitgebern eingerichteten Betriebssportgruppen stellten eine Art "Produktionsgemeinschaft der Mitarbeiter" dar, die weniger sportliche Ziele hatte, als vielmehr für eine der Produktion förderliche Betriebsatmosphäre sorgen sollten.

Die BSG waren nicht sonderlich wohlgelitten, denn die Betriebsangehörigen tendierten eher zu den bürgerlichen oder proletarischen Vereinen. Nichtsdestotrotz kam 1933 auch für den Reichsverband das Aus. Seine Sportgruppen wurden in die Freizeitorganisation *Kraft durch Freude* (KdF) überführt, die ihrerseits eine Untergruppe der *Deutschen Arbeitsfront* war. Die wiederum verstand sich als "Organisation aller schaffenden Deutschen der Stirn und der Faust" und wollte mit dem Betriebssport einen Beitrag zur "Wehrertüchtigung" und "rassischen Vervollkommnung" der Werktätigen leisten. Planmäßig wurden ab Dezember 1936 in allen Großbetrieben Betriebssportgemeinschaften gegründet, in denen

> *Der "Führer" sah, wie die Annalen verraten, nur ein einziges Fußballspiel in seinem Leben. Und das fand am 7. August 1936 im Berliner Olympiastadion anläßlich der Olympischen Spiele zwischen Deutschland und Norwegen statt. Nach der 0:2 Niederlage rannte er wutschnaubend aus dem Stadion, Niederlagen konnte er nicht ertragen.*

allerdings zunächst vornehmlich Breitensport gepflegt wurde. Als Hochburgen etablierten sich rasch Post und Reichsbahn, deren BSG auch Wettkampfsportarten wie Fußball in ihr Repertoire aufnahmen.

Tatsächlich gelang es einigen fußballspielenden Reichsbahnsportgemeinschaften (Hersfeld, Fulda, Worms u.a.) bzw. Betriebssportgemeinschaften (*Neumeyer Nürnberg, Gelsenguß Gelsenkirchen, Volkswagenwerk der KdF-Stadt* u.a.), bis in die höchste Spielklasse - die Gauliga - aufzusteigen. Bereits Ende 1938 gab es in Deutschland ca. 10.000 Betriebssportgemeinschaften, in denen über 2 Millionen Menschen organisiert waren.

Angesichts derart massiver Eingriffe überrascht es nicht, daß die Zahl der Fußball-Vereine, die bis 1932 reichsweit stetig gestiegen war, nun deutlich zurückging. Zumal die im Sommer 1935 eingeführte allgemeine Wehrpflicht den Vereinen zusätzlich Aktive entzog. Im Hüttenstandort Hamborn beispielsweise waren 1932 noch 34 Fußballvereine gezählt worden; 1940 gab es nur noch deren zehn. Auch die verbliebenen Klubs erfreuten sich keineswegs eines ungestörten Treibens. Langfristig wollten die Nazis nämlich nur einen einzigen Verein pro Ort zulassen,[6] und so zwangen sie 1933 und 1938 viele sogenannte "Zwergvereine", sich größeren anzuschließen.[7] Der Krieg verhinderte weitere Fusionen, brachte aber durch vermehrte Gründungen von Militär-, und Luftwaffensportvereinen sowie Reichsbahnsportgemeinschaften, zusätzliche Konkurrenz für die Vereine.[8]

Breite Übereinstimmung

Soweit zur Situation der Vereine in den Jahren zwischen Machtübertragung und Kriegsbeginn. Zusammenfassend könnte man also feststellen, daß ihnen der Übergang von der Weimarer Republik ins Dritte Reich nicht sonderlich gut bekommen war. Daß stimmt zwar, andererseits gab es aber ihrerseits so gut wie gar keinen Widerstand gegen die politischen Maßnahmen. Die überwiegende Anzahl der Vereine und Verbände hatte sich nämlich allerspätestens am 30. Januar 1933 an Hitlers Seite gestellt und sich umgehend dem neuen politischen Wind angepaßt. In der Reichskanzlei beispielsweise waren nach Hitlers Machtübernahme unzählige Zuschriften eingegangen, welche die Hoffnungen und Erwartungen der Turn- und Sportvereine dokumentieren. Da wurden auf breitester Ebene die Ereignisse als "nationale Erhebung" gefeiert, und es spricht vieles dafür, daß Verbände wie Vereine der bevorstehenden (aber noch nicht bekannten) "Gleichschaltung" des Sports grundsätzlich freudig entgegensahen.

Einige aber wollten mehr. Die DT beispielsweise, schon aus dem letzten Jahrhundert als deutschtümelnd bekannt, machte sich große Hoffnung, unter der Regierung Adolf Hitler "endlich wieder" Deutschlands einziger führender Sportverband zu werden. Insbesondere ihr Vorsitzender Edmund Neuendorff[9] sah sich genötigt, der NSDAP die turnerische Treue nahezubringen:

> Wir Nationalsozialisten aber innerhalb der DT haben so gearbeitet, daß die Deutsche Turnerschaft fast eine einzige nationalsozialistische Zelle ist, und unser aller Wunsch ist, in diesem Jahr (1933, d.Verf.) zum Deutschen Turnfest in Stuttgart den Führer der deutschen Nation, unseren großen Kanzler Adolf Hitler grüßen zu können.[10]

Hitler, der persönlich vom Sport übrigens nicht allzuviel hielt, hatte seine eigenen Pläne. Zwar besuchte er wunschgemäß das Stuttgarter Turnfest und hielt dort sogar eine Rede, das Schicksal der gesamten Sportbewegung - inklusive DT - war aber längst beschlossene Sache. Nun wird die ganze Angelegenheit allerdings ein wenig kompliziert, denn sie spielte sich auf mehreren Ebenen ab.

Beginnen wir mit den Verbänden: Dachverband aller bürgerlichen Turn- und Sport-vereine Deutschlands war der *Deutsche Reichsausschuß für Leibesübungen (DRA)*.[11] Laut Satzung sollte er die Leibesübungen im deutschen Volk ausbreiten und vertiefen, wobei Parteipolitik ausgeschlossen war. 1933 waren ihm 67.683 Vereine mit 6.625.029 Mitgliedern angeschlossen, die von Theodor Lewald, dem DT-Vorsitzenden Alexander Dominicus und dem DFB-Chef Linnemann geführt wurden. Als "Halbjude" sah sich Lewald zunehmend nationalsozialistischen Angriffen ausgesetzt und trat am 12. April 1933 auf einer außerordentlichen DRA-Versammlung mehr oder weniger freiwillig zurück. Mit ihm ging der erklärte Demokrat Dominicus, so daß lediglich DFB-Boss Felix Linnemann übrigblieb. Auf eine Neuwahl wollte man zunächst verzichten, denn die weitere politische Entwicklung, sprich die Pläne der Faschisten, sollten abgewartet werden. So wurde lediglich eine Kommission gebildet, der neben Linnemann noch das NSDAP-Mitglied Edmund Neuendorff (gleichzeitig Dominicus' Nachfolger als DT-Vorsitzender) und der Ruderverbandsvorsitzende Heinrich Pauli angehörten.

Damit schwenkte die DRA personell auf die Parteilinie ein, denn alle drei waren als überzeugte Nazis bekannt. Sie machten sich auch sofort ans Werk. Am selben Tag noch sprachen sie von einem "Wendepunkt" und baten Reichskanzler Hitler, "die Schirm-herrschaft über die im DRA vereinigte Turn- und Sportbewegung zu übernehmen."[12]

Einer aber war zuvor ausgeschert: DT-Chef Edmund Neuendorff. Er war nämlich der außerordentlichen Sitzung mit der Begründung ferngeblieben, daß der DRA nicht mehr zeitgemäß sei und forderte stattdessen:

> *Der große neue Turn- und Sportbund sollte sich dann Adolf Hitler als dritte Kampf-truppe neben SA und Stahlhelm im Dienst an der Nation zur Verfügung stellen.*[13]

Anführer des neuen Turn- und Sportbundes sollte - natürlich - seine DT sein.

Reichssportführer von Tschammer und Osten

Nun muß an dieser Stelle einschränkend hinzugefügt werden, daß die Sportbosse trotz ihrer rechten Gesinnung wohl kaum Kenntnis von den Vorgängen auf politischer Ebene hatten. Im Reichsministerium des Innern war man sich nämlich schon lange einig, was mit dem Sport geschehen sollte. Danach waren sowohl DRA als auch DT überflüssig, denn der Sport sollte direkt unter die Regierungspolitik gestellt werden. Am 28. April 1933 wurde dazu mit *Hans von Tschammer und Osten* ein "Reichssportführer"[14] eingesetzt, der vornehmlich die Aufgabe hatte

> *Die zersplitterte deutsche Turn- und Sportbewegung zu einem Bund zusammenzu-schweißen und das Parlament des uneinigen deutschen Sports durch ein System der politischen Leibesübungen abzulösen.*[15]

Der gebürtige Sachse hatte bereits seit 1922 treu an Hitlers Seite gekämpft und war 1930 der NSDAP beigetreten. Im Sport galt der als "alter Kämpfer" bezeichnete SA-Gruppenführer freilich als unbeschriebenes Blatt, konnte sich aber dennoch einer gewissen Beliebtheit bei den Sportfunktionären erfreuen. DFB-Vorsitzender Linne-mann beispielsweise hatte sich lautstark für seine Ernennung eingesetzt.[16] Knapp zwei Wochen nachdem diese erfolgt war lud von Tschammer und Osten die DRA-Funktio-näre Edmund Neuendorff, Felix Linnemann und Heinrich Pauli zu einer Unterredung, an deren Ende der DRA aufgelöst wurde.

Die anschließend verbreitete Presse-Erklärung der Reichskanzlei verrät wenig Genaues und doch so viel Verräterisches über den Vorgang:

Nach vorheriger Rücksprache mit dem Reichssportkommissar H. v. Tschammer und Osten hat der in der außerordentlichen Hauptversammlung vom 12. April gewählte geschäftsführende Vorstand des DRA (ein Vorstand war nie gewählt worden, es war lediglich eine Kommission gebildet worden!, d. Verf.) (...) den DRA aufgelöst. Die weiteren Entscheidungen trifft der Reichssportkommissar (...) Das Vermögen übernimmt das Reich nach § 12 der Satzungen.[17]

*Der Reichssportführer
Hans von Tschammer und Osten*

Nur drei Monate nach der Machtübertragung hatte der deutsche Sport also mehr oder weniger freiwillig seine Eigenständigkeit aufgegeben und sich unter die Knute der Faschisten begeben. Zwei Wochen später präsentierte von Tschammer und Osten sein vorläufiges Konzept: Die bisher föderalistische Struktur (also die Landesverbände) wurde durch zentralistische Fachsäulen ersetzt, die in der Zwischenlösung "Reichsführerring für Leibesübungen" zusammengefaßt wurden. Später sollte dieser Ring von einem noch einzurichtenden Verband abgelöst werden. Nur die Fachsäulen erhielten das Recht, Meisterschaften und Pokalspiele durchzuführen, die Landesverbände waren also "ausgeschaltet". Für die Vereine brachte die Umwandlung eine "Einheitssatzung" mit sich, nach der das "Führerprinzip" übernommen und die nicht-arischen Mitglieder ausgeschlossen werden mußten. Heutzutage bezeichnet man dies im allgemeinen als "Gleichschaltung". Ähnlich sah es seinerzeit auch von Tschammer und Osten, der am 24. Mai stolz verkündete, daß "das Zeitalter des individualistischen Sportbetriebs vorbei sei."[18] Die Vereine wurden zudem der Führung eines parteitreuen "Dietwarts" (Volkswart) unterstellt, der sich um die "intensive Schulung im Sinne nationalsozialistischer Weltordnung"[19] kümmern, also mit anderen Worten Propaganda machen sollte. Zudem konnte der Vereinsvorstand nicht mehr frei von der Mitgliedschaft gewählt werden, er wurde ihnen stattdessen zur Wahl "vorgesetzt". Das funktionierte wie folgt: Der Vereinsvorstand schlug dem Gau-Sportführer einen geeigneten "Vereinsführer" vor, der von diesem auf seine politische Integrität überprüft wurde. Bei positivem Ergebnis wurde er anschließend vom Gau-Sportführer ernannt und der Jahreshauptversammlung des Vereins vorgeführt, welche die "Wahl" dann lediglich noch zu bestätigen hatte.

Vom DFB zum Fachamt 2

Auch beim DFB hatte sich einiges verändert. Eine der fünfzehn neuen Fachsäulen hieß nämlich *Deutscher Fußball-Verband*. Ihm waren neben dem Rugby- und Cricketverband noch die Fußballabteilungen der DT-Vereine und eben der DFB unterstellt. Im Grunde genommen war er damit also bereits aufgelöst, denn nur die Deutsche Turnerschaft durfte - als *Fachsäule 1 - Deutscher Turn-Verband* - weiterbestehen.

Somit kommt dem am 9. Juli 1933 nach knapp achtundzwanzigminütiger Debatte verabschiedeten Beschluß, nämlich:

> *Alle personellen und sachlichen Maßnahmen zur Eingliederung des Fußballsports in das Programm des Reichssportkommissars und die Umgestaltung des Deutschen Fußball-Bundes vorzunehmen*[20]

auch lediglich noch formeller Charakter zu. Anschließend nahm alles seinen gewünschten Verlauf.

Auf den Tag genau ein Jahr nach Hitlers Machtübernahme wurde die Übergangslösung "Reichsführerring" durch den *Deutschen Reichsbund für Leibesübungen (DRL)* abgelöst, der fortan Dachverband aller deutschen Sportvereine sein sollte.[21]

Die nur noch auf dem Papier existierenden Verbände wurden aufgefordert, sich nunmehr endgültig aufzulösen und ihre Mitglieder den entsprechenden Fachämtern, wie die Fachsäulen nun hießen, zu übergeben. Der DFB vollendete seine Selbstauflösung am 9. Juli 1934. Felix Linnemann nutzte die Gelegenheit, seine rechte Gesinnung deutlich zu äußern:

 Deutſcher Reichsbund für Leibesübungen

> *Wir sind heute stolz darauf, daß sich die Amtswalter des alten Deutschen Fußball-Bundes versammelten, um als erste sportliche Organisation ihre Auflösung zu beschließen und sich mit allem 'lebenden und toten Inventar' in den eben gegründeten Reichsbund für Leibesübungen der NSDAP einzugliedern.*[22]

Die vom Reichssportführer geschaffene Einheitsorganisation der deutschen Leibesübungen hat die Aufgabe, das deutsche Volk zu einem Volk in Leibesübungen zu machen.

Linnemann hatte allen Grund, zufrieden zu sein. Zwar war der DFB nun endgültig aufgelöst und als *Fachamt 2* im DRL aufgegangen, doch er war trotzdem der große Sieger. Erinnern wir uns: 1927 gab es neben dem 1. FC Nürnberg mit dem DSV 1910 Dresden (ATSB), dem TV 1861 Forst (DT) und Sparta Nürnberg (DJK) noch drei weitere deutsche Fußballmeister. Mit dieser - pardon - "Vielmeisterei" war nun endgültig Schluß, denn es gab nur noch einen einzigen Titelträger: Den des DFB bzw. Fachamt 2. Linnemann und Konsorten waren damit zu den unumstrittenen Fußballverwaltern Deutschlands geworden.

Freiwillige oder zwangsweise Gleichschaltung?

Soviel zunächst einmal zu der Geschichte mit der Gleichschaltung, wobei die Frage, ob es nun eine Zwangs- oder Selbstgleichschaltung war, offen bleiben muß. Angesichts der geschilderten politischen Eingriffe mag der Eindruck entstanden sein, die Verbände und Vereine hätten keine andere Alternative gehabt, als sich gleichschalten zu lassen. Die ganze Geschichte ist, wie schon gesagt, durchaus kompliziert und vielschichtig. Bei genauerem Hinsehen zeigt sich nämlich beispielsweise, daß sich auf personeller Ebene praktisch nichts veränderte. Greifen wir den DFB exemplarisch heraus. Dessen Vorsitzender war seit 1925 der mehrfach erwähnte Felix Linnemann.

Felix Linnemann

Gewählt zu einer Zeit, in der die Nationalsozialisten noch ziemlich unbedeutend waren, blieb er bis zum Einmarsch der Alliierten an der Spitze des Fußballbundes. Linnemann überdauerte also das gesamte Dritte Reich unbeschadet auf seinem Posten.

Man muß nicht lange suchen, um die Gründe dafür zu finden. Ein Beispiel: Kurz vor den 1933er Reichswahlen (die massiv von den Nazis manipuliert wurden) verschickte er gemeinsam mit dem Vorsitzenden des Deutschen Sportbundes, Dr. Ritter von Halt, folgende Grußadresse an Adolf Hitler:

In der Volksgemeinschaft des Dritten Reiches hat der Sport seine politische Mission erhalten. Er wird sie erfüllen, denn an nationaler Hingabe soll uns niemand übertreffen. Eisern hinter dem Kanzler. Als Führer des DFB und der DSB haben wir dem Kanzler Treue und Gefolgschaft gelobt. Es war der Niederschlag dessen, was uns beseelt. Am 12. November (also dem Tag der Wahlen, d. Verf.) werden wir aufs neue unsere unerschütterliche Gefolgschaft beweisen.[23]

Angesichts solcher Zeilen fällt es schwer, von einer Zwangsgleichschaltung zu sprechen. Widerstand scheint ein Fremdwort gewesen zu sein, denn bis auf Einzelfälle paßten sich Vereine und Verbände ausnahmslos der neuen Richtung an. Da schloß beispielsweise der BV Werder Hannover seine jüdischen Mitglieder "ganz selbstverständlich" aus, brachten Verantwortliche des Ortsrivalen HSV 96 die Ehrennadelträger-Tafel eilig in hinterste Kellerräume, weil darauf auch Juden verewigt waren, vergaßen Wattenscheider Fußballer die Verdienste ihres Gründungsmitglied Paul Cohn, weil er Jude war.[24]

Es gibt unzählige ähnliche Beispiele. Alle haben eins gemeinsam: Sie werden in den nach 1945 erschienenen Chroniken nicht erwähnt. In der Jubiläumsschrift des 1. SC Göttingen 05 aus dem Jahre 1955 heißt es beispielsweise lapidar:

Tragischer als das (der Abstieg aus der Gauliga, d. Verf.) war die Tatsache, daß bald darauf der gesamte deutsche Fußballsport zum Erliegen kam, da fast alle Fußballer an den Fronten standen. Die Wunden, die der Krieg Göttingen 05 schlug, waren nicht kleiner als die des ersten Weltkrieges.[25]

Die Schwarz-Gelben bilden wahrlich keine Ausnahme, denn vergleichbare Texte finden sich in beinahe allen Schriften.

Noch skandalöser ist allerdings das Verhalten des DFB. 1954 schrieb deren Chronist Carl Koppehel in seinem Werk "Geschichte des deutschen Fußballsports" über die Vorgänge von 1933-1945:

> *Die politische Wandlung brachte für den Fußballsport und seine Entwicklung eine stark veränderte Lage. Aus dem DFB (...) wurde unter Eingliederung in den neugeschaffenen Reichsbund für Leibesübungen die "Fachsäule Fußball"... Der Bundestag (des DFB, der am 9. Juli 1933 in Berlin tagte, d. Verf.) ermächtigte den vom Reichssportkommissar ernannten Führer des Deutschen Fußball-Bundes (er war nicht ernannt, sondern 1925 ganz legal vom DFB-Bundestag gewählt worden!, d.Verf.), Felix Linnemann, alle personellen und sachlichen Maßnahmen zu treffen, welche zur Eingliederung des Fußballsports in das Programm des Reichssportkommissars und zur Umgestaltung des DFB vorzunehmen seien. Insbesondere wird Linnemann zu den aus dieser Umgestaltung resultierenden Satzungsänderungen ermächtigt.[26]*

Koppehel, der 1937 durch Reichssportführer von Tschammer und Osten zum Pressewart ernannt worden war, die Zeit also an explodierter Stelle selbst miterlebte,[27] faßt anschließend die Vorgänge wie folgt zusammen:

> *Die Männer, die bisher die Leiter des DFB und seiner Verbände waren, fanden auch nach dem politischen Umbruch seitens der nunmehr zur Leitung des Sports berufenen Personen (also des Nazis von Tschammer, d. Verf.) das Vertrauen, weiterhin die Geschicke des Fußballsports zu lenken.[28]*

Man braucht nicht viel Phantasie um dies dahingehend zu interpretieren, daß sich die Nazis sicher waren, von den "alten" DFBlern keinen Ärger erwarten zu müssen, weswegen sie auch die "neuen" DFBler wurden.

Die DFB-Geschichte zwischen 1933 und 1945 präsentiert sich jedenfalls als ein nebulöses und unter Verschluß gehaltenes Gebilde. Aus Frankfurt selbst heißt es lapidar: "Zwischen 1933 und 1949 hat sich lediglich der Briefkopf geändert,"[29] und über Felix Linnemann, den Mann, der den deutschen Fußball den Nazis übergab, kann man im erwähnten Koppehelschen Geschichtswerk lesen:

> *Einer der fähigsten Köpfe im Deutschen Fußball-Bund. (...) Seine starke Hand hat den DFB durch alle Krisen und Klippen gesteuert. Organisationstalent, Schlagfertigkeit in der Debatte, klarer Blick für die Entwicklung, Sauberkeit im Charakter und großer Fleiß haben sein Wirken erfolgreich werden lassen. (...) Der Fußballsport gedenkt seiner in Treue und vergißt ihn nicht.[30]*

> Nachdem Alemannia Aachen 1937 erfolgreich die Aufstiegsrunde zur Gauliga Mittelrhein absolviert hatte, dachten sich die Vereinsbosse etwas ganz Besonderes aus. Einige Monate zuvor war nämlich eines ihrer ehemaligen jüdischen Vereinsmitglieder von den Nazis verhaftet worden, und alle Versuche, ihn wieder freizubekommen, waren bislang gescheitert. Auf dem Rückweg vom letzten Aufstiegsspiel in Brachbach kam dem Vereinsführer Josef Emunds eine Idee. Er wußte, daß auf dem Bahnhofsvorplatz tausende Aachener Fußballfans warteten, um den frischgebackenen Gauligisten zu feiern. Sämtliche Parteigrößen, unter ihnen Kreisleiter Schmeer, waren angekündigt; Oberbürgermeister Quirin Jansen sollte eine Rede halten, zwei SA-Kapellen standen ebenfalls bereit. "Was würde wohl passieren", fragte sich Emunds, "wenn die Mannschaft einfach bis zur nächsten Station Hervesthal weiterfahren – und die Nazigrößen mit dem erwartungsfrohen Publikum stehen lassen würde?" Sofort nahm er Kontakt zu Oberbürgermeister Jansen auf und teilte ihm unmißverständlich mit, daß die Aufstiegsmannschaft nur halten würde, wenn der betreffende Jude freigelassen würde! Lange und hektische Verhandlungen folgten, schließlich lenkte Oberbürgermeister Jansen ein, und Aachens Fußballfans konnten ihre Helden feiern. Wenige Tage später erhielt Alemannia-Boss Emunds einen Anruf aus der Schweiz: Der Ex-Alemanne war wohlbehalten im Züricher Exil angekommen, die Nazis hatten Wort gehalten. (Aus den Erinnerungen des Alemannia-Ehrennadelträgers Edgar Cremer)

99

**Nationalsozialistischer Reichsbund
für Leibesübungen (NSRL.)**

Es sind nicht nur Vereine und Verbände, die sich mit den braunen Jahren schwertun. Im 1994er *Kicker-Fußball-Almanach* findet man beispielsweise auf Seite 263 unter der Rubrik "Die Gaumeister von 1934-1945" folgenden Eintrag:

Elsaß (seit 1941)

1941 FC 93 Mülhausen - 1942 SS-Straßburg ...

Warum das Elsaß plötzlich zu Deutschland gehörte, wofür die Buchstaben "SS" stehen (die man bis 1945 grundsätzlich in Runenschrift darstellte), bleibt unerwähnt.

Die ehrenvollen Vorzeichen "NS"

Wenden wir uns wieder den dreißiger Jahren zu. Organisatorisch betrachtet beruhigte sich die Situation nach der DRL-Gründung, wenn man von den beschriebenen Zwangsfusionen und Repressalien gegen jüdische Sportler sowie Andersdenkende einmal absieht, nun ein wenig.

1938 aber kam der Sport endgültig unter die Fittiche der NSDAP - und wieder war es freiwillig. Freilich bleibt noch zu fragen, ob den Funktionären eine Wahl blieb, denn die Aktivitäten der parteigebundenen Organisationen Hitlerjugend, SA und KdF hatten die DRA-Mitglieder zahlen innerhalb von fünf Jahren von fünf Millionen (1933) auf knapp zwei Millionen reduziert

Der Sport drohte, im Machtkampf unter die Räder zu kommen.

Originaltext "Fußball" vom 22.9.1942:
"Drei Rechte": Rechter Läufer Kupfer aus Schweinfurt,
rechter Verteidiger Janes aus Düsseldorf
und rechter Flügelstürmer Lehner aus Augsburg.

Die Sportbosse sahen die Rettung einzig in der Anbindung an die NSDAP, die kurz vor dem Jahreswechsel 1938/39 tatsächlich erfolgte:

> *Mit dem Erlaß des Führers und Reichskanzlers über den Nationalsozialistischen Reichsbund für Leibesübungen vom 21. Dezember sind dem Reichsbund für Leibesübungen die ehrenvollen Vorzeichen NS verliehen worden, er ist als NSRL zu einer von der Partei zu betreuenden Organisation geworden.*[31]

Sichtlich erleichtert feierten die Verantwortlichen den Beschluß und auch propagandistisch wußte man die Entscheidung auszuschlachten, wie im *Fußball* vom 3. Januar 1939 nachzulesen ist:

> *Angefüllt von stolzer Freude nimmt der deutsche Sport dankbar das schönste Weihnachtsgeschenk, das ihm nachträglich durch die Verfügung des Führers gegeben wurde, entgegen. (...) Die ehrliche nationalsozialistische Gesinnung und Mitarbeit am gemeinsamen Werk des stolzen Baues Deutschland gelobt zum Dank die Millionengemeinschaft der Männer und Frauen, die solange im DRL und nun erst recht im NSRL zusammenstehen als treue Gefolgschaft des Führers.*[32]

> Von 1937 an bestand für alle Sportler die Anordnung, das Abzeichen des DRL zu tragen. Alle Abzeichen der alten Verbände waren nicht mehr gestattet. Auf den Trikots erschienen neben dem Vereinsemblem die Stoffabzeichen mit dem Reichsbundadler oder den Abzeichen der Hitlerjugend. Seit dem 22. August 1933 war der Sportgruß bereits in ein dreifaches "Sieg Heil" abgewandelt worden.

So ganz problemlos stellte sich die ganze Angelegenheit allerdings nicht dar. Die Vereine hatten nämlich damit nicht nur ihr Vermögen der NSDAP übertragen, sondern vor allem ihre juristische Selbständigkeit endgültig verloren. Genau das wurde ihnen 1945 zum Verhängnis. Denn als nationalsozialistische Organisationen fanden sie keine Gnaden vor den Augen der Alliierten und wurden ausnahmslos verboten. Davon ahnten sie 1938 noch nichts.

Wohl aber werden sie von dem geahnt haben, was am 1. September 1939 seinen Lauf nahm. Hitlers Kriegsvorbereitungen waren abgeschlossen, und er löste mit dem Angriff auf den polnischen Nachbarn ein sechs Jahre andauerndes weltweites Inferno aus. Wie schon 1914 tauschten Fußballer nun ihre Jerseys gegen Waffenröcke, angefeuert von einer Presse, die nur noch zur Kriegsstimmungsmache da zu sein schien. Oder wie kann man nachstehende Zeilen aus dem *Fußball* vom 5. September 1939 anders interpretieren?

> Am 25. März 1943 starb der Reichssportführer Hans von Tschammer und Osten. Sein Nachfolger, der bisherige Stellvertreter Arnold Breitmeyer kam direkt von der Front und erkannte rasch, daß die Wehrmacht, der unter den Kriegsereignissen zusammenschrumpfenden Sports keine eines kriegstauglichen Mannes würdige Aufgabe war und meldete sich zurück an die Front wo er 1944 den "Heldentod" starb. Sein Nachfolger wurde Karl Ritter von Halt, der das Amt als Vorstandsmitglied der Deutschen Bank allerdings nur ehren- und nebenamtlich übernahm.

ANMERKUNGEN

(1) Der übliche Begriff "Machtergreifung" wird hier absichtlich nicht verwendet. Hitler "ergriff" nicht die Macht, sondern bekam sie von Reichspräsident von Hindenburg auf verfassungsmäßig korrekte Art und Weise übertragen.

(2) zit. nach: Gehrmann (1988), Seite 70.

(3) Der evangelische Sportbund "Eichenlaub" kann im Bezug auf Fußball vernachlässigt werden, da in ihm praktisch überhaupt nicht gekickt wurde. Die evangelischen Sportler erlitten aber dasselbe Schicksal, wie ihre katholischen Brüder.

(4)   Es gab zwei Verbände: Den 1921 gegründeten und zionistisch orientierten *Makkabi* ("Kampfgeist"); sowie den 1919 zur "Abwehr aller Angriffe, die auf eine Herabsetzung ihres vaterländischen Verhaltens im Kriege gerichtet sind" Reichsbund jüdischer Frontsoldaten, dessen Sportabteilung sich "Schild" nannte. Von beiden Verbänden, deren Verhältnis untereinander eher schlecht war, wurden nach 1933 verstärkt Vereine gegründet. Beide richteten auch Fußballmeisterschaften ein.

(5)   Die auch als "Rassengesetze" bezeichneten Verordnungen entzogen den Juden sämtliche Reichsbürgerrechte. Am 15. September 1935 verabschiedet, sollten sie dafür sorgen, daß es zu keinerlei Kontakten zwischen "Ariern" und "Nicht-Ariern" mehr kommt. Schon in den Jahren zuvor war ihnen der Zutritt zum öffentlichen Dienst sowie der Wirtschaft verweigert worden. Auch mußten sie einen zusätzlichen Vornamen (Sara und Israel) führen, ab 1. September 1941 wurde das Tragen des "Judensterns" zur Pflicht.

(6)   Das galt natürlich nur für kleine und mittlere Orte. Größere sollten Stadtbezirksvereine erhalten. Im übrigen wurde das Prinzip 1938 nach Anschluß des Sudetenlandes dort konsequent angewendet. Im November 1938 wurde dort der Befehl erteilt, alle Leibesübungen treibenden Vereine in völkischen Turnvereinen zusammenzuschließen. Im Januar 1939 waren überall *Nationalsozialistische Turngemeinden* gegründet.

(7)   Der VfL Bochum beispielsweise ist so eine Zwangsfusion (1938: TuS 08, TV 1848 und SV Germania Bochum). Im Gegensatz zum VfL bestanden aber viele Zusammenschlüsse nicht lange. So beispielsweise der zwischen dem Dortmunder SC 1895 und den BC Sportfreunden 06, der 1934 nach nur einem Jahr wieder gelöst wurde.

(8)   Diese wurden vornehmlich in den erbeuteten polnischen und tschechischen Gebieten errichtet; aber auch im "Altreich". Dort wurden fast gar keine "gewöhnlichen" Vereine gegründet, stattdessen aber Betriebssportgemeinschaften wie beispielsweise die "SG deutsche Waffen- und Munitionsfabriken (SDW) Posen".

(9)   Neuendorff war bis 1932 Direktor der Preußischen Hochschule für Leibesübungen und seit 1926 zweiter Vorsitzender der DT. Von 1921 bis 1933 führte er den DT-Jugendausschuss. Nach der "Gleichschaltung" vertrat er die DT persönlich im Reichssportführerring, trat aber 1934 zurück. 1941 wurde er Leiter der Sportlehrerausbildung der KdF.

(10) Zit. nach: Bernett (1971), Seite 34.

(11) Der DRA war 1913 aus dem 1895 gegründeten "Komitee für die Beteiligung Deutschland an den Olympischen Spielen" hervorgegangen. Er hieß seit 1904 "Deutscher Reichsausschuß für Olympische Spiele". Vergleichbar ist er in etwa mit dem heutigen DSB.

(12) Zit. nach Bernett (1971), Seite 30.

(13) In: Jahrbuch der Turnkunst 1934, Seite 40f.

(14) Damals wurde er allerdings noch "Reichssportkommissar" genannt. "Reichssportführer" wurde er erst am 19. Juni; gleichzeitig mit seiner Berufung zum Ministerialdirektor im Reichsinnenministerium. Zwischen März 1933 und dem 29. April fungierte von Tschammer als Sonderkommissar der Obersten SA-Führung zur "Ordnung und Betreuung der deutschen Leibesübungen".

(15) Vergl. Pfundtner (1937), *Wilhelm Frick und sein Ministerium* Seite 109.

(16) Carl Diem schreibt in seinen Erinnerungen: "...wurde ich vom Vorsitzenden des DFB angerufen, ich möchte doch mich für den letzteren (also von Tschammer, d.V.)einsetzen. (1980), Seite 4.

von Tschammer und Osten, am 25. Oktober 1887 in Dresden geboren, starb am 25. März 1943.

(17) In: Bernett (1971), Seite 31.

(18) In: Schultz (1993), Seite 41.

(19) "Dietwarte haben den Zweck den DRL fest an Bewegung und Staat zu binden. Sie soll in den Vereinen und bei deren Mitgliedern das Bewußtsein verankern, daß die Leibesübungen nicht Selbstzweck sind, sondern der Erweckung und Erhaltung des Wehrwillens, des Volksstolzes und des Volksgefühls zu dienen haben. (Punkt 1 der Dietordnung, erschienen in "Der Dietwart" 1937, Folge 3, Seite 117f).

(20) In: Skorning (1978), Seite 150.

(21) Während die Mitgliedschaft im Vorläufer DRA noch freiwillig gewesen war, hatten sich der DRL sämtliche Vereine anzuschließen.

(22) Zit. nach: Schulze-Marmeling (1992), Seite 111f. Linnemann wies darin den DRL sogar schon der NSDAP zu, was aber erst 1938 geschah.

(23) Zit. nach Schulze-Marmeling (1992), Seite 112.

(24)   Aus: Becker (1993), Seite 57 (BV Werder Hannover); 70 Jahre HSV von 1896 (1966), Seite 31 und Röwerkamp, Balnus (1993), Seite 24 (Wattenscheid 09).

(25)   In: 50 Jahre Göttingen 05 (1955), Seite 23.

(26)   In: Gerhardt (Hrsg.) (1960), Seite 35.

(27)   Noch ein Wort zur Sportpresse der Zeit. Presserefent des Reichssportführer war seit 1935 Guido von Mengden, der 1958 durch DSB-Präsident Willi Daume in den Rang eines "Geschäftsführers außergewöhnlichen Formats" erhoben wurde und im allgemeinen als "einer der größten europäischen Sportführer" gefeiert wurde (vergl. auch: Skorning 1978, Seite 165 und FAZ vom 12. November 1966). Sowohl Koppehel als auch von Mengden überwanden ihre braune Vergangenheit also ziemlich problemlos.

(28)   In: Koppehel (1954), Seite 189.

(29)   Zit. nach: Beiersdorfer (1993), Seite 165.

(30)   In: Koppehel (1954), Seite 320.

(31)   Fußball vom 3. 1. 1939, Seite 3.

(32)   Fußball vom 3. 1. 1939, Seite 3.

Gauligen, Luftwaffenkicker und Heldentode
(Die Gauligen von 1933 bis 1945)

"Neuordnung der deutschen Leibesübungen." In markigen Lettern verkündeten die Tageszeitungen am 26. Mai 1933 eine Entscheidung an, die Deutschlands Ligafußball von Grund auf revolutionierte. Aus den sieben Landesverbänden waren sechzehn Gaue geworden, die jeweils eine eigene Zehnerstaffel erhielten. Statt bis zu 600 Vereinen in über dreißig "höchsten" Spielklassen sollte es fortan nur noch 160 echte Spitzenmannschaften in sechzehn Staffeln geben. So betrachtet hatte der politische Machtwechsel also eine durchaus positive Wirkung auf Deutschlands Spitzenfußball, denn die Neuordnung war natürlich den Nazis zu "verdanken" gewesen.

Wieder keine Reichsliga!

Trotz allem waren die deutschen Fußballfans enttäuscht. Denn eigentlich wäre die Zeit für eine einzige reichsweite Spielklasse reif gewesen, und die sechzehn Staffeln stellten für sie lediglich die "halbe" Lösung dar. Dabei hatten kurz vor Hitlers Machtübernahme fast alle "Reichsligaampeln" auf grün gestanden. Deutschlands Fußballgötter waren sich nach langen und zähen Verhandlungen endlich einig gewesen, eine Bezahlung der Spitzenfußballspieler ins Auge zu fassen.

Es wäre höchste Zeit gewesen, denn international betrachtet, waren deutsche Fußballerkünste noch immer allenfalls drittklassig. Neidisch schaute man nach Österreich, Ungarn, Italien und der Tschechoslowakei, wo von bezahlten Kickern hochentwickelter Fußball gespielt wurde.[1] Der DFB jedoch wollte vom Profitum partout nichts wissen. Erst als sich Ende der zwanziger Jahre die Verstöße gegen das DFBsche Berufsspielerstatut häuften und nach dem Schalker Spielverbot von 1930[2] sogar eine Generalamnestie erlassen werden mußte, lenkten der DFB und die meisten Landesverbände ein. Insbesondere der Westdeutsche Spielverband, bis zum Schalker Vorfall einer der energischsten Verfechter des reinen Amateurstatuts, schwenkte um: Er forderte nun eine deutliche Trennung zwischen Profis und Amateuren.

1932 kam plötzlich Dynamik in die Angelegenheit. "Private Kreise" hatten nämlich detaillierte Berufsspielerpläne vorgestellt, die DFB-Chronist Carl Koppehel mißtrauisch mit

*D*ie Finanzierung sei angeblich gesichert und man wollte den DFB damit zu übereilten Maßnahmen zwingen

kommentierte.[3] Nun war der DFB gefordert. Er reagierte mit eiserner Faust. Die Revoluzzer wurden umgehend ausgeschlossen und am 16. Oktober 1932 verabschiedete man - vorsorglich - folgende Regelung:

1.: Der DFB regelt den Berufsfußballsport

2.:Die Leitung dieses Berufsfußballsports muß nach den internationalen, anerkannten Beschlüssen in den Händen von ehrenamtlich tätigen Personen liegen.[4]

Nun ging der Streit erst richtig los. Täglich erschienen neue Vorschläge in den Zeitungen, und Fußballdeutschland spaltete sich in zwei Lager:

Das der **Ja-Sager**, die ein "sanftes" Profitum unter Ausschaltung des nach "rein geldlichen Gesichtspunkten diktierten Bemühen privater Unternehmer" einführen wollten.

Das der **Nein-Sager**, die generell jegliche Art von Bezahlung für die Balltreterei ablehnten und jeden, der dagegen verstieß, ausschließen wollten.

Im Westen - wo der erste Vorschlag entwickelt worden war - hatte man genug von der Diskutiererei. Auf einem Treffen von DFB-Vorstand und Landesverbandsvorsitzenden am 22. Januar 1933 forderten die Westvertreter eine klare Stellungnahme und drohten damit, die "so notwendige reinliche Scheidung" (zwischen Profis und Amateuren, d.Verf.) gegebenenfalls im Alleingang durchzuführen.[5]

Was wohl zur Spaltung des DFB geführt hätte. Die anderen Landesverbände waren bei weitem nicht so umwälzungsbereit. Süddeutschland, Mitteldeutschland und Brandenburg-Berlin waren lediglich bereit, den Amateurbegriff "auszuweiten"; Norddeutschland sagte klar und deutlich "Nein" zum Profitum; und den Südostlern und Balten war die ganze Angelegenheit ziemlich egal. Beim DFB selbst hielt man sich mit jeglichen Äußerungen zurück.

Geburtstagsgeschenke für den "Führer".
Vereine opfern ihre Trophäensammlungen "für die Sache".

Lediglich Geschäftsführer *Georg Xandry* bekannte sich eindeutig zum Profitum, ansonsten aber kam recht wenig aus der Hauptzentrale des deutschen Balltreterkultes. Grundsätzlich hing man dort ziemlich am Amateurideal. Aus gutem Grund. Die Forderung nach gerechter Entlohnung für die Ballvirtuosen kam nämlich vornehmlich von den proletarischen Kickern, die mit den Spieleinnahmen ihren kärglichen Lebensunterhalt aufbessern wollten. Unter den DFB-Bossen befanden sich aber keine Proletarier, sondern im allgemeinen recht ansehnlich verdienende Herren, denen es nicht schwer gefallen wäre, "für lau" zu spielen.

Zurück zum 22. Januar. Westdeutschland drängte auf eine schnelle Entscheidung, und da sich der Süden, als bisheriger Berufsfußballgegner, nun endlich verhandlungsbereit zeigte, kam langsam Land in Sicht. Für den 28. Mai berief der DFB einen außerordentlichen Bundestag ein, auf dem die Frage abschließend diskutiert werden sollte. Schon elf Tage später platzte der Termin. Adolf Hitlers Machtübernahme löste die Berufsspielerfrage schlagartig, denn die Nazis waren gegen eine Bezahlung. Am 28. Mai 1933 tagte niemand mehr, zumal der DFB gerade frisch unter die schützende Hand des Reichssportführers Hans von Tschammer und Osten geschlüpft war.[6]

> Getreu dem Vorbild im politischen Leben, aus dem Staaten-Deutschland ein einiges, großes Deutschland zu schaffen, muß auch der Sport diesen Weg gehen. Die vielen Einzelstaaten im Sport, verkörpert durch Landesverbände und Verbändchen, welche dem großen Plan der Einigung hindernd im Wege standen, mußten verschwinden, um aus süd- und westdeutschem, nord- und mitteldeutschem Sport den deutschen Sport erstehen zu lassen. Das ist der große Grundgedanke der Neuordnung (aus der Braunschweigischen Landeszeitung vom 31. Juli 1933)

Immerhin hatten die neuen Machthaber die Reichsligafrage noch offen gelassen. Sie wollten sich zunächst um die "Umgestaltung" des deutschen Sports kümmern, und danach weitersehen. Also wurden sechzehn Gauligen eingeführt. Tatsächlich kam 1939, wenige Wochen vor dem militärischen Angriff auf Polen, das Reichsligathema erneut auf den Tisch: Am 26. August 1939 wollte man sich in Bremen treffen, um die Details zu besprechen. Wieder platzte der Termin, denn sechs Tage später begann Hitlers Versuch, seine Weltmachtträume zu verwirklichen. Dazu brauchte er jeden Mann. Und eben keine Reichsliga.

Neue Grenzen

Kommen wir nun zur Gauligageschichte. Sie beginnt am 27. Juli 1933 mit einer neunzehn Punkte umfassenden Erklärung zur "Neugestaltung des Deutschen Fußballbundes." Unter Punkt 10 und 11 hieß es:

> *Die oberste Klasse ist die in jedem Gau an der Spitze stehende Gauliga, in der Regel bestehend aus 10 Vereinen in einer Abteilung. Als nächste Klasse wird eine Bezirksklasse, bestehend aus 2 bis 3 Abteilungen zu 12 oder 8 Vereinen gebildet.*[7]

Pyramidenförmig von unten nach oben sollte sich der gesamte Spielverkehr aufbauen, und das unübersichtliche Spielklassensystem der Landesverbände ablösen. Von den Gauligen erhoffte man sich zudem eine "Aussiebung innerhalb der höchsten Leistungsklasse". Für viele Vereine veränderte sich aber nicht nur die Klasseneinteilung. Mit Einrichtung der Gaue waren nämlich auch die traditionellen Fußballgrenzen kräftig durcheinander gewirbelt worden.

Ganz besonders deutlich war dies im Bereich des ehemaligen Westdeutschen Spielverbandes, deren Vereine auf die fünf Gaue Mittelrhein, Niederrhein, Westfalen, Südwest und Niedersachsen verteilt worden waren. Plötzlich spielte Schwarz-Weiß Essen nicht mehr gegen Schalke 04 sondern gegen Alemannia Aachen; Göttingen 05 hatte statt nach Kassel bis nach Osnabrück zu reisen, deren bisheriger Gegner Arminia Bielefeld nun im Ruhrgebiet antreten mußte.

Es gab also nicht nur glückliche Gesichter, denn durch die neuen Grenzen wurden lange gewachsene Sportfreundschaften brutal abgerissen, und für manchen Klub hieß es, ganz neue Gebiete Deutschlands kennenzulernen.

Trotz aller Vorbehalte aufgrund der autoritären Politik: Das Landesverbandssystem bedurfte zweifellos einer Reform. Denn Deutschlands Fußball hatte sich inzwischen ziemlich gemausert, war aber spielklassentechnisch noch immer auf dem Stand der Jahrhundertwende. Die an anderer Stelle erläuterten Probleme mit fast 600 "Erstligisten" machten dies deutlich und insofern kann den Gauligen durchaus ein positiver Aspekt abgewonnen werden. Dennoch bleibt ein schaler Beigeschmack: Sie waren einfach am Schreibtisch entstanden, und abgesehen von der damit verbundenen bedenklichen Zwangsmaßnahme, sah man ihnen dies auch an. Ein Blick auf die Gaukarte verdeutlicht das. Der relativ dichtbesiedelte Gau Niederrhein beispielsweise umfaßte gerade einmal 1/12 der Fläche des bayerischen Gaues. Dennoch beklagten sich gerade die Bayern, daß ihre Teams in lediglich einer Klasse vereint waren, während die, wie sie meinten, spielschwächeren württembergischen und badischen auf zwei verteilt worden waren. Auch der Südwest-Gau wurde von vielen als "Mißbildung" bezeichnet. Er umfaßte das Saarland, die Pfalz, Rheinhessen und das Maingebiet und mindestens die Frankfurter Balltreter hätten wohl tatsächlich eher mit den Friedberger und Fuldaern (die in Hessen spielten) kicken sollen, statt ins Saarländische reisen zu müssen. Nebenbei offenbart die Gaukarte einen weiteren interessanten Aspekt: Deutschlands Bevölkerung war (und ist) unterschiedlich dicht verteilt, folglich war (und ist) auch sein Elitefußball unterschiedlich dicht geballt! Denn während im Westen und Südwesten des Reiches kleine Gaue geschaffen werden mußten, weil dort viele Vereine auf engstem Raum vorhanden waren, konnten im Osten und vor allem Nordosten, wo es wesentlich weniger Clubs gab, größere Gaue eingerichtet werden. Zahlen gefällig? Das 1927er Jahrbuch des DFB weist für den Bezirk Königsberg 55 Vereine auf. Im Bezirk Niederrhein, der räumlich dem Königsberger in etwa vergleichbar ist, sind es 242 Clubs.[9] Es herrschte also eine gewisse "Linkslastigkeit", zumindest nach geographischen Gesichtspunkten.

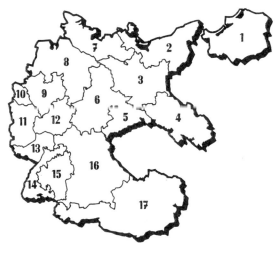

1=Ostpreußen; 2=Pommern; 3=Berlin-Brandenburg; 4=Schlesien; 5=Sachsen; 6=Mitte; 7=Nordmark; 8=Niedersachsen; 9=Westfalen; 10=Niederrhein; 11=Mittelrhein; 12=Hessen; 13=Südwest; 14=Baden; 15=Württemberg: 16=Bayern; 17=Ostmark (Österreich).

Nun kann man den Nazis sicher nicht die Schuld für diese ungleiche Verteilung der Spitzenvereine geben. Insofern kommt der Gaueinteilung eine gewisse Berechtigung zu, auch wenn diese von den Faschisten nicht unbedingt als Ziel ausgegeben worden war. Grundsätzlich ging es nämlich darum, aus west- oder norddeutschem Sport "deutschen" Sport zu machen und im Zuge dieser Maßnahme orientierten sie sich eben auch an sportlichen Gesichtspunkten. Denn die beschriebene "Linkslastigkeit" spiegelt sich auch auf sportlicher Ebene wider.

Im Norden und Nordosten beispielsweise gab es nur wenige Teams, die sich auch im reichsweiten Vergleich zur Spitzengruppe zählen konnten. Der HSV natürlich, Hannover 96 und Holstein Kiel wohl auch. Aber dann? Eimsbüttler TV, Werder Bremen und der VfL Osnabrück dürfen aufgrund ihrer wenig konstanten Leistungen nur noch mit Abstrichen genannt werden; und im Nordosten galt allerhöchstens der VfB Königsberg als ernstzunehmender Gegner. Man muß nicht lange suchen, um eine Erklärung dafür zu finden: Die westdeutsche Industrieregion war einfach fußballkultureller Schmelztiegel und die dortige Ballung wirklicher Ausnahmeteams wirkte sich absolut positiv auf die Spielkultur aus.

Denn es macht schon einen Unterschied, ob man bereits in der lokalen Spielklasse auf Gegner vom Kaliber Fortuna Düsseldorf, Schalke 04 und Hamborn 07 trifft, oder sich lediglich mit zweitklassigen Fußballern aus Braunsberg, Heiligenbeil oder Elbing auseinandersetzen muß. Spätestens in der Endrunde um die deutsche Meisterschaft rächte sich dies nämlich, denn dort waren die Kicker aus den fußballerischen Randgebieten prinzipiell überfordert. Das war noch nicht alles. In den Fußballhochburgen, zu denen außer dem Ruhrgebiet auch noch Großstädte wie Nürnberg-Fürth, Berlin, Hamburg und München zählten, erschien zudem das Publikum zahlreicher. In ihrem Gepäck hatten sie Sponsoren, die nicht erst in heutigen Tagen zentrale Bedeutung für viele Vereine gewonnen haben. Dazu kamen, vor allem im Ruhrgebiet, die Arbeitsplätze, die ja viele Jahre zuvor dafür gesorgt hatten, daß die Szepans, Kuzorras und Co. aus den ostpreußischen Gebieten in den "Pott" abgewandert waren. Zu guter Letzt konnten die Klubs in den Ballungsräumen natürlich über ein weitaus größeres Talentreservoir verfügen.

Vereinspokal

Kommen wir nach diesem kurzen Ausflug in die Sozialgeschichte des Fußballs zurück zu den Gauligen. Bevor diese ihren Spielbetrieb aufnehmen konnten, lösten die Fußballfachamtler ein Problem, das in den zwanziger Jahren immer wieder aufgetreten war: Per Beschluß untersagten sie jegliche Form von Spielprotesten. Erneut kommt man nicht umhin, der Maßnahme, trotz ihres unzweifelhaft autoritären Charakters, positive Aspekte abzugewinnen. Denn in den Weimarer Jahren war es zu einer bedenklichen Häufung von Spielprotesten gekommen, die den Ligabetrieb erheblich beeinträchtigt hatten. Der *Braunschweiger Allgemeine Anzeiger* kommentiert die Neuerung entsprechend:

> *Damit ist wohl endlich Schluß mit dem Unfug, daß nach jedem verlorenen Spiel irgendein an sich ganz nichtiger Formfehler des Schiedsrichters herausgetüftelt wird, um darauf einen Protest gegen die Gültigkeit des Spiels zu begründen.*[10]

Bevor wir uns nun dem ersten Gauligaspieltag zuwenden, noch eine abschließende Bemerkung: Trotz aller positiven Aspekte darf keineswegs übersehen werden, daß die Gauligen ein wesentlicher Bestandteil der faschistischen Politik waren und vornehmlich dazu dienten, das gesamte Land unter Kontrolle zu bekommen.

Sie stellten keineswegs keine freie Entscheidung der Verbände oder Vereine dar, sondern wälzten im Gegenteil Deutschlands Ligafußball gehörig um.

Unter dem Hakenkreuzbanner - Fußball in den Dreißigern.

Am Wochenende des 3. und 4. September 1933 ging es endlich los. Werfen wir einen Blick auf den ersten Spieltag: Da schlug Hanau 93 beispielsweise den BC Sport Kassel mit 7:0, Schweinfurt 05 den VfB Stuttgart mit 3:0 und der Greifswalder SC unterlag dem VfL Stettin 3:4.

Nur in Ostpreußen und Pommern starteten mehr als zehn Vereine, in den anderen vierzehn Bereichen (wie die Gaue auch oft genannt wurden)[11] hatte man von Anfang an die Idealzahl von zehn Teilnehmern erreicht. Ein Blick auf den Spielplan zeigt dann abermals, daß die Gauligen - sportlich betrachtet - allemal eine Weiterentwicklung waren. Hatten nämlich vor Jahresfrist noch Partien wie Meißen 08 - Pirnaer SC oder FC Mombach - Alemannia Worms unter dem Erstligabanner stattgefunden, fanden nun wirkliche Spitzenkicks statt. Fortuna Düsseldorf gegen Alemannia Aachen zum Beispiel, oder Eintracht Frankfurt gegen den 1. FC Kaiserslautern. Entsprechend entwickelten sich die Zuschauerzahlen und auch das Medieninteresse stieg an.

Schmelztiegel Ruhrgebiet

Kaum hatten die Gauligen ihre Debütsaison beendet, präsentierte Reichssportführer von Tschammer und Osten einen weitere Neuerung. Es handelte sich um einen Leckerbissen, der bis in heutige Tage nichts von seinem Reiz verloren hat: den DFB-Vereinspokal. Schon vor 1933 hatte er auf der Wunschliste des DFB gestanden, war aber immer wieder an internen Konflikten gescheitert. Nun half die "Gleichschaltung" bei der Erfüllung des Traums. Vorbild für den Wettbewerb war - natürlich - der englische FA-Cup, an dem sich schon der seit 1933 ausgespielte *Adolf-Hitler-Pokalwettbewerb* orientiert hatte.

TeBe-Torhüter Butterbrodt scheint den Ball im Derby gegen Blau-Weiß wegzupusten. Erfolgreich: TeBe gewann 1:0

Während daran aber nur die Gauligisten hatten teilnehmen dürfen, war der neue Wettbewerb für alle Klubmannschaften offen, ohne Rücksicht auf ihre Spielklasse.

Reichssportführer von Tschammer und Osten höchstpersönlich stellte einen eigentümlich aussehenden Wanderpokal zur Verfügung, der mit seinem Namen versehen, vorerst bis 1943 vergeben wurde.[12] Am ersten Januarsonntag 1935 begannen Ausscheidungsspiele auf Kreisklassenebene, deren Sieger sich für die 1. Hauptrunde am 1. September 1935 qualifizierten. So ganz glücklich war man mit dem neuen Wettbewerb noch nicht. Nehmen wir die 1. Hauptrunde. Den dreißig Begegnungen wohnten durchschnittlich nicht mehr als 1.500 Zuschauer bei, wobei am Göttinger Sandweg bei der Partie zwischen der heimischen Spielvereinigung und Schalke 04 mit 5.000 Wochenendrekord gemeldet wurde. Die Besucherzahlen blieben eindeutig unter den Erwartungen und tatsächlich sollte sich der Pokalwettbewerb auch erst gut dreißig Jahre später beim Publikum durchsetzen. Ich will nicht vorgreifen. Sensation der 1. Hauptrunde war die 1:2 Heimniederlage der Hamburger Victoria gegen den Berliner Bezirksligisten LSC Berolina. Die wackeren Berliner schalteten in der 2. Hauptrunde mit Vorwärts-Rasensport Gleiwitz gar noch einen zweiten Gauligisten aus, ehe sie im Achtelfinale mit 1:5 von Hanau 93 gestoppt wurden. Im Endspiel trafen dann vor 56.000 Zuschauern mit dem 1. FC Nürnberg und Schalke 04 die seinerzeit wohl besten Mannschaften aufeinander, und folglich sprach man von einem "Traumfinale". Obwohl es auf dem Rasen nur so von Nationalspielern wimmelte, sahen die Zuschauer "kein großes, aber dennoch interessantes Spiel", das die Franken mit 2:0 gewannen.[13]

Bezüglich der Gauligen konzentrierte sich das Interesse bald auf die Rhein-Emscher-Ruhr-Region. Dort war zweifelsohne die Elite deutscher Fußballkünste zuhause, wobei Schalke 04 die Crème de la Crème darstellte. An den Königsblauen war einfach kein Vorbeikommen. Alle elf Gautitel von 1933 bis 1944 gingen, sehr zum Ärger der Konkurrenz aus Röhlinghausen, Bochum, Herne und Höntrop, in die Kampfbahn Glück-Auf.

> Wie wenig vielen Österreichern der "Anschluß" paßte, belegt ein Vorgang aus dem Jahr 1941. Am 17. November traten die königsblauen Schalker zu einem freundschaftlichen Gekicke bei Admira Wien an, bei dem sie vom Dresdner Schiedsrichter eindeutig bevorteilt wurden. Woraufhin die Wiener Fußballseele überkochte. Die Scheiben des Schalker Busses gingen zu Bruch und sämtliche Reifen des Wagens von Gauleiter Baldur von Schirach wurden zerstochen.

Fußballballett bei der Partie zwischen der TSG Ludwigshafen und dem FSV Frankfurt.

Kuzorra und Co. ihrerseits führten dann auf Reichsebene ihren Gegnern vor, wie man richtig Fußball spielt: Sechs Meistertitel zwischen 1934 bis 1942 sprechen wohl eine deutliche Sprache. Im Gegensatz zum von Schalke nach Belieben dominierten Westen verlief die Saison in den meisten anderen Gauen spannender. Zwar galten Yorck-Boyen Insterburg in Ostpreußen, Viktoria Stolp in Pommern, Vorwärts-Rasensport Gleiwitz in Schlesien, Eimsbüttler TV in der Nordmark, Fortuna Düsseldorf am Niederrhein und der 1. FC Nürnberg in Bayern als regionale Ausnahmeteams, sie waren aber keineswegs Abonnementsmeister.[14] Noch spannender war es in Brandenburg-Berlin, Sachsen, der Mitte, Niedersachsen, Mittelrhein, Hessen, Südwest, Baden und Württemberg. Dort gab es fast jährlich wechselnde Meister. So reizvoll das einerseits ist, so unerfreulich ist es offensichtlich aus sportlicher Sicht: Außer Hannover 96 konnte nämlich kein Team aus den genannten Gauen den deutschen Meistertitel erringen.[15]

Gewehrkugeln ersetzen Lederkugeln

Die vorangegangenen Zeilen klangen schon ein klein wenig nach Resümee, was natürlich nach gerade einmal fünf Jahren Gauligen viel zu früh wäre. 1939 hatte der Fußball dem Krieg Platz zu machen und die Gauligastrukturen veränderten sich dadurch erheblich. Wäre dies nur einmal geschehen, man würde es erklären können. Doch mit jeder neuen Saison sah die Gauligakarte anders aus, und alle Veränderungen haarklein zu erläutern, würde den Rahmen dieses Buches bei weitem sprengen. Beschränken wir uns daher aufs Wesentliche.[16]

Der Grund für die permanenten Änderungen liegt auf der Hand: Die in den ersten Kriegsjahren von der Wehrmacht einkassierten Gebiete wurden teilweise dem Reich angeschlossen und ihre Fußballteams kickten fortan um die "Großdeutsche Meisterschaft" mit. "Großdeutsch" war sie freilich schon 1938 geworden, als nämlich Österreich und das Sudetenland "angeschlossen" worden waren.

Beginnen wir mit dem Alpenland. Am 13. März 1938 hatte Hitler sein Geburtsland als "Ostmark" "heimgeholt" und den Wiener Clubs damit das zweifelhafte Vergnügen verschafft, um die deutsche Meisterschaft mitspielen zu dürfen. Die seit 1911 bestehende Spielklasse[17] wurde als Gauliga Ostmark an das DRL-System angeschlossen, der Österreichische Fußball-Bund mußte am 2. April sein Ausscheiden aus der FIFA bekanntgeben, ehe er am 7. Juni endgültig aufgelöst wurde. Einige Monate später setzte Hitler dann auf der sogenannten *Münchner Konferenz* seine territorialen Forderungen bezüglich des zur Tschechoslowakei gehörenden Sudetenlandes durch,[18] womit ab Ende September 1938 auch die dortigen Fußballvereine in das Reichssportsystem aufgenommen wurden. Allerdings galt dies nur für die deutschen Vereine, die sich schon unter tschechoslowakischer Flagge eine gewisse Eigenständigkeit bewahrt hatten. So hatte es beispielsweise einen *Deutschen Fußballverband* gegeben, der sogar eine eigene Landesmeisterschaft durchführen ließ.[19]

> Die erste Gaumeisterschaft im Sudetenland gestaltete sich durchaus schwierig. Der im August 1938 in sechs Staffeln aufgenommene Wettbewerb mußte bald aufgrund der politischen Ereignisse unterbrochen werden und ruhte bis Oktober. Nach Wiederaufnahme mußte er im Dezember erneut unterbrochen werden. Diesmal war die schlechte Witterung Schuld. Am 5. Februar 1939 sollte ein erneuter Versuch gestartet werden. Dies aber wäre zu spät gewesen, um einen Teilnehmer an der Deutschen Meisterschaftsendrunde zu benennen, denn Stichtag dafür war der 2. April. Also trug man lediglich eine Pokalrunde aus, deren Finale vom Warnsdorfer FK mit 4:0 gegen den Teplitzer FK gewonnen wurde.

Fußball im Krieg.

Wenden wir uns nun der ersten "Kriegsmeisterschaft" zu. Als Hitler am 1. September 1939 Polen angreifen ließ, kam der gesamte Sportbetrieb augenblicklich zum Stillstand. Die gerade begonnene Fußballsaison wurde abgebrochen; die Kicker hatten ihre Sportjerseys gegen Waffenröcke einzutauschen.

Einige Wochen später lockerten die Militärs das Wettkampfverbot ein wenig, so daß zumindest wieder um Stadtmeisterschaften oder regionale Pokale gekickt werden durfte. Die Gauligen aber blieben tabu. Dennoch hatten die Vereine genügend Probleme, denn schlagartig waren der "Heimatfront" mit Kriegsbeginn die Kickerbeine ausgegangen. Übrig geblieben waren nur diejenigen, die entweder zu jung oder zu alt für die Abschlachterei an der Front waren. Sie übernahmen nun die Initiative, und versuchten, schlagkräftige Mannschaften zusammenzustellen.

Militärisch betrachtet hatte der Krieg verheißungsvoll begonnen. In die allgemeine Hochstimmung platzte dann im November 1939 der Reichssportführererlaß, der besagt, daß der Wettbewerb um die deutsche Meisterschaft wieder aufgenommen werden könne. Mit Feuereifer machten sich die Aktiven sofort an die Arbeit: Einige Gaue wurden nach verkehrstechnischen Gesichtspunkten aufgeteilt und schon am 12. Dezember 1939 konnte der *Fußball* holprig zusammenreimen:

Nun mit ganzer Kraft: Kriegsmeisterschaft!

Tatsächlich war wenig vom Krieg zu spüren. Unbeirrt strömte das Publikum in die Stadien und die 95.000, die am 18. Juni 1940 Schalkes 1:0 Endspielsieg über den Dresdner Sportclub miterlebten, lassen erahnen, wie hoch die Wellen der Fußballbegeisterung schlugen, während die Deutsche Wehrmacht gleichzeitig an allen Ecken und Enden des europäischen Kontinents zündelte.

Während der Gauligaalltag weiterging, tauchten in den Tabellen immer neue Namen auf: Neben den "Ostmarkern" und Sudetendeutschen kickten Teams wie FC Mülhausen 93, Luftwaffen SV Olmütz, Boelecke Krakau, SDW Posen und NSTG Prag um die deutsche "Viktoria", und das Gauligasystem wurde von Saison zu Saison unübersichtlicher. Die Blut- und Bodentheoretiker im Führerbunker kassierten nämlich sämtliche ihrer Ansicht nach zu Deutschland gehörenden Gebiete ein und unterjochten die dortige "nichtdeutsche" Bevölkerung. Versuchen wir, uns einen Überblick zu verschaffen: Polen wurde nach der militärischen Niederlage zwischen dem Deutschen Reich und seinem "Mitstreiter" Sowjetunion aufgeteilt, was dem deutschen Fußball die Sportgaue "Wartheland" und "Generalgouvernement" bescherte. Zuvor waren allerdings die ostpreußischen sowie ostoberschlesischen Klubs den bestehenden Gauklassen *Ostpreußen* und *Schlesien* zugeordnet worden.[20] Nachdem auch Frankreich sich der deutschen Militärmaschine hatte beugen müssen, kamen die elsässischen Vereine aus Mülhausen, bzw. Straßburg hinzu. Während für sie noch ein eigener Gau eingerichtet wurde, ordnete man die Vereine aus dem ebenfalls einkassierten Luxemburg dem Gau Moselland zu.[21] Dies alles galt natürlich nur für die in den erbeuteten Gebieten wohnenden Deutschen. Von denen wurde unter Aufsicht des Reichssportführers ein "völkisches" Vereinswesen aufgebaut, das vornehmlich aus Betriebssport-, Luftwaffen- und Reichsbahnsportgruppen bestand.

> Am 21. Dezember 1939, knapp vier Monate nach dem Überfall auf Polen, wurde dem Deutschen Reich auf dem FIFA-Kongreß im italienischen Genova die Austragung der Weltmeisterschaft 1942 übertragen.

Die einheimische Bevölkerung hingegen wurde gnadenlos unterdrückt und ihr Vereinswesen radikal ausgelöscht. Der Naziterror forderte allein in Polen über 6 Millionen Opfer.

In den ebenfalls von der Wehrmacht besetzten Ländern Niederlande, Belgien, Frankreich und Norwegen konnte der landeseigene Spielbetrieb zwar aufrechterhalten werden, er unterlag aber ebenfalls dem Naziterror. Von Normalität kann also auch dort keinesfalls gesprochen werden. Zudem entstanden nationalsozialistische "Satellitenstaaten" in Kroatien, Ungarn, der Slowakei und Rumänien.

Heldentode statt Heldentore

1941 hatte der deutsche Fußball seinen bislang größten Verbreitungsraum erreicht. Zwischen Luxemburg im Westen und Tilsit im Osten; sowie Flensburg im Norden und Klagenfurt im Süden wurde nun unter dem NSRL-Banner Fußball gespielt. Namentlich war dies allerdings kaum zu bemerken, denn mit Ausnahme der Wiener Vereine konnten die Klubs aus den erbeuteten Gebieten kaum Akzente setzen. Zentrum deutscher Fußballkünste war noch immer das Ruhrgebiet. Vielleicht sogar mehr denn je, denn aus kriegstechnischen Gründen wurde die Stahl- und Kohleregion immer wichtiger. Dazu mehr im nächsten Kapitel. Vom Krieg selbst war im "Altreich" bis Anfang der vierziger Jahre kaum etwas zu spüren.

Nach der Niederlage beim Lokalrivalen Guts Muths mußte die Leipziger Spielvereinigung 1938 aus der Gauliga Sachsen absteigen

Sicherlich, die Aktiven waren an der Front, und der eine oder andere Verein hatte Probleme, seine beste Elf aufbieten zu können. Es kam zu ersten Kriegszusammenschlüssen ("Kriegssportgemeinschaften"); für soldatische Kicker wurden Sonderregelungen geschaffen, die ihnen den Vereinswechsel erleichterten. Grundsätzlich aber ging der Alltag unbehindert weiter, und abgesehen von den Soldaten, die überall zu sehen waren, schien alles normal zu sein. Hitlers unstillbarer Machthunger änderte auch das bald. Im Juni 1941 ließ er die *Sowjetunion* angreifen, und als fünf Monate später der japanische Bündnispartner den US-amerikanischen Hafen *Pearl Harbour* angriff, war die ganze Sache zu einem Weltkrieg geworden.

Daß der dann allerdings auch im "Altreich" immer deutlicher spürbar war, kann noch heute an diversen eher "häßlichen" Innenstädten[22] oder mahnenden Ruinen wie der Berliner Gedächtniskirche ersehen

> In der 1942er Pokalrunde waren unter den letzten 64 nicht weniger als neun Fliegervereinigungen. Sie kamen, bis auf den LSV Gütersloh, allesamt aus den erbeuteten Gebieten in Schlesien, Sudetenland/Böhmen-Mähren, Ostpreußen und dem Generalgouvernement (Heiligenbeil, Stettin, Pütnitz, Görlitz, Krakau, Brieg, Olmütz, und Deblin). Der Fußball vom 14. Juli 1942 feierte dies wie folgt:
> Drei Gaumeister 1942 (Olmütz, Krakau und Pütnitz) sowie einer von 1941 (Stettin) sind unter den neun Mannschaften vertreten – das verrät nur zu deutlich, wie ernst unser Sport bei der deutschen Luftwaffe genommen und wie liebevoll er gepflegt wird.
> Am 26. September 1944 kam das Aus für die Luftwaffenkicker: "Der gesamte Wettkampfbetrieb der Luftwaffensportvereine ist für die Kriegsdauer eingestellt worden. Wie es heißt, dürfen die Soldaten keinem anderen Sportverein beitreten, sondern sollen sich nur in ihrer Freizeit innerhalb ihrer Truppenteile sportlich betätigen."

werden: Bombenangriffe auf deutsche Städte häuften sich, und spätestens 1942 wandelten sich die einstigen Sieges- in Durchhalteparolen. Natürlich mischten die gleichgeschalteten Fußballzeitungen dabei kräftig mit, denn trotz vermehrt auftretender Vokabeln wie "Heldentod" oder "Friedensmannschaft" versuchte man, auf "normal" zu machen. Den immer dürftiger eintreffenden militärischen Erfolgsmeldungen wurden fußballerische entgegegengesetzt, die davon kündeten, wo und wie deutsche Soldaten gegen die Lederkugel traten: In Paris kickten sie um einen deutschen Stadtmeister, in der

> Göttingen 05 fuhr ohne Torwart nach Wolfenbüttel. Zufällig befand sich unter den Zuschauern ein Mitglied der 05er. Er wurde ins Tor gestellt. Das konnte natürlich nicht gut gehen, es ging auch nicht gut. 8 : 0 ist eine ruhige runde Sache.

Ukraine trafen deutsch-böhmische auf pfälzische Soldatenteams und die Heimatpresse feierte dies alles genüßlich. Daß sich Kriegsgott Mars von den Faschisten abgewandt hatte, war bald nicht mehr zu übersehen: Überall mußten Rohstoffe eingespart werden, Vereine opferten ihre Trophäenkammern für Kriegszwecke und angeordnete Reisebeschränkungen taten ihr übriges, um den Spielbetrieb immer weiter einzuschränken.

Auch der Gauligaspielbetrieb gestaltete sich immer schwieriger. Manchmal trafen Fronturlauber erst wenige Minuten vor dem Anpfiff in ihren Heimatorten ein und mußten, kaum umgezogen, sofort dem Lederball um Gauligapunkte nachrennen. Noch schwieriger war es, zu den Auswärtsspielen zu gelangen. Benzin war rationiert, schließlich befand man sich im totalen Krieg, und auch die Reichsbahnkapazitäten waren begrenzt. Daß dennoch weitergekickt werden konnte, verdankt der Fußball seiner schon damals immensen Volkspopularität. Die Nazis sahen in der Kickerei nämlich ein hervorragendes Mittel, die kriegsmüde Bevölkerung "bei Laune" zu halten.

Folglich setzten sie alles daran, den Spielbetrieb aufrechtzuerhalten. Im März 1942 verkündete Reichssportführer von Tschammer und Osten:

Für die Einschränkungen des Sportverkehrs gelten ab 2. März 1942 bis auf weiteres folgende Bestimmungen: Sportliche Veranstaltungen einschließlich der Meisterschaftsspiele im NSRL sowie Lehrgänge sind örtlich uneingeschränkt zulässig, überörtlich nur insoweit, als sich der Sportverkehr auf den örtlich zuständigen Sportgau (Sportbereich) beschränkt. Sportveranstaltungen über die Grenzen des Sportgaues (Sportbereich) hinaus sind nur gestattet, wenn der Reiseweg nicht mehr als 50 km in einer Richtung beträgt.[23]

Damit war der Gauligaspielbetrieb grundsätzlich gesichert, auch wenn einige Klassen aufgrund der 50 km-Regelung geteilt werden mußten.[24] Für die Endrunde um die deutsche Meisterschaft gab es eine Sonderregelung. Mehr darüber im folgenden Kapitel.

Die Welle der Hiobsbotschaften von den Fronten riß nicht ab. Mit jeder verlorenen Schlacht wurde Sport daher wichtiger. Im Februar 1943 wußte der *Fußball* zu melden:

Zur Einordnung des Sports in die Aufgaben der totalen Kriegsführung hat der Reichssportführer von Tschammer und Osten folgende Anordnung erlassen: 1. Die Leibesertüchtigung des Volkes ist kriegswichtig. Sie ist mit Nachdruck zu betreiben und zu fördern. 2. Sportliche Veranstaltungen und Wettkämpfe örtlichen und nachbarschaftlichen Charakters bis zur Gaustufe sind zur Erhaltung des Arbeits- und Leistungswillens durchzuführen.[25]

An einen normalen Spielbetrieb war jedoch nicht mehr zu denken. Zwar trafen weiterhin die bekannten Vereine aufeinander, doch ihre Teams hatten sich verändert. Die Mannschaftsbetreuer waren wahrlich nicht zu beneiden: Oft genug mußten sie die ersten Spielminuten in Unterzahl bestreiten lassen, da angekündigte Heimaturlauber doch nicht gekommen waren und Ersatz nicht unmittelbar bereitstand. Zwangsläufig wiesen die Gauklassen ein immer größer werdendes Leistungsgefälle auf. Zumal einige Teams von den chaotischen Gegebenheiten sogar profitieren konnten. Da die Freigabebestimmungen nämlich inzwischen dahingehend geändert worden waren, daß jeder Soldat problemlos für den Klub kicken konnte, in dessen Heimatort er gerade stationiert war, war ein örtlicher Militärstützpunkt schon der halbe Sieg. Plötzlich kickten Mannschaften aus völlig unbekannten Orten wie Brieg, Groß Born oder Lipine um die Deutsche Meisterschaft, doch was viel schlimmer war: Die kapriolenartigen Gauligaergebnisse häuften sich. Greifen wir wahllos einen Spieltag der Gauligasaison 1942/43 heraus.

Nach dem Krieg wollten die Nazis ein völlig neues Vereinswesen aufbauen. Schon 1933 und 1938 hatte man viele "Zwergvereine" gezwungen, sich größeren anzuschließen, Ziel war es, einen spartenübergreifenden "völkischen" Sportverein für den ganzen Ort zu schaffen. Wie das aussehen sollte, zeigt das Beispiel Sudetenland. Jm November 1938 erhielten die dortigen Vereine den Befehl, alle "Leibesübungen treibenden Vereine zusammenzufassen." Bis Januar 1939 blieb den Traditionsvereinen Zeit, sich dem jeweils "völkischen" Turnverein anzuschließen, der anschließend den Namen Nationalsozialistische Turngemeinde (NSTG) erhielt. Jn ihnen wurde fortan spartenübergreifend Sport getrieben.

SACHSEN

Im Gau des großdeutschen Fußballmeisters DSC. ist eine Hemmung aufgetreten. Die Zusammensetzung der auf 42 Bewerber erweiterten Kriegsklasse, die vor 14 Tagen bereits mit ihren Spielen begonnen hat, ist vom Reichsfachamt bis zur Stunde noch nicht genehmigt worden. Wir Sachsen hoffen aber stark, daß die Genehmigung noch eingeht. Unter dieser Voraussetzung spielen die 42 in sieben Abteilungen, und zwar die Staffeln Chemnitz, Leipzig und Dresden mit je zwei Abteilungen und die Staffel Zwickau mit einer Abteilung. Die Abteilungssieger Chemnitz, Leipzig und Dresden ermitteln dann im Vor- und Rückspiel die Staffelsieger und spielen mit dem Staffelsieger Zwickau in einer Doppelrunde den Sachsenmeister 1944/45 aus. Abzusteigen haben die Tabellenletzten der Abteilungen, also insgesamt sieben Vereine. Die Einteilung:.

Staffel **Z w i c k a u** : Zwickauer SG., SC. Planitz, KSG. Wilkau-Haßlau, Teutonia Netzschkau, SG. Lauter, VfL. Zwickau.

Staffel **C h e m n i t z** : 1. Abt.: BC. Hartha, SGOP., Preußen, KSG. Mittweida, TV. Brünschütz, Viktoria Einsiedel. 2. Abt.: CBC., Döbelner SC. 02, Germania Schönau, SC. Limbach, SV. Grüna, SVC. 01.

Staffel **L e i p z i g** : 1. Abt.: VfB., KSG. Tura/Spielvg., LSV. Brandis, TuB., KSG. VfB. Zwenkau/LSV., SV. Groitzsch; 2. Abt.: Fortuna, MSV. Borna. KSG. SV./Armina, Z...ker, Spfr. Markranstädt, Spfr. Netzlieritzsch.

Staffel **D r e s d e n** : 1. Abt.: DSC. Riesaer SV., Sportfr. 01. KSG. Spielvg./ Südwest, Guts Muts. VfB. Dresden; 2. Abt.: Reichsbahn. SC. Freital. TV. Gruna, Bautzner SC., VfB. Kamenz. TV 46 Meißen. **P. M.**

Da war in den sechsundneunzig Partien des 2. Novembers 542 mal (in Worten: fünfhundertzweiundvierzigmal) ins Schwarze getroffen worden, was einem Schnitt von 5,6 Toren pro Spiel entspricht! Sechs zweistellige Ergebnisse waren zu verzeichnen (15:1, 1:10, 17:0, 1:10, 15:2, und 10:0), weitere acht Teams markierten sieben und mehr Tore. In der Saison 1943/44 wurde es noch besser: Da gewann beispielsweise die mit vielen Kriegsmarinesoldaten bestückte Elf der Spielvereinigung Wilhelmshaven 05 glatt mit 25:0 gegen den ASV Blumenthal. Den Rekord aber hält der siegerländische Klub Germania Mudersbach: Die Rot-Gelben gewannen ihr Ligaspiel gegen den FV Engers mit sage und schreibe 32:0.

Mehr und mehr standen die Vereinsführer vor fast unüberwindbaren Problemen. Finanziell ging es ihnen nämlich auch nicht mehr allzugut. Natürlich waren die Zuschauerzahlen nicht mehr annähernd so groß, wie zu Friedenszeiten. Denn wer gibt schon sauer verdiente Reichsmark aus, um einer solch ungleichen Partie wie der erwähnten zwischen Mudersbach-Engers beizuwohnen! Und daß die an die Front berufenen Mitglieder von der Beitragspflicht ausgenommen waren, füllte die Vereinskassen auch nicht gerade.

Den Klubs drohte aber noch von anderer Seite Verdruß. Seit Kriegsbeginn waren nämlich überall Betriebs- und Reichsbahnsportgemeinschaften, sowie Luftwaffensportvereine aus dem Boden geschossen, die sich mit Leichtigkeit die wenigen Aktiven unter die Nägel rissen. Sie waren nämlich kriegswichtig und wurden entsprechend gefördert. Innerhalb weniger Jahre veränderten sich die Nobelklassen entsprechend, denn nun gaben Teams wie *Neumeyer Nürnberg, Bergbau Hamborn* oder *Volkswagenwerk der KdF-Stadt* den Ton an.

Angesichts dieser Zustände blieben vielen Traditionsvereinen nur noch zwei Möglichkeiten: Entweder den Spielbetrieb einzustellen; oder sich mit Nachbarvereinen zusammenzuschließen. Vor diese Alternative gestellt, wählten die meisten Klubs den Zusammenschluß in Form von "Kriegssportgemeinschaften". Diese KSG waren eine Art Spielgemeinschaft, um die wenigen noch aktiven Spieler in einer Mannschaft zu versammeln. Derartige Kollektive waren dann teilweise außerordentlich stark und sorgten kräftig für Furore. Die aus Aktiven von TuS 48/99 und Spielverein zusammengesetzte Duisburger KSG beispielsweise drang 1944 bis ins Achtelfinale um die Deutsche Meisterschaft vor. In der Vorrunde hatten sie keinen geringeren als den

Kurz nach Saisonbeginn 1944/45 kam auch das Aus für die Berichterstattung. Die gemeinsame Kriegsausgabe Der Kicker * Der Fußball verabschiedete sich mit der Schlagzeile "An allen Fronten Nationalspieler voran!" am 26. September 1944 von seinen Lesern: "Im Zuge der durch den totalen Krieg bedingten Konzentrationsmaßnahmen auf dem Gebiet der Presse stellt unsere Zeitschrift mit dem 30. September 1944 das Erscheinen für die Dauer des Krieges ein."

FC Schalke 04 aus dem Wettbewerb geworfen, scheiterten aber anschließend am späteren Vizemeister Luftwaffen SV Hamburg.

Es half alles nichts. Je näher die Front an das "Altreich" rückte, desto mehr Klubs mußten aufgeben, sprich den Spielbetrieb einstellen. Verzweifelt versuchten die Machthaber, den Eindruck der Normalität aufrechtzuerhalten. An der Gauligasaison 1944/45 durften alle noch bestehenden gut 600 Klubs und Kriegsgemeinschaften teilnehmen, was Teams wie *Viktoria Wasseralfingen, TV Erfenschlag* und *BC Bövinghausen* den Einzug in die Nobelklasse brachte.

Die ganze Angelegenheit stand freilich auf wackeligen Beinen. Aus Furcht, daß der Spielbetrieb bei einer Sommerpause endgültig zusammenbrechen würde, ließ man die neue Saison unmittelbar nach Beendigung der alten starten: Erster Spieltag war der 16. Juli 1944. Aus den einst sechzehn Gauligen waren fast einhundert Staffeln geworden, denn aufgrund der zerstörten Infrastruktur und aus Mangel an Treibstoff konnte niemand mehr reisen, und man hatte sich auf stadtinterne Spielrunden zu beschränken. In Pommern kickten beispielsweise 35 Mannschaften in sechs Gruppen, in Sachsen waren 42 Teams auf sieben Staffeln verteilt. Von Erstklassigkeit war also nichts mehr zu spüren. Damit nicht genug: Da Deutschland militärisch betrachtet dem Zusammenbruch ziemlich nahe war, konnte in Ostpreußen und anderen "Grenzregionen" schon gar nicht mehr gespielt werden.

Gut zwei Monate nach Saisonbeginn betraten die ersten alliierten Soldaten Boden des "Altreiches." Sternförmig bewegten sie sich nach Berlin vor und befreiten Deutschland allmählich von seinen eigenen faschistischen Machthabern. Natürlich kam damit auch das Aus für den Fußball. Nur in Hamburg gelang es, die Gaumeisterschaft noch zu Ende zu führen und mit dem HSV einen Meister zu küren - die Hansestädter waren so schlau, ihre Stadt kampflos zu übergeben. Überall sonst wurde die Meisterschaft, wenn man sie überhaupt noch so bezeichnen konnte, nach und nach abgebrochen.

Das letzte bekannte Spiel fand am 23. April 1945 in München statt. Der FC Bayern schlug den TSV 1860 mit 3:2.

Am 9. Mai 1945 hörte Deutschland auf, zu existieren.

ANMERKUNGEN

(1)   In den genannten Ländern war 1924 (Österreich), 1925 (Tschechoslowakei), 1926 (Ungarn), 1933 (Italien) das Profitum eingeführt worden.

(2)   Wie im Kapitel "Das Fußballfieber erreicht Höchsttemperatur" beschrieben, wurde 1930 praktisch die gesamte 1. Mannschaft Schalkes wegen Verstoßes gegen das Amateurstatut gesperrt.

(3)   In: Koppehel (1954), Seite 184f.

(4)   In: Koppehel (1954), Seite 185.

(5)   In: Koppehel (1954), Seite 188.

(6)   Am 24. Mai 1933 hatte Reichssportführer Hans von Tschammer und Osten den "Reichsführerring für Leibesübungen" ins Leben gerufen, in dessen Fußballsparte der DFB aufgegangen war.

(7)   In: Schultz (1993), Seite 42.

(8)   In etwa wurde wie folgt aufgeteilt: *Norddeutscher Sportverband* = Gaue Nordmark und Niedersachsen; dazu kamen die ehemals westdeutschen Vereine aus dem südniedersächsischen und emsländischen Raum, aus der Mitte kamen Teile des Eichsfeld. *Westdeutscher Spielverband* = Gaue Westfalen, Niederrhein und Mittelrhein; außerdem wurden Vereine an Niedersachsen und Hessen abgegeben. *Süddeutscher Fußball- und Leichtathletikverband* = Gaue Südwest, Baden, Württemberg und Bayern; einige Vereine bildeten gemeinsam mit ehemals westdeutschen den Gau Hessen. *Verband Brandenburgischer Ballspielvereine* = Gau Brandenburg-Berlin; die pommerschen Vereine bildeten gemeinsam mit Vereinen aus dem baltischen Verband den Gau Pommern. *Südostdeutscher Fußballverband* = Gau Schlesien. *Baltischer Sportverband* = Gau Ostpreußen; gemeinsam mit ehemals Brandenburger Vereinen Gau Pommern. *Mitteldeutscher Ballspielverband* = Gaue Sachsen und Mitte, einige Vereine wurden an Niedersachsen abgegeben.

(9)   Aus: Deutsches Fußball-Handbuch 1927.

(10)   In: Schultz (1993), Seite 63.

(11) Tatsächlich gab es sowohl Gaue als auch Bereiche. Ursprünglich stand ein Bereich über einem Gau, im Laufe der Jahre wurden die Bezeichnungen aber oftmals ausgetauscht. Im übrigen waren die Sportgaue keineswegs deckungsgleich mit den Gauen der NSDAP.

(12) 1943 mußte der Wettbewerb abgebrochen werden und konnte erst 1953 erneut aufgenommen werden. Seitdem trägt er auch seinen Namen *DFB-Vereinspokal*. Die vom Reichssportführer gestiftete Trophäe wurde noch bis 1964 vergeben, ehe sie durch die aktuelle ersetzt wurde.

(13) So das Resümee des *Fußballs* am Tag nach dem Endspiel.

(14) Der Eimsbüttler TV beispielsweise gewann zwischen 1933 und 1942 fünf Meistertitel, der Hamburger SV vier. Düsseldorf dominierte vor allem zwischen 1936 und 1940, als die Fortunen fünfmal in Folge Niederrheinmeister wurden.

(15) Hannover 96 gewann 1938 sensationell mit 4:3 nach Verlängerung gegen Schalke 04 und wurde dadurch Deutscher Meister. In der Regel schieden Vereine aus den genannten Regionen aber recht früh aus der Endrunde aus.

(16) Diese Veränderungen werden in meinem nächsten Buch erläutert, das sämtliche Kastentabellen der wesentlichen Spieljahre von 1903 bis 1995 enthalten wird. Das Buch wird im Frühjahr 1996 im AGON-Sportverlag erscheinen.

(17) Die Klasse war 1911/12 als *Wiener Liga* gestartet worden und beschränkte sich bis einschließlich 1936/37 ausschließlich auf Vereine der Donaumetropole. Erst danach konnten auch Klubs aus anderen österreichischen Städten teilnehmen.

(18) Das *Münchner Abkommen* war ein am 29. September 1938 auf einer Tagung geschlossener Vertrag zur Beendigung der Sudetenkrise. Großbritannien, Italien und Frankreich stimmten darin zu, die Sudetengebiete - Bestandteil der Tschechoslowakei - dem Deutschen Reich anzuschließen. Hitler hatte zuvor mit Krieg gedroht. Die Tschechoslowakei war am Vertragsabschluß nicht beteiligt.

(19) In der Tschechoslowakei hatten neben den Deutschen auch die Ungarn, Polen und Juden eigene Fußballverbände. Alle waren aber der *Ceskoslovenská asociace footbalová* - dem Tschechoslowakischen Fußballverband - angeschlossen. Der *Deutsche Fußball-Verband*, dem 1922 150 Vereine in sechs Gauen angehörten, ließ ab 1920 um einen Meistertitel spielen und verfügte zwischen 1926 und 1928 sogar über eine eigene Profiliga. Der gehörten allerdings nur drei Vereine an (DFC Prag, Teplitzer FK und Karlsbader FK). 1929 wurde der Teplitzer FK in die tschechoslowakische Profiliga aufgenommen.

(20) Die Bezirke Danzig, Marienwerder und Bromberg wurden als *Bereich Danzig-Westpreußen* in einer eigenen Staffel zusammengefaßt; der Gau Schlesien wurde in die Klassen *Oberschlesien* und *Niederschlesien* geteilt. Das *Wartheland* umfaßte die Regierungsbezirke *Posen, Hohensalza* und *Litzmannstadt*; im *Generalgouvernement* wurden die Vereine der restlichen polnischen Gebiete zusammengefaßt. Am 1. August 1941 kam auch noch *Galizien* dazu.

(21) Die Luxemburger Vereine hatten sich deutsche Namen zu geben (Beispiel: SPORA Luxembourg – Moselland Luxemburg). Um sie unterzubringen, wurde der Gau Mittelrhein in *Köln-Aachen* und *Moselland* geteilt.

(22) Man schaue sich beispielsweise Kassels Innenstadt oder auch viele Städte im Ruhrgebiet an.

(23) In: *Fußball* vom 24. 2. 1942.

(24) Dies betraf beispielsweise den Gau Nordmark, der in drei Bereiche (Hamburg, Mecklenburg und Schleswig-Holstein) aufgeteilt werden mußte. Auch Niedersachsen, Hessen, Baden und Bayern wurden entsprechend zerstückelt.

(25) In: *Fußball* vom 23. 2. 1943, Seite 4.

Königsblau kreiselt über Berlin
(Die Endrunden von 1933 bis 1944)

Nirgendwo sonst liegen Fußball und Arbeit so dicht beieinander, wie auf der Gelsenkirchener Kampfbahn Glück-Auf. Dortmunds Rote Erde am Rande des Westfalenparks; Duisburgs Wedaustadion inmitten einer Seenanlage und Essens Uhlenkrug umsäumt von Pappeln - sie alle vermitteln eher den Eindruck von Fußball als Sonntagnachmittagsbeschäftigung.

Die Glückauf-Kampfbahn hingegen ist wenig idyllisch eingepfercht zwischen Zechen, Güterbahnstrecke und Stadthafen. Mittendrin, da, wo malocht wird. Dennoch wurde ausgerechnet in diesem Stadion Fußball nicht erarbeitet, sondern zelebriert. Und zwar ziemlich erfolgreich. Denn wenn ein Verein sechs von acht Endspielen zu seinen Gunsten entscheidet, kann man wohl getrost von einer Ausnahmemannschaft sprechen. Keine Frage, mit der Erfindung des Kreiselspiels waren die Kicker vom *FC Gelsenkirchen-Schalke 04*[1] in den dreißiger Jahren zum fußballerischen Primus Deutschlands geworden. Auf Schalke kam einfach alles zusammen: Äußerst begabte junge und ehrgeizige Kicker, ein begeisterungsfähiges Publikum, innovative Trainer und schließlich auch der Erfolg.

Die Knappen

Es war kein Zufall, daß ausgerechnet die Schalker den braunen Jahren ihren königsblauen Stempel aufdrückten, Um gleich sämtliche Spekulationen aus dem Weg zu räumen: Die Schalker waren kein Naziverein! Als "bürgerlicher Arbeiterverein"[2] paßten sie einfach in die faschistische Vorstellung vom schichtenlosen, antimarxistischen Deutschen und eigneten sich hervorragend für entsprechende Propaganda.

Erzählen wir die Geschichte von Anfang an: Eines Nachmittags im April 1904 beschloß ein Haufen Halbwüchsiger, aus ihrer Straßenmannschaft einen Verein zu machen. In Anlehnung an die Heimatregion nannte man ihn *Westfalia Schalke*. Die jungen Arbeitersöhne hatten Großes vor: "Aufnahme in den Westdeutschen Spielverband" (WSV) lautete das Nahziel, um dort möglichst rasch für sportliche Furore zu sorgen. Kaum gegründet, hatten sie schon ihren ersten Ärger am Halse.

Der WSV war nämlich ganz und gar nicht der Ansicht, die kickenden Bergmannssöhne aufnehmen zu müssen und empfahl ihnen stattdessen, sich einem bereits bestehenden Klub anzuschließen.[3] Zähneknirschend beugten sie sich dem Verbandsdiktat und machten sich auf die Suche nach einem geeigneten Verein. Lokalrivale SuS 1896 kam nicht in Frage, denn in ihm waren die noblen und reichen Bürger der Stadt zum Lederballkicken vereint, mit denen man sich nicht sonderlich grün war. Mit dem Turnverein von 1877 war das schon anders. Die Kontakte zwischen den beiden Klubs entwickelten sich positiv, und am 13. Februar 1912 waren die Westfalen-Kicker am Ziel: Als Fußballabteilung des Schalker Turnverein von 1877 wurden sie zum Mitglied des WSV!

Die Freude währte nur zwei Jahre: Im Herbst 1914 rief der Kaiser zu den Waffen. Auch Schalkes Fußballer hatten dorthin zu eilen - ob sie wollten oder nicht. Augenblicklich kam der Spielbetrieb völlig zum Erliegen, und die Fußballabteilung wurde wieder aufgelöst. Einer wollte sich damit aber nicht abfinden: Der mit Schalkes Kneipenwirtstochter Christine Wilke verheiratete Bankangestellte Robert Schuermann. Er versammelte die übriggebliebenen Fußballer und gründete die alte "Westfalia" wieder. Diesmal wurde sie sogar in den WSV aufgenommen. Bis 1917 kickte man um Ligapunkte, dann wurden die Kriegsbelastungen so groß, daß der Spielbetrieb erneut eingestellt werden mußte.

Kaum war der Krieg beendet, waren aus Soldaten wieder Bergleute geworden, da erwachte auch Westfalia erneut. Nun stellte sich ein neues Problem: Während des Krieges hatten sich Westfalia und der TV 1877 einen Spielplatz an der Schalker Grenzstraße geteilt, wobei es schon damals regelmäßig zu Reibereien gekommen war. So konnte es nicht weitergehen. Die Mitglieder beider Klubs beschlossen, sich erneut zu vereinen. Unter dem neuen Namen "Turn- und Sportverein Schalke 1877" begann der Verein anschließend eine Karriere, die bis heute ihresgleichen sucht.

Untrennbar damit verbunden sind die Gebrüder Fred und Hans Ballmann. Sie hatten den Krieg in englischen Internierungslagern verbracht. Als sie nach Kriegsende die britische Insel endgültig verließen, erinnerten sie sich ihres Schalker Freundes Fred Kühne.[4] Sie machten sich auf den Weg nach Gelsenkirchen, wo sie künftig zu leben gedachten. Schalkes Kicker staunten nicht schlecht, als Fred und Hans ihnen zeigten, wie man in England Fußball spielt. Vor allem das seinerzeit in Deutschland fast unbekannte konsequente Flachpaßspiel wurde begeistert aufgenommen und umgehend kopiert. Allmählich mauserte sich der TuS 1877 zu einem Spitzenclub: 1921 gab es in 37 Spielen ganze drei Niederlagen, so daß man den Aufstieg in die zweithöchste Emscherkreisklasse erreichte.

Erst 1924 stoppte die von der *Deutschen Turnerschaft* verfügte "reinliche Scheidung" den Schalker Erfolgszug. Fußballer und Turner hatten sich zu trennen. Während die Turner fortan wieder unter dem alten Namen TV 1877 firmierten, gaben sich die Fußballer einen völlig neuen: FC Schalke 1904.

Die Jahreszahl übernahmen sie von der alten Westfalia, wohingegen deren rotgelber Traditionsdress einem blauweißen weichen mußte. Die Königsblauen waren geboren! Begleitet wurden sie von einem Schalker Urgestein, das eigentlich leidenschaftlicher Turner war: Fritz Unkel, bald liebevoll von allen "Papa" genannt.

Als Materialverwalter auf der Zeche Consolidation verfügte er über großartige Kontakte, die 1928 im von der Zeche gesponserten Bau der Kampfbahn Glück-Auf ihren noch heute sichtbaren Höhepunkt gipfelten. Zuvor hatten die Schalker mal wieder Ärger mit dem WSV: 1925 hätten sie als Meister der Emscherkreisliga eigentlich in die höchste Bezirksklasse Ruhrgau aufsteigen müssen. Zwei Jahre vorher hatte der WSV den Auf- und Abstieg ausgesetzt, um die immer häufiger auftretenden Ausschreitungen bei Fußballspielen einzudämmen.[5] Diese als "Neuer Weg" bezeichnete Regelung verbaute den Schalkern den Einzug in die Erstklassigkeit. Stinksauer wetterten sie gegen den allgewaltigen Verband und vermuteten ein abgekartetes Spiel:

Die wollen uns nicht in ihrer höchsten Klassen haben, denn die bürgerlichen Vereine, Schwarz-Weiß Essen und so, wollen nur gegen ihresgleichen spielen'[6]

hieß es. Aber die Königsblauen ließen sich nicht unterkriegen.

Neue Spieler schlossen sich an. Da es sich bei ihnen fast ausschließlich um Bergleute handelte, wurde dem Klub der Beiname "die Knappen" verpaßt.[7] Damit begann die große Ära, denn unter den Neuzugängen waren zwei ganz besonders talentierte Männer: Fritz Szepan und Ernst Kuzorra.

1925 hob der WSV sein Aufstiegsverbot auf: Die Schalker durften in die Eliteklasse einziehen. Ein Jahr später standen sie ohne eine einzige Niederlage an deren Spitze! Immer häufiger war auf westdeutschen Plätzen vom "Schalker Kreisel" zu hören gewesen, einem hochtechnischen System von Kurzpaßkombinationen, in das möglichst viele Spieler einbezogen wurden. Jede gegnerische Mannschaft, die sich darauf einließ, wurde derartig schwindelig gespielt, daß sie auf dem Feld nur noch "herumkreiselte", wodurch das System seinen Namen erhielt.

Bevor Kuzorra und Co. ihre Künste reichsweit vorführen konnten, gab es mal wieder Ärger mit dem WSV: 1930 wurde, wie an anderer Stelle erläutert, die gesamte erste Mannschaft wegen "Berufsspielertums" gesperrt. Eilig mußten die Schalker ihre zweite Mannschaft aufpäppeln, der es nur mit Hängen und Würgen gelang, den Klassenerhalt zu schaffen. 1931 wurde das Spielverbot wieder aufgehoben. Von da an strebte Schalke unaufhaltsam an die Spitze: 1933 stand die Mannschaft erstmals im deutschen Meisterschaftsendspiel, unterlag Fortuna Düsseldorf aber nach tollem Spiel mit 0:3.

Glückauf Viktoria!

Ein Jahr darauf war es endlich soweit: Szepan und Kuzorra - wer auch sonst - markierten beim 2:1-Finalsieg gegen den 1. FC Nürnberg die meisterlichen Treffer. Und Schalke 04 war Deutscher Meister! Das Ruhrgebiet, und zwar das ganze, feierte! Denn daß ein proletarischer Klub die "Viktoria" gewann, zählte mehr, als jede Vereinsrivalität. Für die nächsten zehn Jahre sollten die Schalker einen Festvertrag mit dem Erfolg haben.

1935, 1937, 1939, 1940 und 1942 wurden die Schalker Deutscher Meister, 1937 zudem noch Pokalsieger.

Nun liegen neben ihrer unzweifelhaften sportlichen Klasse aber auch noch andere Gründe für ihren Erfolg vor. Die Region an Emscher und Ruhr hatte nämlich den großen Vorteil, daß in ihr Kohle abgebaut wurde. Dem dortigen "schwarzen Gold" kam eine Schlüsselrolle in Hitlers Kriegsplanung zu, und auch Schalke, als Bergmannsklub, spielte eine Rolle. Davon war allerdings erst nach Kriegsbeginn etwas zu sehen: Während nämlich die Spitzenteams im ganzen Reich über die kriegsbedingte Spielerfluktuation klagten, war den Ruhrgebietskickern der "uk-Stempel" aufgedrückt worden.

Drei Minuten vor Schluß hatte er das spielentscheidende 2:1 gegen Nürnberg markiert; nach dem Spiel brach er mit Leistenbruch zusammen: Ernst Kuzorra.

Sie waren als "unabkömmlich" fest mit der Heimatfront verbunden. Schalke konnte also jederzeit in Bestbesetzung antreten. Jedoch nicht nur das: Als kurz vor dem 1942er Endspiel ihr Stammtorhüter *Klodt* ausfiel, präsentierten sie kurz darauf den Osnabrücker Elitekeeper *Heinz Flotho* als "Gastspieler" und wurden prompt erneut Deutscher Meister.

Freilich waren die Schalker nicht die einzigen, die vom "Kohlevorteil" profitierten. Auch in anderen Bergbaustädten wie Altenbögge oder Erkenschwick wuchsen erstklassige Teams heran, denen der "uk-Stempel" aufgedrückt worden war.

Schalke als seinerzeit populärster Verein war für die Nazi-Propaganda besonders interessant. Mit den Königsblauen wollte man dem Volk deutsche Tugenden und Stärken beweisen und den Sieg des Nationalsozialismus' belegen. 1936 hieß es in einem Buch über die Königsblauen:

*M**an möchte überhaupt feststellen, daß der Vollendung des Schalker Siegeszuges im Dritten Reich geradezu symbolische Bedeutung zukommt. Denn hier, mit Schalke, errang eine Mannschaft, die aus der Tiefe des Volkstums emporsteigt und von einer Gemeinde und einer großen Gemeinschaft getragen wird, den goldenen Kranz des Sieges. Denn das darf man sagen: Schalkes Leistung ist Leistung aus Verbundenheit mit dem Volke. Gerade die Mannen um Szepan und Kuzorra haben gefühlt und erkannt, welche Kräfte in der Begeisterung einer ganzen Gemeinschaft stecken.*[8]

Endrunde in Gruppen

Verlassen wir an dieser Stelle die Geschichte der Schalker und wenden uns den Endrunden zu. Deren Modus hatte sich gehörig verändert, denn nach Einführung der Gauligen war das bisherige k.o.-System teilweise unnötig geworden. Die sechzehn Gaumeister wurden fortan auf vier Gruppen à vier Mannschaften verteilt, um in Hin- und Rückspielen einen Staffelsieger zu ermitteln. Diese stritten anschließend wiederum im ungeliebten aber hochspannenden k.o.-System um den Finaleinzug.

1934 hatten - wie bereits erwähnt - Schalke und Nürnberg das Endspiel erreicht. Im Folgejahr standen die Königsblauen erneut im Endspiel: Gegner war, zur Überraschung aller, der VfB Stuttgart. Am Finaltag hatten die Schwaben ein Problem: Sie waren müde! In ihrem Quartier war es nämlich in der Nacht zuvor derartig drunter und drüber gegangen, daß sie die ersten 45 Finalminuten vollkommen verschliefen und rasch mit 0:3 zurücklagen. Am Ende stand es 6:4 für den Titelverteidiger, und die Presse sprach von "Schalkes unanfechtbarer Meisterschaft".

Es dauerte nicht einmal ein Jahr, da waren die Knappen entzaubert. Bereits im Halbfinale waren nämlich die damaligen *Dreamteams* Nürnberg und Schalke aufeinandergeprallt, und der Club hatte die Partie mit 2:0 zu seinen Gunsten entschieden. Finalgegner der Franken war die Düsseldorfer Fortuna, die sich mit 3:1 gegen Vorwärts-Rasensport Gleiwitz durchgesetzt hatte. Am 21. Juni 1936 hatte Glücksgöttin Fortuna ihren Schützlingen den Rücken gekehrt. "5:1 hätte es heißen müssen", schrieben die Abendzeitungen, tatsächlich aber hieß es 1:2. Zwar war Gußner erst in der Verlängerung der Nürnberger Siegtreffer gelungen - doch das brachte dem Club dennoch seinen sechsten Meistertitel.

1937 gab es eine Premiere zu feiern: Das für die Olympischen Spiele nach Hitlers Vorstellungen errichtete Olympiastadion war erstmalig Endspielort - und sollte es bis 1944 auch bleiben. Trotz strömenden Regens hatten sich am 20. Juni fast 100.000 Fußballfreunde im weiten Rund eingefunden. Kein Wunder, denn die Partie hieß - mal wieder - Schalke gegen Nürnberg. Der Club galt als Favorit, doch Schalkes Mannschaft lieferte nicht nur das bessere Spiel, sondern auch das beste Spiel ihrer bisherigen Vereinsgeschichte und ging als 2:0-Sieger vom Platz.

1938 ging Schalke dann als Topfavorit ins Finale. Gegner Hannover 96 wurden noch nicht einmal Außenseiterchancen eingeräumt, doch den 90.000 im Berliner Olympiastadion stand ein Krimi bevor. Es begann mit heftigen Schalker Angriffen. Als die Knappen nach dreißig Minuten bereits mit 2:0 führten, schien das Spiel entschieden. *Richard Meng* verkürzte noch einmal auf 1:2, doch *Pörtgen* stellte postwendend den alten Abstand wieder her. 96 gab sich nicht geschlagen. Nach einer hannoverschen Ecke unterlief *Gellesch* ein Eigentor - 2:3. Nun war das Spiel plötzlich wieder offen! *Pörtgen* traf zum Entsetzen der Niedersachsen erneut, doch Schiedsrichter Peters verweigerte die Anerkennung. Während die Schalker noch lamentierten, schnappte sich *Erich Meng* das Leder und markierte den Ausgleich! Die Niedersachsen hatten das Spiel tatsächlich noch umgebogen: Verlängerung. Da diese nichts außer Langeweile brachte, standen sich beide Teams acht Tage später an gleicher Stätte erneut gegenüber. Und wieder war Hochspannung angesagt: *Lay* brachte Hannover in Führung, nach 22 Minuten glich Schalke aus. In der 69. Minute brachte *Kuzorra* das Leder aus dem dichten Gedränge heraus über die Torlinie, doch im direkten Gegenzug glichen die Niedersachsen aus. Anstoß, *Fritz Szepan* läßt sich den Ball zuspielen, stürmt damit mutterseelenallein auf das hannoversche Tor zu und erzielt, abseitsverdächtig, das 3:2. Nun gab keiner mehr einen Pfifferling auf die Roten, die dennoch weiterstürmten. Ihr Eifer wurde belohnt. Sekunden vor dem Abpfiff kam es zu einer unübersichtlichen Strafraumsituation: Der Schiedsrichter entschied auf Hand-elfmeter. *Jakobs* ließ sich die Chance nicht entgehen: 3:3, erneut Verlängerung. In dieser markierte dann *Erich Meng* in der 117. Minute den letzten Treffer des Tages und machte die Sensation perfekt: Hannover 96 war Deutscher Meister!

Wiener Viktoria

1939 war ein Jahr, das dem deutschen Fußball gar nicht gut bekam. Knapp zweieinhalb Monate vor Deutschlands militärischem Angriff auf Polen war davon noch nichts zu spüren. Schalke stand erneut im Endspiel, und nur der Name des Gegners ließ erahnen, daß in der Zwischenzeit einiges passiert war. Er kam nämlich aus Wien und hieß Admira. Der Nachmittag des 18. Juni stand auch ganz im Zeichen der "ersten Großdeutschen Meisterschaft." Schalke machte von vornherein klar, daß man deshalb nicht gewillt war, seine führende Position aufzugeben. Nach dreißig Minuten stand es 3:0. In der zweiten Halbzeit sollte es für die Wiener noch schlimmer kommen: Endstand 0:9!

9:0! Was immer Admira Wien auch anstellte, es mißlang. Hier scheitert Mittelstürmer Stoiber an Schalkes Keeper Klodt

Die hohe Admira-Niederlage hatte jedoch neben Schalkes sportlicher Klasse noch andere Ursachen: Kurz vor dem Finale waren nämlich einige der besten Admira-Balltreter zu einem wertlosen Auswahlspiel berufen worden, bei dem sich Torwart *Platzer* und Verteidiger *Schall* verletzten. Sie fielen für das Finale aus, und Admira fehlte einfach adäquater Ersatz. Noch heute grollt man in Wien und schwört, daß Platzer und Schall absichtlich verletzt wurden, um Schalkes Sieg im ersten "großdeutschen" Endspiel sicherzustellen.

1941 ging die Viktoria dann doch noch nach Wien. Dort gab es ebenfalls einen als "Arbeiterverein" titulierten Klub, den in Hütteldorf beheimateten SK Rapid. Am 22. Juni trafen die Grünweißen auf ihre Kameraden aus Schalke. Knapp 90.000 hatten den Weg ins Olympiastadion gefunden. Wie gewohnt kreiselte Schalke sofort los und führte bereits nach zwölf Minuten mit 3:0! Ein ähnliches Debakel wie 1939 bahnte sich an. Rapid war nicht Admira. Die Wiener mobilisierten alle Kräfte und berannten das von Hans Klodt gehütete Schalker Gehäuse. Der konnte sich über mangelnde Arbeit wahrlich nicht beklagen, denn nur fünf Minuten nach Schalkes 3:0 stand es plötzlich 3:3! Nun waren die Grünweißen nicht mehr zu bremsen, und Schalke mußte sich auf reine Schadensbegrenzung beschränken. Vergeblich! In der 70. Minute erzielte *Binder* mit einem wunderschönen Freistoß das letzte Tor des Tages - Und damit waren die Wiener Deutscher Meister.

> "Die Großdeutsche Fußball-Meisterschaft wird größer und schöner mit jedem Jahr! Die Fußball-Meisterschaft aller Deutschen, durch den Beitritt der Ostmärker und Sudetendeutschen erreicht (...) ist selbst jetzt noch des Ausbaus fähig." (Der Kicker im Jahre 1941)

"Wollt ihr den totalen Krieg?"

1942 versank Europa immer mehr im Kriegschaos, und der "totale Krieg" bestimmte das Leben der Menschen. Weil Benzin rationiert war, mußten die Gruppenspiele wieder aufgegeben werden und das alte k.o.-System erfuhr eine Renaissance. Die Zahl der Endrundenteilnehmer war inzwischen auf 25 angewachsen. Neue Endspielnamen brachte das aber nicht mit sich, denn wieder einmal standen sich die Fußballhochburgen Gelsenkirchen und Wien gegenüber. Diesmal wollte Vienna Schalke ärgern. Es gelang ihr nicht, denn vor 90.000 zelebrierten Kuzorra und Co. ein letztes Mal: Mit 2:0 bezwangen sie die Blaugelben und sicherten sich damit ihren sechsten Meistertitel. Die

Schon deutlich gelichtet: Die Tribüne des Berliner Olympiastadions beim letzten Endspiel 1944.

Schalker Ära ging ihrem Ende zu: Kuzorra und Co waren einfach älter geworden. Da halfen auch keine "u.k."-Stellungen mehr.

Kommen wir zu einem anderen Thema. Eigentlich ist es unfaßbar: Fünf Monate vor dem Endspiel hatten die Nazis auf der *Wannseekonferenz* die planmäßige Tötung sämtlicher Juden beschlossen; in Europa starben Millionen von Menschen im Bombenhagel - und wir beschäftigen uns mit Kuzorras Alterungsprozeß. Daß wir dies tun, darf keinesfalls darüber

hinwegtäuschen, daß Sport im allgemeinen und Fußball im besonderen eine wichtige Rolle bei der Propaganda spielte. Ohne näher darauf eingehen zu wollen, muß eindeutig festgestellt werden, daß die Fußballer sich offensichtlich gerne in die Propagandamaschine einspannen ließen, denn Gegensätzliches ist nicht bekannt. Für die Nazis war Fußball ideal: Solang man noch um den Meistertitel kickte, schien alles normal zu sein, und, wie der *Fußball* vom 30. Juni 1942 zu berichten wußte, half die Kickerei offensichtlich auch an der Front:

> *Das Herz des Kämpfers sehnt sich zwischen den Schlachten nach dem freien Spiel des Sports. Keine Nachrichten stimmen ihn zuversichtlicher über die Unbekümmertheit der Heimat als der Fortgang der Meisterschaft.*[9]

1943 sah es dennoch lange Zeit so aus, als müsse die Endrunde ausfallen, denn kriegsbedingt waren Reisen von über 50 Kilometern untersagt. Folglich meldete der *Fußball* traurig:

*E*ine Deutsche Meisterschaft 1943 wird es im Fußball nicht geben.

Ein Aufschrei ging durch das zerbombte Reich, nur der regimetreue *Fußball* gab die Entscheidung kritiklos wieder, und ermittelte in einem abenteuerlichen Torverhältnisvergleich den VfR Mannheim als Deutschen Meister 1943.[10] Das letzte Wort war jedoch noch nicht gesprochen. Schließlich war Fußball "kriegswichtig". Deshalb mußte natürlich ein richtiger Meister her! Schließlich fand man eine Lösung: Um die Entfernungen so gering wie möglich zu halten, wurden die Gaumeister nach regionalen Gesichtspunkten "gelost". So begann am 2. Mai die vierte Kriegsmeisterschaft. Am Ende standen der Dresdner SC und der Fußballverein Saarbrücken im Berliner Endspiel. Der Saarbrücker Finaleinzug muß, trotz aller kriegsbedingten Unwägsamkeiten, schlicht als sensationell bezeichnet werden. In der Endrunde hatten sie mit dem VfR Mannheim (3:2) und Vienna Wien (2:1) völlig überraschend zwei wirkliche Größen aus dem Weg geräumt, doch ins Finale gingen die Schwarzblau en dennoch als krasse Außenseiter. Den kombinations sicheren Sachsen um *Helmut Schön* hatten

Die Endspiele von 1934 bis 1944

24.06.1934	FC Schalke 04 – 1. FC Nürnberg	2:1
23.06.1935	FC Schalke 04 – VfB Stuttgart	6:4
21.06.1936	1. FC Nürnberg – Fortuna Düsseldorf	2:1 n.V.
20.06.1937	FC Schalke 04 – 1. FC Nürnberg	2:0
02.06.1938	Hannover 96 – FC Schalke 04	3:3 n.V.
03.07.1938	Hannover 96 – FC Schalke 04 (Wdh.)	4:3 n.V.
18.06.1939	FC Schalke 04 – Admira Wien	9:0
21.07.1940	FC Schalke 04 – Dresdner SC	1:0
22.06.1941	Rapid Wien – FC Schalke 04	4:3
05.07.1942	FC Schalke 04 – Vienna Wien	2:0
27.06.1943	Dresdner SC – FV Saarbrücken	3:0
18.06.1944	Dresdner SC – Luftwaffen SV Hamburg	4:0

sie dann tatsächlich nichts mehr entgegenzusetzen. Mit 3:0 ging die Viktoria schließlich an die Elbe.

Was anschließend passierte, hatte nicht mehr viel mit Sport zu tun. Von allen Seiten strömten die Alliierten auf Deutschland zu, wo man verzweifelt versuchte, den Spielbetrieb aufrechtzuerhalten. Daß es dennoch zu einer Endrunde kam, wurde entsprechend euphorisch gefeiert:

Endspiel trotz allem! Das Endspiel ist das Fest des Fußballs auch 1944 geblieben. Gedämpft zwar in seiner Freude vom gewaltigen Drama dieses Weltenringens und natürlich nicht mehr das absolute Ereignis von einst.[11]

Titelverteidiger Dresdner SC und der Luftwaffen SV Groß-Hamburg standen sich am 18. Juni in Berlin gegenüber. 70.000 Menschen sollen anwesend gewesen sein, obwohl die Bilder mit den leeren Tribünen anderes vermuten lassen. Die Dresdner nutzten ihre letzte Chance, Deutscher Meister zu werden. "DSC beherrschte den Ball, den Raum und den Gegner" war in der gemeinsamen Kriegsausgabe von *Kicker* und *Fußball* zu lesen, und daß der DSC-Erfolg "Nie in Gefahr war!" Einige Wochen nach dem 4:0-Triumph brach der Spielbetrieb endgültig zusammen.

ANMERKUNGEN

(1)   1929 benannte der FC Schalke 04 sich um in *FC Gelsenkirchen-Schalke 04*. So heißt der Verein noch heute.

(2)   "Bürgerlicher Arbeiterverein", weil ihm fast ausschließlich Arbeiter angehörten, der Klub aber nicht dem proletarischen ATSB, sondern dem bürgerlichen DFB angeschlossen war.

(3)   Die rigide WSV-Aufnahmepolitik begründete sich darin, daß seinerzeit überall Vereine wie Pilze aus dem Boden schossen, aber nur kurz bestanden. Um seinen Spielbetrieb dadurch nicht zu sehr zu belasten, verhielt der Verband sich abwartend Neuaufnahmen gegenüber.

(4)   Die beiden gebürtigen Dortmunder waren vor 1914 nach England ausgewandert.

(5)   Tatsächlich gab es seinerzeit diverse Roheiten und Schlägereien unter Spielern und Zuschauern.

(6)   Aus: Gehrmann (1988), Seite 95.

(7)   Ein Knappe ist ein Bergmann mit abgeschlossener Ausbildung.

(8)   Aus: Berns/Wiersch, *Das Buch vom deutschen Fußballmeister* (Wattenscheid, 1936).

(9)   Fußball vom 30. 6. 1942.

(10)   Ausgabe vom 9. März 1943, Seite 7.

(11)   Kicker*Fußball vom 20. Juni 1944, Seite 1.

Auferstanden aus Ruinen
(1945-1948)

Was von Deutschland blieb
(Alliierte Sportpolitik zwischen 1945 und 1948)

8. Mai 1945. Europa atmet auf. Der von den Nazis angezettelte Krieg ist endlich vorbei. Eine Woche zuvor hatte sich Hitler seiner Verantwortung durch Selbstmord entzogen und es Admiral Dönitz überlassen, die bedingungslose Kapitulationserklärung zu unterzeichnen. Nur im Pazifik geht der 2. Weltkrieg noch weiter und findet mit den Atombombenabwürfen auf Hiroshima und Nagasaki seinen schaurigen Höhepunkt. Am 2. September 1945 ist auch dort Schluß und es kann Bilanz gezogen werden: 27 Millionen Soldaten und 25 Millionen Zivilisten starben, darunter waren allein 6 Millionen Opfer des nationalsozialistischen Rassenwahns.

Überall in Europa herrschten Hunger, Zerstörung und Chaos. Nach sechs Kriegsjahren war der Kontinent ausgemergelt, zumal nun riesige Flüchtlingstrecks hin und her zogen. An Fußballspielen dachte kaum jemand. Schon gar nicht in Deutschland, denn dessen Bewohnern lastete zusätzlich die moralische Schuld für das Geschehene auf den Schultern. Unter diesen Umständen sollte man annehmen, daß die Menschen wahrlich andere Sorgen gehabt hätten, als gegen eine Lederkugel zu treten. Daß man sich zunächst einmal darum kümmern würde, die zerrissenen Familien wieder zusammenzuführen, sich Nahrungsmittel zu beschaffen und die Kräfte zum Wiederaufbau der Städte zu nutzen. Das taten sie auch. Aber eben nicht nur. Denn keine sechs Wochen nach der Kapitulation standen sich in München schon wieder junge Männer in Trikots des FC Wacker und FC Bayern zum Freundschaftskick gegenüber! Das Ergebnis – die Blausterne gewannen mit 4:3 – ist zweitrangig, was zählt, war die offenkundige Bedeutung, die der Lederballtreterei zukam.

Eigentlich hatte wirklich niemand Zeit und Kraft zum Fußballspielen. Materiell, sozial und moralisch standen die Deutschen nämlich vor einem Trümmerhaufen: Viele hatten den Krieg nicht überlebt, andere waren noch in Gefangenschaft, die Ernährungs- und Transportlage war katastrophal, dazu begannen die "Entnazifizierungsprogramme". Aus dem von Hitler versprochenen Weltreich war ein Alptraum geworden. Auch die Alliierten hatten ihre Probleme. Sie suchten nämlich überall nach Deutschen, denen sie vertrauen konnten, um die Verwaltung wieder zum Leben zu erwecken. Und wer traute damals schon wem?

Potsdamer Einigungsversuche

Bevor wir uns jedoch dem Nachkriegsfußball zuwenden können, müssen wir einen kurzen politisch-historischen Schlenker machen: Mit der Kapitulationserklärung hatte Deutschland - rechtlich betrachtet - aufgehört zu existieren. Das Land war in vier Besatzungszonen aufgeteilt, deren Verwaltung die Siegermächte übernommen hatten. Dabei prallten dann allerdings äußerst unterschiedliche politische Ideologien aufeinander, deren Auswirkungen sich auch im Fußball widerspiegelten. Denn auf den 2. Weltkrieg folgte praktisch übergangslos der sogenannte *Kalte Krieg* - ohne den beispielsweise die DDR wohl niemals entstanden wäre. Ich will nicht vorgreifen. Als sich die Alliierten am 2. August - vier Tage später sollte die erste Atombombe auf Hiroshima die Welt schockieren - auf das *Potsdamer Abkommen* einigten, hatten sie noch gemeinsam entschieden:

Den "deutschen Militarismus und Nazismus auszurotten" und alle notwendigen *Maßnahmen zu treffen, "damit Deutschland niemals mehr seine Nachbarn und die Erhaltung des Friedens in der ganzen Welt bedrohen" könne.[1]*

Das Abkommen sollte für Deutschlands Zukunft richtungsweisend sein: Es regelte Gebietsabtretungen, militärische Besetzung, Entnazifizierung, Entmilitarisierung, Verfolgung der Kriegsverbrecher; bestimmte die politische und wirtschaftliche Dezentralisierung.

Vereinsverbot

Erste Amtshandlung der Alliierten allerorten war die Auflösung der NSDAP und ihrer Untergliederungen, sowie die Entmilitarisierung und die Einteilung des Landes in Zonen. Darauf hatten sich die Militärs bereits im September 1944 geeinigt.[2] Eine der Untergliederungen der NSDAP war der *National-sozialistische Reichsbund für Leibesübungen* (NSRL), dem seit 1938 sämtliche Sportvereine angehören mußten. Mit der NSRL-Auflösung ging jedoch die aller Turn- und Sportvereine einher. Die Alliierten betrachteten sie als "ein mächtiges Werkzeug zur Verbreitung von Nazilehren und Einprägung von Militarismus".[3]

Kaum war der Krieg beendet, packten überall im zerbombten Reich junge Männer Lederkugeln aus, füllten Bombentrichter mit Sand, stellten Holzgebälke auf und spielten Fußball. Das ausgerechnet Fußball gespielt wurde, hatte einen einfachen Grund: Man braucht nicht viel dazu: Einen Ball, eine halbwegs ebene Fläche, zwei Tore und eine

§1 der Verordnung vom 18. September 1944: "Die NSDAP und die nachstehend verzeichneten Ämter, Organisationen und Institute (unter Nummer 42 war der NSRL aufgeführt) werden in dem vollen Umfang, in dem sie ihre Tätigkeit in dem besetzten Gebiet ausgeübt haben, aufgelöst und für gesetzwidrig erklärt." In §2 heißt es weiterhin: "Veranstaltung, Unterstützung oder Besuch einer öffentlichen Veranstaltung, für die kein Erlaubnisschein erteilt worden ist, es sei denn, daß die Veranstaltung zu religiösen Zwecken oder in Ausübung einer von den alliierten Streitkräften genehmigten Tätigkeit stattfindet."

beliebige Anzahl von Spielern. Dem wenig aufwendigen Spiel stand zudem ein Lohn gegenüber, der haargenau in die Zeit paßte: Beschäftigung der Phantasie, erste bescheidene Erfolgserlebnisse, Aufbau eines Freundes- und Hilfskreises sowie Kontakte zu den Besatzungssoldaten.

Allerdings war die Sache nicht ganz unproblematisch. Denn die Alliierten hatten keinerlei Richtlinien abgesprochen, wie sie mit dem Sport verfahren wollten. Insofern waren die ersten Kicks noch illegal. Zumal die Militärs aus Angst vor Bildung von "Widerstandsgruppen" nächtliche Ausgangssperren verhängt und jegliche Art von Versammlungen untersagt hatten.

An Fußballspielen war nicht zu denken. Dortmunds "Rote Erde" unmittelbar nach Kriegsende.

Die Fußballer jedoch hatten ganz und gar keine revolutionären Ambitionen. Nach dem langen und demoralisierenden Krieg wollten sie nur noch eins: Für einen kurzen Moment alle Sorgen vergessen und Fußball spielen. Nun gab es aber noch keine politische Führung für das gesamte Land, sondern lediglich örtliche Kommandanten.

Dadurch kam es zu kuriosen Situationen. So untersagten beispielsweise die Amerikaner in der zu ihrer Zone gehörenden Enklave Bremen/Bremerhaven noch bis Ende August jegliche Sportausübung, während im wenige Kilometer südlich gelegenen Landkreis Verden bereits am 31. Juli Mannschaften aus *Völkersen* und *Döverden* wieder gegeneinander kicken durften. Verden gehörte eben zur britischen Zone. Auch diese Partie konnte nicht über die volle Distanz gehen, denn dem Ball - dem einzigen - ging nach zwanzig Minuten die Luft aus.

> Weil der FC Bayern seine Partie gegen den FC Wacker München ohne die Genehmigung der Militärregierung bestritten hatte, mußte sein provisorischer Vorsitzender Heilmannseder für 48 Stunden ins Gefängnis wandern.

Bevor wir nun richtig in die Geschichte einsteigen, einige einleitende Worte. Entsprechend der Situation im ganzen Land, präsentiert sich auch die Fußballgeschichte mehr oder weniger chaotisch. Tatsächlich ist die Entwicklung der unmittelbaren Nachkriegszeit derart komplex, daß sie im Rahmen dieses Buches nur äußerst grob - und lediglich anhand ausgewählter Beispiele - behandelt werden kann. Um sich auf den Bereich der drei Westzonen beschränken zu können, wird auf die Entwicklung in der Sowjetzone ausschließlich im Kapitel *Leistungskollektive im Kampf um den Meistertitel* eingegangen.

Zum Verständnis der Vorgänge im Sportbereich ist ein kurzer Blick auf die Machtverhältnisse notwendig. Am 5. Juni 1945 übernahmen die Alliierten offiziell die Regierungsgewalt über ihre Zonen. Da jede Militärführung ihre eigene Politik verfolgte, kam es zu grundsätzlich unterschiedlichen Entwicklungen in den vier Zonen. Davon war auch der Sport betroffen. Diesbezüglich gab es - wie erwähnt - keinerlei gemeinsame Richtlinien zwischen den Alliierten (außer des Verbots sämtlicher Vereine), so daß die Verantwortung in den Händen der jeweiligen Militärchefs lag. Nun vollzog sich der Aufbau zonaler Militärverwaltungen aber recht schleppend, so daß vor allem in den ersten Nach-

Die ersten Oberligaduelle zogen ein Massenpublikum an. Hier trifft der FC Bayern München auf die Frankfurter Eintracht.

kriegsmonaten das Schicksal des Sports von mehr oder weniger willkürlichen Entscheidungen vor Ort abhängig war. Da einheitliche Richtlinien für den Sportaufbau fehlten, blieb es nämlich den örtlichen Kommandanten überlassen, was geschehen sollte. Dadurch kam es selbst innerhalb einer Zone zu lokal völlig unterschiedlichen Entwicklungen, insbesondere bezüglich der Frage nach Wiederzulassung der alten Sportvereine. Wir werden noch davon hören.

In den ersten zwei bis drei Monaten nach der Kapitulationserklärung standen die Fußballer vor immensen Problemen. Daß die Vereine nicht mehr existierten, war wenig problematisch. Offizielle Klubs brauchte man nicht, es reichten Jerseys und Bälle. Komplizierter hingegen war es, Spielflächen zu finden. Die meisten Stadien waren nämlich mit Bombentrichtern übersät, und die wenigen noch intakten Plätze wurden von den Alliierten benutzt. In mühsamer Kleinarbeit mußten also zunächst Löcher gestopft und Tribünen repariert werden, ehe der Ball wieder rollen konnte. Selbst dann durfte er es noch lange nicht völlig freiheitlich. Bis in den Herbst hinein beschränkten die Militärs nämlich den Spielbetrieb auf das jeweilige Kreisgebiet.

Unpolitische Einheitsvereine

Im Herbst entspannte sich die Situation dann grundsätzlich. Nachdem überall zonale Militärverwaltungen eingerichtet worden waren, konnten sich die Militärs nämlich endlich auch dem Sport zuwenden. Das hatten sie natürlich auch zuvor schon getan, aber eben lediglich auf lokaler Ebene: Als verläßlich geltende ehemalige Arbeitersportler waren als ehrenamtliche Sportbeauftragte für den kontrollierten Aufbau des örtlichen Sportlebens eingesetzt worden.

Nur sie galten als politisch sauber, denn die bürgerlichen Vereinsführer fielen in der Regel unter den NSDAP-Bann. Da einheitliche Richtlinien fehlten, war der lokale Sportaufbau also abhängig von den konzeptionellen Vorstellungen sowohl des deutschen Sportbeauftragten als auch des lokalen Militäroffiziers.[4]

Ideologisch betrachtet hatte der Sport sich völlig verändert. Vor allem seine Verbindung zum Militär war endlich gekappt, denn die Erfahrungen der Vergangenheit hatten gezeigt, daß sie hochbrisant und nicht unbedingt positiv war. Weiterhin wurde Wert darauf gelegt, daß Sport grundsätzlich unpolitisch sein müsse und unter keinen Umständen staatlich gebunden sein dürfe. Da zudem die alten Streitigkeiten zwischen Katholiken und Protestanten sowie Bürgerlichen und Proletariern nicht wieder aufflammten, waren die Startbedingungen somit eigentlich recht gut.

Nun muß man sich allerdings die Lebensverhältnisse im Herbst 1945 noch einmal vor Augen führen. Inzwischen war auch dem letzten Deutschen klargeworden, was für Greueltaten im Namen Deutschlands begangen worden waren; die Städte waren zerstört, Familien zerrissen, Nahrungsmittel knapp, die Währung inflationär - kurz gefaßt: Die Stimmung war mies. Daß der erste Friedenswinter vor der Tür stand, verbesserte sie nicht, und auch auf alliierter Seite sah man mit Besorgnis in die Zukunft. In dieser Situation wurde Sport als hilfreiches Linderungsmittel betrachtet. Am 6. August erklärte Feldmarschall *Montgomery*, Oberbefehlshaber der britischen Zone:

> *Ich beabsichtige die Bildung freiwilliger Jugendorganisationen zu fördern, die religiösen, kulturellen und gesundheitlichen Bestrebungen und Erholungszwecken dienen.[5]*

Verbunden war die Sportfrage allerdings mit einer Sache, die erheblich brisanter war: Der Frage nach Zulassung von politischen Parteien. Verständlicherweise taten sich die Alliierten damit ziemlich schwer. Nachdem jedoch die Amerikaner am 27. August in ihrer Zone parteipolitische Organisationen auf Kreisebene genehmigt hatten,[6] gab es auch keinen Grund mehr, Turn- und Sportvereine weiterhin zu verbieten. In der britischen Zone wurden sie am 15. September zugelassen, in der französischen am 13. Dezember. Nun durften - je nach örtlicher Situation - auch Vereine entweder wieder- oder neugegründet werden. Tendenziell war es dabei so, daß die Alliierten von den Traditionsvereinen nichts mehr wissen wollten. Schließlich hatte man sich in Potsdam geeinigt, den Nationalsozialismus ein für allemal auszulöschen - und die Fußballvereine waren in den Nazijahren wahrlich keine Widerstandsnester gewesen. Stattdessen wollte man spartenübergreifende Großvereine gründen.[7] Da allerdings keine einheitlichen Richtlinien vorlagen, verfuhr jeder örtliche Kommandant nach eigenem Gutdünken. Man braucht nicht viel Phantasie, um sich vorzustellen, was für ein Durcheinander dabei herauskam: In einem Ort durften die alten Klubs wiedergegründet werden, im anderen nicht. Grundsätzlich kann man sagen, daß Traditionsvereine vor allem dort wiedergegründet wurden, wo deren Mitglieder besonders engagiert waren, während Einheitssportvereine vornehmlich in den Orten entstanden, in denen mehr oder weniger ausschließlich der deutsche Sportbeauftragte den Aufbau leitete.[8]

"Aller Sport soll lediglich der körperlichen und seelischen Entspannung, Erfrischung und Ertüchtigung dienen. In diesem Sinne ist eine Volkssportbewegung aufzubauen. Der alte Extremismus von links und rechts, sowie die weltanschaulich-konfessionelle Absplitterung sollen nicht wieder aufleben. Dem inneren Zusammenrücken dient auch das (fachlich-gebotene)Aufgehen vieler Zwergvereine, besonders in den Vororten. Ihr Zusammengehen zu einem Einheits-Sportverein mit Fachabteilungen ist ein Gebot der Zeit." (Aus: "Richtlinien für den Wiederaufbau des Sports in der Stadt Hannover" vom August 1945)

Tarnnamen

Da war beispielsweise Hannover. Zwanzig Sportvereine - neue Namen vorausgesetzt - wollten die Briten dort zulassen. Der verbotene Traditionsklub *SV Arminia* gründete sich als *SV Bischofshol* neu und erhielt umgehend die Genehmigungspapiere. Am 2. November gaben die Briten die alten Vereinsnamen wieder frei - und aus dem SV Bischofshol wurde umgehend wieder der SV Arminia. Einhundert Kilometer südlich hingegen brauchte Göttingen 05 noch zwei weitere Jahre, ehe der "Tarnname" *Schwarz-Gelb 05* abgelegt werden konnte. Erst im Juni 1947 gab der örtliche Militärchef *Oldham* die alten Namen nämlich wieder frei.

In vielen Orten aber war die Suche nach "Tarnnamen" gar nicht notwendig gewesen. In Hamburg, wie auch in München, Wuppertal und anderen Städten durften die Klubs übergangslos unter ihrem Traditionsnamen weiterspielen. Anfangs zwar noch inoffiziell, doch offensichtlich scherte sich dort niemand darum.

Mit gutem Recht kann also von verworrenen Verhältnissen gesprochen werden - zumal neben der Frage "Traditionsname oder Tarnname" noch eine zweite anstand. Es ging um den Einheitssport. Daß die deutschen Turn- und Sportvereine sich 1933 widerstandslos und fast freudig hatten "gleichschalten" lassen, lag - nicht nur nach Ansicht der Alliierten - auch an den damaligen permanenten zwischenverbandlichen Streitigkeiten. Proletarier gegen Bürgerliche, Protestanten gegen Katholiken, Kommunisten gegen Sozialisten, Turner gegen Sportler, die Liste ist endlos. Mit Hilfe der Einheitssportvereine wollte man diese Streitigkeiten von vornherein in den Griff bekommen. Das Konzept war einfach und klar: Pro Ort gab es lediglich einen einzigen Turn- und Sportverein, der alle gewünschten Sportarten anbieten und unterschiedslos jeden Sportler aufnehmen sollte.

In den betroffenen Orten waren die bürgerlichen (Ex-)Vereinsbosse damit natürlich ganz und gar nicht einverstanden. Sie bemühten sich nach Kräften, ihre Klubs wiedergründen zu dürfen - in den allermeisten Fällen erfolglos. Auch sie hatten sich dem zumeist von Arbeitersportlern geführten Sportgruppen anzuschließen - oder auf die Sportausübung zu verzichten. Sie malträtierten jedoch die lokalen Kommandanten weiter, und einige von ihnen gaben schließlich ihrem Ansinnen doch noch nach. Im Spätherbst 1945 präsentierte sich Deutschlands Vereinslandschaft folglich als vollkommen unübersichtliches Chaos. Den Amerikanern in München, Augsburg und Nürnberg beispielsweise war es ziemlich egal, wie die Vereine hießen. In Bremen und Kassel aber gab es statt des SV Werder oder Kurhessen Kassel nur lokale Sportgruppen. Ebenso in der französischen Zone, wo der 1. FC Kaiserslautern unbehindert weiterkicken konnte, während in Rastatt, Konstanz und Freiburg sämtliche Vereine strikt verboten waren.

Ein Fußball-Turnier

Wuppertal. Nicht unerwähnt darf bleiben, daß sich auch im Sport bereits die ersten Kräfte geregt haben. Zahlreiche Wuppertaler Sportvereine haben verwaltungs- und übungsmäßig ihren Betrieb aufgenommen. Diese Beobachtung machen wir namentlich bei den ausgesprochenen Spielvereinen, die sich auf dem Sportplatz in der Eschenbeek zu einem Fußball-Turnier trafen. Trotz der Hitze hatte sich eine große Schar von Freunden des Lederballs eingefunden, und wenn man berücksichtigt, daß um diese Jahreszeit in normalen Zeiten der Fußball vollkommen ruhte, so war dies ein Beweis für die große Zugkraft, die der Sport immer wieder ausübt. Der Erfolg dieser ersten Veranstaltung wird bestimmend dafür sein, in Kürze weitere Veranstaltungen folgen zu lassen. Vielleicht werden auch andere Sportarten sich bald dem Vorbild der Spielvereine anschließen. Am ersten Turnier waren beteiligt der SSV. Elberfeld, SC. Union Elberfeld, SC. Sonnborn, SC. Cronenberg, Germania Elberfeld, TBV. Vohwinkel und Schwarz-Weiß Barmen.

Eugen Eichhoff, lange Jahre Oberturnwart im Deutschen Turner-Bund: "In jeden Turnverein gehört eine Fußballabteilung und in jeden Fußballverein eine Turnabteilung."

Immerhin rollte nun die Lederkugel wieder in allen drei Westzonen. Jedoch entwickelte sich nur an einigen Stellen ein geregelter Spielbetrieb in Form von Stadt- oder Kreisligen. Meist traf man sich zu Freundschaftskicks oder sogenannten *Kalorienspielen*. Letztere waren vor allem für die städtischen Klubs interessant, denn auf den Dörfern gab es meist nahrhafte Dinge für die Fußballkünstler. Es war eine ideale Symbiose: Die Stadtvereine hatten den attraktiven Namen und entsprechende Spieler, die Dorfvereine Kartoffeln, Kohlen und Speck.

> Manche Vereine bewiesen erstaunliche Spitzfindigkeit beim Austricksen der Direktiven. Jn Peine beispielsweise gab es seit 1904 einen VfB, der 1945 verboten wurde. Kaum durften in Peine Klubs neu gegründet werden, nannte man sich auch schon wieder VfB. Wie das? Nun, der alte VfB war ein "Verein für Bewegungsspiele" gewesen. Der neue aber war ein "Verein für Ballspiele", was - für die Briten - Unterschied genug war. Den Peinern aber blieb ihr VfB erhalten.

Mitten in diese hoffnungsvollen Neuanfänge platzte am 10. Oktober die Anordnung des Alliierten Kontrollrates, wonach alle Vereine, die schon vor dem Krieg existiert hatten, bis zum 1. Januar 1946 aufzulösen seien![9] Die unterschiedlichen Organisationsversuche der Deutschen "von unten" waren den Alliierten zu "wild" geworden, und sie gedachten mit dieser *KR 23* genannten Direktive, eine gewisse Lenkung vorzunehmen. Abgesehen von dem Schrecken, den viele Vereinsbosse erlitten, blieb die Anordnung folgenlos. Sie richtete sich nämlich nicht direkt an die Deutschen, sondern an die Zonenkommandeure. Und denen war trotz allem immer noch freie Hand bei der Umsetzung gegeben. So folgte man unbeirrt weiterhin den eingeschlagenen Wegen, die aus erwähnten Gründen äußerst unterschiedlich waren. Schauen wir uns nun also die Vorgehensweisen in den drei Westzonen separat an.

> Der Ex-Schalker Felix Zwolanowski erinnert sich: "Jn Bünde spielten wir für eine Kiste Zigarren pro Mann. Nichtraucher bekamen eine Kanne Milch. Jn Bielefeld gab es Hemdenstoffe, in Bremerhaven eine Kiste Fisch, in Weißenthurm soviel Starkbier, daß wir reihenweise umfielen."

Britische Zone

Als die britische Militärführung am 15. September 1945 die rechtliche Voraussetzung zur Gründung von Vereinen erließ, da lautete ihr Ziel eindeutig: "Einheitssportbewegung". Für Orte unter 20.000 Einwohnern war lediglich ein einziger, disziplinübergreifender Verein vorgesehen, in größeren entsprechend mehr. Zum Zeitpunkt der Veröffentlichung waren die Würfel vor Ort schon längst ganz anders gefallen. In Dortmund beispielsweise war bereits im Juni mit der *SG Borussia 1898* eine derartige Sportgruppe ins Leben gerufen worden, die allerdings seit dem 15. Juli schon wieder den Namen *BV Borussia 09* trug. Auch in Wuppertal hatten die Einheitssportgruppen nur wenige Tage bestanden, während in Hildesheim noch heute ein derartiger Verein existierte. Dort hatte man am 19. Juni - in Absprache mit den örtlichen Militärs - beschlossen:

*E*s ist eine einheitliche sportliche Organisation zu schaffen und die Zersplitterung in politische, konfessionelle oder sogar gesellschaftlich gebundene Sportorganisationen zu verhindern.[10]

Sechs Vereine erblickten daraufhin das Licht der Welt; einer davon trug den zeitgemäßen Namen *Verein für Volkssport*. Jener VfV, der 1958 in die Oberliga Nord aufsteigen und dort 1962 mit dem dritten Platz - hinter dem HSV und Werder Bremen - den größten Vereinserfolg erreichen sollte. Heute sind die Volkssportler fünftklassig.

Schon diese Beispiele verdeutlichen, wie grundverschieden die Entwicklung war. In Braunschweig, immerhin Geburtsstadt des deutschen Fußballs, ging man noch einen anderen Weg. Dort hatte der ehemalige ATSB-Funktionär *Artur Püschel* das Amt des Sportbeauftragten erhalten und sich sofort an die Arbeit gemacht. Er bat die örtlichen Militärs um Zulassung von einundzwanzig ehemaligen Arbeitervereinen - doch die Briten antworteten ihm trotz Nachfragens nicht. Püschel und seine Mitstreiter änderten daraufhin ihr Konzept und beschlossen, die 21 Klubs in einem einzigen zusammenzufassen, dem sie den Namen *Braunschweiger Turn- und Sportverein* gaben. Für diesen Klub bekamen sie am 2. November 1945 grünes Licht. Als einige Wochen später ehemalige Aktive des einstigen Gauligisten *Sportverein Eintracht* um Wiedergründung nachfragten, erteilte ihnen der örtliche Kommandant den Rat, sich dem *TSV* anzuschließen. Die bürgerlichen Fußballer taten wie ihnen geraten. Mit ihrer Hilfe erreichte der TSV im Folgejahr die Meisterschaft der Landesliga Niedersachsen-Süd, später kickten sie recht erfolgreich um die britische Zonenmeisterschaft mit. Das gehört eigentlich erst ins nächste Kapitel.

Allgemein betrachtet zeigten sich die Briten - als ausgewiesene Sportnation - durchaus interessiert am Neuaufbau des deutschen Sports. Die erwähnte Erklärung Montgomerys macht dies deutlich, ebenso auch die Ernennung von *John G. Dixon* als ausschließlich für den Sport zuständigen Kontrolloffizier. Amerikaner, Franzosen und Sowjets richteten keine vergleichbaren Positionen ein. Dixon galt als "liberaler Förderer des Sports",[11] entsprechend zügig ging der Sportaufbau vonstatten. Nachdem am 11. August die Reisebeschränkungen aufgehoben wurden, folgte am 15. September eine zonenweit gültige Verordnung zum Neuaufbau des Sports, die am 12. Dezember durch die Freigabe der Traditionsnamen ergänzt wurde. Zum Jahreswechsel 1945/46 waren in der gesamten britischen Zone Vereine entstanden und der Sportaufbau auf Kreisebene galt als abgeschlossen. Im Mai 1946 konstituierte sich auf Initiative des Sportoffiziers Dixon ein Zonensportrat, aus dem sich später Fachverbände und der Landessportbund entwickelten.

> Wie uneinheitlich die Politik allein innerhalb der britischen Besatzungszone war (ganz zu schweigen von der zonenübergreifenden), belegt ein Vorgang aus Hannover. Während nämlich am 5. Dezember 1945 der örtliche Stadtkommandant bestätigte, das lediglich 20 Sportvereine gegründet werden dürften, hatte man einen Tag zuvor im "Nachrichtenblatt der Militärregierung für die deutsche Zivilbevölkerung" lesen können: "Sportvereine dürfen jetzt in der britischen Zone gegründet werden, ohne erst die Genehmigung der Militärregierung einzuholen." Kein Wort also von der zahlenmäßigen Begrenzung.

> "Heute ist kein Raum mehr für kleinliche Vereinsmeierei. Wäre sie doch schließlich nur der Nährboden für faschistisch-militaristische Elemente, die in der unüberblickbaren Zahl von Vereinen hier und dort einen Unterschlupf fänden. Aus der neuen Sportbewegung aber wird jeder militärische Drill, jedes Kriegsspielen verboten sein." (Otto Großmann, einer der aktivsten Nachkriegspioniere in Frankfurt/Main, am 22. September 1945 in der Frankfurter Rundschau.) Doch schon im Oktober kehrten der FSV und die SG Eintracht der Einheitsportidee den Rücken zu, um sich der Oberliga Süddeutschland anzuschließen.

Amerikanische Zone

In der amerikanischen Zone war bereits am 27. August 1945 eine Direktive erlassen worden, die die Wiederaufnahme des Sportbetriebes auf Kreisebene erlaubte. Wie geschildert, hatten allerdings zuvor auch schon "illegal" Spiele stattgefunden. Ursprünglich hatten die Amerikaner ebenfalls nichts von den Traditionsvereinen wissen wollen. In einem am 16. September 1945 in Bremen herausgegebenen "Vorläufigen Merkblatt" heißt es beispielsweise:

> **Gründung von Sportvereinen**
>
> **Veranstaltungen nicht mehr genehmigungspflichtig**
>
> Sportvereine dürfen jetzt in der britischen Zone gegründet werden, ohne erst die Genehmigung der Militärregierung einzuholen. Die Vereine dürfen Sportveranstaltungen jeder Art, Fußballkämpfe oder leichtathletische Treffen, ohne vorherige Genehmigung der Militärregierung durchführen. Diese Erlaubnis zählt zu den Erleichterungen bei der Durchführung öffentlicher Versammlungen, die vor kurzem in Kraft getreten ist.

Aller Sport soll lediglich der körperlichen und seelischen Entspannung, Erfrischung und Ertüchtigung dienen. In diesem Sinne ist eine Volkssportbewegung aufzubauen.[12]

Vollzogen wurde die Einheitssportbewegung aber praktisch nur in den Enklaven Bremen, Bremerhaven sowie kleinen Teilen der amerikanischen Zone (z.B. Kassel).[12] Grundsätzlich zeigten die Amerikaner nämlich eine ziemlich laxe Einstellung. Im Hauptteil ihrer Zone - Süddeutschland - wurden die Vereinsverbote nur an wenigen Stellen (z.B. Frankfurt) vollzogen, oft aber schon nach wenigen Wochen wieder aufgehoben. Es kam eben immer darauf an, wer vor Ort das Sagen hatte und vor allem, was derjenige im Sinn hatte.[13]

Fußballboom und Ruinen - auch sie paßten zusammen.

Wie es heißt, waren die Amerikaner dem Sport gegenüber recht positiv eingestellt. Daß dies offensichtlich richtig ist, zeigen zwei Beispiele: Hanau 93 spendeten sie Sportkleidung, da die 93er nur noch durchlöcherte Trikots in ihrem Besitz hatten. Die waren allerdings keineswegs von Motten hineingefressen worden. Im Gegenteil: Wenige Wochen zuvor hatte sich dort noch ein Hakenkreuz befunden. Vor allem in punkto Vereinslizenzen nahmen es die Amerikaner nicht immer allzu genau. Der FC Bayern München beispielsweise erhielt seine Wiedergründungserlaubnis erst Wochen nach Start der Oberliga Süddeutschland.

Angesichts dieser relativen Freizügigkeit ist es sicherlich kein Zufall, daß mit der Oberliga Süddeutschland die erste zonenweite Spielklasse am 4. November 1945 ausgerechnet in der amerikanischen Zone zugelassen wurde. Lediglich in der Bremer/Bremerhavener Enklave regierten die Amerikaner mit eiserner Hand. Noch bis Ende September war die Sportausübung dort generell untersagt, und auch danach blieben die Traditionsvereine verboten. Ausschließlich "Einheitssportvereine" waren zugelassen. Einer davon entstand am 10. November auf Initiative von Mitgliedern der ehemaligen Klubs *SV Werder, TV Vorwärts* und *Freie Schwimmer von 1910*. Sie gaben dem Verein den Namen *Turn- und Sportverein Werder 1945*, was bei den Amerikanern gar nicht gut ankam. Kritisch beäugten diese den Klub und als die Werderaner im November 1945 im benachbarten (britisch besetzten) Delmenhorst kickten, wurde ihnen ihr Name zum Verhängnis. In großen Lettern hatte nämlich "Werder" auf dem Spielankündigungsplakat gestanden. Die Amis waren so sauer, daß sie die gesamte Mannschaft bis zum 31. Dezember sperrten. Am 10. Dezember wurde das Land Bremen dann der (britisch verwalteten) Provinz Niedersachsen zugeordnet, und der Bremer Sport unterstand fortan der britischen Führung. Im Februar 1946 wurde aus dem TSV Werder der *Sport Verein Grün-Weiß*, der ab März 1946 wieder *SV Werder von 1899* heißen durfte.

Französische Zone

Um einiges komplizierter war die Entwicklung in der französischen Zone. Während Briten und Amerikaner grundsätzlich an der Wiederherstellung des Sports, wie überhaupt des gesellschaftlichen Lebens interessiert waren, zeigten sich die Franzosen weitaus weniger aufgeschlossen. Durchaus verständlich, denn sowohl der erste

Im französisch besetzten Gebiet Württembergs bestehen bis heute (Januar 1946, d. Verf.) noch keine Sportvereine. der Sportbetrieb ist jedoch insofern gestattet, als jedes Spiel und jede sportliche Veranstaltung der vorherigen Genehmigung der Gouvernement Militaire Ravensburg bedarf. Die Sportvereine können namenlos als Stadtmannschaft oder Sportgemeinschaft Spiele oder sportliche Veranstaltungen durchführen. Sämtliche Gesuche um Spielgenehmigung mit namentlicher Aufführung der Spieler, Ort, Zeit und Gegner sind dem Gouvernement Militaire Ravensburg, Seestraße 32, zweisprachig mindestens eine Woche vorher vorzulegen. (Aus: "Geschichte des Fußballs in der Region Bodensee-Oberschwaben")

als auch der zweite Weltkrieg hatten erhebliche Spuren auf französischem Boden hinterlassen. Vor allem mit der militärischen Ausrichtung der Turn- und Sportvereine hatten die Franzosen Probleme.

Auch sie gaben keineswegs einheitliche Richtlinien heraus. So galt beispielsweise bis Oktober ein Verbot jeglichen Spielverkehrs. Dessenungeachtet hatten bereits im August in Freiburg und Neunkirchen Spiele stattgefunden - man hatte vor Ort Ausnahmegenehmigungen erhalten. Die Teams durften sogar unbehelligt unter ihren Traditionsnamen FFC bzw. Borussia antreten. Im südbadischen Singen hingegen wurde erst am 2. Dezember die Jagd auf die Lederkugel erneut freigegeben.

> Jn Berlin war alles anders. Als Sitz der Alliierten Kontrollrates hatte die Spreemetropole einen Sonderstatus verpaßt bekommen, der auch im Fußball einige Folgen hatte. Am 7. Juni 1945 war ein zentrales Hauptsportamt eingerichtet werden, das in den Bezirken kommunale Sportgruppen einrichtete. Vereine waren konsequent verboten. So schlossen sich Herthas Balltreter der SG Gesundbrunnen an, Tennis Borussias der SG Charlottenburg. Erst im Mai 1947 durften wieder "richtige" Vereine gegründet werden. Die Traditionsklubs aber blieben weiterhin verboten. Als Mitte 1948 die ersten Traditionsvereine (u.a. VfB Pankow) ihre Wiederzulassung erhielten, funkte die Politik dazwischen: Jm Juni 1948 begann die Berliner Blockade. Auch im Sportsektor zeichnete sich die drohende Spaltung nun deutlich ab. Am 31. März 1949 gaben die drei Westzonen den Kommunalsport auf - woraufhin auch dort die Traditionsnamen wieder zugelassen waren. Als dann im August desselben Jahres noch eine Toto-Wette eingeführt wurde und die Berliner Oberliga in eine Vertragsliga umgewandelt wurde, schieden die Ostberliner Klubs aus dem Gesamtberliner Sport aus. Die Spaltung war perfekt.

Kurz darauf - am 13. Dezember - erließ die französische Militärverwaltung dann eine Verordnung, nach der auch Sportvereine zugelassen wurden. Am 4. Februar 1946 wurde diese dahingehend konkretisiert, daß lediglich Sportvereine mit "allgemeinem Charakter" gegründet werden durften, die sich "im allgemeinen auf das Gebiet des Kreises" zu beschränken hatten. Im Klartext hieß dies, daß die Franzosen lediglich *Omnisportvereine* [14] zuließen. Geplant war ein Verein pro 20.000 Einwohner. Weil eine detaillierte Bestimmung erst im Mai 1946 veröffentlicht wurde, kam es zu kuriosen Situationen: Singens fußballerisches Aushängeschild, der *Fußball-Club 04* beispielsweise war am 10. Februar 1946 in die Zonenliga Südbaden-Ost aufgenommen worden. Nach der neuen Verordnung durfte der Klub aber eigentlich gar nicht bestehen und ging folglich mit Wirkung vom 1. Juli in der *Sportvereinigung Eintracht* auf - die auch den Zonenligaplatz des FC 04 übernahm. In anderen Orten wurde die Verordnung hingegen völlig ignoriert. Der 1. FC Kaiserslautern beispielsweise spielte nahezu ohne Unterbrechung unter seinem Namen weiter, und in Saarbrücken mußten sich die Vereine lediglich neue Namen zulegen. [15] Auch die Allsportvereinregelung wurde nicht mit letzter Konsequenz vollzogen. Freiburg beispielsweise, das damals knapp 100.000 Einwohner zählte, hätte eigentlich nur fünf Vereine haben dürfen

"BC Augsburg unter Wert geschlagen."
5:1 gewannen die Bayern das Süddeutsche Oberligaderby.

Ende 1946 gab es aber bereits derer zwölf, und alle waren von den Franzosen ordnungsgemäß zugelassen. Dennoch waren die Sportler sauer auf die Franzosen. Denn nebenan, in der amerikanischen Zone, hatte bereits im Herbst 1945 wieder ein fast normaler Spielbetrieb zwischen den Traditionsvereinen stattfinden können, während sie noch bis Mitte Dezember für jedes einzelne Spiel mühsam eine Spielgenehmigung beantragen mußten.

Im Frühjahr 1946 war jedenfalls auch in der französischen Zone der Neuaufbau auf Kreisebene abgeschlossen. Freilich blieben die Traditionsnamen noch bis September 1949 tabu. Erst dann konnte aus Eintracht Singen wieder der FC, Fortuna Freiburg der FFC, und VfL Freiburg der Sport-Club werden.[16]

Geheimnisvolle Aktivitäten

Kommen wir zu einem ganz anderen Thema. Nach Gründung der Vereine war man überall dazu übergegangen, auch das Verbandswesen wiederzubeleben. Zunächst geschah dies lediglich auf Kreis- und Bezirksebene, doch schon Mitte Dezember 1945 gab es mit der *Arbeitsgemeinschaft Süddeutscher Landessportverbände* einen ersten zonalen Zusammenschluß. Ihr folgten im Mai 1946 bzw. am 20. August 1947 Zonensporträte in der britischen bzw. französischen Zone. Dabei wurden die deutschen Sportler von den Amerikanern und Briten durchaus gefördert, denn eine Normalisierung der Lebensverhältnisse sollte helfen, die katastrophale wirtschaftliche Situation zu verbessern.

Über die Zonengrenzen hinaus war nichts zu machen. Weder die Gründung einer Organisation noch zonenübergreifenden Spielverkehr wollten die Alliierten zugestehen. Den Sportlern aber dürstete es nach Deutschen Meisterschaften. Mit einigen Tricks gelang es ihnen schließlich doch, ihre Vorstellung nach und nach durchzusetzen. Die Wiedergründung des DFB ist ein hervorragendes Beispiel dafür. Der 1933 mit fliegenden Fahnen ins Nazilager gewechselte Fußballverband wurde nämlich am 21. Januar 1950 offiziell wiedergegründet. Die Zeit bis dahin liest sich spannend wie ein Krimi.

Am 16. und 17. Februar 1947 fing alles an. In Bremen, Baden, Hessen, Westfalen, Hamburg, Mittelrhein und Niederrhein waren bereits wieder Regionalverbände eingerichtet worden, als sich Fußballfunktionäre aus den drei Westzonen zu einer Tagung in Essen trafen. Man diskutierte über die geplante "Lustbarkeitssteuer",[17] überlegte kurz, ob 1947 ein Deutscher Meister ausgespielt werden sollte und beschäftigte sich ansonsten mit einem altbekannten Problem: dem Berufsfußball. Als die Frage nach einer Organisation aufkam, stellte sich ein neues Problem: Die französischen Vertreter hatten von ihrer Militärführung lediglich Zuhörerrecht eingeräumt bekommen, wodurch keine die drei Westzonen als Ganzes betreffenden Angelegenheiten beschlossen werden konnten. Ostzonale Vertreter waren gar nicht anwesend, denn die Sowjets hatten ihnen die Teilnahme gänzlich untersagt.

Ein ganz wichtiger Tag der Nachkriegsfußballgeschichte ist der 6. November 1946. Nicht etwa, weil an diesem Tag ein großartiges Spiel stattfand oder ein begnadeter Fußballer geboren wurde – nein, die erste Ausgabe des "Sport" erreichte die Zeitungskioske. Der vorbelastete "Kicker" war verboten, und an seiner Stelle lief nun der "Sport" von den Bändern des Nürnberger Fußballpressezentrums. Später hieß das Blatt "Sportmagazin" und fusionierte 1968 mit dem 1951 wiedergegründeten "Kicker" zum "Kicker-Sportmagazin".

Folglich konnte auch nur ein *Bizonaler Fußball-Ausschuß* gebildet werden, in dem umgehend eine *Prüfungskommission für Berufsfußballfragen* eingerichtet wurde.

Am 13. Dezember legte diese Prüfungskommission erste Ergebnisse vor: Angesichts der bevorstehenden Währungsreform sollte von einem Berufsspielertum zunächst abgesehen werden, hingegen empfahl man die Einführung eines Vertragsspielertums. Was noch wichtiger war: Vornehmliches Ziel sollte die Einrichtung einer gesamtdeutschen Fußballorganisation sein! Man machte gleich Nägel mit Köpfen. Am 10. April 1948 wurde dazu der *Bizonale Fußball-Ausschuß* in den *Arbeitsausschuß für Fußball* umgewandelt, aus dem kurze Zeit später der *Deutscher Fußball-Ausschuß* (DFA) wurde. Dem dann natürlich auch Vertreter der französischen Zone angehörten.

Die Alliierten beäugten den DFA äußerst kritisch. Zwar genehmigten sie 1948 die Durchführung einer Endrunde um die Deutsche Meisterschaft, untersagten aber ansonsten jegliche Bestrebungen, eine "interzonal gefestigte Organisation zu schaffen." Genau das hatten die DFAler im Sinn. Sechs Jahre später schrieb DFB-Chronist *Carl Koppehel* über jene Tage:

*I*n der Verwaltung steuerten die leitenden Männer zielbewußt auf die Wiedergründung des Deutschen Fußball-Bundes hin. Die Namengebung 'Deutscher Fußball-Ausschuß (DFA) für den Arbeitsausschuß, an dessen Spitze Dr. Bauwens-Köln stand, ließ dieses Ziel für den Kenner der Verhältnisse sichtbar werden.[18]

Unbemerkt von den Alliierten arbeitet man sozusagen im Untergrund. Die Militärs genehmigten 1948 guten Gewissens und voller Vertrauen die erste Nachkriegsmei-

Ein Mann drückte der unmittelbaren Nachkriegsgeschichte des DFB seinen Stempel auf: Peco Bauwens. Der gebürtige Kölner, lange Jahre einer der besten und angesehensten Schiedsrichter Deutschlands und auch Mitglied der International Board der FJFA, war nicht zufällig zum Motor der DFB-Wiedergründung geworden. Obwohl aus einem national-konservativen Elternhaus stammend, war er relativ unbefleckt aus den braunen Jahren gekommen. Den zahlreichen Versuchen der Faschisten, seine internationale Popularität propagandistisch auszunutzen, hatte er ziemlich reserviert gegenübergestanden. Dazu kam, daß seine Ehefrau aus einem jüdischen Elternhaus stammte. Jnsofern brachte Bauwens gute Voraussetzungen mit, um nach der Kapitulation von den Alliierten als Funktionär akzeptiert zu werden. Doch Bauwens galt als autoritär. Als im Mai 1946 auf der britischen Zonensportkonferenz eigentlich ein Einheitssportverband gegründet werden sollte, lief der Kölner zu Höchstform auf. Der britische Sportoffizier Dixon schrieb später: "Fast alle Anwesenden hegten und pflegten den Einheitsverbandsgedanken. Aber der Einklang der Sitzung wurde durch den Einbruch einer turbulenten Schar rheinischer Fußballer zerschmettert. (...) Sie verfluchten das unschuldige Kind in der Wiege (= den Einheitsverband, d.W.), verhießen ihm einen frühen Tod und verschwanden wieder – sozusagen mit Knall und Bimssteingeruch."

sterschaft, was den DFA einen gewaltigen Schritt weiterbrachte. Im Folgejahr war es endlich soweit: Am 1. Juli 1949 bat der DFA zu seinem ersten Bundestag nach Stuttgart. Koppehel, der das Treffen als "1. Nachkriegsbundestag" bezeichnet, faßt die Ziele wie folgt zusammen:

*V*orerst bestand zwar nur der DFA, aber es war die feste Absicht vorhanden, allen Hemmnissen zum Trotz in Stuttgart den DFB wieder zu gründen.[19]

Was soll man angesichts derart konkreter Ziele viele Worte verlieren? Der Vormittag wurde für Diskussionen benutzt, bei denen unter anderem die Vertragsspielerklasse amtlich anerkannt wurde, am späten Nachmittag gründete man tatsächlich den fünfzehn Jahre zuvor mit fliegenden Fahnen ins Nazilager gewechselten DFB wieder. Vorsitzender wurde der Kölner Peco Bauwens, über den im Verlauf dieses Buches noch einiges zu sagen sein wird.

Lassen wir zuvor noch einmal Koppehel zu Wort kommen:

> *D*ie Proklamation erfolgte in feierlicher Weise in einer Festsitzung, obwohl die de-jure-Anerkennung von den Besatzungsmächten noch nicht ausgesprochen war. Im Staatstheater Stuttgart wurde die DFB-Fahne auf höheren Ratschlag hin zwar durch die Fahne des Württembergischen Fußball-Verbandes ersetzt, aber bei dem am Nachmittag des gleichen Tages im Neckar-Stadion durchgeführten Endspiel um die Deutsche Meisterschaft wehte sie stolz vom hohen Mast.[20]

Daß die Alliierten nicht einschritten, hat natürlich seinen Grund. Der *Kalte Krieg* hatte die weltpolitische Stimmung zwischenzeitlich erheblich verändert, und aus der "schuldigen deutschen Nation" war das "Ziehkind" der Westalliierten geworden. Lediglich fünfzehn Monate nach der Kapitulation war (West-) Deutschland bereits auf dem Weg, in das westliche System integriert zu werden. Am 23. Mai 1949 wurde aus den drei Westzonen die Bundesrepublik, sechs Monate später kam mit der DDR-Gründung die sowjetische Antwort. Die deutsche Teilung war perfekt. Ohne ausgesprochene Vergangenheitsbewältigung waren die drei Westzonen also erneut anerkannt worden, und so war natürlich auch Platz für eine an sich äußerst bedenkliche Wiedergründung des DFB. Denn die Vergangenheit zählte nun nicht mehr. Nur noch die Zukunft - und in der stand die Auseinandersetzung zwischen Ost und West im Mittelpunkt.

Am 21. Januar 1950 erhielt der Fußballbund seine amtlich bestätigte Wiedergründungsurkunde. Anschließend bemühte man sich darum, auch international wieder mitkicken zu dürfen, denn seit 1942 war Deutschland aus der FIFA ausgeschlossen. In den Jahren zuvor waren Westdeutschlands Fußballbosse gar nicht gut auf den Weltverband zu sprechen gewesen, wie beispielsweise DFB-Boss Peco Bauwens. 1947 hatte er noch behauptet:

> *W*ir sollten uns nicht um einen Eintritt in die FIFA drängen. Wir sind ja nicht aus der FIFA ausgeschlossen, weil wir den Krieg verloren haben, sondern weil wir keinen DFB mehr haben.[21]

1949 ließ das weltpolitische Klima allerdings eine neue Betrachtungsweise ratsam erscheinen. Man ersuchte nun um Wiederaufnahme in die FIFA und wurde dabei - laut Carl Koppehel - von einem "Deutsch-Amerikanischen Fußball-Bund" unterstützt. Der hatte nämlich bei der FIFA mit der Begründung protestiert, daß

> *D*ie FIFA zur Förderung des Fußballsports begründet sei und nicht, um Boykotte zu verhängen.[22]

Der Protest verlief erfolgreich. Am 7. Mai 1949 wurde zunächst das internationale Spielverbot gegen deutsche Mannschaften aufgehoben, und schon ein gutes Jahr später genehmigten die Fußball-Weltherren auf ihrer Tagung in Rio de Janeiro tatsächlich die Wiederaufnahme des DFB. Gerade einmal acht Monate nach seiner Wiedergründung war der DFB also schon wieder weltweit vollständig integriert.

Bis heute steht jegliche Vergangenheitsbewältigung der einzigen landesweiten Fußballorganisation aus.

ANMERKUNGEN:

(1)   In: Meyers grosses Taschenlexikon, Band 17, Seite 246.

(2)   Nach Verordnung Nummer 1 der vom *Supreme Headquarter Allied Expeditionary Forces (SHAEF)* erlassenen Rechtsvorschriften waren die NSDAP und alle ihre Untergliederungen aufgelöst und selbstverständlich verboten worden. Seit sie am 18. September 1944 im Raum Aachen-Trier Boden des "Altreiches" betreten hatten, war die Verordnung zur Anwendung gekommen.

In allen Gebieten, die von den Alliierten befreit wurden, gab es also automatisch auch keine offiziellen Sportvereine mehr. Nach der Kapitulation galt die Vorschrift zunächst weiter, ehe sie in den einzelnen Zonen durch eigene Regelungen abgelöst wurde (die allerdings die o.a. Vorschriften zur Grundlage hatten). Am 30. Juli 1945 wurde in Berlin der Alliierte Kontrollrat eingerichtet, der fortan alle vier Zonen betreffende Regelungen schaffen sollte. Durch den *Kalten Krieg* wurde dies aber nur bedingt umgesetzt.

(3)   So der Wortlaut der Anweisung Nr. 17 der britischen Militärregierung vom 15. September 1945, zitiert nach KRÜGER (1984), Seite 147.

(4)   Dabei kam es zudem häufig zu Wechseln in der Position des Stadtkommandanten. Das niedersächsische Delmenhorst beispielsweise hatte von 1945 bis Ende 1946 derer drei, die natürlich jeweils unterschiedliche Auffassungen über den Sport hatten.

(5)   Aus der persönlichen Botschaft Montgomerys an die Bevölkerung der britischen Zone vom 6. August 1945, zitiert nach KRÜGER (1984), Seite 150.

(6)   In der amerikanischen Zone wurden entsprechende Organisationen am 23. November 1945 landesweit, und am 28. Februar 1946 zonenweit erlaubt.

(7)   Es war allerdings nicht gedacht, einen Kommunalsport einzurichten. Die Großvereine sollten wie "richtige" Vereine eingerichtet und geführt werden, mit dem Unterschied, daß sie alle Sportarten anboten und grundsätzlich jeden aufnehmen sollten. Lediglich in Berlin führte man Kommunalsport ein, der allerdings in den Westbezirken ab 1947 nach und nach aufgegeben wurde.

(8)   Die Sportbeauftragten waren fast ausschließlich ehemalige Arbeitersportler, die aus vielerlei Gründen nicht unbedingt interessiert daran waren, die alten (bürgerlichen) Vereine wieder zum Leben zu erwecken: Zum einen war auch schon die Arbeitersportbewegung eine Art Einheitssportbewegung gewesen (sie war spartenübergreifend), zum anderen waren die bürgerlichen Klubs mit den proletarischen Vereinen nicht unbedingt freundlich umgegangen. Es darf allerdings nicht der Eindruck entstehen, daß alle Arbeitersportler vor 1933 auch Mitglied des ATSB gewesen waren. Hingegen waren viele zwar Mitglieder der SPD, spielten aber dennoch in bürgerlichen Sportvereinen.

(9)   Die Anordnung war offensichtlich nötig geworden, weil in Berlin der *SC Charlottenburg* wiedergegründet worden war. Daraufhin mußten die Alliierten reagieren und einheitliche Richtlinien veröffentlichen.

(10)   In: Buss (1984), Seite 79.

(11)   Aus: Buss (1984), Seite 91.

(12)   In Kassel wurde anfangs ein "Freier Volkssport" aufgebaut. Die Vereine blieben verboten, stattdessen wurden lokal begrenzte Sportgemeinschaften gegründet. Dieses geschah aber nicht nur auf Befehl der Militärregierung, sondern vor allem auf Wunsch derjenigen, die sich in Kassel für den Neuaufbau verantwortlich zeigten. Ab 1947 wurden auch in Nordhessen wieder Vereine gegründet.

(13)   So war es beispielsweise in Frankfurt/Main Ziel der deutschen Sportbeauftragten, die Einheitssportidee durchzusetzen. Anfangs zogen die ehemaligen Vereine noch mit, doch als die SG Eintracht und der FSV im Spätherbst 1946 ausschlerten, um sich der süddeutschen Fußballoberliga anzuschließen, brach die Idee bald zusammen.

(14)   Die lateinisch angehauchte Bezeichnung *Omnisportverein* entspricht "Allsport- bzw. Einheitssportverein".

(15)   So wurde beispielsweise aus dem FV der 1. FC, aus Saar 05 der SV Saarbrücken und aus Borussia Neunkirchen der VfB Neunkirchen.

(16)   Es betraf allerdings noch weitere Vereine: zum Beispiel den SV Kuppenheim, FV Ravensburg, Offenburger FV u.a.

(17)   Entspricht der heutigen Vergnügungssteuer. Sie sorgte seinerzeit für einige Aufregung, da die Vereine bis dahin von steuerlichen Belastungen seitens der Gemeinden befreit gewesen waren.

(18)   In: Koppehel (1954), Seite 218.

(19)   In: Koppehel (1954), Seite 220.

(20)   In: Koppehel (1954), Seite 220.

(21)   In: *Sport* vom 10. Februar 1947.

(22)   In: Koppehel (1954), Seite 220f.

Westlich der Elbe
(ab 1945)

Fußball zwischen Nierentisch und Rekordbesuch
Die Oberligen von 1945 bis 1963

Eigentlich ist es unfaßbar. Da hatte sich Deutschland knapp sechs Monate zuvor noch im totalen Krieg befunden, war von den Alliierten langsam müde gebombt worden, lag wirtschaftlich, politisch und moralisch am Boden - und präsentierte plötzlich mit der Oberliga Süddeutschland eine Klasse, die alles bislang Dagewesene in den Schatten stellte. Die besten Teams der Region in einer Klasse zu vereinen - das war schon so lange ein großer Traum gewesen. Verbandsinterne Streitigkeiten hatten es jahrzehntelang verhindert. Nun klappte es ausgerechnet in einer Zeit, in der die Menschen vom täglichen Überlebenskampf ausgemergelt waren, und es eigentlich schon schwierig genug war, die knapp zwanzig Kilometer zwischen Nürnberg und Fürth anders als zu Fuß zurückzulegen! Da fällt es dann kaum noch auf, daß die neue Liga auch noch just zum Winterbeginn ihren Spielbetrieb aufnahm. Dem ersten Friedenswinter zwar, aber wovon man heizen sollte, wußte man dennoch nicht.

Amis sagen "Yes"

Auch die fußballerischen Startbedingungen waren alles andere als gut. Viele gute und weniger gute Kicker waren im Krieg den "Heldentod" gestorben, andere steckten noch immer in Gefangenschaft, aus der sie erst Mitte 1947 herauskommen sollten.

Auch die bereits Heimgekehrten hatten nichts zu lachen. Flüchtlingstrecks zogen durchs ganze Land, die Versorgungslage war miserabel, die Verkehrsverbindungen nahezu völlig zusammengebrochen. Zum Fußballspielen nicht unbedingt die besten Voraussetzungen. Zumal es diesbezüglich auch noch andere Probleme gab. Die Stadien waren entweder zerstört oder von den Alliierten okkupiert, Ausrüstung wie Schuhe, Bälle und Trikots waren in erbärmlichem Zustand, denn auch in den letzten Kriegsjahren hatte man schon keinen Ersatz mehr bekommen können. Es galt also, zu improvisieren. Entsprechend sahen die Resultate aus. Nimmt man nur die Mannschaften: Weil die im besten Kickeralter befindlichen Männer noch immer in Gefangenschaft waren, mußte vornehmlich die Jugend ran. Da der wiederum die Erfahrung fehlte, stockte man die Teams kurzerhand mit "Alten Herren" auf, womit eine wahrlich bunte Mischung entstand. Erst als 1947 die meisten Kriegsgefangenen heimkamen, veränderte sich die Altersstruktur der Teams wieder - aber da hatten die meisten Spielklassen, von denen hier die Rede ist, schon über ein Jahr auf dem Buckel.

Die Idee der Schaffung einer Oberliga kam aus Stuttgart, wo den Clubs schon recht früh wieder erlaubt worden war, an die Lederkugel zu treten. Die Amerikaner hatten es mit der Vereinsverbotspolitik recht lax gehalten, was den Süddeutschen einen immensen Vorteil gegenüber den Teams aus den drei anderen Zonen brachte. Daß sie diesen Zeitvorsprung zu nutzen verstanden, spiegelt sich in der Ehrentafel der Deutschen Meister wieder, denn vier der fünf Nachkriegstitel gingen an Südvertreter.

> "Die Züge waren überfüllt, teilweise mußte die Fahrt auf Trittbrettern oder Puffern überstanden werden. Eine Fahrt nach Offenburg oder Rastatt und zurück konnte nur in drei Tagen bewältigt werden. Schwierig war es auch, die an sich schon ausgehungerten Seelen, spituli Spiele sam zu bringen. Ein Sack Kartoffeln und ein Vesperkoffer gehörten zur unentbehrlichen Reiseausrüstung." (aus einer Chronik des VfB Friedrichshafen)

Beginnen wir mit der sogenannten Stunde Null. Die dauerte in der schwäbischen Metropole Stuttgart lediglich einen knappen Monat, denn schon Ende Juli durften die heimischen VfBer wieder ihre traditionsreichen weißen Leibchen mit dem roten Brustring umhertragen. Der VfB ist folglich die Quelle, aus der die Oberligaidee sprudelte. Wie die Annalen verraten, sollen sich schon Mitte Mai 1945, also nur wenige Tage nach der Kapitulation, der VfB-Schlußmann *Ernst Schnaitmann* und der Oberregierungsrat *Curt Müller* einig gewesen sein, eine "Erste Liga" zu gründen. Am liebsten wäre ihnen eine über das ganze Land reichende gewesen, doch weil das kein Erfolgsaussichten hatte, vereinten sie eben die süddeutschen Spitzenteams in einer Klasse. Selbst diese "kleine" Lösung war aber - historisch betrachtet - ein enormer Fortschritt, denn bis zur Kapitulation hatten die süddeutschen Eliteteams in vier Staffeln gekickt.[1]

So widersprüchlich das in Anbetracht der damaligen Not klingen mag - die Zeit war günstig für eine grundlegende Ligareform. Dafür gab es zwei Gründe: Da das alte Verbandsgebiet des 1933 "gleichgeschalteten" *Süddeutschen Fußball Verbandes*[2] annähernd deckungsgleich mit der amerikanischen Zone war, mußten keine Zonengrenzen überschritten werden. Wichtiger war jedoch, daß mit der Kapitulation die immer wieder hemmende regionale Borniertheit für kurze Zeit auf Eis gelegt war, denn die Landesfürsten hatten nun wahrlich andere Probleme, als sich um ihre Fußballer zu kümmern. Der Oberligaweg war also frei. Die beiden eingangs erwähnten Stuttgarter machten sich rasch an die Arbeit. Zunächst nahmen sie Kontakt zu den amerikanischen Militärbehörden auf, denen sie in zähen Verhandlungen tatsächlich ihre Wünsche und Träume klarmachen und ein "yes" abschwatzen konnten.

Diszipliniertes Oberligapublikum

Als sie dann auch noch Verstärkung aus den eigenen VfB-Reihen bekamen, ging alles ganz schnell: Der fremdsprachenkundige *Dr. Fritz Walter* (weder verwandt noch verschwägert mit dem späteren Nationalelf-Idol) half bei den Verhandlungen mit den Militärs, während *Gustav Sackmann* derweil auf Kohlenzügen und ähnlich unbequemen Gefährt durch das ausgebombte Süddeutschland reiste, um potentielle "Klassenkameraden" zu werben.

Sonnenplätze

Die wohl bekannteste Kneipe der Nachkriegszeit befindet sich in Stuttgart-Fellbach und heißt "Krone". Dort trafen sich am 22. September 1945 sechzehn Herren, die Sackmann mit der Oberligaidee hatte anstecken können. Zunächst galt es, eine entsprechende Trägerorganisation zu schaffen. Da eine Wiedergründung des *Süddeutschen Fußball-Verbandes* am Veto der Amerikaner scheiterte, wurde die *Vereinigung der Süddeutschen Fußballclubs* ins Leben gerufen, die sich fortan um die Oberliga kümmern sollte.[3] Anschließend wandten die Anwesenden sich einem heißen Eisen zu: Dem Berufsfußball. Die Diskussion, die 1933 hatte abgebrochen werden müssen, kam erneut auf, und es zeigte sich, daß die Meinungen weiterhin ähnlich geteilt waren, wie zwölf Jahre zuvor. Diesmal wollten es die Profivertreter endlich wissen. Schließlich waren sie vor Hitlers Machtantritt fast am Ziel gewesen, und nun bot die zusammengebrochene Gesellschaft die einzigartige Chance eines völligen Neuanfanges. Entsprechend fiel das Resultat aus, denn dem Profitum wurde grundsätzlich grünes Licht gegeben.[4]

> Es gab auch kritische Stimmen: "16 auf ganz Süddeutschland verteilte große Vereine des aufgelösten NS-Reichsbund für Leibesübungen haben beschlossen, beim Fußballsport den Amateurstandpunkt zu verlassen. Damit würde ein Weg beschritten, der das Fußballspiel zu einer bloßen Schaustellung stempelt. Aus der heutigen Not des Volkes sollen nicht Elemente Kapital schlagen dürfen, die für einen idealen Sport und eine aufbauende Jugendpflege nichts übrig haben. Durch rücksichtslosen Sportkapitalismus einer kleinen Schicht arbeitsfremder und arbeitsscheuer Personen soll der Fußballsport geschädigt und verwahrlost werden" (Der Vorsitzende des 1945 in Stuttgart gegründeten Bund für Sport- und Körperpflege zur geplanten Oberligagründung)

Nachdem die Formalitäten weitestgehend geklärt waren, konnte man sich der Besetzung der neuen Klasse zuwenden. Das gestaltete sich nicht einfach. Denn zum einen hatten die Nazis 1939 den Gauligisten versprochen, nach Kriegsende wieder in die höchste Klasse aufgenommen zu werden, zum anderen fehlte für etwaige Qualifikationsspiele schlicht die Zeit. Schließlich sollte die Klasse noch vor Jahreswechsel den Spielbetrieb aufnehmen. Die Sache mit dem 1939er Versprechen löste sich rasch. Wer wollte schon noch was von dem alten Geschwätz hören, zumal es seinerzeit noch vierzig Gauligisten im Südbereich gegeben hatte, und die neue Klasse lediglich sechzehn Teilnehmer umfassen sollte. In punkto Qualifikationsspiele einigte man sich wie folgt: Sie fielen ersatzlos aus. Wie die drei hessischen, sieben bayerischen und drei württembergischen Mannschaften dann allerdings ausgewählt wurden, ist bis heute gutgehütetes Geheimnis. Vielleicht findet sich die Lösung ja in der Teilnehmerliste: Die sah nämlich ähnlich aus, wie die spätere Oberligabesetzung.

Angesichts der Qualifikationsumstände fielen einige bekannte Namen vom Tisch. So fehlten beispielsweise *Jahn Regensburg* und Ex-Gaumeister *Union Böckingen*, während der *Karlsruher FV*, seit 1939 nur noch zweitklassig, einen Platz an der Sonne erhielt. Vor allem an den Randbereichen der amerikanischen Zone guckte man ziemlich dumm aus der Wäsche: "Aus verkehrstechnischen Gründen können die Kasseler Vereine nicht berücksichtigt werden", hieß es, aber was konnten die Nordhessen schon dafür, daß das Land so zerbombt war? Dabei wäre es mit ihnen sehr interessant geworden, denn als die Oberliga ihren Spielbetrieb aufnahm, da verfolgte man im Nordhessischen noch immer den Volkssportgedanken. Die alten Vereine wie *Kurhessen* oder *CSC 03* waren verpönt, stattdessen liefen SG Nord oder SG Süd auf die verbliebenen Stückchen grünen Rasens. Wie sich der Volkssportgedanke mit dem Berufsspielertum vertragen hätte, nun eine wohl nicht mehr zu beantwortende Frage.

Ohne Kasseler, Regenburger und Böckinger ging es am 4. November 1945 pünktlich um 14.30 Uhr los. Auch die Auserwählten kickten nicht unbedingt an gewohnter Stelle. Ligainitiator *VfB Stuttgart* beispielsweise konnte seinen eigenen Platz auf den Wasen, der durch 79 Sprengbomben regelrecht umgepflügt worden war, nicht benutzen. Die Cannstätter kickten im ungelöcherten Degerloch des Lokalrivalen Kickers, wo sie ihr Auftaktduell gegen den Karlsruher FV mit 3:1 gewannen. Dem Nürnberger Club ging es noch schlechter: Da Zabo und Valznerweiher von den Amerikanern okkupiert waren, blieb den Schwarz-Roten nur der Gang zum Fürther Ronhof! Ansonsten sind die Informationen vom ersten Oberligaspieltag allerdings eher spärlich. Schließlich waren die Zeitungen seinerzeit noch recht dünn, und hatten außerdem wahr-

> Überhaupt: die Sache mit der Bezahlung! Ganz so locker saß das Geld damals eigentlich nicht. Den Balltretern des VfB Stuttgart beispielsweise steckte man nach ihrem Auftaktsieg gegen den Karlsruher FV ganze 30 Reichsmark in die Tasche. Das war an sich nicht allzuviel, denn um als Zuschauer diesem Spiel beiwohnen zu können, hatte man schließlich schon drei Reichsmark zahlen müssen.

lich Wichtigeres zu vermelden, als die Torschützen der Oberligaspiele. Jedenfalls war das süddeutsche Publikum nicht nur hungrig, sondern auch fußballhungrig: Aus Nürnberg (bzw. Fürth) wurden 16.000 zahlende Zuschauer gemeldet, aus Augsburg 8.000.

Fünf Heimsiege und drei Unentschieden lautete die Bilanz des ersten Spieltages, doch so richtig spannend wurde es erst später. Am 14. Juli 1946, dem vorletzten Spieltag, trafen nämlich der VfB Stuttgart und der 1. FC Nürnberg im Neckarstadion - das wenige Wochen zuvor noch "Adolf-Hitler-Kampfbahn" geheißen hatte - aufeinander. Den Franken genügte bereits ein Unentschieden zum Titelgewinn, doch an jenem Nachmittag zogen dunkle Wolken am Clubhimmel auf. Zunächst wurde ihr Mittelstürmer Hans Pöschl des Feldes verwiesen, dann kassierten sie das 0:1, und ihr anschließender Sturmlauf verlief erfolglos. Damit war Stuttgart erster süddeutscher Nachkriegsmeister!

Spielentscheidender Torschütze war Otto Bökle gewesen, der in "normalen" Zeiten wohl eher in der Altherrenmannschaft der Schwaben mitgekickt hätte. Er war nämlich schon 44 Jahre alt! Ein anderer Name ragte aus der Meisterelf heraus: Robert Schlienz. Der gebürtige Zuffenhauser, der drei Jahre später bei einem Autounfall seinen linken Arm verlieren sollte, hatte mit 45 Treffern gehörigen Anteil am Stuttgarter Titelgewinn. Die große Karriere blieb ihm allerdings versagt: Eine Nationalelf gab es nicht. International war Deutschlands Fußball geächtet. Lausige Zeiten also für einen begnadeten Kicker wie Schlienz, über den Madrids Weltstar Di Stefano sagte:

*D*er *beste Mann auf dem Platz war der Einarmige. Was ich von dem gesehen habe, war für mich bis jetzt unvorstellbar!*[5]

Stadtmeisterschaft

Verlassen wir nun den Süden, in dem die Oberliga vom Start weg - für damalige Verhältnisse - hervorragend funktionierte und auch prächtig gedieh. Als sie zwölf Jahre später in der Bundesliga aufging, hatte sie immerhin sechs deutsche Meister hervorgebracht. Und mit dem Nürnberger Max Morlock einen Spieler, der von 1945 bis 1963 ununterbrochen dabei war.

In den beiden anderen Westzonen (die Ostzone wird in einem gesonderten Kapitel behandelt) war die Situation für die fußballspielenden Männer ungleich komplizierter. Vor allem die Franzosen zeigten den Oberligaverfechtern anfangs nichts anderes als ihre kalte Schulter, während die Briten - als ausgewiesene Fußballnation - durchaus am Wiederentstehen des hochklassigen Fußballspielbetriebes interessiert waren.

Tasten wir uns langsam vor: In weiten Teilen der britischen Zone war zum Starttermin der süddeutschen Oberliga gerade überall der lokale Spielverkehr wieder erwacht. Überall spielte man lediglich um Stadt- und Kreismeisterschaften; an einen zonenweiten Wettbewerb war absolut nicht zu denken. Man darf allerdings nicht vergessen, daß in der britischen Zone strukturell völlig unterschiedliche Regionen zusammenkamen; schließlich reichte das Gebiet von Flensburg im Norden bis südlich Bonn!

*Links:
Kein Baum
war zu hoch!
Zuschauer-
boom auch in
der Provinz,
hier beim Spiel
zwischen
Göttingen 05
und Arminia
Hannover.*

Allein durch die kriegszerstörte Infrastruktur war der Spielbetrieb also bereits beschränkt. Selbst wenn Fahrten von Bonn nach Lübeck problemlos möglich gewesen wären: Die Briten hätten sie wohl kaum erlaubt. Erst nachdem sich im Frühjahr 1946 die Situation einigermaßen stabilisiert hatte, waren sie zu Zugeständnissen bereit. Im späteren Bundesland Niedersachsen durften anschließend zwei als "private Pflichtspielrunden" bezeichnete Zehnerstaffeln eingerichtet werden. Eine Staffel deckte den Raum Braunschweig, Hannover, Hildesheim, Göttingen ab und wurde Südstaffel genannt, während die Nordstaffel die Region Bremerhaven, Bremen Leer und Osnabrück umfaßte. Am 3. März 1946 begann die Saison 1945/46, die aus Zeitgründen nur eine Hinrunde vorsah. Knapp vier Monate später, aus den "privaten" Runden waren längst stillschweigend "offizielle" geworden, durften Werder Bremen im Norden und der TSV Braunschweig im Süden ihre Meistertitel feiern - vorausgesetzt, sie konnten entsprechend Getränke auftreiben.

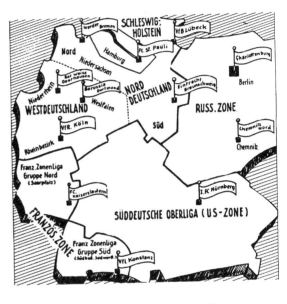

In Schleswig-Holstein ruhte die Lederkugel vielerorts noch völlig. Lediglich die Bezirke Nord und Süd führten 1945/46 ihre Punkterunden zu Ende und ermittelten mit dem ATSV Flensburg sowie VfB Lübeck den Meister. Eine Oberliga gab es nicht. So konnte auch 1946/47 lediglich eine k.o.-Runde von vierzehn zuvor bestimmten Teams durchgeführt werden, die der VfB Lübeck gewann.

Richtig zufrieden war man eigentlich nur in Hamburg. Da die Hansestadt kampflos den Alliierten übergeben worden war, konnte auf eine halbwegs intakte Verwaltung zurückgriffen werden, was auch die Wiederaufnahme des Fußballspielbetriebes erheblich erleichterte. Bereits im Herbst 1945 trafen sich auf acht Staffeln verteilte Mannschaften, um entsprechend viele Staffelsieger zu ermitteln. Die wiederum waren anschließend berechtigt, mit den fünf Ex-Gauligisten HSV, Eimsbüttel, Altona 93, FC St. Pauli und SC Victoria ab 13. Januar 1946 in einer einfachen Punkterunde um den ersten Nachkriegsmeister der Hansestadt zu kicken. Der dann, wie sollte es anders sein, HSV hieß.

Mutig geworden, versuchten die Norddeutschen im Juli sogar, einen Gesamtmeister zu ermitteln. Das war den Briten dann aber doch zuviel. Drei Spiele konnten noch ausgetragen werden, dann untersagten die Militärs alle weiteren Begegnungen und die "norddeutsche Zonenmeisterschaft" mußte abgebrochen werden.[6] Im Westen der britischen Zone sah es schlimm aus. Die alliierten Bombenabwürfe hatten die Ruhrmetropolen arg mitgenommen, und es war wahrlich nicht leicht, aus den Trümmern heraus wieder eine fußballerische Spitzenklasse zu bilden. Doch es gelang.

Im Spätsommer 1945 vereinbarten Vertreter der ehemaligen Gauligisten, sämtliche von 1939 bis 1944 an der Gauliga Westfalen teilnehmenden Vereine einer zweigleisigen *1. Division-West* zuzuordnen. Meister der am 10. März 1946 gestarteten Klassen wurden Schalke 04 und die Spielvereinigung Erkenschwick. Eine "westfälisches Endspiel" konnte nicht durchgeführt werden.

Weiter westwärts sah es noch schlimmer aus. Im einstigen Fußballballungszentrum zwischen Essen und Duisburg ging anfangs gar nichts mehr, denn dort hatte der Krieg besonders deutliche Spuren hinterlassen. Erst am 15. September 1946, fast ein Jahr nach dem Start der Oberliga Süddeutschland, begann am Niederrhein wieder eine überlokale Meisterschaftsrunde. Die unterschied sich allerdings erheblich von den bislang vorgestellten Modellen: Statt einer Punkterunde gelang es nämlich lediglich, die vier Meister der Bezirke *Ruhr, Berg-Mark, Linker Niederrhein* und *Rechter Niederrhein* in einer k.o.-Runde zu vereinen. Das Endspiel gewann Rot-Weiß Oberhausen mit 2:0 über den VfL Benrath. Auch 1946/47 scheiterte der Versuch, eine Punkterunde einzuführen. Wiederum kickten die Bezirksmeister im k.-o.-System gegeneinander. Erneut sicherte sich Rot-Weiß Oberhausen den Titel.

Kommen wir zum Mittelrheingebiet, das damals *Rheinbezirk* genannt wurde. 1945/46 waren dort sechs Kreismeister (*Oberberg, Köln, Bonn, Sieg, Düren* und *Aachen)* in einer Ligaendrunde zusammengefaßt worden, an deren Ende *Düren 99* und *Troisdorf 05* punktgleich an der Tabellenspitze standen. Das fällige Entscheidungsspiel wurde in der Verlängerung beim Stande von 2:2 abgebrochen. Anschließend erklärte der Verband die 99er aus unbekannten Gründen zum Meister. Im Folgejahr ging es dann drunter und drüber. Nachdem Pläne zur Einrichtung einer Rheinbezirksoberliga gescheitert waren, wagten sechzehn Klubs einen Alleingang. Die "Runde der Abtrünnigen" genannte Punktestaffel konnte aber im Saisonverlauf als "Gruppe 5" wieder in den Verbandsspielbetrieb eingegliedert werden. Meister wurde der VfR Köln.

Soviel zur britischen Zone, in der also im Herbst 1946 überall wieder um Ligapunkte gekickt wurde. In der nördlichen Hälfte der französische Zone (heute sprechen wir von "Südwest") hatte im Dezember 1945 eine "Spitzen-

> "Um den Spielbetrieb in diesen Klassen überhaupt gewährleisten zu können, bedurfte es außerordentlich guter Kontakte zur Besatzungsmacht, da man zum Beispiel Woche für Woche sowohl für Spieler als auch Fahrer und Betreuer Passierscheine beantragen mußte, denn das Stadtgebiet durfte nur mit Genehmigung der Militärbehörde verlassen werden." (aus "Geschichte des Fußballs in der Region Bodensee-Oberschwaben")

klasse der französischen Besatzungszone" ihren Spielbetrieb aufgenommen. Gewonnen wurde sie vom 1. FC Saarbrücken. Im südlichen Zonenteil war der "erstklassige" Spielbetrieb am 12. Januar 1946 von siebzehn auf zwei Landesligastaffeln verteilte Teams aufgenommen worden. Da die Region mit fußballerischen Ausnahmemannschaften nicht besonders reich gesegnet war, liest sich die Teilnehmerliste entsprechend exotisch: *FC Engen, SpVgg. Gottmadingen* und *Kickers Haslach,* um nur einige Namen zu nennen, kickten plötzlich "erstklassig". Am Saisonende wurden die beiden Staffeln vom *VfL Konstanz* (ehemals FC) und *SV Fortuna Rastatt* (FC 04) angeführt. Das fällige Endspiel gewann *Fortuna Rastatt* deutlich mit 5:0. Damit waren die ehemaligen 04er berechtigt, den Nordmeister aus Saarbrücken herauszufordern. Der wiederum war mindestens eine Nummer zu groß für die Südbadener. Im heimischen Stadion an der Jahnallee gelang ihnen immerhin noch ein 4:4. Im Rückspiel aber gingen sie mit 0:5 regelrecht unter. Der 1. FC Saarbrücken war erster südwestdeutscher Nachkriegsmeister. 1946/47 wurden die beiden Südstaffeln zu einer vereint.

Vorbildliche Oberliga Süddeutschland

1947 war die Zeit der Improvisationen vorbei. Im Westen, Norden und in Berlin nahmen der süddeutschen Oberliga vergleichbare Klassen den Spielbetrieb auf. Ein Jahr später durften sie sogar wieder Teilnehmer an der deutschen Meisterschaftsendrunde stellen durften.

Bevor wir richtig in die Oberligageschichte einsteigen, ein paar Worte vorweg: Die Entwicklungsgeschichte der verschiedenen Klassen kann an dieser Stelle nur äußerst knapp vorgestellt werden, da sie Stoff für ein separates Buch bietet. Ein anderes Problem, welches sich wie ein roter Faden durch die gesamte Nachkriegs-fußballgeschichte bis weit in die Bundesligazeit hinein zieht, kann aus Platzgründen ebenfalls nur ganz beiläufig behandelt werden: Die Berufsspielerfrage. Nur soviel: Die Oberligen waren Vertragsspielerligen. Jeder Kicker war vertraglich an seinen Klub gebunden und ihm standen maximal 320 DM "Aufwandsentschädigung" pro Monat zu.[7] Bezüglich der Klassenzusammensetzung hatte es wenig Probleme gegeben. Nach einem speziellen Regionalverbandsschlüssel (West = fünf westfälische, fünf niederrheinische und drei mittelrheinische Mannschaften; Nord = sechs niedersächsisch-Bremer, zwei schleswig-holsteinische und vier Hamburger Teams) durften die jeweils besten Teams der provisorischen Oberligen in die neuen Klassen einziehen, deren Startschuß am 14. September 1947 fiel.

Rödelheim schlug den Deutschen Meister Nürnberg 4:1!
Vierfacher Torschütze Hubert Schieth,
der hier seinen zweiten Treffer markiert.

Saarfußball jetzt französisch

dena **BADEN-BADEN.** — Der französische Fußballverband tagte unter Vors'tz seines Präsidenten Jules Rimet und in Anwesenheit von Vertretern' der saarländischen Regierung sowie des saarländischen Sports am Freitag in Paris. Folgende bedeutsame Entscheidungen wurden dabei getroffen:

1. Ab 20. Mai dürfen ke'ne Freundschaftsspiele mehr zwischen saarländischen und deutschen Fußballmannschaften ausgetragen werden.

2. Ab sofort können alle saarländischen Vereine völlig frei mit französischen Fußballmannschaften Freundschaftsspiele austragen.

3. Die vier saarländischen Fußballvereine, die in der Zonenliga Nord spielen, dürfen die Meisterschaft zu Ende führen, allerdings nur bis Ende Juni.

4. Ab 1. Juni können die Saarvereine im Einverständnis mit dem französischen Fußballverband mit allen Ländern, die dem internationalen Fußballverband angeschlossen sind, Freundschaftsspiele austragen.

Weiterhin wurde auf der Sitzung beschlossen, eine gemeinsame französisch-saarländische Kommission zu bilden, deren Aufgabe darin besteht, die künftigen Sportbeziehungen zwischen beiden Ländern zu regeln. —

Nachdem Süd, West und Nord nun mit Oberligen versorgt waren, fehlte nur noch der Südwesten, der seit 1946/47 zwei Oberligastaffeln ausspielen ließ. Dort war die Situation allerdings ungleich komplizierter, denn erstens war die französische Zone praktisch in einen Süd- und einen Nordteil gespalten (deshalb auch die beiden Spielklassen), und zweitens tauchte bald das Problem Saarland auf.

Drei Jahre lang (von 1948 bis 1951) waren die Saarclubs aus politischen Gründen nämlich vom gemeinsamen Spielbetrieb ausgeschlossen und mußten in einer internen *Saarlandliga* um Punkte kicken.

Als sie 1951 wieder am inzwischen bundesdeutschen Spielverkehr teilnehmen durften, faßte man die beiden Südweststaffeln endlich zusammen. Die südbadischen und westwürttembergischen Klubs schieden allerdings aus. Sie wurden der ehemaligen amerikanischen Zone zugeteilt, wobei zwei Klubs in die dortige Oberliga Süd aufgenommen wurden. Neben dem Meister Reutlingen war dies der FC Singen 04, der sich in einer zusätzlichen Ausscheidungsrunde durchgesetzt hatte und fortan Eintracht Frankfurt, Bayern München und andere süddeutsche Eliteteams am Hohentwiel begrüßen konnte.

> *Mit den Oberligen kamen sowohl im Norden als auch im Westen Teams zusammen, die sich vorher - trotz aller Nachbarschaft - kaum gekannt hatten: Im Westen hatten sich beispielsweise Schalke und Dortmund nur äußerst selten mit Köln, Düsseldorf oder Essen auseinandersetzen müssen, da diese im Mittel- bzw. Niederrhein organisiert waren. Im Norden wurden die niedersächsischen und schleswig-holsteinischen Teams erstmalig seit 1913 wieder in einer Klasse zusammengefaßt. Die damalige "Norddeutsche Liga" überdauerte aber nur ein Jahr.*

1. Bundesliga-Nord

Was anschließend folgte, war eine regelrechte landesweite Fußballmanie. Ohne Unterlaß strömte das Publikum in die Stadien und Fußball war in aller Munde. Die Oberligen waren einfach der Renner. Das war wahrlich kein Zufall. In allen fünf Staffeln gab es nämlich nicht nur eine Vielzahl von spannungsgeladenen Ortsderbies, sondern außerdem ziemlich reizvolle Treffen zwischen "Großen" und "Kleinen". Wenn Teams wie der HSV, Kaiserslautern oder Schalke beim Heider SV, BSC Oppau oder TSV Marl-Hüls antraten, dann kochte die ganze Region.

Wenn den Underdogs dann sogar eine Überraschung gelang, gab es auch schon einmal ein Volksfest. Wie am 9. September 1951, als 20.000 begeisterte Göttinger aus dem Staunen gar nicht mehr herauskamen: Die heimischen Schwarzgelben hatten den übermächtigen HSV mit 2:1 besiegt!

Die Oberligen meldeten nicht nur in Ausnahmefällen gewaltige Zuschauerkulissen. Ein paar wahllos herausgegriffene Zahlen aus den Jahren 1951 und 1952 belegen dies: 7.000 wohnten der Partie *Bremerhaven 93 - Lüneburger SK* bei, 12.000 strömten ins Kölner Stadion, um *Preußen Dellbrück* mit 3:0 über *Vohwinkel 80* gewinnen zu sehen. 8.000 Berliner ließen sich ins Poststadion locken, um das Derby zwischen *Union 06* und *Alemannia 90* mitzuerleben, und die 26.000 beim Spiel *SpVgg. Fürth - Jahn Regensburg*, lassen die damalige Begeisterung erahnen. Die Oberligen waren wie geschaffen für jene Zeit. Eine Zeit, in der das Volk sich langsam wieder aufrappelte, vertrauensvoll nach emsig-deutscher Art neue Werte schuf, zu denen, neben Nierentisch und Goggomobil, eben auch die Oberligen zählten. Der Stadionbesuch war seinerzeit ein wirkliches Erlebnis.

Ein besonderes Kapitel Oberligageschichte schrieb die Nordhorner Eintracht! Dreimal hintereinander waren die Weinroten aus dem niederländischen Grenzgebiet Meister in der Amateurklasse Niedersachsen-West geworden. Doch dreimal hatte ihr Trainer Ernst Fuhry die Teilnahme an der Aufstiegsrunde zur Oberliga mit der Begründung abgelehnt, daß man Fußballspieler nicht für ihre Leistungen bezahlen solle. Als die Eintracht-Elf 1955 zum vierten Mal in Folge Meister wurde, hatten die Nordhorner Kicker genug von Fuhrys moralischen Bedenken. Die anschließende Aufstiegsrunde absolvierten sie mit Bravour und kassierten fortan 320 DM pro Nase in der Oberliga. In allen drei Fällen profitierte übrigens der VfB Oldenburg vom Nordhorner Verzicht und vielleicht lag es ja auch daran, daß die Eintracht 1955 endlich ihren verdienten Aufstiegsrundenplatz einnahm: Die Oldenburger waren nämlich in der Vorsaison aufgestiegen.

Dazu kam, daß Fußball seinerzeit im wahrsten Sinne des Wortes volksnäher war. Publikum und Spieler kannten sich, man traf sich auf der Straße, arbeitete die Woche über gemeinsam. Nur am Samstagnachmittag trennten sich die Wege für kurze Zeit.

Auch die Heimatverbundenheit der Kicker trug zum Boom bei. Denn für den SV Sodingen oder die Sportfreunde Katernberg spielten halt nur Sodinger bzw. Katernberger. Schon Herner Spieler galten in Sodingen, heutzutage eingemeindet und zum Herner Ortsteil verkommen, als "Auswärtige". Zum Dank beschenkte man die Besten unter ihnen mit Toto-Annahme- oder Tankstellen, um ihnen damit eine Einnahmequelle für "danach" zu verschaffen. "Willst Du Ottmar Walter danken, mußt Du fleißig bei ihm tanken" warb der 1954er Weltmeister für seine Zapfsäulen, gleichzeitig ein wunderschönes Relikt aus der Hoch-Zeit des Oberligafußballs. Allerdings: Es darf nicht übersehen werden, daß es seinerzeit ein wesentlich eingeschränkteres Freizeitangebot gab, und daß vor allem das Fernsehen noch nicht annähernd seine heutige Bedeutung erlangt hatte. Um Fußball zu sehen, mußte man eben noch ins Stadion gehen. Man bekam

Als am 25. März 1962 Mainz 05 und Wormatia Worms um die Vorherrschaft in Rheinhessen aufeinandertrafen, sorgte der Wormser Keeper für ein Novum: Er trat in der 43. Minute ins gegnerische Elfer gegen seinen Mainzer Kollegen zu verwandeln. Das hatte es noch nie gegeben! Der Name des Wormser Torhüters: Petar Radenkovic, der spätere König von 1860 München.

die Fußballpartien nicht mundgerecht mit Superzeitlupe und sonstigem Schnickschnack ins Haus geliefert. So manchen Vereinskassierer dürften heute angesichts damaliger Zuschauerzahlen die Tränen kommen. Da meldete Concordia Hamburg beispielsweise in der Saison 1961/62 mit 2.450 Zahlenden im Schnitt Minusrekord. Gut 33 Jahre später passierten beim Match gegen den VfL Osnabrück mit 1.700 Fußballfreunde vergleichsweise wenige die Stadionkassen. Cordis Schatzmeister frolockte dennoch ob der "traumhaften Zuschauerzahl" und neuer Rekordmarke. Ob er von einstigen Minusrekorden weiß?

Die Bundesliga kommt

Auf Dauer waren die Oberligen allerdings nicht zu halten. Fünf Spielklassen für ein derartig kleines Land wie die Bundesrepublik. Zudem stand die Profifrage wieder einmal im Raum, und die alten Träume von einer "Reichsliga" tauchten auch regelmäßig wieder auf. Ende der 1950er Jahre forderten vor allem die großen Westclubs eine eingleisige Eliteliga. Sie hatten es satt, immer nur gegeneinander zu kicken und lediglich zur Meisterschaftsendrunde auf Nürnberg, Stuttgart und Hamburg zu treffen. 1957 unterbreiteten sie den Vorschlag, die drei Oberligen Nord, West und Berlin zusammenzulegen. Kurz bevor sich der DFB-Bundestag mit der Frage beschäftigen wollte, zogen die Westler - aus unerfindlichen Gründen - ihren eigenen Antrag zurück.

1961 wollten der Norden und Berlin einen neuen Versuch starten. Zwar hatten die Norddeutschen einige Bedenken wegen der auf sie zukommenden Flugkosten, standen der gemeinsamen Spielklasse aber dennoch positiv gegenüber. Als dann sogar der DFB seinen Segen erteilte, freute man sich bereits auf die kommenden Schlagerpartien zwischen *Hannover 96* und *Hertha BSC Berlin* oder *HSV* gegen *Tennis Borussia*. Dann funkte jedoch die Politik dazwischen. Sogar der Spielplan soll schon fertiggewesen sein, als die Berliner Funktionäre plötzlich aus dem Projekt ausstiegen. Der Grund war die frisch errichtete "Berliner Mauer". Die Westberliner sahen ihre sportliche Stellung gefährdet, denn bei der starken Nordkonkurrenz war keineswegs sichergestellt, daß jedes Jahr ein Spreevertreter an der Endrunde teilnehmen konnte. Um den zugesicherten Endrundenplatz nicht zu gefährden, schickte man also Hertha BSC lieber weiterhin zum SSC Südost.

> "Wenn da einer von uns gegangen wäre, hätte man ihn zum Landesverräter abgestempelt" (Der 1954er Weltmeister Horst Eckel, auf die Frage, warum er eine englische 150.000 DM-Offerte ausschlug).

Die 1. Bundesliga war nicht mehr aufzuhalten - und sie war zweifelsohne auch notwendig. Nach dem 1954er Weltmeistertitel waren die Leistungen der Nationalelf nämlich kontinuierlich zurückgegangen. Als man 1962 in Chile weitaus früher als erwartet wieder im Flugzeug gen Heimat saß, stand die Bundesliga kurz vor ihrer Genehmigung. Zumal höchst lukrative Angebote italienischer Clubs an deutsche Starkicker die Angelegenheit zusätzlich brisant machten. 1960 waren bereits neun Elitekicker über den Brenner abgewandert. Es drohten immer mehr zu werden. Etwas mußte unternommen werden und das konnte nur "Bundesliga" und "Profitum" bedeuten. Machen wir es kurz, denn die Bundesligageschichte ist an anderer Stelle beschrieben: Am 24. Mai 1963 gingen die Oberligalichter für immer aus.

Unschlagbare Rothosen

Eine sportliche Bilanz der sechzehn Oberligajahre muß angeführt werden vom *Hamburger Sportverein*, der fast alles gewann, was es zu gewinnen gab. Nur beim deutschen Meistertitel patzten die Rothosen regelmäßig, denn trotz fünfzehn Endrundenteilnahmen gelang der Seeler-Elf lediglich ein einziger Titelgewinn (1960).

Im Norden waren die Rothosen jedoch fast unschlagbar. Das Hamburger Problem war - so paradox das klingen mag - ihre lokale Überlegenheit. Das wiederum hat seine tieferen Gründe: Der Norden war nämlich, im Vergleich zum Westen und Süden, weitaus weniger entwickelt. So gab es nur wenige Vereine mit einer Flutlichtanlage und außer in Hamburg kickte man lediglich noch in Bremen, Hannover und (manchmal) Osnabrück gut-klassigen Fußball. Als Ausnahmemannschaft domi-nierten die Rothosen folglich die Klasse fast nach Belieben. Von insgesamt 466 Spielen beendeten sie 317 siegreich. Dem standen nur 80 Niederlagen ge-genüber. Lediglich (ausgerechnet?) im WM-Jahr 1954 verpaßten sie die norddeutsche Meisterehre und bezogen mit 2:10 bei Arminia Hannover auch ihre Rekordniederlage. Allerdings waren sie seinerzeit durch ganz andere Dinge geschwächt, denn aufgrund undurchsichtiger Zahlungen an Willy Schrö-der hatte der NFV ihnen vier Punkte abgezogen.

> Als im Oktober 1954 auch in der Ober-liga Nord Rückennummern eingeführt wurden, waren alle fünf Oberligen kom-plett durchnummeriert.

Allerdings: Obwohl es in keiner der vier anderen Oberligen eine vergleichsweise souveräne Mannschaft gab, wird die "ewige" Oberligatabelle von einem anderer Klub angeführt: vom 1. FC Kaiserslautern. Wie die Statistiken verraten, gewannen die Pfälzer von 498 Spielen 361, was ihnen das grandiose Punktekonto von 784:212 einbrachte. Ihre Glanzzeit ging bereits 1957 zu Ende. Den bis dahin gewonnenen zehn Südwest-meisterschaften konnten sie nämlich nur noch eine weitere (1963) hinzufügen. Ansons-ten war ihnen die Konkurrenz aus Pirmasens, Saarbrücken und Neunkirchen in den späten fünfziger und frühen sechziger Jahren ständig überlegen.

Marl-Hüls kämpft gegen den 1. FC Köln um Oberligapunkte. Schön war die Zeit...

Zweitbestes Team laut "ewiger" Tabelle war der Nürnberger Club. Die Truppe um Max Morlock hatte allerdings das Pech (oder Glück), bereits in der Oberliga auf eine ziemlich spielstarke Konkurrenz zu treffen. Im Süden war der Leistungsunterschied zwischen Nürnberg, Eintracht Frankfurt, VfB Stuttgart, 1860 München und den Offenbacher Kickers nämlich nicht allzu groß. Das machte zwar einerseits die Saison spannend, erschwerte aber andererseits die Titelsammelei. Somit reichte es für den Club auch "nur" zu sechs süddeutschen und zwei deutschen Meisterschaften.

Eine Region aber überragte alle: Das Ruhrgebiet. Die dortige Kombination von Staub und schlechter Luft war offensichtlich - trotz aller gesundheitlicher Bedenken - eine außerordentlich gute für den Spitzenfußball. Denn wie die Ehrentafel aussagt, stammten von neun deutschen Meister zwischen 1955 und 1963 sechs aus dem Westen. Gerade weil die Arbeitsbedingungen dort nicht unbedingt gesundheitsfördernd waren, galt das Spiel auf der grünen Wiese als Erholung. Dazu kam das Wirtschaftswunder, das sich natürlich gerade dort am stärksten zeigte, wo am härtesten gearbeitet wurde. Das war nun einmal das Ruhrgebiet. Alles, was zum Wiederaufbau benötigt wurde, kam dort zusammen: Kampfgeist, Arbeitsmoral und Opferbereitschaft. Fußballerisch betrachtet fällt eins auf: Bis auf Borussia Dortmund stammten die spielstärksten Westmannschaften allesamt aus Vororten: Katernberg, Horst-Emscher, Hamborn, Emschertal (RW Oberhausen), Meiderich und - natürlich - Schalke. Es handelt sich um im Zuge der Industrialisierung entstandene Kolonien, die nicht nur im Fußballsektor wie geschlossene Wagenburgen wirkten: Zum einen war da die enge Bindung zur Zeche bzw. Hütte, durch die Arbeitsplätze bereitstanden. Zum anderen gab es eine besondere soziale Mischung. Die Kolonien wirkten wie Großfamilien. Das intensive Verhältnis zwischen Spielern, Funktionären und Zuschauern wurde schließlich zum Erfolgsgaranten.

> Der einstige Sodinger Oberligakicker Leo Konopczinski erinnert sich: "Ja, man hatte leichtere Arbeit, in Ordnung, und man kriegte ein paar Pfennige für das Spielen, aber dafür verdiente man ja auch meistens weniger. Da haben wir uns ja auch drüber gefreut, mein Gott, man war nicht mehr direkt vorne vor Ort oder später nicht mehr unter Tage, weil man Fußballer war. Man hatte schon Vorteile. (...) Man kannte sich jahrelang, war praktisch hier zusammen aufgewachsen, hatte zumindest zusammen Fußball gespielt, jeder kannte einen hier dann, und das war eigentlich schöner, wenn man zusammen wegfuhr, wie später mit den Vertragsspielern, die doch häufiger dann schon aus anderen Städten kamen. Mit den alten Sodingern war das eigentlich 'ne Bomben-

Zum Ende der fünfziger Jahre zogen dunkle Wolken am Ruhrgebietshimmel auf. Der Fußball wandelte sich. Die Verhältnisse in der Malocherregion paßten bald nicht mehr so recht in die Zeit. Die Zechen bezahlten ihre Kicker nämlich nicht, sondern stellten ihnen "lediglich" angenehmere Arbeitsplätze zu Verfügung. Als der Fußball dann verstärkt professionalisiert wurde, verloren die Reviervereine rasch an Attraktivität. Da die Zechen nicht als Sponsoren auftreten wollten (und konnten, denn das Zechensterben hatte parallel dazu eingesetzt), zogen viele Jungkicker die Bargeldofferten der Klubs aus den Dienstleistungsstädten vor. Für Katernberg, Sodingen und Horst-Emscher begann der unaufhaltsame Abstieg.

Eines steht jedenfalls trotz allem fest: Die Oberligen paßten perfekt in ihre Zeit. Wiederaufbau, Wirtschaftswunder, Westintegration und Oberligen gehören einfach zusammen. Die Klassen mußten ihren Preis dafür zahlen. Als nämlich Deutschland politisch und wirtschaftlich wieder in die Weltelite aufgenommen wurde, da kam das Aus für sie.

Das langsame Oberligasterben setzte am 4. Juli 1954 ein. Mit diesem magischen Datum wurde Fußball nämlich hoffähig und verlor sein Image als reiner Proletensport. Seine Hochburgen wanderten folgerichtig von den Arbeiterregionen in die Dienstleistungszentren Köln, Frankfurt und München, die fortan zu mächtigen Fürsprechern sowohl der Bundesliga als auch des Profitums avancierten. Als eben diese dann kamen, begannen im Ruhrpott gerade die Bergwerkslichter auszugehen.

Der WM-Titel und die damit verbundene Popularitätswelle hatte jedoch auch noch einen positiven Effekt: Fußball wurde endgültig akzeptiert, selbst in abgelegenen Dörfern. In all' den Orten, in denen sich die Antifußballer bis dahin erfolgreich hatten wehren können, wurden nun Fußballvereine gegründet oder in bereits bestehenden Vereinen Fußballabteilungen eingerichtet.

Den Oberligen bleibt nur der Mythos, Bühne für die über das ganze Land verteilte Fußballmanie gewesen zu sein. Es ist noch mehr geblieben: Den "Alten" die Träumerei von längst vergangenen Hochtagen ihrer Katernberger, Oppauer, Heider, Rödelheimer oder Steglitzer Truppen und den "Jungen", die die Oberligazeit nur aus Büchern und Erzählungen kennen, glänzende Augen. Weil: Schön sind sie allemal, die Geschichten um die Oberligen.

ANMERKUNGEN:

(1) Es handelte sich um die Gauligen: Bayern, Baden und Württemberg sowie Teile von Hessen und Südwest.

(2) Bis auf einige Teile der französischen Zone (Württemberg-Hohenzollern, die Pfalz und das Saarland). Fußballerisch verlor die Region aber praktisch keine Ausnahmemannschaft, denn Kaiserslautern und Saarbrücken sollten erst in den fünfziger Jahren Spitzenklasse werden.

(3) Tatsächlich hatten die Amerikaner den SFA schon wieder zugelassen, ihre Entscheidung aber kurz darauf wieder revidiert.

(4) Weitgehend einstimmig wurde beschlossen, "den Amateurstandpunkt fallenzulassen."

(5) Aus: Skrentny (1993), Seite 73.

(6) Der HSV, Osnabrück und Braunschweig hatten ihre Spiele (gegen St. Pauli bzw. Altona 93, der HSV-Gegner war nicht eruierbar) gewonnen. Kurz vor der vierten Partie zwischen Arminia Hannover gegen Spielvereinigung Blankenese kam das Aus der Briten. Das Spiel fand - als Freundschaftsbegegnung - trotzdem statt und endete 1:1.

(7) Vor Einführung war die Währungsreform (1948) abgewartet worden. Anschließend gab es im Norden und im Westen mit Wirkung vom 24. Juli 1949 Vertragsspieler.

Planitz und die Spaltung
(Die Endrunden von 1948 bis 1963)

Als am Nachmittag des 18. Juni 1944 die Spieler vom Dresdner SC und Luftwaffen SV Groß-Hamburg den Rasen des Berliner Olympiastadions betraten, müssen sie eigentlich schon geahnt haben, daß es wohl das vorläufig letzte Endspiel um die Deutsche Meisterschaft werden würde. Schließlich waren die Alliierten dabei, sternförmig auf Berlin zuzumarschieren, und sie standen bereits bedrohlich nahe am Ort des Geschehens. Für die Dresdner bedeutete der Kick noch wesentlich mehr. Es war nämlich das letzte "großdeutsche" Endspiel aller Zeiten. Umso erfreulicher für die Sachsen, daß sie sich den allerletzten für sie zu erringenden Titel mit einem deutlichen 4:0-Sieg auch sicherten.

Drei meisterlose Jahre

Ein Jahr später hatte sich die Situation gewaltig verändert. Deutschland existierte (offiziell) nicht mehr, sämtliche Fußballvereine waren konsequent aufgelöst worden. An ein Endspiel um die Deutsche Meisterschaft war ganz und gar nicht zu denken. Zwar kickten in einigen Gegenden des geschlagenen Landes schon wieder vereinzelt Balltreter gegen zumeist recht verhunzte Lederkugeln.

Um daraus einen geregelten Wettbewerb zu machen, reichte es bei weitem noch nicht. Ganz abgesehen davon, daß die siegreichen Militärs so etwas gar nicht erlaubt hätten, denn dort, wo bereits wieder Sport betrieben werden durfte, markierte die Kreisgrenze das Ende all ihrer sportlichen Träume.

Robert Schlienz,
Stuttgarts Meisterschütze,
gemeinsam mit
Dr. Fritz Walter

Erst 1946 entspannte sich die Situation allmählich. Mit Ausnahme der sowjetischen Zone hatte man im Herbst überall regionale Meister ermittelt, die nun natürlich neugierig darauf waren, wer wohl der beste im Lande sei. Wie sollte man das aber anstellen, in einer Zeit, in der kaum die elementarsten Grundbedürfnisse der Menschen gedeckt waren? Einige hatten offensichtlich eine Vorstellung davon, denn am 5. Juni 1946 konnte man in der *Rheinischen Post* über die Idee einer "auf die drei westlichen Besatzungszonen" beschränkten Meisterschaft nachlesen. Ein Gremium, bestehend aus Dr. Fritz Walter (Stuttgart), Dr. Heisterkamp (Duisburg) und Wilhelm Quermann (Hannover) hatte sich die ganze Sache ausgedacht, man hatte sogar schon konkrete Terminvorschläge parat. Am 21. Juli sollte die Vorrunde über die Bühne gehen, am 4. August das Halbfinale und der 18. August sollte großer Endspieltag werden. Zwei Wochen vor dem Start kam die Absage: "Auf einer Besprechung wurde der Beschluß gefaßt, die Austragung einer Deutschen Fußballmeisterschaft bis 1947 hinauszuschieben". In der *Rheinischen Post* hieß es weiter:

Ausschlaggebend hierfür war die überaus schwierige Terminfrage, die dadurch kompliziert worden ist, daß der Westen erst im Laufe des August seine Vertreter ermitteln kann, während Süddeutschland Anfang September bereits seine neue Verbandsmeisterschaft beginnen will.

Selbst wenn man sich auf Termine geeinigt hätte, die Alliierten hätten die ganze Sache wohl kaum zugelassen. Schließlich wurde ein zonenübergreifender Spielverkehr noch immer nicht geduldet. Die Hoffnungen ruhten auf dem Folgejahr, in dem man sich mit frischem Elan erneut an die Arbeit machte. Inzwischen hatten Funktionäre aus den drei Westzonen mit dem Deutschen Fußballausschuß (DFA) ein "landesweites" Gremium geschaffen, das sich zentral mit der Endrundenfrage beschäftigen sollte und auch recht bald entsprechende Rahmenrichtlinien veröffentlichte. Bis zum 1. Juli sollten demnach die Teilnehmer gemeldet werden. Erwartungsvoll blickte man im Stuttgarter DFA-Quartier in die Zukunft. Die Funktionäre hatten die Rechnung ohne die Aktiven gemacht, denn vor allem aus dem Süden kamen scharfe Absagen. Der 1. FC Nürnberg beispielsweise ließ die Öffentlichkeit wissen, daß es an technischen Voraussetzungen zur Durchführung der Spiele fehle, die sowjetische Zone überhaupt nicht berücksichtigt worden sei (obwohl die DFAler sie mit eingeplant hatten) und die Vorbedingungen für die Kandidaten zu unterschiedlich seien. Denn während sie 38

Meisterschaftsspiele unter schwierigen Bedingungen austrugen, hätten die anderen Kandidaten nur einen Bruchteil der genannten Zahl benötigt.[1]

1947 gab es also erneut keine Meisterschaft, und wiederum ist zu bezweifeln, ob die Alliierten der ganzen Sache überhaupt zugestimmt hätten. Denn das Verbot, über die Zonengrenzen hinaus zu kicken, hatte sich kaum gelockert.

Alliierte sagen "Yes"

1948 war es dann aber soweit. Die in allen drei Westzonen bestehenden Oberligen hatten für annähernd vergleichbare Verhältnisse gesorgt, womit die Vorjahresbedenken der süddeutschen Funktionäre aus dem Weg geräumt waren. Auch die Alliierten zeigten Verständnis und genehmigten den Wettbewerb. Allerdings nur unter der Voraussetzung, daß dies nicht zur Gründung eines zonenübergreifenden Verbandes führen würde. Doch genau das hatten die DFAler um Peco Bauwens vor.

Tatsächlich wurde am 1. Juli 1949, dem ersten Bundestag des DFA, die (inoffizielle) Umbenennung in "DFB" vorgenommen. Offiziell anerkannt wurde der DFB allerdings erst am 21. Januar 1950.

Bleiben wir bei der Meisterschaftsendrunde. Aus verkehrstechnischen Gründen beschränkte man sich auf acht Teilnehmer, die im altehrwürdigen k.o.-System um die erste Nachkriegsmeisterschaft kicken sollten. Neben den drei Westzonen wollte man auch ostzonale Vertreter einladen. Nach allerlei Querelen, jede Region wollte natürlich die meisten Teilnehmer stellen dürfen, einigte man sich schließlich auf zwei Vertreter pro Zone.

Am 18. Juli 1948 ging es los. Für den Süden traten Meister 1. FC Nürnberg und Vizemeister TSV 1860 München an, aus dem Südwesten schickte man den 1. FC Kaiserslautern und Emporkömmling TuS Neuendorf; die britische Zone bangte mit dem Hamburger SV und FC St. Pauli, die in der Qualifikationsendrunde sensationell alle Westvereine aus dem Weg geräumt hatten.[2] In der sowjetischen Zone war die Angelegenheit um einiges komplizierter. Schließlich war die drohende Spaltung Deutschlands schon ziemlich weit fortgeschritten, außerdem unterschied sich der Sportaufbau zwischen den drei Westzonen und der Ostzone gewaltig. Dazu kam, daß der Wettbewerb vom DFB "Nachfolger" DFA ausgerichtet wurde. Eine Tatsache, die die Sowjets gar nicht gerne sahen. Auf Druck der FDJ gaben sie schließlich nach, und die ostdeutschen Fußballfreunde konnten der DFA-Auflage, einen Berliner sowie einen "Restzonenmeister" zu benennen, schließlich nachkommen. Für die Sportfunktionäre begannen die Probleme jedoch erst: Einen Berliner Meister zu benennen war kein Problem, denn gerade erst hatte der *SC Union 06 Oberschöneweide* die gemeinsame Stadtliga gewonnen. Allerdings gab es zwischen Ostsee und Erzgebirge noch keine oberligaähnliche Spielklasse.

Volles Haus in Freiburg. Fortuna traf im Rahmen der Zonenmeisterschaft auf den 1. FC Kaiserslautern.

In Windeseile wurde ein an anderer Stelle ausführlich beschriebener k.o.-Wettbewerb ausgeschrieben, der von der *Sportgruppe Planitz* gewonnen wurde. Damit waren die acht Endrundenteilnehmer komplett.

Es wäre zu schön gewesen, wenn nun alles glatt gegangen wäre. Wieder einmal versalzte die Politik den Fußballern die Suppe. Kurz bevor die Planitzer nach Stuttgart fahren wollten, wo der 1. FC Nürnberg auf sie wartete, kam nämlich das Rotsignal der sowjetischen Militärs: Reiseverbot! Geknickt packten die Sachsen ihre Stiefel wieder aus und mußten mit ansehen, wie der Klub kampflos in die nächste Runde einzog, dort den FC St. Pauli mit 3:2 nach Verlängerung besiegte und sich mit einem 2:1-Sieg über den 1. FC Kaiserslautern den siebten deutschen Meistertitel sicherte.

Dem zweiten ostdeutschen Vertreter war es etwas besser ergangen. Die Oberschöneweider hatten ihr Spiel gegen den FC St. Pauli quasi um die Ecke im Berliner Olympiastadion austragen dürfen, hatten also keine Reiseprobleme. Weder die elf Aktiven noch die 70.000 Zuschauer werden wohl jemals diese neunzig Minuten vergessen. Mit 0:7 wurden die Wuhlheider vom FC St. Pauli nämlich regelrecht deklassiert! Daß sie dennoch mit Beifall vom Publikum verabschiedet wurden, hat einen ironischen Beigeschmack. Wer konnte schon ahnen, daß 42 Jahre dauern sollte, ehe Union wieder einmal den Rasen des Olympiastadions betreten sollte![3]

Im nächsten Jahr sorgte die Politik dann dafür, daß die Frage nach einer gesamtdeutschen Meisterschaft endgültig beantwortet wurde: Erst kam die Währungsreform, dann die Gründung der Bundesrepublik, schließlich die der DDR. Am 9. November 1949 gab es zweimal Deutschland und damit auch zwei Deutsche Meister.

Das Sportleben ging trotz allem weiter, obwohl von nun an - zumindest in diesem Kapitel - von der bundesrepublikanischen Meisterschaft gesprochen werden muß. Immerhin konnte diese, nachdem sich die Verkehrsverhältnisse wieder einigermaßen normalisiert hatten, wieder im Gruppenspielsystem ausgetragen werden. Schon 1951 war es soweit: Meister- und Vizemeister aus dem Süden, Westen und Norden sowie Südwest- und Westberliner Meister trafen sich fortan allsommerlich, um in Gruppenspielen zwei Finalisten zu ermitteln.[4]

Keine Zentrenbildung

Wie schon im vorherigen Kapitel beschrieben, schwamm Fußball in den Nachkriegsjahren auf einer gewaltigen Popularitätswelle. Auch die Zuschauerzahlen bei den Endspielen spiegeln das wider, denn während es 1948 noch "lediglich" 75.000 gewesen waren, stellten im Jahr darauf 92.000 Fans den Nachkriegsrekord auf. Aber auch sportlich betrachtet waren es spannende Zeiten.

Lassen wir unseren Blick ein wenig über die Namen der Endspielteilnehmer schweifen: Nürnberg, Kaiserslautern, Mannheim, Dortmund, Offenbach, Münster, Saarbrücken, Hannover, Essen, Karlsruhe, Hamburg, Schalke, Frankfurt und Köln stritten sich um die Meisterkrone. Verglichen mit den Vorkriegsendspielen sind das relativ viele verschiedene Teams; insbesondere ein regionales Zentrum ist nicht zu entdecken. Jeweils sechs Meistertitel gingen nämlich in den Süden und Westen, jeweils zwei in den Norden bzw. Südwesten. Lediglich Berlin ging völlig leer aus, aber an der Spree haderte man auch mit den politischen Umständen.

Bei genauerer Betrachtung fallen allerdings "Regionalepochen" auf. Es begann mit dem starken Süden, namentlich Nürnberg, Mannheim und Stuttgart. In der ehemaligen amerikanischen Zone zehrte man noch von dem zeitlichen "Oberligavorsprung", denn dort hatte man ja zwei Jahre vor den anderen Regionen die besten Teams in einer Klasse vereinen können. Parallel mit den Süderfolgen verlief die Zeit des südwestdeutschen 1. FC Kaiserslautern. 1955 läutete Rot-Weiß Essen dann die Westphase ein: Viermal in Folge wurde Europas platteste Meisterschale zwischen Essener Hafenstraße, Schalker Glückauf-Kampfbahn und Dortmunder Rote Erde hin- und hergeschoben. Die anschließenden "vorbundesligischen" Jahre ab 1959 hingegen waren vom Wechsel geprägt: Frankfurt, Hamburg, Nürnberg, Köln und erneut Dortmund gewannen die Schale. Einzig die sich langsam abzeichnende Dominanz der "Dienstleistungsstädter" ist zu bemerken und gibt einen Hinweis auf den sich vollziehenden Wandel.

Elf Freunde

Einige Teams müssen jedoch hervorgehoben werden. Der 1. FC Kaiserslautern zählt mit Sicherheit dazu. Immerhin lebte die siegreiche 1954er WM-Elf von den Pfälzern, die selbst aber nicht gerade durch herausragende Erfolge auffielen. Zwar standen sie fünfmal im Meisterschaftsendspiel, gewannen aber lediglich 1951 mit 2:1 gegen Preußen Münster und 1953 mit 4:1 gegen den VfB Stuttgart. Insofern ist ihre Endspielgeschichte durchaus als "tragisch" zu bezeichnen.

Die Endspiele von 1948 bis 1963

08.08.1948	1. FC Nürnberg - 1. FC Kaiserslautern	2:1
10.07.1949	VfR Mannheim - Borussia Dortmund	3:2 n.V.
25.06.1950	VfB Stuttgart - Offenbacher Kickers	2:1
30.06.1951	1. FC Kaiserslautern - Preußen Münster	2:1
22.06.1952	VfB Stuttgart - 1. FC Saarbrücken	3:2
21.06.1953	1. FC Kaiserslautern - VfB Stuttgart	4:1
23.05.1954	Hannover 96 - 1. FC Kaiserslautern	5:1
26.06.1955	Rot-Weiß Essen - 1. FC Kaiserslautern	4:3
24.06.1956	Borussia Dortmund - Karlsruher SC	4:2
23.06.1957	Borussia Dortmund - Hamburger SV	4:1
18.05.1958	FC Schalke 04 - Hamburger SV	3:0
28.06.1959	Eintracht Frankfurt - Kick. Offenbach	5:3 n.V.
25.06.1960	Hamburger SV - 1. FC Köln	3:2
24.06.1961	1. FC Nürnberg - Borussia Dortmund	3:0
12.05.1962	1. FC Köln - 1. FC Nürnberg	4:0
29.06.1963	Borussia Dortmund - 1. FC Köln	3:1

An anderen Orten der Republik klappte es besser. 1956 beispielsweise ging in der Dortmunder Rote Erde eine ganz besondere Saat auf: Die der "elf Freunde". Am 24. Juni liefen nämlich Kwiatkowski, Burgsmüller, Sandmann, Schlebrowski, Michallek, Bracht, Peters, Preißler, Kelbassa, Niepieklo und Kapituloki ins Berliner Olympiastadion ein, exakt die gleichen elf Männer, die ein Jahr später den Rasen des Niedersachsenstadions zu Hannover betraten. Beide Male waren die Schwarzgelben angetreten, um Deutscher Meister zu werden - was ihnen auch beide Male gelang. 1956 bezwangen sie den Karlsruher SC mit 4:2, 1957 den Hamburger SV mit 4:1. Niemals zuvor hatte der Begriff "Titelverteidiger" so exakt gepaßt, wie auf diese elf Dortmunder Jungs!

Das spannendste aller Nachkriegsendspiele aber fand am 28. Juni 1959 statt. Es standen sich die Frankfurter Eintracht und die Offenbacher Kickers gegenüber, eigentlich hätte der Endspielort nur Frankfurter Waldstadion heißen können.

Immerhin liegen Eintrachts Heimat *Riederwald* und der Offenbacher *Bieberer Berg* gerade einmal sechs Kilometer Luftlinie auseinander. Beim DFB beharrte man jedoch auf Berlin, und so pilgerten Zehntausende von Frankfurtern und Offenbachern quer durch die sowjetische Zone in die alte Hauptstadt.

Trotzdem war das Olympiastadion mit seinerzeit 93.917 vorhandenen Plätzen bei 75.000 Besuchern nicht gerade prall gefüllt. Sportlich betrachtet bekam es allerdings wirkliche Spitzenklasse zu sehen. "Erlebten wir nach 1948 schon ein ähnlich dramatisches Finale?" fragte tags darauf das "Sport-Magazin", und tatsächlich war es in den 120 Minuten hoch hergegangen. Die Torfolge verrät einiges von der Spannung: 1:0, 1:1, 2:1, 2:2, 3:2, 4:2, 4:3 und schließlich 5:3 - die Frankfurter Eintracht war erst- (und einmalig) Deutscher Meister.

Ein Jahr vor Frankfurts Triumph war noch einmal kurzzeitig ein Stern am Fußballhimmel aufgetaucht, dessen große Tage längst vergangen waren. Die Nachfolger der famosen Schalker Knappen bezwangen im 1958er Endspiel Nordmeister Hamburger SV mit 3:0, womit die Meistertrophäe zum siebten Mal an den Schalker Markt wanderte.

Kommen wir zum Ende. Am 29. Juni 1963 wurde ein langes Kapitel in der deutschen Fußballgeschichte abgeschlossen. Angeführt von Schiedsrichter *Tschenscher* eilten Borussia Dortmund und der 1. FC Köln auf den Rasen des Stuttgarter Neckarstadions, um zwei Monate vor dem Startschuß der 1. Bundesliga den letzten in einem Endspiel ermittelten Deutschen Meister zu finden. *Kurrat, Wosab* und *Schmidt* trafen das Kölner Gehäuse zum Dortmunder 3:1 Sieg.

Sechzig Jahre nach dem ersten Endspiel hatte man endlich ein besseres System gefunden, einen deutschen Meister zu ermitteln: Die 1. Bundesliga.

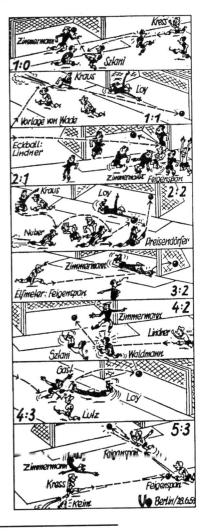

ANMERKUNGEN

(1) Damit hatten die Klub-Bosse durchaus Recht, denn die bereits seit 1945 bestehende Oberliga Süd forderte die Teilnehmer weitaus mehr, als beispielsweise die Landesliga Westfalen 2 die Dortmunder Borussia oder die Ruhrbezirksmeister den SC Rot-Weiß Essen.

(2) In der britischen Zonenmeisterschaft hatten sich der HSV gegen den VfB Lübeck (5:2), Hamborn 07 (1:0) und TSV Braunschweig (3:2) und Sankt Pauli gegen Horst-Emscher (3:1) und Borussia Dortmund (2:2 und 1:0) durchgesetzt.

(3) Erst nach Öffnung der Grenzen 1989 konnte "Nachfolger" 1. FC Union erstmalig wieder im Olympiastadion antreten.

(4) 1954 gab es wegen der WM nur eine verkürzte Runde, an der lediglich die Meister teilnehmen durften. Ab 1955 erhielt auch der Südwest-Vizemeister Teilnehmererlaubnis. Dadurch mußte jeweils vor Beginn der Endrunde ein Qualifikationsspiel stattfinden.

Europas Fußballentwicklungsland erwacht
(Die 1. Bundesliga)

Man stelle sich einmal vor, *Sepp Herberger, Franz Kremer* und *Hermann Neuberger* wären dreißig Jahre früher geboren worden. Und hätten sich mit derselben Vehemenz für eine reichsweite höchste Spielklasse eingesetzt, wie sie es Ende der 50er Jahre für die bundesrepublikanische taten. Stellen wir uns weiter vor, daß die sechzehn Gaumeister der Saison 1933/34 automatisch für diese Klasse qualifiziert gewesen wären. Dann hätten der "1. Reichsliga": Preußen Danzig, Viktoria Stolp, Viktoria Berlin, Beuthen 09, Dresdner SC, Wacker Halle, Eimsbüttler TV, Werder Bremen, Schalke 04, VfL Benrath, Mülheimer SV 06, Borussia Fulda, Kickers Offenbach, SV 07 Waldhof, Union Böckingen und der 1. FC Nürnberg angehört.

Als 1963 der Traum von der reichsweiten höchsten Spielklasse endlich wahr wurde, war aus dem einstigen Reich die erheblich verkleinerte Bundesrepublik geworden. Auch die Zusammensetzung der Spitzenvereine hatte sich verändert, denn von den vermeintlichen Reichsligisten nahmen lediglich Schalke 04, der 1. FC Nürnberg und Werder Bremen das Rennen um Bundesligapunkte auf. Natürlich, Danzig, Stolp und Beuthen kickten nun um polnische Punkte; Dresden und Halle um die der DDR[1]. Was war mit Viktoria Berlin, Mülheim 06, Eimsbüttel, Benrath, Fulda, Offenbach, Böckingen und Waldhof? Eigentlich hätten nur die Offenbacher Kickers - sportlich betrachtet - in die 1. Bundesliga hineingemußt, aber dazu später mehr. Mülheim war zwischenzeitlich in Viktoria Köln aufgegangen, aber die waren ebenfalls nur zweitklassig. Und den anderen fünf Teams war regional schon lange das Wasser abgegraben worden, sie standen, hinter Hertha BSC, Hamburger SV, Meidericher Spielverein, 1. FC Kaiserslautern und dem VfB Stuttgart, nur noch im zweiten Glied.[2]

Regionale Dümpeleien

International betrachtet war die Bundesrepublik wahrlich ein Entwicklungsland, als am 28. Juli 1962 endlich die Einführung einer bundesweiten höchsten Spielklasse, sprich der 1. Bundesliga, beschlossen wurde. Überall in Europa spielten die Vereine nämlich bereits seit Jahrzehnten in landesweiten Klassen, selbst weitaus größere Länder wie Frankreich oder die Sowjetunion hatten den Bedürfnissen ihrer Kicker schon seit langem entsprochen[3]. Sogar im "anderen" Deutschland hatte man schon 1950 die "Kräfte vereint" und so kam es, daß in der Bundesrepublik noch immer 80 Oberligisten das irreführende Banner "Erstklassig" trugen, während in England bereits über eine Reduzierung der 22er Klasse auf 18 diskutiert wurde. In der Bundesrepublik waren es vor allem süddeutsche Funktionäre, die sich gegen die Einheitsklasse sperrten. Getragen von einer Nibelungentreue zum "reinen" Amateurfußball und der Überzeugung, daß ihr Verbandsgebiet noch immer als ein Synonym für deutsche Fußballbrillanz stehe, wiesen sie dickköpfig jeden Änderungsvorschlag ab. 1956, immerhin zwei Jahre nach dem Gewinn der Weltmeisterschaft, ließ die *Arbeitsgemeinschaft der süddeutschen Vertragsspielervereine* Fußballdeutschland wissen, daß den Klubs ihrer Meinung nach "die wirtschaftlichen Voraussetzungen fehlen würden und das Profitum grundsätzlich den Aufgaben und sportlichen Zielen der Vereine widerspräche".

Die Realität sah anders aus. In einer süddeutschen Vereinszeitung wurden die eigenen Verbandsvorsitzenden nämlich im selben Jahr mit folgenden Worten getadelt:

Die Zuschauer resignieren ... bei der Monotonie im Spielbetrieb, die Zahlen werden geringer, und den Amateurvereinen fehlen die Mittel zur Bestreitung des Spielbetriebes und Ausbildung des Nachwuchses. Irgendwann wird dann der Fußballsport kein Volkssport mehr sein.[4]

Demnach war es also gerade das Festhalten am zwar bewährten, aber nicht mehr zeitgemäßen System der Oberligen, das ursächlich für die fehlenden wirtschaftlichen Voraussetzungen war! Natürlich wären bei einem freien Spiel der Kräfte, wie es die Bundesliga zwangsläufig mit sich gebracht hätte, Derbies wie Waldhof gegen Neckarau oder Wacker gegen 1860 München aufs äußerste gefährdet gewesen. Und vielleicht liegt ja da die wahre Ursache des provinziellen Verharrens der Süddeutschen, die eher ihre liebgewonnene, aber reichlich verstaubte Tradition retten wollten, als zum Anschluß des bundesdeutschen Fußballs an europäisches Niveau beizutragen. Denn darüber durfte auch der Berner Sensationserfolg von 1954 nicht hinwegtäuschen: International betrachtet hinkte man den großen Ländern wie Spanien, Italien und Frankreich um einiges hinterher.[5]

Die Bundesligafrage war so neu gar nicht, denn schon in den 30er Jahren hatten einige weise Funktionäre die Einführung einer "Reichsliga" gefordert - die vermutlich ähnlich bestückt gewesen wäre, wie in dem einführenden Gedankenspiel.[6] Damals hatten die großen Entfernungen noch ein echtes Problem dargestellt, obwohl beispielsweise der französische Erstligist Olympique Lille ähnlich weit zu seinem Auswärtsspiel in Marseille reisen mußte, wie es die Danziger Preußen zu einem eventuellen Reichsligaderby beim Heilbronner Vorortsklub Union Böckingen hätten tun müssen. Die Entfernungen waren nicht das eigentliche Problem, denn selbiges bestand - Parallelen zu den 50er Jahren sind unübersehbar - im Profitum. Eine Reichs- wie Bundesliga auf reiner Amateurebene war, selbst die Funktionäre mußten das eingestehen, allein aus zeitlichen Gründen für die Aktiven kaum vorstellbar. Die Kicker hätten also, wie in vielen europäischen Ländern, bezahlt werden müssen[7].

Während die Profifrage in den Dreißigern vom Hitlerregime, das den bezahlten Fußball konsequent ablehnte, "gelöst" wurde, sorgte sie in den Fünzigern für heftigste Debatten auf allen Ebenen. So richtig los ging es aber erst 1954, denn bis dahin waren die Oberligen ein paßgenauer Bestandteil der Wirtschaftswunderrepublik. Die enormen Zuschauerzahlen allerorten gaben aber keinen Anlaß, über eine Spielklassenveränderung nachzudenken.

Der Weltmeister ohne Liga

Nach dem sensationellen Berner Endspielsieg von 1954 nutzte Bundestrainer Herberger den verstärkten Stimmungsaufschwung, um vehement die Einführung einer Bundesliga zu fordern. Auf den ersten Blick erscheint Herbergers Tun durchaus widersprüchlich, schließlich hatte der Weltmeistertitel augenscheinlich die Richtigkeit des bundesdeutschen Systems bestätigt - vor allem im Vergleich zu den "Profiländern" Frankreich und England, die vorzeitig ausgeschieden waren.[8] Der "Alte" war nicht umsonst als "schlauer Fuchs" bekannt. Seine Heldenelf war bekanntlich vornehmlich von der damaligen Kaiserslauterer Zuckertruppe um Fritz Walter gebildet worden.

Dabei hatte Herberger der Erkenntnis Rechnung getragen, daß man mit Blockbildung einiges mehr erreichen kann. Eine vergleichbare Blockbildung hielt der Bundestrainer auch für den hochklassigen Vereinsfußball erforderlich, vor allem, um den erreichten Logenplatz im Weltfußball nicht sogleich wieder zu verlieren.[9] Unterstützung fand er beim damaligen Sprecher der Westvereine im Vertragsligaauschuß, dem Kölner Präsidenten und gleichzeitigen Vorsitzenden der *Interessengemeinschaft Bundesliga und Berufs-Fußball*, Franz Kremer. Zwei Jahre nach Bern erweiterte der Saarbrücker Hermann Neuberger das Duo zu einem Trio. Neuberger hatte sich in den Jahren zuvor leidenschaftlich für die Rückkehr des saarländischen Fußballs unter DFB-Obhut eingesetzt und war ebenfalls glühender Anhänger der Bundesligaidee.

Als der spätere DFB-Präsident[10] hinzustieß, war die Bundesligafrage brennender denn je geworden. Zwischenzeitlich hatten nämlich die ersten Elitekicker das 320-Mark-Land in Richtung Italien verlassen, wo sie wesentlich fürstlicher für ihre Künste belohnt wurden.[11] Dem deutschen Fußball drohte ein Ausbluten, und als dann auch noch die Weltmeisterschaft 1958 als Rückschlag eingestuft werden mußte, erkannten sogar die standhaftesten Verfechter des Amateurstatus in den regionalen Verbandszentralen, daß es so nicht weitergehen könne. Ganz langsam bewegte sich der schwerfällige Verbandsapparat vorwärts. In der *Kicker*-Ausgabe Nr. 30 vom 29. Juli 1957 findet sich unter der zukunftsweisenden Überschrift *"Die Bundesliga kommt!"* folgendes:

Die Entscheidung fiel 12.16! Am Samstagnachmittag, 27. Juli 1957. In der lichtdurchfluteten, weiten Sporthalle der badischen Sportschule auf dem Turmberg bei Karlsruhe hatte das Parlament des Deutschen Fußballs mit allen Stimmen einem maßvoll formulierten und eindrucksvoll begründeten Antrag des Westdeutschen Fußballverbandes stattgegeben.

Was war passiert? Der Lippstädter Bürgermeister Koenen, seines Zeichens Vorsitzender des *Fußball- und Leichtathletik Verbandes Westfalen*, hatte einen Antrag vorgetragen, mit dem er die Einberufung eines außerordentlichen Bundestages forderte, auf dem eine einzige Frage diskutiert werden sollte:

Kommt der DFB mit dem geltenden Vertragsspieler-Statut noch aus, oder ist eine Neuordnung in bezug auf die gegen Entschädigung tätigen Fußballspieler und das Spielsystem notwendig?

Da war sie also wieder, die "Entschädigungsfrage", sprich "der Berufsspieler". Nun muß an dieser Stelle ein erläuternder Rückblick getätigt werden. In der Oberliga waren seit dem 30. Mai 1949 nur noch Vertragsspieler zugelassen, was bedeutete, daß die Spieler eine monatliche Aufwandsentschädigung von (höchstens) 320,- DM beziehen durften - sie also weiterhin einem geregelten Beruf nachgehen mußten, denn auch damals konnte man von gut dreihundert Mark weder leben noch sterben. Gleichzeitig verlangten die Vereine aber von ihren nunmehrigen "Angestellten" eine verstärkte Trainingsbereitschaft. Hätte nun ein Aktiver daraufhin seine tägliche Arbeitszeit gekürzt (um auch noch ein wenig Freizeit zu haben), so wäre ihm das vom Lohn abgezogen worden, denn er war "gewöhnlicher" Berufstätiger, und die 320.- DM galten lediglich als "Aufwandsentschädigung".[12]

Kaum verwunderlich, daß die Spitzenspieler bald "unter der Hand" Gelder bekamen, denn die Stadien waren regelmäßig prall gefüllt, und offiziell standen den Spielern nur die Krümel vom Kuchen zu. Diese Schwarzzahlungen waren ein mehr oder weniger offenes Geheimnis. Der DFB maß mit zweierlei Maß. Dazu ein Beispiel: 1956/57 bekam der SV Sodingen vier Punkte abgezogen, da den Spielern Adamik, Harpers, Wächter, Edler, Gärtner, Konopczinski und Demski nach

Schon im Großvateralter: Die Väter der Bundesliga. Von links: Franz, Bauwens, Gösmann, Paßlack.

der erfolgreichen Endrundenteilnahme 1955 zusätzliche Gelder gezahlt worden waren. Die Sodinger hatten nämlich in den drei Spielen über 100.000 Zuschauer begrüßen können, und ihre Bosse wußten, wem sie das zu verdanken hatten. Sodingen ging also mit vier zusätzlichen Minuspunkten belastet in die Saison, den genannten Spielern wurden Geldstrafen auferlegt, die zwischen 1.000,- DM (Harpers) und 286,- DM (Adamik) lagen. Gleichzeitig wurde dem TSV 1860 München, der eines vergleichbaren Vergehens angeklagt war, nur der erhobene Zeigefinger präsentiert. Die Sodinger grollten nicht grundlos und sahen sich als klassischer Bergmannsverein ohne große Lobby verbandsinternen Intrigen ausgesetzt.

Kommen wir zurück zur Bundesligafrage. Deren Beantwortung zog sich nämlich schleppend dahin, denn obwohl man 1957 tatsächlich eine zwölfköpfige Kommission einrichtete, dauerte es noch sechs weitere Jahre, ehe der Ball endlich freigegeben wurde. In mühsamen, kleinen Schritten bewegte man sich voran, wobei Hermann Neuberger erst 1960 mit einem erfolgreichen Antrag auf Verringerung der Anzahl der Vertragsspielermannschaften der Durchbruch gelang. Anschließend wurde nämlich erneut eine Kommission ins Leben gerufen, die tatsächlich ein Jahr später stolz - und so, als hätte sie eine bislang verschollene Wahrheit entdeckt - die Einführung einer "1. Bundesliga" vorschlug! Nun war es aber auch wirklich Zeit geworden, denn die Weltmeisterschaft in Chile hatte allen deutlich vor Augen geführt, wie groß der Abstand des bundesdeutschen Fußballs von der Weltelite in der Zwischenzeit geworden war. So kam, was kommen mußte.

Am 28. Juli 1962 versammelten sich 129 Verbandsdelegierte unter dem DFB-Banner, um über Sein oder Nichtsein des bundesrepublikanischen Bundesligafußballs abzustimmen. Bevor es losging, wurde noch schnell DFB-Präsident Dr. Peco Bauwens von dem Osnabrücker Dr. Hermann Gösmann abgelöst, dann begann eine Debatte, die wohl mehr Zuhörer als jede bisherige Bundestagsdebatte hatte. Grundsätzlich standen sich zwei Flügel gegenüber: Auf der einen Seite die Klubchefs der Oberliga West[13], die, gemeinsam mit Saarlands Fußballvater Hermann Neuberger, eine 1. Bundesliga ab 1. August 1963 beschlossen haben wollten.

Auf der anderen Seite die Süd- und Südwestler, denen sich der Hamburger SV angeschlossen hatte und die bei ihrem kategorischen "Nein" blieben[14]. Die Befürworter zerstückelten ihren Antrag in drei Teile:

1.) Soll am dem 1. 8. 1963 eine zentrale Spielklasse mit Lizenzspielern unter Leitung des DFB eingeführt werden?

2.) Soll die neue Klasse mit oder ohne Vollprofis eingeführt werden?

3.) Sollen in der neuen Klasse Lizenzspieler spielen oder nicht?

und ließen abstimmen.[15]

Um 17.14 Uhr, einer Uhrzeit, die in den kommenden Jahrzehnten Bundesligageschichte machen sollte, stand das erste Ergebnis fest. Die im Saal herrschende Hochspannung wich augenblicklich einem lauten Stimmengewirr, denn von den 129 Anwesenden hatten sich lediglich 26 gegen die neue Klasse ausgesprochen. Womit das frischgeborene neue "liebste Kind" problemlos die Zweidrittelmehrheit erreichte, und das war mehr, als selbst die kühnsten Optimisten erwartet hatten!

Es gab ja noch zwei weitere Anträge. Offensichtlich waren die Delegierten nun der Ansicht, genug gewagt zu haben, und so lief alles wieder in gewohnten Bahnen. Die zweite Frage wurde nämlich mit *Nein* beantwortet, die dritte bejaht, womit die Bundesliga zwar eine Lizenzspieler- aber keine Berufsspielerklasse wurde. Worin der Unterschied zwischen einem Lizenz- und einem Berufsspieler bestand, vergaßen die alten Herren allerdings ebenso zu klären, wie die Frage nach der Klassenstärke und vor allem der Teilnehmerauswahl.

---

16 aus 74

Zunächst einmal ging ein "Hurra" durchs Land, und von Holstein Kiel im Norden bis Schwaben Augsburg im Süden waren alle davon überzeugt, der neuen Klasse auch anzugehören. Den Vereinen wurde bis zum 31. Dezember 1962 Zeit gelassen, sich zu bewerben, die Zwischenzeit nutzte die Bundesligakommission dazu, die Rahmenrichtlinien zu schaffen. Einige Dinge waren rasch geklärt und stießen auch kaum auf Widerstand, so zum Beispiel, daß das Stadion mindestens 35.000 Plätze aufweisen und außerdem mit einer Flutlichtanlage ausgerüstet sein muß[16]. Andere waren komplizierter, allen voran das Lizenzspielerstatut. Klären wir zunächst den Begriff *Lizenzspieler*. Laut Meyers Taschenlexikon ist das jemand,

Der auf der Basis einer vom DFB erteilten Spielerlizenz als Angestellter seines Vereins gegen feste monatliche Vergütung (und zusätzliche Prämien) spielberechtigt ist.

Außerdem sei er, so schiebt Meyers nach,

Dem Berufsspieler gleichzusetzen[17].

Nun das galt 1963 sicherlich noch nicht, denn einen Berufsfußballer hatte man ja gerade erst abgelehnt. Darüber, daß die 320,- DM Verdienstgrenze mit der Bundesliga erhöht werden müsse, darüber waren sich selbst die hartnäckigsten Verfechter des "Dabei-sein-ist-alles-Gedanken" klar, denn allein an Reisezeit würden die Bundesligakicker nun weitaus mehr benötigen, als es bisher die Oberligaspieler taten. Am 6. Oktober 1962 legte der DFB-Beirat das mit großer Spannung erwartete Lizenzspielerstatut vor.

Pro Nase sah es maximal 500 DM brutto als Grundgehalt vor, dazu durften Prämien[18] ausgeschüttet werden; *summa summarum* konnte der normalverdienende Bundesligaspieler rund 1.200 DM im Monat mit nach Hause nehmen. Für die ganz Großen wie Uwe Seeler oder Max Morlock ließ der DFB, um sie gegen die Verlockungen aus dem Ausland widerstandsfähiger zu machen, sogar bis zu 2.500 DM monatlich zu[19]. Ein Witz, wenn man diese Summe mit den damaligen Verdienstmöglichkeiten in Italien vergleicht! Was für die Vereine am wichtigsten war: Das Statut erlaubte die Forderung von Ablösesummen, wobei die Höchstgrenze auf 50.000 DM festgelegt wurde, wovon der Spieler bis zu 10% Handgeld kassieren

> Diese 46 bewarben sich voller Hoffnung auf einen Bundesligaplatz:
> **Süd:** Eintracht Frankfurt, Offenbacher Kickers, 1. FC Nürnberg, Karlsruher SC, VfB Stuttgart, Bayern München, SpVgg. Fürth, VfR Mannheim, Schweinfurt 05, TSV 1860 München, Schwaben Augsburg, Bayern Hof und Hessen Kassel
> **Südwest:** 1. FC Kaiserslautern, 1. FC Saarbrücken, FK Pirmasens, Borussia Neunkirchen, Wormatia Worms, Saar 05 Saarbrücken und Sportfreunde Saarbrücken
> **West:** 1. FC Köln, Borussia Dortmund, Schalke 04, Alemannia Aachen, Preußen Münster, Meidericher Spielverein, Fortuna Düsseldorf, Westfalia Herne, Viktoria Köln, Schwarz-Weiß Essen, Bayer Leverkusen, Rot-Weiß Oberhausen, Borussia Mönchengladbach, Hamborn 07 und Wuppertaler SV
> **Nord:** Hamburger SV, Werder Bremen, VfL Osnabrück, FC St. Pauli, Hannover 96, Holstein Kiel, Eintracht Braunschweig und Arminia Hannover
> **Berlin:** BFC Viktoria 89, Hertha BSC und Tasmania 1900

durfte. Vor diesem Hintergrund ist es nicht überraschend, daß der Schwarzmarkt weiterhin sehr beliebt blieb und - bei solchen Einkunftsmöglichkeiten - auch die Abwanderungswelle gen Italien nicht gestoppt wurde. Noch wenige Wochen vor Bundesligabeginn wechselten nämlich Karl-Heinz Schnellinger und Jürgen Schütz nach Mantova bzw. Rom, wo sie sicherlich zehnmal mehr verdienen konnten, als am heimischen Bundesligaherd!

Für die Daheimgebliebenen konzentrierte sich nun alles auf eine Frage: Wer darf der neuen Klasse angehören? Noch Jahre später stöhnte Präsident Gösmann, den Nagel ziemlich genau auf den Kopf treffend: "Suchen Sie mal sechzehn aus und machen sich dabei keine Feinde". Dabei hatte der Osnabrücker noch nicht einmal der Auswahlkommission angehört, die nämlich war von Ludwig Franz (Nürnberg), Franz Kremer (Köln), Dr. Willy Hübner (Essen) und dem Saarbrücker Tausendsassa Hermann Neuberger gebildet worden. Jedenfalls

> Am 22. Juni 1963 präsentierte der DFB der staunenden Fachwelt sein kompliziertes Gebilde, nach dem die frischgebackenen Bundesligisten ausgewählt wurden.
> Danach wurde wie folgt gewertet:
> Plazierungen in den Oberliga-Spielzeiten
> - 1951/52 - 54/55: einfach
> - 1955/56 - 58/59: doppelt
> - 1959/60 - 62/63: dreifach
> dazu verteilte man zwei bis zwanzig Extrapunkte für die Endrundenteilnahme bzw. das Erreichen des Pokalfinales.

war die Postflut, die bis zum Einsendeschluß Sylvester 1962 in der Frankfurter DFB-Zentrale einging, immens: Von 74 Oberligisten hatten 46 voller Hoffnung und Zuversicht einen Antrag eingereicht, selbst offensichtlich hoffnungslose Fälle wie die oberpfälzische Fußballseele Bayern Hof oder Saarbrückens dritte Kraft (!) Sportfreunde 05 glaubten einen Platz an der wärmenden Bundesligasonne verdient zu haben. Die Pointe dieser Geschichte ist aber noch merkwürdiger.

Denn plötzlich waren die süddeutschen Fußballfunktionäre, die sich dem fußballhistorischen Augenblick der Bundesligageburt ja nur zähneknirschend gebeugt hatten, wieder hellwach. Aufgrund der herausragenden Erfolge süddeutscher Mannschaften müßten mindestens sieben Plätze für die Bayern, Hessen und Baden-Württemberger freigehalten werden, reklamierten sie, woraufhin der Westdeutsche Fußballverband mit der Nachkriegs-Meistertafel konterte.

Der zufolge hatte der Süden zwar mit sechs von fünfzehn Titeln die Sahne abgeschöpft, doch seit dem Jahr 1955 waren die meisten, nämlich fünf, an Rhein, Ruhr und Emscher gegangen! Am 8. Dezember sprach der DFB ein Machtwort und beendete damit die Diskussion über die möglichen Bundesligateilnehmer. Laut Verteilerschlüssel sollten je fünf süd- und west-, drei nord- und zwei südwestdeutsche sowie ein Berliner Vertreter Aufnahme finden. Womit gleichzeitig feststand, daß der neuen Klasse definitiv nur sechzehn Teams angehören würden und nicht, wie von vielen Seiten inzwischen gefordert, 18 oder gar 20.[20]

Nun schlug die Stunde der Medien. Wochenlang wurde spekuliert und bewiesen, atemberaubende Berechnungen angestellt - alles mit dem Zweck, die Entscheidung der Auswahlkommission vorwegzunehmen. Die trat am 11. Januar 1963 erstmalig vor die Öffentlichkeit und gab die ersten neun künftigen Bundesligisten bekannt: Hamburger SV, Werder Bremen, 1. FC Köln, Borussia Dortmund, Schalke 04, Eintracht Frankfurt, 1. FC Nürnberg, Hertha BSC Berlin und 1. FC Saarbrücken.

Überraschend war eigentlich nur, daß Kaiserslautern noch fehlte, während Hertha und Saarbrücken bereits den Zuschlag bekommen hatten. War dies schon sonderbar, so klang die Begründung, zumindest im Fall Saarbrücken, noch abenteuerlicher: Saarbrücken sei im Vergleich zu Neunkirchen, Pirmasens und Kaiserslautern die größte Stadt und verfüge auch über die besten Autobahnverbindungen, was offensichtlich zur sportlichen Bundesligaqualifikation ausreichte.[21]

Im Falle Hertha war die Sache klarer, denn Hauptrivale Tennis Borussia hatte gar keinen Lizenzantrag gestellt, womit den Herthanern nur noch Tasmania 1900 als Konkurrent geblieben war. Zwanzig weiteren Teams machte der DFB Hoffnung auf die nun noch verbliebenen sieben Plätze.[22] Die nach den freiwilligen Rücktritten des Wuppertaler SV und der Sportfreunde Saarbrücken übriggebliebenen fünfzehn Bewerber erhielten Absagen.

Unter den Abgelehnten gärte es. Sie waren gar nicht mal so wütend darüber, daß sie nun bald nur noch zweitklassig sein sollten, nein, der Bekanntgabezeitpunkt war es, der sie verärgerte. Denn noch hatte man eine ganze Rückserie Oberligafußball vor sich, und da sollten eigentlich die Kassen klingeln, zumal es doch um den Einzug ins Fußballoberhaus ging! Mit der frühzeitigen Absageveröffentlichung nahm der DFB ihnen den sportlichen Wind aus den Segeln, was sie gar nicht erfreute. Mönchengladbach, Oberhausen, Hamborn und Mannheim waren so sauer, daß sie - jedoch vergeblich - beim DFB-Vorstand protestierten.

Am meisten jedoch freuten sich wohl die Medien über die DFB-Politik. Durch die zurückhaltenden Aussagen bezüglich der Verbliebenen waren nämlich Spekulationen Tür und Tor geöffnet. Zeitungen, die mit einer neuen "sensationellen Enthüllung über die sieben noch zu vergebenden Bundesligaplätze" aufwarten konnten, gingen in der Regel weg wie warme Semmeln.

Als am 6. Mai 1963 die restlichen sieben Vereine bekanntgegeben wurden, da tauchten Namen auf, die niemand auf der Rechnung gehabt hatte: TSV 1860 München, Karlsruher SC, VfB Stuttgart und 1. FC Kaiserslautern waren ja noch erwartet worden, aber Eintracht Braunschweig, Preußen Münster und der Meidericher Spielverein?

Eher hatte man mit Düsseldorf, Hannover 96 und den Münchner Bayern gerechnet, denen aber nur die Enttäuschung blieb, während ihre Konkurrenten zum Schampus greifen konnten.

Tränen und Wut

Aus Enttäuschung wurde bald Wut. Am meisten betrogen fühlten sich die Offenbacher Kickers und Alemannia Aachen, die auch am lautesten protestierten und mit vielerlei Mitteln ihre Bundesligatauglichkeit zu belegen versuchten. Sie hatten gar nicht mal unrecht, denn zumindest im Fall der Offenbacher liegt die Vermutung nahe, daß außersportliche Gründe eine wichtige Rolle gespielt haben. Schließlich war die Rhein-Main-Region schon mit der Frankfurter Eintracht vertreten, während in der bayerischen Landeshauptstadt das Weißbier künftig nur noch in zweitklassige Kehlen laufen sollte! Doch dem DFB ging es gar nicht um die 60er, denen sie einen Bundesligaplatz allein aufgrund der Oberligameisterschaft 1963 einräumte. Und so redete man fleißig aneinander vorbei, denn während die Offenbacher Funktionäre ihr Team mit den Löwen verglichen, rechnete der DFB die Leistungen der Stuttgarter, Karlsruher und Offenbacher gegeneinander auf. Er kam zu der Überzeugung, daß alle drei Teams sportlich gleichwertig anzusehen seien und da die Kickers in der Oberliga-Abschlußsaison hinter den Schwaben und Badensern einliefen, nun eben sie in den sauren Regionalligaapfel beißen müßten.

Der Fall Aachen war komplizierter. Mit Köln, Dortmund und Schalke waren drei Westvertreter bereits im ersten Anlauf in die *Belle Etage* aufgenommen worden und um die zwei verbliebenen Plätze stritten sich mit Meiderich, Münster, Aachen, Düsseldorf und Herne fünf sportlich annähernd gleichwertige Teams.[23] Vor der schwierigen Aufgabe stehend, aus diesen fünf die beiden vermeintlich besten herauszupicken, wählte die Kommission den einfachsten Weg: Die Abschluß-plazierung der Saison 1962/63 sollte ausschlaggebend sein. Nach der standen Meiderich und Münster vor Aachen, Düsseldorf und Herne. Insbesondere für Alemannia Aachen war diese Regelung ärgerlich, denn sie hatten punktgleich mit den Münsteranern die Saison abgeschlossen und lediglich ein um 0,01127 Punkte schlechteres Torverhältnis![24] Am Tivoli fluchte man lauthals darüber, daß die sechzehn kontinuierlichen Aachener Oberligajahre gegenüber den drei Meidericher Zweitligajahren (1949-51 und 1955/56) nicht berücksichtigt wurden, doch alles Lamentieren half nichts, denn obwohl die Grenzstädter bis vors Frankfurter Landgericht zogen, blieben sie beim Bundesligastart nur Zuschauer.[25] Aachen und Offenbach waren nicht die einzigen, sondern nur die eifrigsten Kläger. Ingsesamt gingen dreizehn Beschwerden in der DFB-Zentrale ein - und genauso häufig hieß es von dort: **abgelehnt!** Um "Härtefälle" ausgleichen zu können, schlugen der Süddeutsche und der Saarländische Fußball-Verband erneut eine Aufstockung auf 18 oder 20 Klubs vor, ernteten aber wiederum nur ein kompromißloses **Nein!** aus der Frankfurter Schaltzentrale.

Alles Klagen half nichts, die sechzehn Erstklassigen standen fest. Von den elf Bundesländern war nur Schleswig-Holstein zur Fußballprovinz degradiert worden, denn die Kieler Störche, fünfzig Jahre zuvor waren sie noch Deutscher Meister gewesen, hatten dem HSV, Werder Bremen und Eintracht Braunschweig den Vortritt lassen müssen.[26] Nordrhein-Westfalen hatte fünf Bundesligisten, von denen mit Schalke, Dortmund und Meiderich drei aus dem Pott kamen; dazu der 1. FC aus der aufstrebenden Dienstleistungsmetropole Köln und der münsterländische "Hintertürbundesligist" SC Preußen. Zweitstärkste Bundesländer nach Nordrhein-Westfalen waren Bayern und Baden-Württemberg, die mit TSV 1860 München und dem 1. FC Nürnberg bzw. VfB Stuttgart und Karlsruher SC je zwei Erstligisten ins Rennen schickten.

Mathematische Bundesliga

Greifen wir noch einmal die leidige Qualifikationsfrage auf, denn dreißig Jahre danach erhitzen sich noch immer die Gemüter, wenn es um die damalige Auswahlpraktik geht. Ein rein mathematisches Rechenexempel offenbart verblüffende Ergebnisse: Nimmt man die Oberligaabschlußplazierungen der einzelnen Klubs und teilt die Gesamtsumme durch die Anzahl der absolvierten Spielzeiten, erhält man den Durchschnittstabellenplatz eines jeden Teams. Tatsächlich hätte die 1. Bundesliga nach dieser Methode (die sportlich betrachtet sicherlich in Frage zu stellen ist) ein anderes Gesicht gehabt. Aus dem Süden wären beispielsweise der 1. FC Nürnberg (3,88), Kickers Offenbach (4,6), VfB Stuttgart (4,7), Eintracht Frankfurt (5,33) und Karlsruher SC (5,56) dabei gewesen. Zweitbestes Team wäre demnach also Offenbach, mit weitem Abstand vor dem heute übermächtigen Nachbarn vom Riederwald![27] Ganz zu schweigen von den Münchner Löwen, an denen sich - wie geschildert - Offenbachs Zorn erzürnte. Ganze 7,2 Punkte erreichten sie nach dieser Rechnung und zogen dennoch ins Oberhaus ein.

Im Norden, von dem bislang ja kaum die Rede war, sah es ähnlich aus. Der HSV mit 1,62 und Werder Bremen mit 3,57 waren unzweifelhaft bundesligareif, Dritter aber war mit 5,37 der VfL Osnabrück. Und immer noch besser als der spätere Bundesligist Eintracht Braunschweig (6,4) standen mit 5,62 die braun-weißen Sankt Paulianer. "Eintracht Braunschweig", hieß es in Frankfurt, "ist wirtschaftlich stabiler". Artig bedankten sich die Löwen, machten lange Nasen gen Millerntor und Bremer Brücke und verdingten sich annähernd zehn Jahre lang in der Bundesliga.

Auf den Westen sind wir schon ausführlich eingegangen, doch im vorliegenden Rechenexempel präsentiert sich plötzlich ein ganz neuer Bundesligist: Rot-Weiß Essen! 5,15 Punkte erreichte die Elf von der Hafenstraße und lag damit hinter dem 1. FC Köln (2,68), Borussia Dortmund (3,31) und Schalke 04 (4,68) auf dem vierten Rang. Die Rot-Weißen hätten es wohl auch nach der DFB-Regel geschafft, wäre da nicht ein kleines Problem gewesen: Sie waren seit 1961 nur noch zweitklassig. Deutschlands erster Europacupteilnehmer hatte also eine besonders bittere Pille zu schlucken, wovon er sich nie wieder so richtig erholte[28]. Den Essenern folgten Preußen Münster (7,26) und der Meidericher SV (7,63), die sich demnach als bundesligareifer erwiesen als Aachen (7,87) und Düsseldorf (8,64), womit die DFB-Rechnung nachträglich aufgeht!

Im Südwesten, mit dessen Problemfall Saarbrücken wir uns ja schon beschäftigt hatten, wird plötzlich die tatsächlich vorhandene kontinuierliche sportliche Klasse der Saarländer deutlicher. Hinter Abonnementsmeister 1. FC Kaiserslautern (1,9) wurden die Schwarz-Blauen nämlich mit 3,2 "Vizemeister" und verwiesen den FK Pirmasens (3,9) und Borussia Neunkirchen (4,46) auf die Plätze! Auch diese umstrittene DFB-Entscheidung wird also bestätigt.

Wo aber blieb Tennis Borussia Berlin? 3,05 ergibt sich für 18 Oberligajahre Veilchen-Kickerei, während der spätere Bundesligist Hertha BSC lediglich auf 4,84 kam. Sogar die Störche vom Berliner SV 92 waren mit 4,2 noch bundesligareifer als die Kicker der alten Dame Hertha.

Nun, weder die Veilchen noch die Störche hatten einen Lizenzantrag gestellt, was aber noch lange nicht Hertha in die Bundesliga hätte hieven dürfen, denn Tasmania 1900 stand mit 4,9 auch nicht schlecht und hatte sich in den letzten fünf Oberligajahren auch als die eigentliche Spitzenelf herauskristallisiert. Hertha errang die letzte Oberligameisterschaft mit einem klaren Vorsprung vor den Tasmanen, was die Skandalnudel vom Gesundbrunnen in lichte Bundesligahöhen katapultierte.

Nun aber genug der Zahlenspiele, widmen wir uns endlich dem Geschehen auf dem bundesligagrünen Rasen.

Konietzka, die Medien und der Hooligan

Punkt 15.00 Uhr am 24. August 1963 pfiffen acht Schiedsrichter 352 Fußballspieler an, um die ersten Bundesligapunkte zu kämpfen. Keine 58 Sekunden später feierte die neue Klasse bereits ihren ersten Torschützen: *Timo Konietzka*, schon immer als Schlitzohr bekannt, erkannte das Gebot der Stunde und setzte sich in der Partie seiner Dortmunder Borussia im Bremer Weserstadion selbst ein Denkmal. Einer aber verpasste diesen historischen Moment: das Fernsehen! Es wollte nämlich damals - im deutlichen Unterschied zu heute - keinesfalls bei jedem Freundschaftsgekicke dabei sein, und dabei konnte es dann schon einmal passieren, daß solch monumentale Dinge wie Konietzkas Tor für die Nachwelt nicht festgehalten wurden. Zuschauer gab es! Jedes der acht Stadien war mit mindestens 30.000 Zuschauern gefüllt, wobei das Duell Hertha - Nürnberg mit 60.000 Schaulustigen Rekord meldete. Zum Saisonende präsentierte die junge Klasse stolz einen Schnitt von 25.134 Zuschauern, darunter war auch der Schlager Hertha BSC - 1. FC Köln gewesen, der 85.411 Berliner ins Olympiastadion gelockt hatte. Erst 1969 sollte diese Zahl überboten werden, interessanterweise bei derselben Paarung.[29] Ein Rekord für die Ewigkeit, denn die Umwandlung der Stadien in Sitzplatzarenen fraß Kapazität. Jedenfalls konnte man erfreut feststellen, daß die euphorische Erwartungshaltung "jede Woche ein Endspiel" Realität geworden war!

Es dauerte nicht lange, da hatte der Bundesligafußball sein erstes "Hooligan"-Problem. Als die Kölner Geißböcke im Februar 1964 nur 1:1 gegen die Frankfurter Eintracht spielten, drehte ein Kölner Anhänger durch, rannte aufs Spielfeld, griff sich die Eckfahne und schlug damit den Linienrichter. Der DFB reagierte prompt und belegte den FC mit einer Platzsperre. Ihr folgendes "Heimspiel" im Wuppertaler Zoostadion gewannen sie - davon unbeeindruckt - mit 4:1 gegen Eintracht Braunschweig. Bei den Geißböcken kickte übrigens ein 19jähriger mit dem Namen *Wolfgang Overath*, auf den sich eine Menge Augenpaare (unter anderem die des Bundestrainers) richteten und der nicht unwesentlichen Anteil am letztendlichen Meistertitel für die Rheinländer hatte.

Absteiger Schalke!

Bereits im zweiten Lebensjahr verlor die Klasse ihre Unschuld. Und obwohl die beiden damit namentlich verbundenen Teams so unterschiedliche Rollen bei diesem Vorgang spielten, werden sie immer wieder gemeinsam genannt. Die Rede ist von Hertha BSC und Schalke 04. Fangen wir mit dem Altmeister an: Die Gelsenkirchener Kickerbeine waren alt geworden, zu alt für die junge Bundesliga. Nicht nur das 2:6 Heimdebakel gegen den Erzrivalen aus Dortmund (bei 0:6 Halbzeitstand!) hatte dies deutlich gemacht. Am Saisonende 1964/65 leuchtete jedenfalls die berühmte und dennoch ungeliebte Rote Laterne Schalkes Glückaufkampfbahn mit ihrem Regionalligalicht aus und ließ keinen Zweifel daran aufkommen, daß die Knappen diesmal nur zweitklassigen Fußball gespielt hatten. Schalke in der Regionalliga? - Deutschland war gespalten! Während die einen, vornehmlich die Kassierer der westdeutschen Regionalliga, sich freudig die Hände rieben, hoben die anderen ein Klageheulen an und verwiesen auf die herausragenden Erfolge der Königsblauen.

Die Lösung des Problems kam, auf Umwegen, aus Berlin. Dort war zwischenzeitlich mehr als nur das Spreewasser geflossen, denn Herthas Kicker hatten sich für ihre Bemühungen, die alte Dame vor dem Abstieg zu retten, zusätzliche Gelder zahlen lassen. Was an sich nichts Ungewöhnliches war, war es doch ein offenes Geheimnis, daß überall Schwarzgelder gezahlt wurden. Was Hertha von den anderen unterschied, war die Dummheit, sich dabei erwischen zu lassen. Nur einer war noch naiver: der DFB. Der glaubte nämlich tatsächlich an sein realitätsfernes Amateurstatut. Die praxisnäheren Bundesligisten ließen ihn in seinem Glauben und zahlten munter schwarze Zusatzprämien und Handgelder an ihre Starkicker. Nun nach Berlin. Als ruchbar wurde, daß Hertha ca. 192.000 Mark fehlten, setzte der DFB einen Spürhund an, der das Loch auch bald entdeckt hatte. Sich in seiner politischen Insellage sicher fühlend, trat Herthas Vorstand daraufhin die Flucht nach vorne an, gab alles zu und beschuldigte darüber hinaus auch den Rest der Bundesliga ähnlicher Vergehen[30]. Der DFB hörte allerdings nur das, was er hören wollte: Hertha hatte gegen das Lizenzspielerstatut verstoßen. Die Strafe folgte auf dem Fuß: Ausschluß aus der 1. Bundesliga! Damit war der leichteste Weg gewählt worden, und nachdem der vermeintliche einzige Schuldige ausgemacht war, hoffte man, daß sich die Wogen wieder glätten würden. Nun ging es an anderer Stelle los: Die beiden rechtmäßigen Absteiger Karlsruhe und Schalke reklamierten Ansprüche auf den vakanten Oberhausplatz.

Eine etwas andere Bundesligabezeichnung bekamen die Fußballfans östlich der Elbe geboten. DDR-Zeitungen überschrieben die Tabelle nämlich immer mit "Profiliga BRD/WB". Das "WB" stand übrigens für "Westberlin"...

In der Presse spekulierte man, daß entweder der Fünfzehnte, also Karlsruhe, für Hertha nachrücken müsse, oder aber Berlins Meister Tennis Borussia in die Bundesliga eingeladen werden müsse, denn die gespaltene Stadt vier Jahre nach dem Mauerbau in die fußballerische Zweitklassigkeit zu verbannen, schien nicht ratsam zu sein. Wiederum verblüffte Deutschlands Fußballführungsriege alle: Entgegen allen Erwartungen stockte der DFB-Bundestag die Bundesliga auf 18 Teilnehmer auf und lud den Dritten der Berliner Regionalliga - SC Tasmania 1900 - zur Teilnahme ein.[31] In Gelsenkirchen und Karlsruhe feierte man den unerwarteten Klassenerhalt, und wenn ich sage Gelsenkirchen, dann meine ich ganz Gelsenkirchen! Denn durch Schalkes Bundesligaverbleib durfte der designierte Regionalligaabsteiger STV Horst-Emscher ebenfalls in seiner Klasse bleiben, im Pott herrschte also eitle Freude. Nur einer hatte nun - neben Hertha natürlich - ein Problem: Tasmania 1900. Die gesamte Mannschaft war nämlich nach dem letzten Regionalligaspieltag in den wohlverdienten Urlaub aufgebrochen und bereitete sich, verstreut über ganz Europa und nichtsahnend von den Vorgängen in der Heimat, mental auf künftige Partien gegen Gatow oder die Reinickendorfer Füchse vor. Sechs Wochen vor Saisonbeginn erst erhielten die Neuköllner die frohe DFB-Botschaft und mußten sich anschließend fieberhaft auf die Suche nach ihren nunmehrigen Bundesligakickern machen.

Einen Meister gab es 1965 übrigens auch - und das war die eigentliche Sensation, denn er hieß Werder Bremen. Mit einem Abwehrriegel *par excellence* hatten sich die Weserkicker den Titel buchstäblich ermauert, denn Höttges & Co. hatten sich gerade 29mal den gegnerischen Sturmreihen geschlagen geben müssen. So nebenbei: Der Rekord besteht zwar heute nicht mehr, aber der Rekordhalter ist immer noch derselbe, denn 1988 kamen Höttges Nachfolger auf ganze 22 Gegentreffer in 34 Spielen!

Alles Tasmania, oder was?

Für Rekorde ganz anderer Art sorgte in der Folgesaison Berlins Verlegenheitsbundesligist Tasmania 1900. Zwei Ereignisse ragen als positive Saisonhöhepunkte heraus: Am ersten Spieltag sahen 80.000 Berliner einen 2:0 Sieg über den Karlsruher SC, und am letzten Spieltag konnten die bedauernswerten Neuköllner mit 2:1 über Neunkirchen ihren zweiten Sieg feiern. Dazwischen lag Tristesse der besonderen Art. Greifen wir einige der tasmanischen Rekorde heraus: Am 15. Januar 1966 klingelten die Groschen von gerade einmal 827 Zuschauern in Tas' Kassen. Enttäuscht darüber, daß sie keine Tore sahen und dennoch zufrieden, weil ihre Elf einen Punkt ergattert hatte, zogen die Wenigen vom bitterkalten Olympiastadion[32] an ihre heimischen Herde zurück, denn Tore der Tasmanen waren zwar selten, Punktgewinne aber noch seltener. Die Truppe um Italienheimkehrer *Horst Szymaniak* traf in ihren siebzehn Heimspielen genau achtmal in des Gegners Maschen und war auf auswärtigen Plätzen mit neun Treffern sogar noch torhungriger! Dennoch gab es Tore satt, wenn Tas antrat: Gegen den Meidericher Spielverein unterlagen sie mit 0:9 im eigenen Olympiastadion, gegen die Kölner Geißböcke mit 0:6. Am Saisonende hatte ihr Keeper 108mal die Kugel aus seinem Netz geholt. Ihr Schützenkönig wurde *Wulf-Ingo Usbeck*, der vier der insgesamt siebzehn Treffer erzielte. Dem Verein hat die Ehre, in Deutschlands Eliteklasse kicken zu dürfen, letztlich das Genick gebrochen. 1973 war er finanziell am Ende und mußte Konkurs anmelden.

Sein Nachfolger, SV Tasmania '73 Neukölln, bahnte sich anschließend mühsam den Weg von der Berliner C-Klasse bis zur Amateuroberliga Berlin.[33] Das einzige, was den Neuköllner aus ihrem Bundesligajahr blieb, sind die Negativ-Rekorde, die noch heute immer wieder zu Vergleichen herangezogen werden.

Endlich der Europacup

Neben Tasmania waren aber noch zwei andere Teams ins Oberhaus aufgenommen worden: Bayern München und Borussia Mönchengladbach. Diese beiden so gegensätzlichen Mannschaften schickten sich an, das kommende Jahrzehnt Bundesligafußball zu dominieren. Die einen, die Bayern, mit kühlem und zweckmäßigem, einzig auf Erfolg ausgerichtetem Ballgeschiebe, die anderen, Mönchengladbach, durch tollkühnen und rasanten, aber nicht ganz so erfolgreichen Fußball. Mit diesen beiden Teams veränderte sich die Bundesliga, was sich allerdings erst Ende der 1960er deutlich bemerkbar machte. Einen großen Anteil daran hatten die herausragend kickenden Angestellten wie Günter Netzer, Hacki Wimmer, Berti Vogts oder Franz Beckenbauer, Gerd Müller und Sepp Maier.

Tasmanias Keeper Roloff befürchtet Unheil.
Doch Atze Becker wuchtet den Ball vor Hamburgs Charly Dörfel aus der Gefahrenzone.

1966 wurde das nach 1954 erfolgreichste internationale Jahr des Deutschen Fußball. Zwei Superlative ragen heraus: die Vizeweltmeisterschaft mit dem so tragischen Höhepunkt des noch immer heiß diskutierten 2:3; sowie der erste Europacupsieg einer bundesdeutschen Mannschaft. Zwei Monate vor der WM war nämlich der Dortmunder Borsigplatz zum Festplatz umgewandelt worden, nachdem die heimischen Borussen durch Treffer von *Siggi Held* und *"Stan" Libuda* einen 2:1-Verlängerungssieg über den Liverpool Football-Club herausgeholt hatten. Im dritten Versuch war damit endlich eine bundesdeutsche Manschaft als Sieger eines europäischen Finales vom Platz gegangen.[34] Natürlich ging der frischgebackene Europacupsieger als Mitfavorit in die Saison 1966/67. Auch Titelverteidiger 1860 München wurden gute Chancen eingeräumt, während man dem letztjährigen Tabellenzehnten aus Braunschweig einen Kampf gegen den Abstieg prophezeite. Die Eintracht war angetreten, Werder Bremens meisterliche Minusrekorde aus dem Jahre 1965 zu unterbieten. Was ihnen auch eindrucksvoll gelang: In 17 Heimspielen mußte Eintracht-Kepper *Wolter* ganze achtmal das Leder aus dem Netz holen und obwohl die Eintrachtstürmer nur 49mal in des Gegners Maschen getroffen hatten, ging Europas plattteste Meisterschale in die Löwenstadt, da eben kein anderes Team mit so wenig Aufwand so viele Punkte, 43 nämlich, erreicht hatte. Der Titelgewinn blieb eine Eintragsfliege, und noch heute spricht man vom Sensationsmeister Braunschweig, dessen Nachfahren derweil versuchen, der Anonymität der Drittklassigkeit endlich wieder zu entrinnen.[35]

Im Januar 1967 mußte erstmalig eine Anzeigetafel (die damals noch aus Holz waren, und von einem Menschen "vor Ort" bedient wurden) passen, denn das erste zweistellige Bundesligaergebnis war perfekt! Auf dem Mönchengladbacher Bökelberg hatten die Fohlen inzwischen an Reife zugenommen und es waren die Schalker Knappen, die sich Borussias Torlust mit 0:11 hingeben mußten.

Lederhosen-Meister

Früher waren es die Schalker, an denen sich ganz Deutschland rieb, heute sind es die Bayern, welche das Land in Liebhaber und Feinde spalteten. Objektiv betrachtet (wenn man so etwas im Fußball überhaupt tun kann, also sagen wir besser: statistisch) haben Maier, Beckenbauer, Schwarzenbeck, Müller & Co. alles gewonnen, was es zu gewinnen gab und werden nicht zu Unrecht Deutschlands erfolgreichster Nachkriegsverein genannt. Zählen wir kurz einige der vielen Bayern-Erfolge auf:

Seit 1937 hatte kein Club mehr das Double gewonnen - 1969 wurden sie Meister und Pokalsieger.

1972/73, sie hatten gerade erst das Stadion an der Grünwalderstraße mit dem frischerbauten Olympiastadion vertauscht, waren sie vom ersten bis zum letzten Spieltag Tabellenführer der 1. Bundesliga.

Ein Jahr später sicherten sie sich - erstmalig im deutschen Fußball - den dritten Meistertitel in Folge.

Zu Beginn der 70er waren sie 4 Jahre im heimischen Olympiastadion ungeschlagen, ehe Schalke 04 mit einem 2:0 Sieg die Serie beendete.

1987 wurden sie schließlich auch noch Rekordmeister, denn der zehnte Titel brachte sie am alten Rivalen aus Nürnberg (9mal Meister) vorbei.

Braunschweigs Abwehr stand wie ein Mann. Kölns Löhr und Müller stemmen sich vergeblich gegen Klaus Meyer, während Keeper Wolter sich das Leder angelt.

Einer hatte einen ganz besonderen Anteil an der Titelsammelei: Gerd Müller. "Kleines dickes Müller" (Ex-Trainer Tschik Cajkovski über Müller) traf in 427 Bundesligaspielen (die er allesamt für den FC Bayern bestritt) 365mal das gegnerische Gehäuse! Seine vierzig Treffer der Saison 1971/72 dürften wohl Ewigkeitscharakter haben, denn heute freuen sich die Bundesligatorschützenkönige in der Regel über zwanzig oder ein paar mehr Törchen.[36]

Skandal auf der Alm

Irgendwann mußte er ja kommen, der erste Bundesligaskandal. Als er kam, da waren alle sprachlos und vor allem schockiert. 37.000 Berliner aber hatten es schon vorher gewußt. Am letzten Spieltag der Saison 1970/71 war ihre Hertha im Olympiastadion auf die Bielefelder Arminia getroffen, die in höchster Abstiegsgefahr schwebte. Hertha war Dritter und würde es auch bleiben, komme was wolle. Was kam, war ein sensationeller 1:0 Sieg für die Bielefelder und unüberhörbare "Schiebung"-Sprechchöre der Berliner Zuschauer. Die Bielefelder hatten sich mit dem Sieg jedenfalls die Bundesliga erhalten, denn neben den seit längerem abgeschlagenen Rot-Weißen aus Essen erwischte es nun die Offenbacher Kickers, die das schlechtere Torverhältnis gegenüber Rot-Weiß Oberhausen aufwiesen. Kaum war in den neun Stadien der Schlußpfiff ertönt, kochte die Gerüchteküche über, denn insbesondere die Bielefelder Siegesserie (die Sensation von Berlin war nicht die einzige der Bielefelder gewesen, siehe nebenstehender Kasten) gab Anlaß zu Spekulationen. Einer war besonders sauer: Horst-Gregorio Canellas, seines Zeichen Vorsitzender der abgestiegenen Offenbacher.

Dem hauptberuflichen Südfrüchtehändler war die 2:4 Niederlage seiner Kickers in Köln beim gleichzeitigen 1:1 von Oberhausen in Braunschweig sauer aufgestoßen und vollmundig erklärte er am Samstagabend, daß das letzte Wort noch nicht gesprochen sei. Tags darauf, Punkt zwölf Uhr, platzte die Bombe. Canellas hatte Geburtstag und nutzte die Chance, den versammelten Gästen - unter ihnen Bundestrainer Helmut Schön und weitere DFB-Prominenz - ein ganz besonderes Schmankerl zu präsentieren: Tonbänder, die unzweifelhaft bewiesen, daß in der Bundesliga bestochen wurd!

Nun soll an dieser Stelle nicht schon wieder der gesamte Bundesligaskandal aufgerollt werden, zumal er wohl auch nicht der einzige war. Denn Gerüchten, nach denen sich 1968 Hertha BSC ein Bundesligaaufstiegsspiel gegen Bayern Hof gekauft haben soll, daß Fortuna Düsseldorf am 26. Juni 1966 mit 5:1 "passend" zum Bundesligaaufstieg gewann, daß der 1. FC Köln am 15. Mai 1971 absichtlich mit 0:7 bei Bayern München einging, damit die Bayern punkt- und torgleich zu Tabellenführer Mönchengladbach aufschließen konnte, ist bis heute nicht nachgegangen worden.

Mit einem durchaus bitteren Beigeschmack sei daher die Frage erlaubt, ob wir überhaupt von dem 71er Skandal erfahren hätten, wenn nicht Canellas Offenbacher die faule Frucht abbekommen hätten und ihr Vorsitzender uns die Bänder nach der für ihn ungünstigen Abstiegsentscheidung präsentiert hätte. Denn eins ist klar: Canellas und die Offenbacher hatten munter mitgemischt bei der Hin- und Herschieberei von Geldern. Ihnen war schlicht und einfach das Geld ausgegangen, wodurch sie mit der Konkurrenz nicht mehr mitbieten konnten. Zwar war Canellas bis zum letzten Spieltag noch mit Geldbeträgen auf dem Markt gewesen, hatte aber die Gefahr schon heraufziehen sehen und wohlweislich die Bänder mitlaufen lassen. Lehnen wir uns nun einen Moment zurück und lauschen (in Auszügen) dem, was Deutschlands Fußballgötter so von sich gaben[37]:

Canellas (C) im Gespräch mit dem Kölner Torhüter Manglitz (M):

C: Ja. - Jetzt noch eine Frage, Herr Manglitz. Wenn das mit den Hunderttausend ... nehmen Sie mal an, es klappt nicht, wie verbleiben wir dann?

M·   Ja, ich sehe nicht, warum es nicht klappen soll ... wie meinen Sie das jetzt?

C: Na ja, wenn wir trotzdem verlieren.

M: Dann kriegen Sie es zurück.

C: Kriege ich es zurück. Bitte, ich frage Sie nur. Also: Sie garantieren dafür mit einem Wort?

"Canellas ist die Kanaille", dichtete Der Spiegel über Deutschlands prominentesten Tonbandbesitzer.

M: Ja.

C: Gut, Herr Manglitz.

M: Ja, passen Sie auf. Auf der anderen Seite könnte ja, wenn man weiß, könnte Ihnen ja schon mit einem Unentschieden geholfen sein. Wir spielen auf jeden Fall auf Sieg, das ist klar. Aber es könnte ja unter Umständen möglich sein, daß Ihnen mit dem Unentschieden auch schon geholfen ist.

im Gespräch mit Herthas Tasso Wild (W)

C: Sie sagten mir gestern 120. - Sie sagten mir gestern 120 000.

W: Also hören Sie mal, ich habe einen ganz duften Vorschlag: Weil es Offenbach ist und ohne Kuhhandel hin und her: 140, und die Sache ist für Sie in Ordnung.

C: 140.

W: Ja.

C: Und wie müßte die Übergabe vonstatten gehen, Herr Wild?

W: So schnell wie möglich.

C: Herr Wild, ja wo denn?

W: Könnt ihr jemand raufschicken, oder was?

C: Ich muß ja einen schicken, oder wollten Sie, Sie können ja nicht runterkommen.

W: Nein. - Wir machen das so aus: Der bringt das Geld mit, wir wollen es sehen.

C: Das Geld sehen, ja.

W: Dann stellt der sich mit irgendeinem Verbindungsmann mit mir auf die Stehränge oder sonstwohin.

C: Jawohl.

W: Ist das Spiel gewonnen, wechselt die Tasche den Mann...

C: Ja.

W: In der Tasche ist Geld und geht leer zurück. Ist das fair?

C: Ja, das ist fair.

W. Gut.

C: Ja.

W: Wollen wir einen Treffpunkt ausmachen?

C: Sagen Sie, Sie wollen, der möchte einen Tag eher kommen, damit Sie das Geld sehen? (Pause)

C: Ja, meinen Sie denn, daß die Bielefelder noch einmal überbieten und Sie dann umfallen?

W: Nein. Ich sage Ihnen das jetzt ganz offen - aber wehe, wenn da was rauskommt.

C: Da kommt doch nichts raus.

W: ...die wollen 220 bezahlen.

C: 220.000?

W: Ja.

C: Um Gottes willen.

W: Aber das gibt bei Ihnen praktisch überhaupt kein Risiko.

C: Ja.

W: Wenn wir da einsteigen, dann ist unsere ganze Karriere gefährdet und alles.

C: Aber Tasso, die gehen ja ganz schön ran, was?

W: Ja, die haben angefangen auch mit 120, na. (Pause) - Genau.

C: Und, Herr Wild, Sie würden dann den Bielefeldern absagen?

W: Ich sage Ihnen, wenn Sie mir das jetzt zusagen, dann sage ich heut denen ab.

C: Sagen Sie den Bielefeldern ab?

W: Ich muß sagen, die ganze Mannschaft, die waren alle dafür, daß Offenbach drinbleibt.

C: Daß Offenbach drinbleibt.

W: Weil sie sagen, wir fahren doch lieber in den Süden runter als wie in den verdammten Westen rein. Und auch: Für uns gibt es überhaupt kein Risiko.

C: Für euch kein Risiko, ja.

W: Sie können. Wenn uns ein Gönner Geld schenkt, na und? Und Sieg, das ist doch das beste.

Das klang ja alles recht vertrauenerweckend und so ist Canellas Frust nach dem feststehenden Abstieg (und dem Wortbruch, denn Hertha hatte die Partie gegen Bielefeld doch verloren - für 220.000?) durchaus verständlich. Am Tag nach der Geburtstagsparty war Fußballdeutschland jedenfalls in Aufruhr, und weil die Presse voll von dem Skandal war, konnte der DFB diesmal nicht auf seine bewährte Taktik des Aussitzens zurückgreifen.

Nun schlug die Stunde eines bis dahin eher unbekannten Herrn mit dem Namen Hans Kindermann. Der Schwabe wurde zum Vorsitzenden des flugs eingerichteten Kontrollausschusses berufen, und getreu seinem Motto "Wir müssen etwas tun, sonst geht der Fußball vor die Hunde" machte er sich sogleich mit hochgekrempelten Ärmel daran, den Sumpf offenzulegen und auszutrocknen. Zwei Jahre brauchte er, dann hatten 48 Verhandlungen und dreißig Ausschussitzungen ein Urteil erbracht: 49 der 52 angeklagten Spieler wurden verurteilt, dazu drei Trainer und drei Funktionäre.[38]

Nachstehend einige der Spiele, deren Ausgang nach Meinung vieler fragwürdig war.	
6.2.1971	Arminia Bielefeld - Eintracht Frankfurt 1:0;
	RW Oberhausen - Hertha BSC Berlin 1:1
13.2.1971	Bor. Mönchengladbach - Arminia Bielefeld 0:2
	Rot-Weiß Essen - Bayern München 3:1
20.3.1971	Arminia Bielefeld - 1. FC Kaiserslautern 2:0
26.3.1971	Rot-Weiß Oberhausen - Hannover 96 4:3
2.4.1971	Arminia Bielefeld - RW Oberhausen 2:1
9.4.1971	Schalke 04 - Arminia Bielefeld 0:1
1.5.1971	Arminia Bielefeld - 1. FC Köln 1:0
	Kickers Offenbach - RW Oberhausen 3:2
	Rot-Weiß Essen - Kickers Offenbach 2:3
	RW Oberhausen - Schalke 04 4:1.
	1. FC Köln - RW Essen 3:2
	Schalke 04 - Kickers Offenbach 1:2
15.5.1971	Bayern München - 1. FC Köln 7:0
22.5.1971	1. FC Köln - RW Oberhausen 2:4
	VfB Stuttgart - Arminia Bielefeld 0:1
29.5.1971	RW Oberhausen - Werder Bremen 3:0
5.6.1971	(letzter Spieltag) Hertha BSC - Arminia Bielefeld 0:1
	1. FC Köln - Kickers Offenbach 4:2
	Eintracht Braunschweig - RW Oberhausen 1:1

Als Hauptschuldige wurden Manfred Manglitz, Tasso Wild und Bernd Patzke ausgemacht, dazu die Funktionäre Maassen (Oberhausen) und Canellas. Beenden wir die Skandalgeschichte so, wie DFB-Präsident Gösmann sie wohl am liebsten auch beendet hätte: mit einem Federstrich.[39] Denn eigentlich bräuchte die ganze Sache ein separates Buch, um ausführlich geschildert zu werden und so beschränken wir uns hier, mit einem schalen Beigeschmack zwar, auf die Urteilsverkündung, um uns wieder angenehmeren Dingen widmen zu können:

- Am 15. April 1972, also kurz vor Ende der Nachskandalsaison, wurde Arminia Bielefeld als Hauptschuldiger ausgemacht und mit dem Zwangsabstieg bestraft. Die restlichen Bundesligapartien durften die Almkicker noch zum Spaß mitmachen, Punkte gab es keine mehr.

- Ebenfalls mit Zwangsabstieg wurden die Offenbacher Kickers bestraft. Da sie aber bereits sportlich abgestiegen waren, erübrigte sich dies. Daß die Hessen im selben Jahr den Wiederaufstieg schafften, interessierte den Ausschuß nicht.

- Das Verfahren gegen die Schalker Spieler Slomiany, Lütkebohmert, Fichtel, Wittkamp, Rüßmann, Libuda, Galbierz und Fischer zog sich bis zum 22. Dezember 1975 hin, denn die Knappenkicker hatten neben der Annahme von Bestechungsgeldern auch noch Meineid geleistet.

- Eine rein rechnerische Bilanz des Skandals offenbart: Es wurden über 1 Millionen Mark an Bestechungsgeldern locker gemacht, und die fixen Kosten der gesamten gerichtlichen Skandal-Abwicklung betrugen rund 3,1 Millionen.

Nachdem sich der erste Wirbel gelegt hatte, beschäftigen sich die Medien vornehmlich mit der Frage, warum es überhaupt zum Skandal gekommen war. "Den Abgrund von Manipulation, Schiebung und Betrug hatte der DFB selber aufgerissen" schrieb der *Spiegel* und erkannte im realitätsfremden Festhalten der DFB-Spitze am Amateurgedanken des Pudels Kern. Womit das Montagsmagazin den Nagel auf den vielzitierten Kopf getroffen hatte, denn es bedurfte keiner großen Einsicht um festzustellen, daß die vom DFB genehmigten Einkünfte mit dem, was der Fußball inzwischen an Wirtschaftskraft erreicht hatte, nicht mehr viel gemein hatten. Um es kurz zu fassen: Das Lizenzspielerstatut war zu einem ganz und gar unzeitgemäßen Relikt verkommen.[40]

Und nun geschah das beinahe Unglaubliche: Der DFB reagierte und änderte das Statut entsprechend ab. So gibt es seit 1974 keinerlei Begrenzungen mehr bei Spielergehältern und Ablösesummen! Das freie Spiel der Kräfte war nun auch im Bundesligafußball legal und ohne schwarze Summen möglich - ein neues Zeitalter hatte begonnen! Kommen wir aber noch einmal kurz auf den Bundesligaskandal zurück. Letzendlich waren nämlich alle Vereine die Geloekmeierten, denn die demokratische Massenbewegung *zahlendes Fußballpublikum* fällte ein vernichtendes Urteil: 1971/72 kamen 800.000 Besucher weniger in die Stadien als in der Vorsaison, 1972/73 waren es gar 1,3 Millionen weniger, was den Schnitt auf gerade einmal 16.000 drückte! Zum großen Glück für die Bundesliga kam die 1974er WM, die den größten Ärger der betrogenen Fußballfans wegwischte und für neue Euphorie sorgte.

Bis dahin passierten aber noch zwei Dinge, die nicht vergessen werden dürfen: Zum einen hing "Uns Uwe" seine Stiefel an den berühmten Nagel, zum anderen hatte man 1972/73 die glorreiche Idee, einen *Ligapokal* auszuspielen, der zur Zuschauerpleite des Jahrzehnts wurde. *Borussia Mönchengladbach* jedenfalls ist (und bleibt wohl auch) der Bundesrepublik einziger Ligapokalsieger. Und noch etwas fiel in diese bewegte Zeit: Der Gewinn der Europameisterschaft 1972 und damit verbunden - wenn man den Experten trauen kann - die besten Länderspiele, die man jemals von einer Adlerelf geboten bekam. Denn das, was Netzer & Co. am 18. Juni 1972 im Brüsseler Endspiel gegen die UdSSR boten, war, salopp gesagt, allererste Sahne!

1973 entdeckte auch der DFB, daß Fußball mehr und mehr zum Wirtschafts- und Werbefaktor geworden war: Er erlaubte den Klubs, die breiten Spielerbrüste für Werbeaufschriften zu benutzen.

Drei Absteiger

Kaum waren die Freudenfeiern nach dem weltmeisterlichen 2:1 Sieg vom 4. Juli 1974 verklungen, konnte man sich schon wieder gespannt dem Alltag zuwenden. Der hatte sich nämlch erheblich verändert: Statt bislang fünf zweiter Ligen gab es nur noch zwei. Für die Bundesliga war das insofern von Bedeutung, als der DFB den Unterklassigen einen dritten Bundesligaplatz versprochen hatte. Für die Oberhausbewohner bedeutete dies, daß einer mehr von ihnen pro Jahr abzusteigen hatte. Gleich im ersten Jahr erwischte es einen ganz großen und vor allem alteingesessenen: VfB Stuttgart. Die Schwaben hatten einen zu kurzen Atem für die lange Bundesligasaison, und durften sich fortan in der Südgruppe der Zweitklassigkeit tummeln. 1977 hievten sie sich wieder auf die Erstligabühne zurück - und brachten ein phantastisches Publikum mit, denn ihr Schnitt von 53.186 Zuschauern (pro Heimspiel!) der Saison 1977/78 wird wohl Rekordmarke bleiben, alleine schon, weil das Fassungsvermögen der Stadien inzwischen geringer ist.

Selten waren die 96er so top wie hier Peter Anders gegen Nationalspieler Reiner Geye.

Während die Stuttgarter ihr Publikum begeisterten, sorgten andere dafür, daß es in der Eliteküche des deutschen Fußballs mal wieder angebrannt roch. Und das ging so: Am letzten Spieltag hatte der designierte Meister 1. FC Köln ein relativ leichtes Spiel beim feststehenden Absteiger FC St. Pauli zu bestreiten, während der theoretische Konkurrent aus Mönchengladbach gegen den Namensvetter aus Dortmund anzutreten hatte. Theoretisch dehalb, weil die Gladbacher mindestens zehn Tore zu schießen hatten, um die Domstädter noch vom Meistersockel stoßen zu können, denn die Geißböcke verfügten über einen klaren Torevorsprung (81-41 zu 74-44).

Tatsächlich gewannen die Niederrheiner mit sage und schreibe 12:0 gegen die jenseits von Gut und Böse stehenden Dortmunder, bei denen man nicht wußte, ob einem Torhüter Endrulat nun leid tun müsse oder nicht. Waren die BVBler wirklich so schwach - oder ließen sich Endrulat (und Kameraden) die Torflut "versüßen"? Zum Glück für die ganze Liga machten die Kölner bei ihrem Hamburger Gastspiel kurzen Prozeß mit den Sankt Paulianern und fegten sie mit 5:0 vom Platz, womit die zwölf Gladbacher Tore doch nicht zum Titel reichten. Den Dortmundern ersparte die Kölner Meisterschaft jedenfalls viele lästige Fragen.

1991 mußte Platz gemacht werden. Im Jahr zuvor hatten sich Bundesrepublik und DDR vereint und es hieß, eine ganze Fußballnation aufzunehmen. Nach langem hin- und her waren sich ost- und westdeutsche Funktionäre einig: Zwei der ehemaligen DDR-Oberligisten durften sich fortan Bundesligisten schimpfen. Ganze zwei von vierzehn, und es sei in diesem Zusammenhang noch einmal an das Jahr 1963 erinnert, als fünf Vertreter Nordrhein-Westfalens in die Bundesliga kamen. Der Osten erhielt nur zwei, dabei paßt Nordrhein-Westfalen gut zweimal in das Ex-DDR-Gebiet!

Hansa Rostock und Dynamo Dresden waren jedenfalls die Glücklichen. Mit den Dresdnern schaffte der wohl schillerndste Ex-DDR-Club den Sprung ins Oberhaus, in dem er, nach einem zwischenzeitlichen Leipziger Gastspiel, allein auf ostdeutscher Flur ist.

> *Gerade in den ersten Jahren boomte die Klasse gewaltig, was sich auch im Medieninteresse zeigte. Eine Untersuchung von zehn Montagstageszeitungen im Zeitraum zwischen November 1962 und November 1967 ergab, daß die für den Sport zur Verfügung gestellte Seitenzahl um 250% angewachsen war!*

Eigentlich stimmt das so aber nicht, denn viele ehemalige DDR-Nationalspieler waren schon lange für Westklubs als Bundesligakicker aktiv. Gleich nach der "Wende" waren die Schleusen für die DM geöffnet worden, und nachdem im Dezember 1989 der Berliner *Andreas Thom* für 3,6 Millionen zu Bayer 04 Leverkusen gewechselt war, strömten die Ostkicker in Scharen zu den westdeutschen Konkurrenten, was dem ostdeutschen Fußball nicht unbedingt gut bekommen ist.

Was könnte man sonst noch erzählen über die Bundesliga? Vielleicht die Geschichte mit den schweinchenrosa Trikots des HSV unter Manager Dr. Peter Krohn, oder von Werder Bremens unwiderstehlichem Aufstieg dank und mit dem einstigen Feuerwehrmann und jetzigen Dauerbrenner Otto Rehhagel, oder gar über den 1991/92er Herzschlagfinalspieltag, bei dem Dortmunds Fußballhoffnungen vier Minuten vor dem Höhepunkt plötzlich erloschen? Ach, viele Geschichten könnten noch erzählt werden, nein, müßten noch erzählt werden. Allein, es fehlt der Platz. Also kommen wir abschließend lieber zu einem Fazit nach dreißig Jahren Fußballbundesliga.

Mein Freund ist Ausländer

Mit der Bundesliga gelang den bundesdeutschen Fußballfunktionären sicherlich der Erfolgstreffer, und allen Unkenrufen zum Trotz hat sie die Grundlage zum wirtschaftlichen Erfolg vieler Klubs gelegt. Schon wenige Jahre nach ihrer Einführung zählte die Bundesliga zu den besten in ganz Europa, die zahlreichen Vereinserfolge in den europäischen Wettbewerben sprechen diesbezüglich eine mehr als deutliche Sprache.

Typen hat sie eine Menge gehabt, die Erste. Man denke nur an *"Ente" Lippens, Günter Netzer, Petar Radenkovic, Bernd Schuster* und viele andere. Auch Weltklassespieler wie *Franz Beckenbauer* oder *Lothar Matthäus* hat sie hervorgebracht.

Unsere liebste Klasse hat allerdings auch Integration betrieben, denn von Anfang an spielten ausländische Spieler um bundesdeutsche Ligapunkte (in der Debütsaison waren es derer fünf) und nicht zu selten waren es gerade sie, die das Publikum immer wieder mit wunderschönen Kabinettstückchen verzauberten. Schon erwähnter *Petar Radenkovic* zum Beispiel. Oder *Kevin Keegan, Alan Simonsen, Danilo Popivoda, Yasuhiko Okudera, Marcel Raducanu, Bum Kun Cha, Sammy Sane* und ganz frisch *Stephane Chapuisat*. Endlos ist die Liste ausländischer Spieler, die Bundesligafußball gespielt haben und noch immer spielen. Endlos die Liste ihrer Heimatländer. Neuseeland ist darunter, Südkorea, der Senegal. Und doch ragt ein Name aus dieser Reihe heraus: *Jörn Andersen*. Der Norweger wurde nämlich 1990 erster ausländischer Torschützenkönig der Bundesliga, 18mal hatte er für Eintracht Frankfurt des Gegners Maschen getroffen. Nichts gegen Andersen, aber daran kann auch wunderschön die Veränderung des Bundesligafußballs beobachtet werden, denn wieviel Tore schoß Gerd Müller 1971/72 noch gleich? Richtig: 40!

ANMERKUNGEN

(1) Es muß allerdings hinzugefügt werden, daß sämtliche deutsche Sportgemeinschaften nach der Befreiung aufgelöst wurden und die Orte polnische Namen erhielten (Danzig = Gdansk; Stolp = Slupsk sowie Beuthen = Bytom). Preußen Danzig, Viktoria Stolp und Beuthen 09 haben folglich keine direkten Nachfolgevereine.
An der ersten polnischen Meisterschaft im Ligaformat 1948 (1946 und 1947 wurde ein Wettbewerb im Pokalsystem ausgetragen) nahm mit Polonia Bytom lediglich ein Team aus den drei Orten teil. Während Beuthen/Bytom und Danzig/Gdansk in den vergangenen 45 Jahren zumeist in der höchsten polnischen Liga vertreten waren, verschwand der Stolper/Slupsker Fußball vollständig in der Versenkung. Auch in der DDR waren die Traditionsvereine nach dem 1945er Verbot nicht wiedergegründet worden.
An ihre Stelle traten kommunale Sportgruppen, die später in Betriebssportgemeinschaften umgewandelt wurden. Dresden (Dynamo) und Halle (Chemie) spielten in den gesamten DDR-Jahren eine mehr oder weniger bedeutende Rolle im Oberligafußball. 1994 sieht das etwas anders aus: Während Dynamo einziger ostdeutscher Bundesligist ist, spielt der Hallesche FC in der viertklassigen Oberliga Nordost, Staffel Süd, deren Tabellenende er seit Saisonbeginn ziert.

(2) Ganz knapp an der Bundesligahürde scheiterten nur die Offenbacher Kickers, Viktoria 89 sowie Mülheim-Nachfolger Viktoria Köln, die an der letzten Oberligasaison teilnahmen. Immerhin noch Zweitligist waren der SV Waldhof und Borussia Fulda, letztere hatten allerdings zwischenzeitlich eine gewisse Namensodyssee durchgemacht (bis 1943 noch 1. SV Borussia, anschließend für zwei Jahre als Reichsbahn SG bis sie sich 1945 als SC Borussia wiedergründeten). Böckingen und Benrath spielten 1963 lediglich drittklassigen Fußball, während Eimsbüttels einstiger Stolz ETV in der Hamburger Amateurliga ums Überleben kämpfte.

(3)   In Frankreich wurde 1932/33 eine landesweite Spielkasse auf Profibasis eingerichtet, in der UdSSR erfolgte entsprechendes 1936 - auf Staatsamateurebene, versteht sich.

(4)   In: Kicker Nr. 50 vom 10. Dezember 1956, Seite 2.

(5)   Diese regionale Dümpelei erinnert im übrigen fatal an die politischen Widerstände im 19. Jahrhundert, als die deutsche Kleinstaaterei erst durch heftigen politischen und militärischen Druck in der 1871er Reichsgründung mündete. Auch damals war Deutschland das mit starker zeitlicher Verzögerung letzte Land gewesen, daß aus seiner mittelalterlichen Tradition erwacht war.

(6)   1932 hatten sich in Eisenach Vertreter der Vereine 1. FC Nürnberg, Schalke 04, Dresdner SC, SpVgg. Fürth, 1860 und Bayern München getroffen, um -geheim- die Gründung einer Reichsliga vorzubereiten.

(7)   Die Idee des Berufsspielertums hat ihren Ursprung in England, wo 1888 mit Einführung der dortigen *Football League* der Anfang gemacht wurde. Später folgten u.a. Österreich (1924), Ungarn (1926), Tschechoslowakei (1928) sowie Italien und Frankreich (1933). In Italien erstaunlicherweise unter den Faschisten um Benito Mussolini, der, im Gegensatz zu seinem Achsenfreund Adolf Hitler, dem Profigedanken positiv gegenüberstand.

(8)   Frankreich war als Drittplazierter der Gruppe 1 ausgeschieden, England hatte zwar den Gruppensieg errungen, war aber im Viertelfinale an Uruguay (2:4) gescheitert.

(9)   Wie recht Herberger mit seiner Befürchtung hatte, beweist ein Blick auf die Plazierungen bei den folgenden Weltmeisterschaften: 1958 in Schweden Ausscheiden im Halbfinale (1:3 gegen Schweden), 1962 in Chile Ausscheiden gar bereits im Viertelfinale (0:1 gegen Jugoslawien).

(10)   Neuberger löste im Oktober 1975 den Osnabrücker Dr. Hermann Gösmann als Präsident ab und blieb bis zu seinem Tode am 27. September 1992 im Amt.

(11)   Horst Buhtz, der 1952 zum AC Torino wechselte (dessen erste Mannschaft bei einem Flugzeugabsturz drei Jahre zuvor komplett ums Leben gekommen war), verdiente dort 150.000 DM pro Jahr. In der Oberliga kam Buhtz auf knapp 4.000 DM... 1949 war der Münchner Ludwig Janda als erster nach Italien (AC Novara) gewechselt. 1960 setzte dann ein Boom ein, als neun Elitekicker, unter ihnen Horst Szymaniak, Klaus Stürmer, Helmut Haller, Rolf Geiger und Albert Brülls über den Brenner wechselten.

(12)   Ein interessanter Nebenaspekt ergibt sich aus Tatsache, daß der DFB die DM 320,- als Höchstgrenze definierte. Natürlich bekam - zumindest bei den Spitzenvereinen - praktisch jeder diese Summe, wodurch - rein theoretisch - eine kollektive Gleichbehandlung der gesamten Mannschaft eintrat. Etwas, das gewöhnlich eher sozialistischen Gepflogenheiten entspricht!

(13)   Nur Rot-Weiß Oberhausens Präsident Peter Maaßen sprach sich gegen die Bundesliga aus und orakelte, daß jedes Jahr "einige Clubs Pleite" gehen würden.

(14)   Im Norden war man sich recht uneins in der Bundesligafrage. Eigentlich bezog nur der HSV klar Position - indem er die Änderung ablehnte.

(15)   Es war sicherlich nicht ungeschickt, die Bundesligafrage von der Profi- bzw. Lizenzspielerfrage zu lösen. Somit fiel es vielen leichter, zumindest der Bundesliga zuzustimmen, denn der eigentliche Streitpunkt war ja die Profifrage.

(16)   Das Problem mit der Flutlichtanlage war allerdings nicht von allen auf Anhieb zu erfüllen und so schuf der DFB eine Lücke, nach der ein Verein bis zu einem Jahr ohne eine solche Anlage in der Bundesliga spielen darf.

(17)   In: Meyers großes Taschenlexikon: in 24 Bänden/hrsg. und bearb. von Meyers Lexikonredaktion. 4., vollst. überarb. Aufl von 1992.

(18)   Folgende Prämien waren zulässig: Deutsche Meisterschaft 2.000; Vizemeisterschaft 1.000; Pokalsieg 1.500; Vizepokalsieg 750 DM. Außerdem durften bei Vertragsverlängerungen für mindestens zwei Jahre ein Treuegeld von 10.000 DM gezahlt werden.

(19)   Der Bundesfinanzminister änderte aufgrund dessen sogar die Abgabenordnung! Diese Überschreitungen mußten einzeln über den Bundesliga-Ausschuß dem zuständigen Finanzamt vorgelegt werden, welches zuzustimmen hatte.

(20)   Sogar der Altinternationale Fritz Szepan griff in die Diskussion ein und plädierte für eine 18er, besser sogar 20er Klasse. Bei 16 Vereinen würden zuwenig Spiele stattfinden meinte er. Außerdem glaube er nicht daran, daß der DFB "großzügig Freundschaftsspiele vermitteln" würde.

(21)   Ohne den Fall Saarbrücken/Neuberger an dieser Stelle zum hunderttausendsten Mal aufrollen zu wollen, muß gesagt werden, daß im Januar 1963 noch keineswegs feststand, ob der 1. FCS die sportliche Bundesligaqualifikation schaffen würde.

Zwar führte er am 6. Januar 1963 mit 27:7 Punkten die Tabelle an, war aber dicht gefolgt von Pirmasens und Kaiserslautern, die jeweils 24:8 Punkte aufwiesen. Tatsächlich beendet der Neuberger-Club (es geht nun einmal nichts an der Tatsache vorbei, daß er Vereinsmitglied war) auch nur auf dem fünften Rang - hinter Kaiserslautern, Neunkirchen, Pirmasens und Worms.

(22) Karlsruher SC, Bayern München, TSV 1860 München, Offenbacher Kickers, VfB Stuttgart, Preußen Münster, Alemannia Aachen, Fortuna Düsseldorf, Schwarz-Weiß Essen, Westfalia Herne, Viktoria Köln, Meidericher Spielverein, Holstein Kiel, FC St. Pauli, Eintracht Braunschweig, Hannover 96, VfL Osnabrück, 1. FC Kaiserslautern, Borussia Neunkirchen und FK Pirmasens.

(23) Die beiden anderen Westbewerber - Schwarz-Weiß Essen und Rot-Weiß Oberhausen - hatten zu wenig Punkte gesammelt und waren recht frühzeitig aus dem Kandidatenkreis ausgeschieden. Die fünf noch im Rennen befindlichen Bewerber hatten nach der DFB-Rechnung folgende Punktezahlen erreicht: Aachen 285; Münster 251; Meiderich 250; Düsseldorf 225 und Herne 222.

(24) Bis 1969 wurde in der Regel nach dem Divisionsverfahren entschieden, bei dem die erzielten Treffer durch die erhaltenen dividiert werden.

(25) Die Aachener glaubten zu wissen, daß das Kölner Kommissionsmitglied Kremer (der gleichzeitig 1. FC-Vorsitzender war) seine Finger im Spiel hatte, da er unliebsame Konkurrenz für seine Geißböcke aus dem Weg räumen wollte. Das Frankfurter Landgericht entschied aber am 13. November 1963, daß "satzungsgemäß und korrekt gehandelt" worden sei.

(26) Bis heute ist das Land zwischen Ost- und Nordsee einziges Bundesland ohne Erstligisten - die neuen Bundesländer ausgenommen.

(27) Die Geschichte Offenbach/Frankfurt gibt Anlaß zu zahlreichen Spekulationen. Die erste Frage, die ungeklärt bleiben muß, ist der Einfluß der DFB-Zentrale, die immerhin in Frankfurt angesiedelt ist. Hätte es nicht ein schlechtes Bild abgegeben, wenn die Machtzentrale des deutschen Fußballs sportlich nur zweitklassig wäre? Übrigens standen die beiden Kontrahenten 1959 noch gemeinsam im Endspiel um die Deutsche Meisterschaft! - damals gewann die Eintracht mit 5:3 nach Verlängerung.

(28) 1955/56 im Landesmeisterpokal; 0:4 und 1:1 gegen Hibernians FC Edinburgh. RWE ist **die** Fahrstuhlmannschaft der 60er und 70er Jahre: dreimal stiegen sie in die Bundesliga auf, viermal wieder ab, 1984 verschwanden sie erstmalig in der Drittklassigkeit. Aus der sie zweimal wieder aufstiegen und 1994, nach ihrem dritten Lizenzentzug in zehn Jahren, wieder abstiegen.

(29) 88.075 pilgerten seinerzeit ins Olympiastadion, um den Rekord aufzustellen. Allerdings hätte auch kein anderes Stadion mehr Zuschauer fassen können, denn das Olympiastadion war das seinerzeit größte im ganzen Lande.

(30) Sogar einen Bestechungsversuch glaubten die Hertha-Verantwortlichen nachweisen zu können. Am 7. Dezember 1963 hätte Hertha nur bei 1860 München mit 2:1 gewonnen, weil man dem 60er Mittelstürmer Alfons Stemmer zwei Tausender zugesteckt hätte.

(31) Die Aufstockungsentscheidung war im übrigen gegen den Willen des DFB-Vorstands gefallen, der lieber den KSC an Herthas Stelle gesehen hätte und ansonsten alles beim alten lassen wollte. Noch ein Wort zu Tasmania. Der Club war aufgrund der vergangenen Verdienste und der Tatsache, daß Tennis Borussia und Spandau (Meister und Vizemeister 1964/65) eine entsprechende Offerte ablehnten, in den Bundesligagenuß gekommen.

(32) Die Mannschaft mußte im Olympiastadion spielen, da der eigene Platz in Neukölln nicht den Bundesligaauflagen entsprach.

(33) 1994/95 kicken die Neuköllner in der fünfthöchsten Berliner Landesliga - 2. Abteilung.

(34) Zuvor waren Eintracht Frankfurt 1959 gegen Real Madrid (3:7) und 1860 München 1965 gegen West Ham United (0:2) gescheitert.

(35) Seit 1993 spielt die Eintracht, zum zweiten Mal nach 1987/88, nur in der dritthöchsten Spielklasse, klagt über ein leeres (aber inzwischen fast komplett renoviertes) Stadion und träumt von einstigen Erfolgen.

(36) Für die Bayern war Müllers Verpflichtung - gemeinsam mit der Beckenbauers - wohl der Grundstein für ihren Erfolg. Allerdings war Müller auch kaum zu übersehen gewesen, denn in der Jugend seines Stammvereins TSV Nördlingen hatte er 195 von 220 Saisontoren geschossen, was ihn bereits als 17jährigen zum Stammspieler in der ersten Mannschaft machte. Dort schoß er dann mit unverminderter Regelmäßigkeit weiter: In seiner ersten Seniorensaison markierte er 59 der 106 Nördlinger Tore!

(37)   In: Ulfert Schröder; Stars für Millionen (Bayreuth, 1974).

(38)   Aus den Vereinen: 1. FC Köln, Hertha BSC Berlin, Arminia Bielefeld, Eintracht Braunschweig, VfB Stuttgart, Schalke 04, Rot-Weiß Oberhausen und MSV Duisburg.

(39)   Der DFB-Präses sprach schon frühzeitig von einer "Generalamnestie nach Abschluß aller Verfahren", was an sich skandalös ist, denn immerhin war durch die Vorgänge das zahlende Fußballpublikum an der Nase herumgeführt worden.

(40)   Was es wohl von Anfang an gewesen war. 1974 änderte sich somit vor allem die Einstellung des DFB zu seinen eigenen Grundsätzen.

Östlich der Elbe
(1945-1990)

Leistungskollektive im Kampf um den Meistertitel
(Sozialistischer Sportaufbau)

So richtig wollte sie eigentlich niemand, die beiden deutschen Staaten. Und doch steuerten die Weltpolitiker, anfangs übrigens ohne deutsche Beteiligung - unbeirrt auf eine Zweiteilung der nach Rückgabe aller von den Nazis einkassierten Gebiete übriggebliebenen Ländereien zu. Um es ganz deutlich zu sagen: Der sogenannte Kalte Krieg war Schuld an der doppelten Staatsgründung, denn ohne die politischen Betonköpfe auf beiden Seiten der Weltkriegssieger wäre die Geschichte wohl um ein Novum ärmer. Da sie es nicht ist, gibt uns die ganze Sache zumindest die Gelegenheit, nach Unterschieden zwischen "kapitalistischem" und "sozialistischem" Fußball zu suchen.

Auf den ersten Blick möchte man meinen, die Bundesrepublik würde dabei wesentlich besser abschneiden. Tut sie auch, aber eben lediglich auf den ersten Blick. Natürlich, die Erfolgsbilanz zeigt ein deutliches Plus auf der bundesrepublikanischen Seite. Drei WM-Titel, diverse Europacuperfolge und vieles mehr stehen einem DDR-Olympiasieg sowie einem Europacuperfolg[1] gegenüber. Es ist eine trügerische Bilanz. Denn eigentlich hatten die Hammer- und Zirkel-Funktionäre Großes mit ihren Fußballern vorgehabt. Aber sie konnten sich einfach nicht dazu durchringen, dem europäischen Trend folgend den Kickern die Berufsausübung unter professionellen Bedingungen zu ermöglichen. Als sie es endlich doch taten, war der Erfolgszug inzwischen schon lange abgefahren.

Somit bleibt dem DDR-Fußball nur noch die undankbare Rolle, lediglich Publikumsliebling Nummer 1 gewesen zu sein, und auch die einst unter den auflagenstärksten Blättern rangierende *Neue Fußballwoche* hat schon lange das Zeitliche gesegnet. Um es vorab zu sagen: Die Geschichte des DDR-Fußballs ist nicht im Handumdrehen erzählt. Und sie ist auch nicht frei von Fallstricken, schon gar nicht für einen "Wessi" wie mich. Ich will es trotzdem versuchen.

Fußballwiege Sachsen

Wie überall im zerbombten Deutschland war im Mai 1945 auch zwischen Erzgebirge und Ostsee Schluß mit jeglicher Vereinstätigkeit. Bis dahin war der seinerzeit als mitteldeutsch bezeichnete Fußball kein schlechter gewesen. In Leipzig beispielsweise, wo der DFB seine Wiege hatte, war mit dem VfB der allererste Deutsche Meister zu Hause, und aus der Nachbarmetropole Dresden kam immerhin der letzte gemeinsame Meister, der DSC. Fünfmal insgesamt hatten sächsische Teams die Viktoria ins Land geholt: dreimal der VfB Leipzig (1903, 1906 und 1913) und zweimal der Dresdner SC (1943 und 1944). Somit war Sachsen, obwohl zumindest die ganz großen Jahre des VfB Leipzig lange vorbei waren, eindeutig sowjetzonale Fußballhochburg, denn die anderen Gebiete hatten nicht annähernd soviel zu bieten. Mecklenburg-Vorpommern beispielsweise, ein durch die Zonisierung Restdeutschlands entstandenes verwaltungstechnisches Gebilde,[2] war vierzig Jahre lang fußballerische Provinz gewesen und hatte erst in den letzten Kriegsjahren durch an die Ostseeküste beorderte Soldaten Auftrieb erhalten. Folglich standen Clubs wie TSG Rostock oder Luftwaffen SV Rerik auch nur einige Jahre im Rampenlicht. Zu wenige, um für Furore zu sorgen.

In Brandenburg hatten die Berliner Clubs dominiert, welche aber - zumindest die aus dem Westteil - nach 1950 in eigenen Organisationen kickten. Allerdings waren die um Berlin herum liegenden Gebiete, also das Land Brandenburg, schon zu gemeinsamen Klassenzeiten kaum gegen die Hauptstädter angekommen, denn in zwölf Gauligajahren war es gerade einmal sieben "Provinzlern" gelungen, in die Berliner Phalanx einzubrechen. Selbst den wenigen, denen dies gelang, bekam es nicht gut, denn sie stiegen allesamt postwendend wieder ab[3]. Bleiben die Teams aus Sachsen-Anhalt und Thüringen, die, bis 1945 im Gau Mitte vereint, ebenfalls eher wenig aus sich gemacht hatten. Zwar erreichten Dessau 05, 1. SV Jena und Wacker Halle mit schöner Regelmäßigkeit die Endrunde, dort aber kam mit ebenso schöner Regelmäßigkeit das frühzeitige Aus. Soweit zur Vorgeschichte.

Neuaufbau statt Wiederaufbau

1945 lag das sowjetzonale Vereinswesen also, vergleichbar dem der drei anderen Zonen, reglos am Boden. Und eigentlich gab es bis zum Frühjahr 1946 auch kaum größere Unterschiede in der alliierten Sportpolitik, denn wie Amerikaner, Engländer und Franzosen, so setzten auch die Sowjets auf "nicht-militärische Sportorganisationen lokalen Charakters,"[4] also spartenübergreifende Ortsgruppen nach dem bekannten Muster (d.h. eine einzige für kleine Orte und mehrere, zumeist nach den Himmelsrichtungen ausgerichtete, für größere).

Als 1946 der Winter langsam seinem Ende zuging und dem Frühling Platz machte, da traten die ersten deutlichen Unterschiede zwischen den beiden Systemen zu Tage. Im Grunde geschah der Sinneswandel aber im Westen, denn dort grub man die ehemaligen Arbeitersportlern, denen die Alliierten bis dahin als einzigen einen vernünftigen Neuaufbau zugetraut hatten, das Wasser ab. Langsam waren die alten Vereinsbosse unter den Augen der militärischen Umerzieher wieder ans Ruder gekommen und hatten nach und nach erst Vereinspositionen und später Verbandsposten "zurückerobert". In der sowjetischen Zone hingegen sahen die alten Kämpen kein Land. Schon lange war klar, daß das "andere" Deutschland ein Sportsystem nach sowjetischem Strickmuster erhalten würde. Schließlich hatte man genau dafür auch entsprechend geschulte Funktionäre an die regionalen und lokalen Schalthebel gesetzt.[5]

> Nachdem der deutsche Jmperialismus den Fußballsport zugrunde gerichtet hatte, bemühten sich fortschrittliche Kräfte, vor allem revolutionäre Arbeitersportler in Zusammenarbeit mit sowjetischen Sportoffizieren, um den Neuaufbau des Fußballsports, der dem antifaschistisch-demokratischen Weg des deutschen Volkes entsprechen sollte. (Aus dem DDR-Werk "Fußball in Vergangenheit und Gegenwart").

Offiziell hieß es, daß eine "einheitliche Sportbewegung unter Führung klassenbewußter Arbeiter mit klarer antifaschistisch-demokratischer Zielsetzung erforderlich sei", und daß es keinesfalls wieder zu einer Aufspaltung des Sports kommen dürfe, weder des bürgerlichen noch des proletarischen.[6] Dazu sei es unerläßlich, zuallererst das "alte faschistische Vereinssystem zu eliminieren und den reaktionären Kräften entschlossen entgegenzutreten."

So wird diese Zeit zumindest im DDR-Werk *Fußball in Vergangenheit und Gegenwart* dargestellt, das weiterhin darauf aufmerksam macht, daß

> *In den Westzonen im Prozeß der Wiederherstellung der imperialistischen Macht reaktionäre Kräfte, die dem Fußballsport so unermeßlichen Schaden zugefügt haben, wieder die Oberhand gewannen.*[7]

Da sage noch einer, Fußball sei unpolitisch! Verlassen wir die wackelige Bühne der Politik und wenden uns endlich dem Fußball zu.

Bald nachdem die Waffen niedergelegt worden waren, hatte man auch östlich der Elbe wieder gegen den Ball getreten. Am 13. Mai 1945 beispielsweise im Kreis Bitterfeld, oder drei Tage später in Berlin-Spandau. Kaum war der Ball wieder in Bewegung gekommen, waren auch schon die ersten zarten Organisationsformen zu erkennen. Wie überall im damaligen Deutschland waren vornehmlich ehemalige Arbeitersportler auf Funktionärsebene aktiv, denn nur ihnen trauten die Alliierten über den Weg. Genauso war es auch in der sowjetischen Zone, allerdings gab es dort noch eine sogenannte "Gruppe Ulbricht". Um das zu erläutern, müssen wir etwas weiter ausholen: Große Teile der späteren DDR waren von amerikanischen Truppen befreit worden und kamen erst nach dem 9. Juni 1945 unter Obhut der Sowjetischen Militäradministration in Deutschland (SMAD). Während sich die dortigen Sportpioniere also anfangs noch mit amerikanischen Befehlshabern auseinandersetzten, agierten im Hintergrund bereits die von den Sowjets ausgeguckten künftigen Sportbosse. Denn die "Gruppe Ulbricht"[8] war für alles ausgestattet worden: Sie sollte nicht nur die politische Macht in der künftigen Sowjetzone an sich reißen, sondern auch das kulturelle und sportliche Leben der Ostdeutschen lenken. In die gewünschte Richtung selbstverständlich, also gen Osten. Als die Amerikaner im Juni und Juli Sachsen und Thüringen verließen, war die Saat bereits aufgegangen. Von der neuen Führung wohlwollend gefördert, nahmen sich anschließend vornehmlich stramm kommunistisch orientierte Sportler der Sache an, wobei Leipzig neben Berlin zum Aktionszentrum wurde. Dort trafen sich im Juni - noch hatten die Amerikaner in der Stadt das Sagen - sechs Mitglieder der 1933 von den Nazis verbotenen Kampfgemeinschaft für Rote Sporteinheit (KG), um über eine "Sportbewegung der Einheit" nachzudenken. Trotz des ausdrücklichen Vereinsverbotes durften die von Bruno Plache angeführten Rotsportler mit einem "Offenen Brief an die Sportgenossen der Führungsorgane der Arbeitersportverbände" auf ihre Ziele aufmerksam machen:

1. eine Volkssportbewegung, die frei von allen nazistischen und militaristischen Einflüssen ist;

2. eine Volkssportbewegung, die nach freien demokratischen Grundsätzen gebildet, verwaltet und geführt wird;

3. eine Volkssportbewegung, die ein körperlich und geistig gesundes Volk erzieht;

4. eine Volkssportbewegung, die den friedlichen Wiederaufbau mit allen Kräften fördert;

5. eine Volkssportbewegung, die für den Frieden kämpft;

6. eine Volkssportbewegung, die jeden antifaschistischen Kampf unterstützt![9]

Wie man sieht, war die ganze Angelegenheit ganz und gar nicht unpolitisch; schließlich hatten Plache und seine Mitstreiter sich an den von der KPD vorgelegten Vorgaben zur Errichtung einer einheitlichen demokratischen Republik orientiert.[10]

Und sie sollte auch gar nicht unpolitisch sein, denn Sport war, wie alles andere, zur Einbindung ins tägliche politische Leben bestimmt, und sollte helfen, "Friedensarbeit" zu leisten. Keiner brachte die Motivation besser auf den Punkt, als der damalige FDGB-Vorsitzende *Herbert Warnke*, der im Oktober 1949 feststellte: "Ein guter Sporttechniker zu sein ist viel - gleichzeitig aber auch ein politisch denkender Mensch zu sein, bedeutet viel mehr!"[11]

Nachfolger oder nicht?

Langsam aber sicher wurden die Unterschiede zwischen den drei Westzonen und der Ostzone deutlicher. Denn während im "Westen" schon wieder der VfB Stuttgart auf die Frankfurter Eintracht traf, kickten im "Osten" weiterhin die Sportgruppe Erfurt-West gegen die Sportgruppe Riesa. Oder besser, sie kickten nicht, denn wie im Kapitel *BFC Dynamo, Chemie Leipzig und der Fußballstreik* beschrieben, sollte sich die Wiederherstellung eines geordneten und kreisübergreifenden Spielbetriebes in der sowjetischen Zone als äußerst schwierig erweisen. Für Traditionsvereine wie Erfurter SC 1895 und Riesaer SV war jedenfalls kein Platz mehr. Das beschert uns die noch immer ungeklärte Frage, ob Stahl Riesa nun der Tradition des Riesaer SV folgt oder nicht.[12] Fest steht, daß mit der Kapitulation auch der Riesaer SV ausgelöscht wurde. Anschließend hatte Riesa - offiziell - keinen Sportverein mehr. In den ersten Tagen war das auch wenig problematisch, denn die Sachsen hatten wahrlich genug mit dem Aufräumen der Kriegstrümmer zu tun und keine Zeit, sich um Sport zu kümmern. Einige Wochen später, das genaue Datum ist leider nicht bekannt, wurde vom zwischenzeitlich eingerichteten kommunalen Sportbüro[13] die Sportgruppe Riesa gegründet, die organisatorisch und auch strukturell so ziemlich gar nichts mit dem alten Sport-Verein gemeinsam hatte. Nun aber kommt es: Die SG-Kicker benutzten nicht nur den ehemaligen RSV-Platz am Bürgergarten, sie benutzten auch die Geräte des aufgelösten Vereins und spielten gar in den alten roten Trikots und schwarzen Hosen des RSV. Noch dazu waren die Riesaer Bürger durch den neuen Namen nicht einfach neue geworden, sondern die alten RSV-Kicker waren nun die neuen SG-Balljongleure. Und für die war die ganze Geschichte schlicht eine Umbenennung, wohingegen offizielle Stellen vehement darauf bestanden, mit dem traditionellen RSV nichts zu tun zu haben. Es bleibt eine für den einen eindeutig geklärte, für den anderen völlig offene Frage, und ich will mir nicht anmaßen, hier eine Antwort zu geben.

Das Beispiel Leipzig zeigt eindrucksvoll die chaotischen Zustände der Anfangszeit auf.

1945	
18.5.	Erste Beratungen ehemaliger ATSBLer, den Sport wiederzubeleben
7.6.	Absage seitens der Amerikaner, den Sportbetrieb wieder herzustellen
?7.	Ablehnung von Vereinsgründungen durch die Amerikaner
15.7.	Die UdSSR übernimmt die Befehlsgewalt
28.7.	Dem provisorischen Hauptausschuß wird der Auftrag zur Reorganisation des Sports unter ausdrücklichem Verbot der NSRL-Vereine erteilt
24.8.	Stadtkommandant Oberst Morosov befiehlt: Auflösung aller NSRL-Vereine und Beschlagnahme der Vermögen, Bruno Plache wurde zum Sportdirektor bestellt
25.9.	Wegen permanenter Verstöße grundsätzliches Verbot jeglicher sportlicher Betätigung
17.12.	Kontrollrat Direktive Nr. 23 (Bestätigung des Verbotes der NSRL-Vereine in allen vier Zonen)
1946	
8.2.	Das kommunale Sportamt ersucht den SMAD um Wiederzulassung des Sports
7.3.	Erteilung der Wiedergenehmigung

FDJ übernimmt Sportführung

Anfang 1946 konnten die Verantwortlichen stolz nach Berlin kabeln, daß im ganzen Lande Sportgruppen gegründet worden waren. Nun stellte sich ein neues Problem, denn zwar war man damit auf Kreisebene vollends organisiert, kreisübergreifend aber lag weiterhin so ziemlich alles brach. Dazu kam die Kontrollratsdirektive Nr. 23 vom 17. Dezember 1945, die Sportverkehr nur auf Kreisebene erlaubte und einen überregionalen Spielbetrieb nicht zuließ. Für die Sportbegeisterten war es durchaus unbefriedigend, ihre Starkicker lediglich in benachbarte Dörfer schicken zu können. Weil sie davon bald die Nase voll hatten, trieben sie ihre lokalen Funktionäre an, sich auf höchster Ebene für die Aufhebung des Zustands einzusetzen. Zunächst zeigten sich die Sowjets äußerst skeptisch der Idee gegenüber, wieder Spiele zwischen Dresden und Leipzig zuzulassen, gaben aber bald unter der Voraussetzung nach, daß eine Art politische Patenorganisation (für den Sport) gefunden würde. Dafür bot sich rasch die am 7. März 1946 gegründete FDJ (Freie Deutsche Jugend) an.[14] Der war nämlich ins Gründungsstammbuch geschrieben worden, daß sie sich "der Bildung von Arbeits- und Interessengemeinschaften sozialer, kultureller und sportlicher Arbeit" widmen solle. Anfangs noch gemächlich - bis Mitte 1947 übernahmen die FDJler lediglich den Mecklenburger Sport - verstärkte sich ihr Einfluß in den Jahren 1947/48 erheblich. Im Mai 1948 schließlich war der gesamte sowjetzonale Sport - bis auf Berlin - in FDJ-Hand!

Wie versprochen, hatten die sowjetischen Entscheidungsträger die Kreisbeschränkung daraufhin teilweise gelockert und in Mecklenburg-Vorpommern sowie Brandenburg konnten Landesmeister ermittelt werden. Endgültig aufgehoben wurde die Kreisbeschränkung allerdings erst im Mai 1948, nachdem die SMAD Vollzugsmeldung von der FDJ-Sportübernahme erhalten hatte. Daß die ganze Angelegenheit mit der Einrichtung eines funktionierenden Ligasystems eine durchaus komplizierte und zeitaufwendige war, ist an anderer Stelle schon angedeutet worden und wird im folgenden Kapitel ausführlich beschrieben. Kümmern wir uns lieber um die sportpolitische Ebene, denn mit den Sportgruppen und der FDJ waren die ehrgeizigen Politikerpläne noch lange nicht erfüllt. Der Reihe nach: Mit Übernahme durch die FDJ war zunächst einmal das Ende des Kommunalsports verbunden. Das Aus kam aber nicht plötzlich, denn schon seit 1946 hatten FDJ-Sportgemeinschaften vermehrt die kommunalen Sportgruppen abgelöst.

Hans Manthey, Mittelfeldspieler beim ehemaligen Gauligisten Dessau 05 und später bei Waggonbau bzw. Waggonfabrik Dessau, auf die Frage: "Fühlte sich die Mannschaft von Waggonbau (Waggonfabrik) Dessau quasi als Nachfolger des ruhmreichen Sport-Verein Dessau 05?": "Ja, auf jeden Fall. Deshalb auch die vielen Zuschauer, es war die Traditions-Elf der Stadt."

Die beiden unterschieden sich im übrigen nicht nur namentlich voneinander, denn während die kommunalen Sportgruppen ihr Hauptaugenmerk auf körperliche Jugenderziehung unter Ausschluß aller militärischer Elemente gelegt hatten, wollten die FDJ-Sportgemeinschaften neben dem sportlichen Aspekt auch eine kulturell-erzieherische Funktion ausüben. Auch sie waren noch nicht das Ziel der Politikerträume, sondern lediglich Zwischenstation auf dem Weg, den Sport unter die Parteifittiche zu bekommen. Inoffiziell, versteht sich, denn die Dachorganisation hieß schließlich nicht SED sondern FDJ. "Zeit gewinnen" hatte die Devise gelautet und im Sommer 1948 war die Zeit endlich reif. Die über 3.000 allein von der FDJ seit 1946 ausgebildeten Sportfunktionäre standen nämlich vor ihrer Einsatzreife und nun konnte man den letzten und entscheidenden Schritt zur Sportorganisation nach sowjetischem Vorbild gehen.

Am 1. August 1948 erging folgender Appell an die Bevölkerung:

Die Zeit des Aufräumens und der Vorbereitung ist nun vorbei. Endlich können wir an den Aufbau einer einheitlichen demokratischen deutschen Sportbewegung herangehen. (...)

Getragen von dem Vertrauen der fortschrittlichen Jugendlichen in Deutschland sowie der Millionen organisierter Werktätigen, rufen die Freie Deutsche Jugend und der Freie Deutsche Gewerkschaftsbund alle sportbegeisterten Menschen auf, an der Schaffung einer neuen deutschen Sportbewegung mitzuwirken.

Wir rufen auf, in allen Dörfern, Städten und Großbetrieben Sportgemeinschaften ins Leben zu rufen, an deren Spitze die besten und bewährtesten antifaschistischen Sportler treten sollen.[15]

Das große Aufräumen brachte zwei weitere entscheidende Veränderungen mit sich, von denen die Ernennung des FDGB (Freier Deutscher Gewerkschaftsbund) zum Träger - neben der FDJ - der einheitlichen antifaschistischen-demokratischen Sportbewegung"[16] der geringste war. Ein anderes Wort markiert nämlich einen wirklichen Meilenstein in der sowjetzonalen Sportgeschichte: Großbetriebe!

Internationale Isolation

Mit diesem sogenannten Appell begann das Zeitalter des Betriebssports, welches dem DDR-Fußball so klangvolle Teams wie Sachsenobst Dürrweitzschen, Maschinelles Rechnen Neustrelitz und Aktivist Schwarze Pumpe bescherte. Von nun an wurden sämtliche Sportler systematisch Großbetrieben oder Landwirtschaftlichen Produktionsgenossenschaften untergeordnet, was allerdings nicht ganz so glatt verlief, wie sich die Sportplaner das gedacht hatten. Die Betriebssportgemeinschaften, kurz BSG genannt, hatten nämlich die höchst brisante Nebenwirkung, daß mit ihnen der endgültige Abschied von der Vereinstradition verbunden war. Zunächst einmal rein namentlich, denn während "SG Riesa" immer noch ein wenig wie "Riesaer SV" geklungen hatte, war der BSG Stahl Riesa nun wahrlich nichts mehr vom alten RSV geblieben.

Ein Beispiel für eine BSG-Gründung aus der Stadt Wolfen, Sitz eines SAG-Betriebs (Sowjetische Aktiengesellschaft): 1945 hatte man dort eine Sportgruppe gebildet, in der auch gekickt wurde. 1948 erweiterte man sein Programm um Handball, Kegeln und Turnen, wozu eine Umbenennung in Zentrale Sportgemeinschaft (ZSG) erfolgte. Eben jene ZSG unterstellte sich am 1. Oktober 1949 dem örtlichen Werk und hieß fortan BSG Chemie Agfa Wolfen.

> "Unter sozialistischer Körperkultur verstehen wir alle in unserer Gesellschaft vorhandenen und in ihrem Sinne wirkenden Anschauungen, Ziele und Aktivitäten, Bedingungen und Organisationsformen, die vornehmlich mit den spezifischen und vielfältigen Mitteln der körperlichen Übung, des sportlichen Trainings und des Wettkampfes zur allseitigen sozialistischen Persönlichkeitsentwicklung der Bürger beitragen." Aus: DDR Handbuch (1979)

Was aber wesentlicher war: Durch die Überführung in betriebliche "Fürsorge" verlor der Sport endgültig seine Eigenständigkeit, und folglich verwundert es kaum, daß sich eine Vielzahl von Aktiven sträubten, einer BSG beizutreten. Da Proteste neben ihrer Wirkungslosigkeit aber auch noch gefährlich waren, mußten sich die ostdeutschen Sportler zwangsläufig auf den passiven Widerstand beschränken, d.h. sie traten den Gemeinschaften einfach nicht bei und verzichteten wehmütig auf die organisierte Sportausübung.

Es half alles nichts, den Betriebssportgemeinschaften galt die Zukunft, zumindest wenn es nach den Planern im Parteibüro ging. Und nach denen ging es schließlich. Durch "sanften" Druck löschte man eine Sportgruppe nach der anderen aus und "überführte" sie in die Trägerschaft eines VEB oder einer LPG. Schon 1951 meldete die DDR-Oberliga hundertprozentige Planerfüllung. Im ganzen Land gab es bereits 1.445 Betriebssportgemeinschaften, in denen 697.047 Sportler organisiert waren.[17] Kommen wir noch einmal zurück auf die Geschichte mit dem Appell. Der war in Wirklichkeit eher ein Befehl denn ein Appell, und so wurde auch rasch die gewünschte Veränderung herbeigeführt.

Am 1. Oktober 1948 trafen sich Vertreter der FDJ und des FDGB, um im Berliner Haus des Zentralrates der FDJ feierlich den *Deutsche Sportausschuß* (DS) ins Leben zu rufen. Damit war eine eigenständige landesweite Sportorganisation gegründet, die zwar noch immer unter FDJ/FDGB-Obhut stand, sich aber ausschließlich um das "Wesen, die Organisation und Entwicklungsrichtung des Sports" kümmern sollte.[18] Zum Leiter wurde Waldemar Borde bestimmt, der anschließend die Ziele des DS bekanntgab:

> *Die demokratische Sportbewegung will den körperlichen, geistigen und sittlichen Aufstieg des deutschen Volkes fördern und an der Schaffung einer neuen Kultur mitarbeiten.(...) Sie ist nicht Selbstzweck. Sie soll zu ihrem Teil zur demokratischen Erneuerung unseres Volkes beitragen.(...) Sie kämpft für die Einheit Deutschlands und unterstützt alle Bestrebungen, die der Verbesserung der Lebenslage aller arbeitenden Menschen, insbesondere der Jugend dienen.(...) Sie ist (...) parteipolitisch nicht gebunden.[19]*

Mit der DS-Gründung wurde gleichzeitig der Betriebssport als einzig legitime Organisationsform festgeschrieben. Dann kam der 7. Oktober 1949. Als Antwort auf die Gründung der Bundesrepublik wurde an diesem Tage die *Deutsche Demokratische Republik* ausgerufen und die Teilung Restdeutschlands damit auch staatsrechtlich zum Faktum, wiewohl dies von westlicher Seite vehement bestritten wurde.

Überlassen wir eine detaillierte Schilderung und Interpretation der damaligen Vorgänge den Historikern und widmen uns den Veränderungen, die die DDR-Gründung für den Sport mit sich brachte: so gut wie gar keine. Das wiederum ist wenig verwunderlich, denn die Weichen in Richtung sozialistischer Sport waren schon lange vor dem 7. Oktober gestellt worden.

Lediglich, daß man nun unter dem Hammer- und Zirkelbanner der DDR stritt war neu, die Richtung blieb gleich: Sport blieb - wie gewohnt - ein:

> *Gesellschaftliches Anliegen auf der Grundlage des Marxismus-Leninismus und fester Bestandteil der Tätigkeit der staatlichen und gesellschaftlichen Kräfte.*[20]

An dieser Stelle ist ein kurzer Exkurs notwendig. Denn im Gegensatz zu den westlichen Ländern stand der Sport in der DDR nicht allein da. Er wurde grundsätzlich mit der *Körperkultur* gekoppelt, richtiger gesagt, dieser sogar untergeordnet. *Sport* als leistungsbetonte körperliche Bewegung (= Wettkampf) wurde als die dominierende Form der Körperkultur angesehen, die ihren Zielen entsprechend in Spitzen- bzw. Leistungssport sowie Volks- bzw. Massensport differenziert wurde. Dem stand die *Körpererziehung* gegenüber, die planmäßige körperliche Bewegung als gezielte sowohl körperliche als auch psychische Entwicklung der Persönlichkeit. Beides zusammen galt als "sozialistische Körperkultur", die sich nach Ansicht der SED vom "kapitalistischen Sportbetrieb" grundsätzlich dahingehend unterscheide, daß sie eine historisch höhere Stufe der Entwicklung darstelle. Soweit zu sportpolitischen Theorien aus dem Arbeiter- und Bauernstaat.

In Anbetracht der überragenden Stellung, die Körperkultur und Sport in der DDR hatten, wurden sie natürlich entsprechend gefördert. Wobei es durchaus zu unterschiedlichen Behandlungen einzelner Disziplinen kam.

Unter den Augen von Wilhem Pieck - Oberligafußball in Leipzig.

Daß der Fußball dabei - zum Leidwesen seiner vielen Tausend Freunde in der ganzen Republik - nicht unbedingt zu den Hätschelkindern der sozialistischen Planer zählte, sollte sich in der Zukunft immer wieder als Hemmnis erweisen.

Die DDR-Bosse hatten einfach gewisse Probleme mit der Kickerei. Einerseits war sie europaweit die populärste Sportart, also durchaus geeignet, dem frischgegründeten Staat die dringend notwendige Aufmerksamkeit zu verschaffen. Andererseits widersprach das Spiel an sich und vor allem die zunehmende Professionalisierung so ziemlich allen ideologischen Grundsätzen, so beispielsweise dem Kern sozialistischen Selbstverständnisses, dem Kollektivismus. Eine erfolgreiche Fußballmannschaft lebt aber nun einmal davon, daß unterschiedlich talentierte Balltreter herausragende oder weniger herausragende Positionen besetzen. Ein geschickter Trainer wird also keineswegs versuchen, seine elf Mannen "gleichzumachen," sondern im Gegenteil die individuellen Eigenschaften einzelner akzeptieren und weitestgehend zu fördern. Genau das aber wurde durch die Staatsdoktrin unterbunden.

Da Stars die Lehre vom Kollektivismus *ad absurdum* führen würden, gab es nur eine Lösung: Es durfte keine geben. Daß damit dem Fußball eine seiner Lebensadern abgeschnitten wurde, nahmen die Planer bewußt in Kauf. Nicht nur der Starkult war den Gleichmachern ein Dorn im Auge. Vor allem hatten sie nämlich Probleme mit dem Fußball als Berufssport westlich-kapitalistischer Prägung - denn für die Kickerei bezahlt zu werden, war nach sozialistischer Gesellschaftsordnung wirklich undenkbar. Hätten sie nun lediglich auf die Bezahlung ihrer Kicker verzichtet, wäre die ganze Sache vielleicht noch gutgegangen. Sie hatten zudem Angst, daß ihre Staatsamateure gegen die westeuropäischen Profikicker verlieren könnten und damit die Zweifelhaftigkeit des Systems aufgedeckt werden würde. Und gerade weil Fußball die europäische Sportart schlechthin ist und auf ein breites öffentliches Interesse stößt, wäre das besonders peinlich gewesen. Um kein Risiko einzugehen, isolierten die DDR-Planer ihre Kicker fortan und ließen sie lediglich gegen die Klassenbrüder aus Bulgarien, Rumänien und Polen antreten.

Zwischen 1952 und 1957 trat die DDR-Nationalequipe elfmal zum Vergleich an und nur einmal kam der Gegner nicht aus den drei brüderlichen Volksrepubliken.

Sensationeller Meister 1954: BSG Chemie Leipzig. Auch wenn Bernd Bauchspieß und Dieter Scherbarth in dieser Szene an Magdeburgs Keeper Moldenhauer scheitern.

Auch die einzige Ausnahme war wahrlich kein Lichtblick, denn das Team, das am 20. September 1956 in Karl-Marx-Stadt mit 1:3 gegen das DDR-Kollektiv verlor, kam ebenfalls aus einem volksdemokratisch geführten Land und war zudem ein im Fußball gänzlich unbeschriebenes Blatt: Indonesien. Den Fußballern wurde die bedingungslose Anlehnung an die UdSSR zum Verhängnis, denn der Slogan "Von der Sowjetunion lernen, heißt siegen lernen" bedeutete im Fußball zumeist das Gegenteil. Schließlich hatte der große Bruder zwischen 1925 und 1952 nicht ein einziges offizielles Länderspiel ausgetragen und sich auch anschließend mehr oder weniger ausschließlich mit Gegnern vom Kaliber Bulgariens, Indiens und Jugoslawiens gemessen, wobei er selbst dabei nicht sonderlich glorreich abschnitt.[21] Die Sowjetunion war ganz einfach ein Land ohne Fußballtradition, welches zum Vorbild sich zu nehmen für ein im Fußball traditionsreiches Gebiet wie das der DDR nur nach hinten losgehen konnte.

Sport auf Produktionsbasis

Am 3. Juli 1950 bekamen die Betriebsfußballer immerhin eine eigene Sparte innerhalb des DS, die vornehmlich zwei Aufgaben aufgetragen bekam:

die traditionell fußballerischen Niemandsländer wie Mecklenburg-Vorpommern oder Teile Brandenburgs zu fördern,

eine Leistungsspitze aufzubauen, die der DDR internationale Erfolge verschaffen sollte.

Während das erste Ziel eine eher langfristige Aufgabe darstellte und im nachhinein durchaus als gelöst bezeichnet werden darf, galt die zweite Aufgabe als vorrangig und ging ziemlich daneben. Der Reihe nach: Schon 1949 war mit der Oberliga die fußballerische Elite in einer nationalen Klasse konzentriert worden in der, ungeachtet der Selbstisolation, eine auf internationalem Parkett konkurrenzfähige Leistungsspitze aufgebaut werden sollte. Allerdings war im Gegensatz zum kapitalistischen Westen in der DDR Spitzenfußball unter Amateurbedingungen geplant. Und genau da lag der Hase im Pfeffer. Denn man hatte den Teams durch den Zwangskollektivismus nicht nur die Seele genommen und sie des Kräftemessens mit der

Die 19 Sportvereinigungen und ihre Trägerbetriebe	
Aktivist	Bergbau
Aufbau	Bauwirtschaft
Chemie	Chemische Industrie
Dynamo	Volkspolizei, Staatssicherheitsdienste
Einheit	staatliche und kommunale Verwaltungen
Empor	Handel und Versorgung
Fortschritt	Textil- und Lederindustrie
Lokomotive	Reichsbahn
Medizin	Gesundheitswesen
Motor	Metallverarbeitende Industrie
Post	Postwesen
Rotation	Presse, graphische Betriebe, Bühne, Film und Funk
Stahl	Hüttenindustrie und Maschinenbau
Traktor	Land- und Forstwirtschaft
Turbine	Energiebetriebe
Vorwärts	Kasernierte Volkspolizei (später Nationale Volksarmee)
Wismut	Wismut-Erzbergbau
Wissenschaft	Universitäten, Hoch- und Fachschulen

Konkurrenz aus der Bundesrepublik, Italien, England, Schottland und den Niederlanden beraubt, nein, man entsagte ihnen auch noch eine entsprechende Unterstützung.

Denn in den frühen fünfziger Jahren war bereits deutlich geworden, daß der europäische Spitzenfußball unaufhaltsam aufs Profitum zusteuerte; nicht umsonst wurde seinerzeit in der Bundesrepublik die Bundesligadebatte erneut aufgenommen. In der DDR hatte man andere Sorgen. Um den Betriebssport noch direkter fördern zu können, wurde er 1949 gemäß den gewerkschaftlichen Fachsäulen des FDGB unterteilt. Das las sich dann wie folgt:

Mit der Bildung der gewerkschaftlichen Sportvereinigungen (SV) wurde eine neue Etappe in der Umstellung des Sports auf Produktionsbasis eingeleitet und damit eine noch engere und festere Verbindung von Arbeit und Sport hergestellt. Die SV entwickelten die BSG zu den tragenden Säulen der Sportbewegung der DDR.[22]

Man muß sich das wirklich auf der Zunge zergehen lassen - "Sport auf Produktionsbasis". Diese Entscheidung machte jedenfalls das, was in nichtsozialistischen Ländern gemeinhin als Verein bezeichnet wird, endgültig zum Spielball der Planer. Denn gleichzeitig war damit angeordnet worden, daß sich die Betriebsgemeinschaften den Namen "ihrer" SV zuzulegen hatten. Zur Erläuterung ein Beispiel: 1949 waren die Kicker der BSG Sachsenverlag Dresden in die Oberliga aufgestiegen. Nach dem neuen Beschluß fiel die Elf in das Ressort der SV-Rotation und hieß fortan BSG Rotation. Nach westlichen (marktwirtschaftlichen) Maßstäben können die SV mit ruhigem Gewissen als Sponsoren bezeichnet werden, und wie sich bei einem Bundesligisten die Trikotaufschrift mit jedem Sponsorwechsel verändert, so wechselten die DDR-Teams neben den Trikots zusätzlich den Namen. Was für die verlagsarbeitenden Sachsenkicker noch zweimal zutraf: Als die Ligamannschaft 1954 zu den staatlichen Verwaltungen überwechselte, fiel sie in den Bereich der SV Einheit und wurde in BSG Einheit umbenannt. 1962 stieg sie unter diesem Namen aus der sozialistischen Eliteklasse ab und drei Jahre später hatten auch die staatlichen Verwaltungen genug von ihr. Sie wechselte zum Reichsbahnausbesserungswerk und hieß nun Lokomotive.

Streit um FIFA-Aufnahme

Vom 7. Oktober 1949 war schon die Rede gewesen. National betrachtet hatte die DDR-Gründung für den Fußballsport kaum Veränderungen mit sich gebracht. International war der Wirbel, den Ulbricht & Co. veranstaltet hatten, aber gewaltig. Die Fünfziger waren nämlich turbulente Jahre, die neben vielen erfreulichen Dingen auch noch eine Menge Unerfreuliches zu bieten hatten. Darunter den *Kalten Krieg*, der auch den Fußball nicht verschonte - schon gar nicht an der Schnittstelle zwischen "dem Westen" und "dem Osten". Die ganze Geschichte ist aber ziemlich heikel. Denn zwar war die DDR offiziell proklamiert worden und anschließend hatten sich die Sportoberen natürlich auch um Aufnahme in die FIFA bemüht; doch war die "andere" deutsche Republik international nicht so recht anerkannt - schon gar nicht von der Bundesrepublik, die im übrigen noch im September 1950 von den Westmächten zur einzigen freien und gesetzlich konstituierten deutschen Regierung erklärt wurde.[23]

Es gab drei verschiedene Kaderstellen. Inhaber einer K1 waren am besten dran, denn sie waren praktisch von der Berufsausübung befreit und erhielten als Studenten Freisemester. Als K2er wurde man wöchentlich für 16 Stunden vom Trägerbetrieb freigestellt und die K3er standen ihren Trainern auf Anforderung zur freien Verfügung. Den Sportlern wurde der volle Arbeitslohn gezahlt, parallel dazu stiegen sie weiterhin auf der Karriereleiter auf. Bezahlt wurden sie von den Trägerbetrieben, die allerdings vom DTSB eine Erstattung erhielten.

Im Hintergrund Werbung für den gesamtdeutschen Sport, vorn kämpfen Motor Dessau und Stahl Thale um Punkte.

Inwieweit der Antrag auf FIFA-Mitgliedschaft politisch "rechtmäßig" war, soll an dieser Stelle auch gar nicht geklärt werden. Was klar ist, ist der vehemente DFB-Protest gegen das DDR-Beitrittsgesuch. Und da wird es schon wieder kompliziert, denn die Westfunktionäre verstanden sich als Fußballverband aller Deutschen und behandelten den DDR-Fußball ganz einfach als "sowjetzonalen" Regionalverband. Das war auch nicht so ganz richtig. So kam, was kommen mußte: Nachdem der DFB am 20. September 1950 seine Wiederbeitrittsbescheinigung von den Wächtern des Welt-fußballs erhalten hatte, wollte die DDR-Führung auch dabei sein. Am 6. Februar des Folgejahres ging das offizielle Beitrittsgesuch im FIFA-Haupquartier in Zürich ein, von wo aus kurz darauf eine Kommission gen Osten aufbrach, um zu überprüfen, ob rechts der Elbe die FIFA-Bestimmungen auch erfüllt werden. Nachdem sich dies bestätigte, stand der Aufnahme eigentlich nichts mehr im Weg. Dennoch passierte erst einmal gar nichts. Erst als im Herbst 1951 der DS unter seinem neuen Vorsitzenden Ernst Horn[24] noch einmal an seinen Antrag erinnerte, erhielt er tatsächlich am 6. Oktober - unter geharnischtem DFB-Protest - grünes Licht aus Zürich. Damit hatte die DDR einen ersten großen Erfolg auf dem Weg zur internationalen Anerkennung errungen, denn nach der (üblichen) zunächst lediglich provisorischen Aufnahme wurde die Sektion Fußball des Deutschen Sportausschusses der DDR am 24. Juli 1952 ordentliches FIFA-Mitglied.[25]

Das positive FIFA-Schreiben war nicht das einzige Ereignis an diesem Tag. Der Ministerrat der DDR setzte nämlich ein *Staatliches Komitee für Körperkultur und Sport* ein, und das sorgte zunächst einmal für neue inländische Grenzen.

Wie auch auf Verwaltungsebene wurden nämlich die bisherigen fünf Länder Mecklenburg-Vorpommern, Brandenburg, Sachsen, Thüringen, Sachsen-Anhalt aufgelöst und durch vierzehn Bezirke ersetzt, die den "ökonomischen, politischen und kulturellen Gegebenheiten und Notwendigkeiten" besser Rechnung tragen sollten.[26] Aus den Landessportausschüssen wurden Bezirksausschüsse, die wiederum nach Sparten unterteilt waren. Der Fußball war fortan in fünfzehn Bezirksfachausschüsse (BFA) aufgegliedert.

Sportclubs als Leistungszentren

Noch immer war die zweite Aufgabe, die der 1950 ins Leben gerufenen republikweiten Fußballsparte auferlegt worden war, unerfüllt. Denn vom internationalen Niveau waren die DDR-Kickergemeinschaften, gegen sämtliche Planvorstellungen verstoßend, weit entfernt. Intern hatten sich zwar einige Eliteteams herauskristallisiert, so die Betriebssportgemeinschaften aus Zwickau, Halle, Erfurt und Dresden, die paar internationalen Kicks aber, welche die Führung zugelassen hatte, hatten deutlich aufgezeigt, wie groß der Unterschied tatsächlich noch war. Das gerade erwähnte *Staatliche Komitee für Körperkultur und Sport* glaubte Anfang 1953 des Rätsels Lösung gefunden zu haben:

Die Entwicklung des Fußballsport ist hinter der gesellschaftlichen Entwicklung in der DDR zurückgeblieben und es sind noch längst nicht alle Möglichkeiten und Voraussetzungen, die die Partei der Arbeiterklasse, die Sozialistische Einheitspartei Deutschlands, und die Regierung der DDR auch für die Entwicklung des Fußballsports geschaffen haben, ausgeschöpft worden.[27]

Was dieser Bandwurmsatz im schönsten Funktionärsdeutsch wohl ausdrücken soll ist dieses: Die Fußballer hatten nicht alle von den Politikern gebotenen Möglichkeiten genutzt! So ging das natürlich nicht, schon gar nicht in einer so vorbildlichen Volksgemeinschaft wie der DDR. Folglich wurden die Verantwortlichen aufgefordert, sich Gedanken zu machen. Nicht nur die Fußballer hatten ihre Chancen nach Ansicht der Planer verpaßt. Der gesamte Spitzensport müsse umgewandelt werden und eine Systematisierung der Leistungssportförderung müsse her, beschloß man und präsentierte im Herbst 1954 die Lösung: Den Sportvereinigungen wurde aufgetragen, ihre besten Aktiven in *Sportclubs* zu konzentrieren, die fortan als mit Trainings- und Wettkampfzentren für eine oder mehrere Sportarten ausgerüstete Leistungszentren fungieren sollten. Im Klartext: Jede der achtzehn Sportvereinigungen hatte sich einen regionalen Schwerpunkt zu suchen, und sämtliche mehr oder weniger großen Talente in den gleichzeitig gewählten Schwerpunktsportarten zu konzentrieren. Die Sportvereinigung Wismut beispielsweise wählte ihren regionalen Schwerpunkt in Aue und konzentrierte sich vornehmlich auf die Fußballsparte.

Das heißt, jeder "brauchbare" Wismut-Fußballer der ganzen Republik wurde gen Aue geschickt, um die dortige Oberligaelf zu unterstützen. Damit nicht genug, denn den *Sportclubs* wurden nun hochqualifizierte, nach wissenschaftlichen Prinzipien arbeitende Trainer zur Verfügung gestellt, die für entsprechende Erfolge sorgen sollten. Für die Aktiven war die Sache ein zweischneidiges Schwert: Um in ein Leistungszentrum aufgenommen zu werden, mußten sie zuvor in ihrer BSG herausragende Leistungen erbracht haben, die ihnen eine entsprechende Delegierung verschaffte. Anschließend trennte sich die Spreu vom Weizen, denn nur diejenigen, welche die "Normen des individuellen Leistungsplans" erfüllten, konnten weiterhin in den eigens eingerichteten Internaten wohnen bleiben. Für alle anderen hieß es: Kommando zurück in die Grundorganisation, sprich Heimat-BSG. Für die ausgewählten Genossen und -genossinnen hatte die ganze Sache einen immensen Vorteil: Die Trägerbetriebe hielten nämlich für sie sogenannte Kaderstellen (K-Stellen) frei, bezahlte Planstellen also, die den Balltretern eine Konzentration auf ihr ehemaliges Hobby möglich machte. Das hatte zwar immer noch nicht allzuviel mit dem kapitalistischen Profisystem zu tun, verschaffte den Balltretern aber für sozialistische Verhältnisse enorme Privilegien: Wohnungen, Reisen, hochwertige Verbrauchsgüter, mitunter Fahrzeuge. Reich werden konnten sie aber (noch) nicht.

Aus dem DS wird der DFV

Drei Jahre nach Gründung der Sportclubs gab es eine erneute Veränderung auf höchster Organisationsebene. Der DS, seinerzeit geführt von Rudi Reichert, wurde "zur Verbesserung der Tätigkeit und Struktur der Demokratischen Sportbewegung" am 27. April 1957 in den *Deutschen Turn- und Sportbund (DTSB) der DDR* umgewandelt.[28] Damit bekam auch der Fußball endlich seine eigene Organisation, denn aus den bisherigen Sektionen wurden nun Fachverbände, darunter der am 17. Mai 1958 gegründete *Deutsche Fußball-Verband der DDR*. Warum erfolgte die Veränderung überhaupt? Lassen wir den bisherigen Präsidenten der Sektion Fußball, Heinz Schöbel, selbst zu Wort kommen:

*D*as Präsidium der bisherigen Sektion Fußball hat die politische Bedeutung des *Leistungssports und seine Möglichkeiten zur Stärkung der DDR nicht voll erkannt und dementsprechend die politisch-ideologische und fachliche Arbeit auf der Bezirks- und Kreisebene und in den Sportclubs nicht genügend angeleitet und kontrolliert.*[29]

Zwischen den Zeilen klingt durch, daß der internationale Leistungsstandard bislang wohl vor allem wegen des "noch immer nicht überwundenen Vereinsegoismus" nicht erreicht sei.[30] Spätestens jetzt begann der Fußball seinen eigenen Weg zu gehen. Die gegründeten Sportclubs erwiesen sich nämlich in einigen Sparten als durchschlagende Erfolge (Leichtathletik, einige Wintersportdisziplinen), im Mannschaftssport Fußball aber als ungeeignet. Ehe wir uns vollständig dem Fußballsport zuwenden, noch ein abschließendes Wort zum DTSB: Der wurde nämlich durch eine Statusänderung am 28. Mai 1961 zur "einheitlichen, in sich geschlossenen und der territorialen Struktur des Staates angepaßten sozialistischen Sportorganisation,"[31] was so erst einmal gar nichts sagt. Dies bedeutete, daß der höchste Sportbund ohne seine zentralistische Organisationsstruktur aufzugeben, in 15 Regionalorganisationen (Bezirke) und diese wiederum in 220 (später 241) Stadt- und Kreisorganisationen gegliedert wurde.

Was aber wichtiger war: 14 der Sportvereinigungen gingen nun in den DTSB-Regionalorganisationen auf und ihre Betriebssportgemeinschaften wurden zu Grundorganisationen des DTSB. Lediglich die Sportvereinigungen Vorwärts, Dynamo, Lokomotive und Wismut blieben wegen ihrer besonderen Struktur und Bedeutung für den Träger bestehen und erhielten den gleichen Status wie Bezirksorganisationen.[32] Genug vom allgemeinen Sport, kommen wir endlich zum runden Leder.

Nun auch Fußballeistungszentren

Um eben dieses stand es Anfang der sechziger Jahre miserabel. Zwar hatten sich die Mannen im blauen Jersey 1957 in der WM-Qualifikation mit Wales und der Tschechoslowakei messen dürfen, die Leistungsbilanz der Eliteelf aber war (nicht nur durch drei Niederlagen gegen die Briten bzw. slawischen Brüder) negativ: Zwischen 1960 und 1963 gab es 9 Siege, 6 Unentschieden und 12 Niederlagen. Nun kann man sagen, daß neun Siege doch gar nicht so schlecht seien. Wenn sie aber ausschließlich gegen Gegner vom Kaliber Finnlands, Tunesiens, Marokkos, Malis, Guineas, Dänemarks und Burmas erzielt werden, sieht die ganze Geschichte schon anders aus. Nachdem 1961 bei der erneuten WM-Qualifikationsteilnahme das frühe Aus gegen die Niederlande (1:1) und Ungarn (0:2 und 2:3) kam, liefen die Köpfe der sportpolitischen Planer erneut heiß. Am 22. Dezember 1965 öffneten sich die Türen des Planungsbüros und heraus trat ein putzmunteres Neugeborenes, das sämtliche Probleme in den Griff bekommen sollte.

Sein Name war *Fußballclub*. Der stramme Jüngling wurde umgehend nach Magdeburg geschickt, wo er das Erbe der Fußballsektion des bis dato wenig erfolgreichen Sportclubs antrat. 1974 bedankte sich der Prototyp des neuen Fußballeistungskollektives mit dem ersten und einzigen Europacupsieg des Arbeiter- und Bauernstaates. Aus dem Magdeburger Modell wurde bereits im Folgejahr eine ganze Baureihe. In Rostock, Halle, Leipzig, Karl-Marx-Stadt, Erfurt, Jena, Frankfurt/Oder und Berlin (zwei) wurden neun weitere Fußballeistungszentren ins Leben gerufen.

Rein organisatorisch betrachtet ging das ziemlich einfach. Man löste schlicht die Fußballsektionen aus den bestehenden Sportclubs heraus und stellte sie auf eine eigenständige Basis, den zumeist von örtlichen SED-Bossen geführten Fußballclubs eben. So wurde also aus der Kickerabteilung des SC Empor Rostock der FC Hansa, während der SC Empor unter anderem im Handball weiterhin für Furore sorgte. 1968/69 war die Saat aufgegangen, denn alle zehn gegründeten Fußballeistungszentren bevölkerten die Oberliga der DDR. Nur in Zwickau, Leipzig (Chemie), Aue und Riesa wurde noch BSG-Oberhausfußball angeboten. Zwangsläufig übernahmen die Fußballclubs die Leistungsspitze im Republikfußball. Berlin (zunächst Vorwärts, dann Dynamo), Magdeburg, Jena, Karl-Marx-Stadt wuchsen in den Sechziger und Siebziger Jahren zu Hochburgen heran, lediglich die Volkspolizeigemeinschaft der SG Dynamo Dresden brach in ihre Phalanx ein. Spätestens 1979 hatten die DDR-Bosse dann endgültig ihr Ziel erreicht.

Alle guten Kicker wurden mehr oder weniger automatisch einem Klub zugeführt, der logischerweise so ziemlich alles gewann, was es zu gewinnen gab - auch wenn dies mitunter durch kräftige Mithilfe der Schiedsrichter geschehen sein sollte. Wie dieses Team hieß? BFC Dynamo! Mit den Roten aus Hohenschönhausen bekam der DDR-Fußball sein Feindbild N° 1. Der Mielke-Klub wurde im ganzen Lande angefeindet und ohne auf die Geschichte an dieser Stelle näher eingehen zu wollen, fällt auf den ersten Blick auf, daß die Truppe zwar national dominierte, international aber weiterhin auf einer Stufe mit Reipas Lahti und Vlazznja Shkodër stand.

Hinter vorgehaltener Hand munkelte man, daß es international eben schwieriger sei, bestechungswillige Schiedsrichter zu finden und der BFC daher mit schöner Regelmäßigkeit im Europacup scheiterte.[33] Dennoch nahm der DDR-Fußball Anfang der siebziger Jahre eine entscheidende Wende. Diese äußerte sich nicht nur in einer recht eigentümlichen Anhäufung von europäischen Paarungen zwischen bundesdeutschen und DDR Teams,[34] sondern vor allem in bis dato eher ungewohnten Erfolgserlebnissen: Leipzig warf Düsseldorf aus dem UEFA-Cup, Dresden unterlag dem FC Bayern nur unglücklich und das 1:0 der Nationalelf gegen die Bundesrepublik während der 74er WM war der (vorläufige) Höhepunkt dieser Erfolgsserie. Worin lag die Ursache für diesen plötzlichen Wandel? Um dies zu klären, müssen wir uns einem Ereignis zuwenden, das lange zurückliegt: Zum Berner WM-Finale von 1954. Als damals die Bundesrepublik sensationell Weltmeister wurde, kam dies einem Schock für die ostdeutschen Sportplaner gleich. Die Schmach von Bern war nämlich europaweit über die Fernsehschirme geflimmert und selbstverständlich hatte man auch hinter dem eisernen Vorhang (der damals noch nicht ganz so undurchlässig war) die von mitbekommen - und das sozialistische Volk hatte die kapitalistischen Kicker aus dem Westen am 4. Juli 1954 gar gefeiert! Jedenfalls

> DDR-Pressestimme nach dem Berner Sieg von 1954:
> "Klassefußball in Vollendung" (Deutsches Sportecho)
> "Ein großartiger Erfolg des westdeutschen Fußballsports; ja, man kann
> ihn als den größten deutschen Erfolg in der Geschichte des Fußball-
> sports überhaupt bezeichnen (Junge Welt)
> "Unseren Glückwunsch (...) der Elf aus dem Westen unserer Heimat
> (Berliner Zeitung)
> "Zehn westdeutsche Spieler sahen nicht hinter die Kulissen. Sie ver-
> standen auch nicht, daß Liebrichs bewußtes Foul (14 Tage zuvor an
> Ferenc Puskas, d. Verf.) die Umstände schuf, die ihnen die höchste
> Trophäe, die der Fußballsport zu vergeben hat, einbrachte. So ist es
> kein frohstimmender Sieg, zu dem man innen die Hände (...)
> te"(Vorwärts)
> "Die Begeisterung und Anteilnahme der Menschen im Osten und We-
> sten unseres Vaterlandes kannte ob dieses Sieges keine Grenzen."
> (Deutsches Sportecho, zwei Wochen nach dem 5. Juli)

erkannten die Sportbosse plötzlich, welch propagandistische und gesellschaftsbildende Kraft der Fußball auf ihr Volk haben konnte und gaben zähneknirschend zu, daß ihre Taktik der Isolation wohl nicht die richtige gewesen war. Als 1957 die zweite Ausgabe des Europapokals der Landesmeister ausgespielt wurde, meldete die Fußballsektion der DDR zur Überraschung aller ihren Landesmeister Wismut Aue/Karl-Marx-Stadt.[35]

Ganz plötzlich betrat der DDR-Fußball damit die internationale (Profi-)Fußballbühne. Auch die Nationalmannschaft durfte sich nunmehr - wie bereits geschildert - an den Ausscheidungsrunden zur Weltmeisterschaft beteiligen. Die Bosse änderten zwar die "Außenpolitik", nicht aber die "Innenpolitik".

Denn noch immer blieben die Kickergemeinschaften die Stiefkinder der Leistungssportförderung und konnten ihren professionellen Kollegen jenseits des Eisernen Vorhanges nur neidisch bei der Berufsausübung zusehen. Profifußball wurde weiterhin konsequent abgelehnt[36], und mit ihm die Weltmeisterschaft, an deren Qualifikation man zwar teilnahm - das eigentliche Ziel aber war die Teilnahme an den Olympischen Spielen (der Amateure). Dazu kamen die anfangs beschriebenen Kollektivismusträume, die den Aufbau einer Mannschaft mit eigenem Stil verhinderten.

Dann kam der 16. Mai 1970. An diesem Tag übernahm Georg Buschner den Nationaltrainerposten und nun änderte sich alles, denn der langjährige Jenaer Trainer "blockbildete" sein Nationalteam nicht nur vornehmlich aus Carl Zeiss-Kickern,[37] er erklärte zudem das Erreichen der Weltmeisterschaft als vornehmliches Ziel. Das kam einer Sensation gleich, denn statt zu den wenig prestige- und einnahmeträchtigen Olympischen Spielen wollte Buschner seine Jungs in das Profigetümmel der WM stürzen, wo sie seiner Meinung nach das lernen konnten, was zum internationalen Erfolg wichtig war. Da war ja noch ein weiteres Problem, dem sich der DDR-Fußball zu stellen hatte: Nicht nur, daß gewöhnliche Spielerwechsel innerhalb der Republik nicht möglich waren, es gab vor allem keinerlei Grenzwechsel, das heißt, die DDR-Kicker schmorten praktisch im eigenen Saft. Die Erfahrungen durch Wechsel in ausländische Spielsysteme wurde ihnen vorenthalten. Da zudem keine Ausländer in der Oberliga zum Einsatz kommen durften, blieb die Kickerei trotz der Öffnung eher impulsarm. Warum wohl wechselten auch in den Siebzigern schon fleißig Bundesdeutsche nach Italien und Jugoslawen in die Bundesrepublik - von den Verdienstmöglichkeiten einmal abgesehen? Buschner leistete unter den gegebenen Bedingungen Erstaunliches. Leistungsträger wie Eberhard Vogel und Jürgen Kurbjuweit wurden zur Keimzelle einer Nationalmannschaft, die mit der WM-Teilnahme 1974 ihren größten Erfolg feierte. Der Auswahltrainer, als unbequemer Typ bei der DTSB-Führung gefürchtet, hatte durchgesetzt, daß sowohl der Starkult legalisiert wurde als auch eine fürstliche Entlohnung für die kickenden Künstler bereitstand.

Ab 1973 kam es zu einer fast vollständigen Professionalisierung[38] des DDR-Fußballs. Seitdem hatte das Land viele "echte" Stars zu bieten, es sei nur an Jürgen Sparwasser, Peter Ducke und Jürgen Croy erinnert. Das Aufblühen des DDR-Fußballs war nur von kurzer Dauer. 1977 wurde die WM-Qualifikation durch zwei Unentschieden gegen Österreich wiederum verpaßt. Auch auf Vereinsebene stellten sich internationale Erfolge nur selten ein. Lediglich intern war es zu einer Leistungskonzentration gekommen, verkörpert im bereits erwähnten BFC Dynamo.

Dessen Geschichte ist eine ganz besondere, mehr davon im anschließenden Kapitel. An dieser Stelle nur soviel: Mit dem kometenhaften Aufstieg des BFC Dynamo ging dem "restlichen" DDR-Fußball die Puste aus, denn die Berliner konzentrierten alles auf sich und ließen sowohl der Oberliga als auch der Nationalelf keinerlei freie Entfaltungsmöglichkeiten mehr. Spätestens als Nationaltrainer Buschner 1981 entnervt seinen Hut nahm und mit ihm die Galionsfigur der Veränderungen von der Bühne ging,[39] steuerte der DDR-Fußball unbeirrt seinem internationalen Tiefpunkt zu. DTSB-Präsident und alleiniger Sportboss der DDR, Manfred Ewald, brachte, unfreiwillig, das Schicksal des DDR-Fußballs auf den Punkt. Der 1976er Olympiasieg entlockte dem Sportgott nämlich die verräterische Bemerkung, daß "22 Kader vonnöten waren, um der Statistik lediglich einmal Gold zuzufügen."[40]

Als Mannschaftssport war die Kickerei einfach zu arbeitsintensiv und zu wenig medaillenträchtig. So verwundert auch nicht, daß der beim Volk mit Abstand beliebteste Sport bei den Planern lediglich an 18. Stelle kam, was im Klartext bedeutete, daß Talente erst in siebzehn anderen Sportarten "geprüft" wurden, ehe sie auf Fußballtauglichkeit untersucht wurden. Nur logisch, daß dem DDR-Fußball damit eine Menge großer Talente durch die Lappen gingen, die stattdessen durch eisige Bobbahnen rasten oder mit dem Florett um olympische Medaillen fochten. Wie gut der DDR-Fußball trotzdem immer noch war, beweisen die vielen aktuellen Bundesligaspieler, die östlich der Elbe geboren wurden. Davon haben die Ex-DDR-Clubs allerdings auch nichts mehr, denn sie sind - bis auf Dynamo Dresden, Hansa Rostock, Chemnitzer FC, FSV Zwickau und VfB Leipzig - im breiten Gewirr der Dritt- und Viertklassigkeit verschwunden. Wischen wir die Tränen ab und wenden uns den letzten Atemzügen der DDR-Kickerei zu.

> Aufgrund eines DFV-Beschlusses von 1971 durften in der Nationalmannschaft nur Spieler von Sportclubs sowie der SV Dynamo bzw. der ASK Vorwärts zum Einsatz kommen. Spielern aus Betriebssportgemeinschaften war die Eliteauswahl somit versperrt, doch als der Zwickauer Keeper Jürgen Croy Nationaltrainer Buschner mit seinen Leistungen immer mehr überzeugte, wurde eine Ausnahme gemacht. Croy wollte nämlich nicht zum SC Motor Jena wechseln, wie die Funktionäre es gewünscht hatten. Er blieb seiner BSG Sachsenring treu und wurde der einzige BSG-Nationalspieler.

Ruhe vor dem Sturm

1989 rumorte es im DFV der DDR. Die Wende war da, und sie machte sich auch im Fußball rasch bemerkbar. Zum einen dadurch, daß Mielkes BFC Dynamo just in diesem Jahr seine zehn Jahre andauernde Erfolgsserie riß und der Erzrivale aus Dresden letzter DDR-Meister wurde. Was schlimmer war: Der DDR liefen die besten Kickerbeine weg, denn der "kapitalistische" Westen zahlte einfach besser. Andreas Thom vom BFC Dynamo löste mit seinem Wechsel zu Bayer Leverkusen eine gewaltige Welle aus, auf der aber nicht nur Oberligaspieler mitschwammen, denn bis hinunter in die Bezirksligen ging die Wechselei. Vor allem die drittklassigen bundesrepublikanischen Oberligen profitierten erheblich von den ostdeutschen Kickerkünsten. Der Rest der Geschichte ist rasch erzählt, und weil sie den meisten wohl noch in Erinnerung ist, soll dies auch in wenigen Zeilen geschehen.

Zwei Fußballretorten treffen aufeinander. 1:1 trennten sich Vorwärts Frankfurt und Lokomotive Leipzig im März 1982.

Als auf der politischen Ebene die Vereinigung zwischen der Bundesrepublik und der DDR beschlossen wurde, da kam auch das Aus für den DFV. Am 21. November 1990 wurde er aufgelöst und ging im tags darauf gegründeten *Fußball-Regionalverband Nordost* auf, der noch am selben Tag Mitglied des DFB wurde. Des "reaktionären" DFB, wie es bis 1989 zwischen Werra und Oder-Neisse immer geheißen hatte. Übrig blieben konsternierte und von der Entwicklung völlig überraschte und überfahrene Fußballfreunde und - Funktionäre, die mehr oder weniger tatenlos mit ansehen mußten, wie fast fünfundvierzig Jahre eigenständige Fußballgeschichte binnen weniger Jahre buchstäblich den Bach runtergingen. Denn auch wenn die DDR-Fans oft über den Eisernen Zaun gen Westen geblickt und die ersten beiden bundesrepublikanischen Weltmeisterschaften (1954 und 1974) gefeiert hatten als seien es ihre gewesen - sie liebten vor allem ihren eigenen Fußball!

Wer's nicht glaubt, braucht sich nur die Jubelszenen nach Magdeburgs Europacupsieg oder Dresdens Meisterfeiern anzuschauen. So etwas kann nicht organisiert werden.

ANMERKUNGEN:

(1)   1976 wurde die Nationalmannschaft der DDR durch einen 3:1 Endspielsieg über Polen Olympiasieger, 1974 bezwang der 1. FC Magdeburg im Endspiel des Europapokals der Pokalsieger den Milan AC Milano mit 2:0. Darüber hinaus standen noch Carl Zeiss Jena (1981, 1:2 gegen Dinamo T'bilisi) und Lokomotive Leipzig (1987, 0:1 gegen Ajax Amsterdam) im Endspiel um den Cupsiegerpokal, während die Nationalmannschaft 1980 nach einer 0:1 Finalniederlage gegen die Tschechoslowakei nur Vizeolympiasieger wurde.

(2)   Bis dahin gehörte die Region zum Gau Nordmark, kleinere Teile im Osten zum Gau Pommern.

(3)   Die sieben waren: Cottbus-Süd (1933/34), 1. FC Guben (1934/35), SV Nowawes 03 (1935/36-37/38), Friesen Cottbus (1937/38-38/39), Brandenburger SC (1937/38-1941/42), SV Marga (1941/42-42/43) und SpVgg. Potsdam 03 (1943/44-44/45).

(4)   So die offizielle Bezeichnung in der Zulassungsdirektive des Alliierten Kontrallrates Nr. 23 vom 17. 12. 1945. In der deutschsprachigen Fassung der Direktive fehlte allerdings das "nicht-militärische". Die Gründe für dieses Weglassen sind noch nicht endgültig geklärt.

(5)   Das *DDR-Handbuch* aus dem Verlag Wissenschaft und Politik (Herausgeber: Bundesministerium für innerdeutsche Beziehungen) behauptet als einzige mir vorliegende Quelle, daß unter den Funktionären "zahlreiche ehemalige NSDAP-Mitglieder und HJ Führer" gewesen seien. Bedauerlicherweise liefert das Werk weder Namen noch Belege. (Ausgabe vom Januar 1985, Seite 1250).

(6)   In: Skorning (1978), Band 2, Seite 7. Zur Erläuterung: Der bürgerliche Fußballsport litt jahrzehntelang unter den Organisationsstreitigkeiten v. a. zwischen DT und DFB, aber auch der DJK. Die Arbeitersportbewegung spaltete sich 1929 in ATSB und IG (später KG).

(7)   In: Skorning (1978), Band 2, Seite 11.

(8)   Die "Gruppe Ulbricht" kam am 29. April 1945 direkt aus Moskau, wo sie auf ihre Aufgabe, die kommunistische Machtübernahme in der späteren Sowjetzone einzuleiten, vorbereitet wurde, nach Berlin.

(9)   In: Nicklaus (1982), Dokument 20. Plache war bis 1933 Leiter der KG in Leipzig gewesen und verstarb am 10. 2. 1949 an den Folgen seiner KZ-Inhaftierung.

(10)   In: Skorning (1978), Band 2, Seite 8.

(11)   In: Skorning (1978, Band 2, Seite 28. Die KPD war allerdings zu dem Zeitpunkt schon fest in Händen der "Gruppe Ulbricht".

(12)   Fest steht lediglich, daß die 1945 gegründete Sportgruppe Riesa alsbald den Namen BSG Stahlwerk annahm und ab 1948 unter BSG Stahl Riesa firmierte. Unter diesem Titel kickten die Sachsen zwischen 1968 und 1988 mehrfach in der DDR-Oberliga, ehe sie sich im November 1991 in Riesaer SV umbenannten.

(13) Schon in den ersten Wochen nach der Kapitulation waren in allen größeren Orten ehemalige Arbeitersportler aktiv dabei gewesen, kommunale Sportbüros aufzubauen. Unter Obhut der lokalen Verwaltungen (Volksbildungsämter, Sportämter oder Jugendämter) wurde der gesamte Sportbetrieb organisiert und gelenkt.

(14) Die FDJ war als sozialistische Massenorganisation für Jugendliche ab 14 Jahren gegründet worden. Ihre Aufgaben waren: politische Organisation der Jugend, deren ideologische und fachliche Erziehung sowie Freizeitgestaltung. DFJ-Vorsitzender von 1946 bis 1955 war übrigens Erich Honecker.

(15) In: Nicklaus ((1982) Seite 43f.

(16) In: Skorning (1978), Band 2, Seite 19.

(17) In Skorning (1978), Band 2, Seite 25.

(18) In: Skorning (1978), Band 2, Seite 20. Allerdings blieb der Sport noch bis zum 17. März 1951 unter Oberleitung der FDJ und des FDGB, erst durch Beschluß der ZK der SED zur "Durchführung von Aufgaben auf dem Gebiet der Körperkultur und des Sports" wurde der DS zum höchsten Leitungsorgan des Sports in der DDR.

(19) In: Nicklaus (1982), Seite 44.

(20) In: Handbuch DDR (1979), Seite 710.

(21) Gegen den einzig ernstzunehmenden Gegner (Jugoslawien) holten die Sowjetkicker in zwei Spielen während der Olympischen Spiele 1952 lediglich einen Punkt (5:5, 1:3). Lediglich das 1:1-Unentschieden gegen die ungarische Vizeweltmeiterelf am 20. 9. 1954 ragt aus der Bilanz heraus.

(22) In: Skorning (1978), Band 2, Seite 34.

(23) Auf der vom 12. - 19. September 1950 in New York stattfindenden Außenministerkonferenz der drei Westmächte.

(24) Man war nicht so recht glücklich mit seinen Sportführern. Bis Frühjahr 1949 war Waldemar Borde DS-Vorsitzender, dann mußte er seinen Hut nehmen, "da er die gewünschte Umbildung nicht mit genügendem Schwung vorangetrieben hatte". Nachfolger Ernst Horn zeigte sich aufgrund seiner "privaten Lebensführung" sowie gänzlicher Sportunkenntnis als ungeeignet und wurde im Januar 1951 von Fred Müller abgelöst. Knapp zwei Jahre blieb der als linientreu bekannte Müller im Amt, ehe er durch den FDJ-Funktionär Rudi Reichert abgelöst wurde.

(25) Zuvor waren lediglich der Schachverband (12. 7. 1950), der Tischtennis-Verband (8. 3. 1951) und der Skiläufer-Verband (10. 4. 1951) in die internationalen Verbände aufgenommen worden. Das NOK der DDR wurde am 23. Juni 1955 anerkannt.

(26) In: Skorning (1978), Band 2, Seite 47. Die vierzehn Bezirke waren: Rostock, Schwerin, Neubrandenburg, Magdeburg, Potsdam, Frankfurt/Oder, Erfurt, Halle, Cottbus, Leipzig, Suhl, Gera, Karl-Marx-Stadt und Dresden. Dazu kam Berlin, Hauptstadt der DDR.

(27) In: Skorning (1978), Band 2, Seite 49.

(28) In: DDR Handbuch (1985), Band 2, Seite 1251.

(29) In: Skorning (1978), Band 2, Seite 85.

(30) In: Skorning (1985), Band 2, Seite 85.

(31) In DDR Handbuch (1979), Band 2, Seite 1251.

(32) Aus der SV Vorwärts war am 1. 10. 1956 die Armeesportvereinigung (ASV) Vorwärts geworden. 1978 schieden Lokomotive und Wismut ebenfalls aus, so daß nur noch ASV Vorwärts und SV Dynamo übrigblieben.

(33) Der BFC Dynamo (Kurzform: BFC) war Aushängeschild der Sportvereinigung Dynamo, die zudem noch über ein zweites Fußballeistungszentrum verfügte: Dynamo Dresden. Daher resultiert (auch) die Rivalität der beiden Dynamomannschaften. Der BFC Dynamo war aber der besondere Liebling von MfS-Boss Erich Mielke, der regelmäßig auf der Ehrentribüne der Dynamo saß (und damit - wie es hieß - die Schiedsrichter zu entsprechenden Einseitigkeiten brachte).

Mielke war als MfS-Chef gleichzeitig Vorsitzender der Sportvereinigung Dynamo und setzte in seiner herausragenden Position mehr als einmal durch, daß talentierte Spieler zum BFC delegiert wurden. Die Bilanz der Berliner im Europacup ist rasch erzählt: 1972 Halbfinale (Ausscheiden gegen Dinamo Moskva), 1980: Viertelfinale (Nottingham), 1973 und 1984: jeweils Viertelfinale (Liverpool bzw. AS Roma); 1981, 1982, 1985, 1987 und 1990: jeweils 2. Hauptrunde; 1977, 1979, 1983, 1986, 1988 und 1989 jeweils 1. Hauptrunde.

(34)   Nachdem es von 1956 bis 1973 nicht zu einem einzigen deutsch-deutschen Duell gekommen war, überschlugen sich die Ereignisse. 1973 trafen die beiden Meister Dresden und München sowie im UEFA-Cup Düsseldorf und Leipzig aufeinander, als Höhepunkt folgte dann das Aufeinandertreffen der beiden Nationalteams anläßlich der WM am 22. Juni 1974.

(35)   Obwohl die Wismut-Elf in Aue spielte, mußte sie als Karl-Marx-Stadt auftreten. Genaueres im Kapitel *BFC Dynamo, Chemie Leipzig und der Fußballstreik.*

(36)   Nicht umsonst wurde die bundesrepublikanische Bundesliga als "Profiliga BRD/WB" bezeichnet.

(37)   Buschner wurde zum Auswahltrainer "gemacht". Gleichzeitig blieb er Trainer in Jena und erhielt zudem Eberhard Vogel (Karl-Marx-Stadt) und Lothar Kurbjuweit (Stahl Riesa) in seine Mannschaft delegiert. Jenas Vereinsführer sah die Doppelbelastung gar nicht gerne, zumal dadurch Buschners Erfolgsrezept - über die Auswahl - in die anderen Vereine transferiert wurde.

(38)   Im Gegensatz zu anderen Sportarten wurde die Fußballeistungsspitze vollständig professionalisiert. Während Leichtathleten "lediglich" eine Art Sporthilfe erhielten und nur für Weltrekorde oder olympische Medaillen richtig die Hand aufhalten konnten, wurden den Fußballern fortan hohe Monatsgehälter gezahlt, die von den tragenden Industriewerken bzw. der Volkspolizei und Volksarmee geliefert wurden.

(39)   Nach der 2:3 Niederlage im WM-Qualifikationsspiel gegen Polen wurde Buschner "aus gesundheitlichen Gründen" seines Amtes enthoben. Seine Bilanz: 101 Spiele, 53 Siege, 27 Unentschieden, 21 Niederlagen, eine WM-Teilnahme, 1976 Olympiagold, 1972 Bronze.

(40)   In: Querengässer (1994), Seite 12.

BFC Dynamo, Chemie Leipzig und der Fußballstreik
(Vom Werden der 42 DDR-Fußballmeister)

Fast 88 Millionen Zuschauer in 8.000 Spielen hört sich gut an. Über 24.000 Tore in 42 Jahren auch. Kein Zweifel, König Fußball regierte auch jenseits des eisernen Vorhangs, denn die DDR-Oberliga war wahrlich keine ungeliebte Klasse, sondern hatte ihre Fans überall zwischen Erzgebirge und Kap Arkona. Sie hält sogar einen europäischen Rekord. Genauer gesagt hält ihn ihr Abonnementmeister Berliner FC Dynamo. Die Berliner gewannen nämlich alle zehn Meisterschaften zwischen 1979 und 1988. Das war noch keiner Mannschaft auf dem Kontinent gelungen. Nicht einmal Benfica Lissabon, und die wurden 1994 immerhin schon zum dreiunddreißigsten Mal Portugiesischer Meister!

Trotz allem haftet dem Oberhaus sozialistischer Planfußballer der Makel der Erfolglosigkeit an, denn auf internationalem Parkett war es in der Regel rasch vorbei mit den Ballkünstlern aus Jena, Dresden oder Berlin. Lediglich ein Europapokal (Magdeburg) und zwei europäische Vizetitel (Jena und Leipzig) stehen auf der Habenseite. Zuwenig, um den Vergleich mit dem großen und (scheinbar) übermächtigen Nachbarn Bundesrepublik standzuhalten. Aus schon im vorhergehenden Kapitel angeklungenen Gründen mußten die DDR-Fußballer die Rolle des Stiefkindes der Nation spielen, obwohl sie eigentlich die Lieblingskinder des Volkes waren. Der Leistungsfußball der DDR weist jedenfalls eine turbulente Geschichte auf, in deren Verlauf so manch' ehrgeiziger Politikerplan unerfüllt blieb. Eines steht fest: Das freie Spiel der fußballerischen Kräfte hatte in der DDR keine Chance.

Grob unterteilt weist die Kickgeschichte des Hammer- und Zirkelstaates vier Phasen auf: Der (zähflüssige) Beginn bis 1949, die Experimentierphase bis ca. 1964, die Stabilisierungsphase bis 1979 und die BFC-Dynamo-Phase bis Ende der Achtziger. Versuchen wir, uns anhand dieser vier Phasen durch gut fünfundvierzig Jahre eigenständiger DDR-Kickerei zu hangeln und das Phänomen Fußball unter sozialistischen Bedingungen zu betrachten.

Ostseepioniere

Ehe in der sowjetischen Zone die Lederkugel wieder rollte, mußte eine Menge Zeit vergehen. Zwar war der Spielbetrieb auf lokaler Ebene schon kurz nach der Kapitulation wieder zum Leben erwacht, einem überregionalen Wettstreit standen die sowjetischen Befehlshaber aber lange Zeit dickfellig ablehnend gegenüber, so daß es bis zum Sommer 1948 dauerte, ehe der erste "Sowjetzonenmeister" ermittelt wurde. Die Sowjets waren eben vor allem mit dem Abtransport von Gebrauchsgütern wie Fabriken und ähnlichem beschäftigt und hatten keine Zeit, sich um den Sport zu kümmern.

Da zudem das gesamte Sportsystem grundlegend umgewälzt worden war, brauchten auch die sportbegeisterten Deutschen einige Zeit, ehe sie das System so eingerichtet hatten, daß eine kreisübergreifende Gegenüberstellung der besten Kickergemeinschaft möglich war. Schließlich war das vertraute Vereinssystem mit dem 8. Mai 1945 erloschen und durch ein kommunal gelenktes Sportgruppensystem ersetzt worden.

In mühsamer Kleinarbeit hatten sich die Ostfunktionäre abgemüht, den Fußballsport wieder überall zum Leben zu erwecken. Als sie es endlich geschafft hatten, stießen sie vor ein neues Problem. Laut Kontrollratsdirektive Nr. 23 vom 17. Dezember 1945 waren Sportereignisse nämlich lediglich auf lokaler Ebene erlaubt. Das war für die ersten Nachkriegsmonate noch durchaus verständlich, denn die Alliierten trauten den besiegten Deutschen nicht und wollten ihre Aktivitäten so gut es ging einschränken. Betrachtet man die Folgen des von Deutschland angezettelten Weltkrieges, eine durchaus nachvollziehbare Einstellung. Die Deutschen hatten ihre Lektion gelernt und wollten gar keine Revolution machen, sondern endlich wieder Fußballspielen. Allerdings richtig, also nicht Erfurt-West gegen Erfurt-Ost sondern "Gesamt-Erfurt" gegen "Gesamt-Jena".

> "Wir haben versucht, regelmäßig zu spielen, aber wir durften aus dem Kreis Glauchau nicht heraus, das war das große Problem. Ich kann mich erinnern, daß wir einmal außerhalb unseres Kreises in Reichenbach gespielt haben. Da mußten wir zur Halbzeit aufhören, da die sowjetische Streife gekommen war und mit Strafen drohte, obwohl wir den sowjetischen Stadtkommandanten von Meerane mitgenommen hatten. Gereist sind wir meist mit einem Lastauto, aus finanziellen Gründen anfangs auch noch in der Oberligazeit"(Der frühere Stürmer von Meerane 07 bzw. SG Meerane, Wolfram Starke, in einem Interview mit der Zeitschrift '11' vom 17. August 1982.)

In den drei Westzonen zeigte man sich kulant diesem Anliegen gegenüber, hob die Kreisbeschränkung auf und gab so grünes Licht für einen zonenweiten Spielbetrieb. Die Sowjets aber wiesen alle Versuche ab und beharrten auf der Direktive, nach der weiterhin lediglich Derbies vom Charakter Erfurt-West gegen Erfurt-Ost möglich waren. Erst im Sommer 1948 gaben auch sie ihre sture Haltung auf und erlaubten die Austragung einer Sowjetzonenmeisterschaft. Ganz so einfach machten sie es den künftigen DDR-Bürgern nicht, denn zuvor forderten sie die Benennung einer politischen Patenorganisation, die den Sport unter ihre ideologische Obhut nehmen würde. Nachdem die FDJ sich bereiterklärte, dies zu tun, konnte man im Mai 1946 endlich Befehlserfüllung nach Berlin melden, denn zu diesem Zeitpunkt stand der gesamte sowjetzonale Sport unter FDJ-Obhut. Nun hätte es theoretisch losgehen können, doch nur ganz langsam regte sich der Spielbetrieb wieder. Vor allem ein bisheriges fußballerisches Niemandsland tat sich dabei besonders hervor, denn statt (wie zu erwarten gewesen wäre) in Sachsen oder Thüringen wurde in Mecklenburg-Vorpommern der erste Landesmeister ermittelt. Bei genauerer Betrachtung wird aber schnell deutlich, daß dies gar nicht so überraschend war.

Denn für die Ostseekicker war die Situation ungleich schwerer. Die Region ist, im Vergleich zu Sachsen beispielsweise, recht dünn besiedelt. Folglich gab es nicht allzuviele leistungsfähige Fußballteams. Da Mecklenburg-Vorpommern zudem ländlich strukturiert ist, erwies sich der Aufbau einer lokalen Meisterschaft als äußerst schwierig. Gegen wen sollte Ueckermünde denn auch spielen, wenn doch die nächsten Gegner aus Neubrandenburg oder Anklam schon im Nachbarkreis lagen, also praktisch unerreichbar waren? Nur zu logisch, daß die Freude an der Ostsee besonders groß war, als die Nachricht von der Freigabe die Runde machte. Sofort machten sich die Verantwortlichen mit Feuereifer daran, eine Landesmeisterschaft ins Leben zu rufen. Trotz aller erreichten Freiheiten war die ganze Sache offensichtlich nicht gerade einfach, denn zunächst kickten noch 31 Sportgruppen in vier Ligen und erst in der anschließenden Endrunde wurde die Sportgruppe Rostock-Süd zum ersten stolzen Meister von Mecklenburg-Vorpommern gekürt.

Neben dem Ostseelandstrich war auch Brandenburg erwacht. Ähnlich wie im hohen Norden hatten die Brandenburger ihre besten Teams auf Gruppen verteilt, deren Sieger abschließend im k.o.-System um den Landesmeistertitel spielten. Diesen sicherte sich am 13. Juli 1947 die Mannschaft der Sportgruppe Cottbus-Ost mit einem 3:2-Sieg über die SG Forst-Mitte. 10.000 Fußballfans waren ins Cottbusser Stadion geströmt. Sie ließen keinerlei Zweifel daran, daß man auch rechts der Elbe fußballhungrig war! Es war schon kurios, denn während die bisherigen Underdogs aus dem Norden und Osten des Landes nun bereits stolze Landesmeister hatten, waren die langjährigen Fußballhochburgen Sachsen, Thüringen und Sachsen-Anhalt noch immer nicht über die Kreisebene hinausgekommen!

Überall Landesmeister

Auch in der Folgesaison präsentierte sich zunächst dasselbe Bild. Wie gewohnt, begannen im Norden (diesmal allerdings nur in Mecklenburg) und Osten Landesmeisterschaften, nicht aber in den drei anderen Ländern. Allmählich kam Bewegung in die Sache. Inzwischen hatte sich nämlich die FDJ ihrer Aufgabe erinnert und die ganze Geschichte in ihre Hände genommen. Die politischen Jünger hatten einen besonderen Motivationsschub aus den Westzonen erhalten, denn dort waren Überlegungen, einen gesamtdeutschen Fußballmeister zu ermitteln, inzwischen recht weit gediehen. Da durfte natürlich die Sowjetzone nicht fehlen, doch dazu brauchte man zunächst einen Zonenmeister. Die FDJler bearbeiteten die sowjetischen Machthaber so lange, bis diese entnervt "Ja" sagten, und nun konnte es endlich losgehen. Schon standen die Spielwilligen vor dem nächsten Problem: Zwar hatte man in Mecklenburg und Brandenburg mit Schwerin und Cottbus-Ost bereits Landesmeister, doch wo sollte man in den drei anderen Ländern so schnell welche herbekommen? Denn Eile war geboten, schließlich sollte die gesamtdeutsche Meisterschaft schon im Juni 1948 vom Stapel laufen. Mitte Mai muß die sowjetzonale Endrunde starten, errechnete man, es blieb also nur noch ein knapper Monat, um deren Teilnehmer zu ermitteln. Damit war ein regulärer Ligabetrieb natürlich jenseits aller Utopien, nur ein Pokalsystem kann in derart kurzer Zeit die Spreu vom Weizen trennen. Fassen wir uns kurz: In den drei Ländern wurden ad hoc Pokalrunden eingerichtet, in denen man die Teams starten ließ, von denen man annahm, daß sie die stärksten seien. Alles in allem nicht unbedingt sportlich, aber was konnte man unter dem Zeitdruck schon Besseres erwarten.

Thüringens Regionalrunde dauerte nicht lange, da hatte man den ersten Skandal. Im Viertelfinale war Meiningen mit 1:2 von der SG Weimar-Ost bezwungen worden, wobei die Weimarer, zumindest nach Meinung der Meininger, einen unberechtigten Spieler eingesetzt hatten. Voller Zuversicht reichten die Geschlagenen Protest ein – und warteten vergeblich auf Antwort. Nicht mit uns, dachte man im Thüringer Wald und hatte eine ungewöhnliche Idee. Kurzerhand fuhr die ganze Elf nach Erfurt, wo das Halbfinale zwischen Weimar-Ost und der SG Suhl auf dem Programm stand. Dort angekommen, kleidete man sich um und lief auf. Erst [...] Die Suhler Kicker staunten nicht schlecht, als sie sich plötzlich zwei Mannschaften gegenübersahen, denn neben den Meiningern waren natürlich auch die Weimarer angetreten. Erst nach langen Diskussionen gaben die Viertelfinalverlierer klein bei und verließen kampflos das Spielfeld. Das anschließende Match gewann Weimar-Ost mit 4:2. Ironie der Geschichte ist, daß Weimar in der lokalen Meisterschaft auf der Zielgeraden noch von Blaugold Apolda abgefangen wurde, die also eigentlich an der thüringischen Endrunde hätten teilnehmen müssen.

Im Mai 1948 standen mit den Sportgruppen aus Sömmerda, Weimar-Ost, Schwerin, Wismar-Süd, Babelsberg, Cottbus-Ost, Planitz, Meerane, Freiimfelde Halle und Burg tatsächlich zehn Teilnehmer fest. Die erste Ostzonenmeisterschaft[1] konnte starten.

Einen knappen Monat später hatten sich mit der Sportgruppe Planitz und der Sportgruppe Freiimfelde Halle die vermeintlich besten Teams der Sowjetzone für das Finale qualifiziert. Daß sich der Sport grundlegend verändert hatte, zeigte im übrigen auch die Endspielpaarung, denn die hätte gut drei Jahre zuvor noch ganz anders gelautet: Planitzer SC gegen Wacker Halle nämlich. Den 40.000, die am 4. Juli 1948 die altehrwürdige Leipziger Probstheida, die nun "Bruno-Plache-Stadion" hieß, füllten, war das ziemlich egal. Zwar hätten sie auch lieber ihre Traditionsteams wiedergehabt, aber sie waren schon glücklich darüber, endlich wieder hochklassigen Fußball zu Gesicht zu bekommen. Und so freuten sich die Planitzer nach Abpfiff über das einzige Tor des Tages, erzielt von Horst Weiß, während Halles Fußballfreunde eher traurig das

Der hohe Favorit Union Halle nahm die Finalhürde Fortuna Erfurt mit 4:1 problemlos und sicherte sich damit den Ostzonentitel 1949.

weite Rund verließen. Die Westsachsen hatten ihnen den ersten Meistertitel vor der Nase weggeschnappt. Auch für die Planitzer währte die Freude nicht lange, denn aus der geplanten gesamtdeutschen Meisterschaft wurde nichts. Der Kalte Krieg hatte die Stimmung für eine Partie zwischen dem VfB Stuttgart und der Planitzer Meistermannschaft zu eisig werden lassen.

Wie geschildert, war die **Ermittlung** des ersten Landes-(Zonen-)meisters recht kompliziert gewesen. Da dies im Folgejahr kaum anders war, sei an dieser Stelle nur die Endspielpaarung genannt: Union Halle gegen Fortuna Erfurt. Am 26. Juni 1949 trafen die beiden im Dresdner Ostragehege (das nun allerdings Heinz-Steyer-Stadion hieß) aufeinander. Halle gewann mit 4:1. Das wiederum erzürnte die Fußballfreunde in der ganzen Zone, denn so ganz astrein war der Wettbewerb nicht verlaufen.

Mit Halle war ein Vertreter eines neuen Vereinsprototypen Meister geworden, der den künftigen Weg symbolisierte. Es ging um die Überführung des Sports in betriebliche Obhut, und die Hallenser waren eine dieser Plangruppen. Die Entwicklung stand 1949 noch ganz am Anfang, denn neben Halle hatte mit Marga lediglich ein weiterer Vertreter des "neuen" Vereinstyps an der Endrunde teilgenommen. Freilich hatte das Politbüro entschieden, daß dem Betriebssport die Zukunft gehören solle. Also mußte auch ein ins Konzept passender Meister her. Inwieweit die sportlichen Ereignisse dem Konzept ("Plan") tatsächlich angepaßt wurden (auf gut Deutsch: manipuliert wurden), sei dahingestellt und soll an dieser Stelle auch gar nicht geklärt werden.

Zumindest waren die anderen Endrundenteilnehmer spätestens im Viertelfinale stutzig geworden, als Halle beim 2:1 Heimsieg über die SG Friedrichsstadt nämlich vier eigentlich gar nicht spielberechtigte Spieler eingesetzt hatte und dem anschließenden Friedrichstädter Protest nur eisiges Schweigen entgegenschlug.

Als Halle für das Halbfinale gegen Eintracht Stendal dann wiederum Heimrecht erhielt, war die Sache für die meisten klar: Die ZSG Union mußte den Beweis erbringen, daß die Politik richtig ist, und dazu war den Funktionären alles recht. Das Finale fand dann immerhin auf neutralem Platz in Dresden statt, wo die Hallenser ihrem Erfurter Gegner allerdings keine Chance ließen, und mit 4:1 zweiter Ostzonenmeister wurden.

Die Oberliga kommt

Zwischenzeitlich hatte man auf Funktionärsebene weitreichende Beschlüsse gefaßt. Im Sommer 1949 sollte eine die gesamte Zonc umfassende höchste Spielklasse eingerichtet werden, für die vierzehn Teams vorgesehen waren. Zehn von ihnen standen bereits fest; es waren die Endrundenteilnehmer des Sommers 1949. Dazu stieß Leipzigs Großfusion ZSG Industrie,[3] die als dritter sächsischer Vertreter aufgenommen wurde. Für die letzten drei Plätze aber hatte man ein ganz besonderes Bonbon bereit. Vom Freien Deutschen Gewerkschaftsbund (FDGB) war nämlich ein Pokal gestiftet worde. Das war an sich recht erfreulich. Die Sache hatte nur einen Haken: Es waren lediglich die von der Regierung propagierten "Sportzellen der Zukunft", die Betriebssportgemeinschaften zugelassen. Anfangs ärgerten sich die ausgeschlossenen Sportgruppen nicht mal darüber, denn sie hatten schließlich ihren eigenen Pokalwettbewerb. Als es aus Berlin hieß, daß die drei besten Teams des FDGB-Pokals automatisch in die neue zonenweite Spielklasse eingereiht würden, wurde die Sache ungerecht. Denn seinerzeit gab es gerade einmal gut 200 Betriebssportgemeinschaften und es war offensichtlich, daß der "richtigen" Politik mit dieser Maßnahme zum Erfolg verholfen werden sollte. Das Pokalendspiel gewann schließlich Waggonfabrik Dessau mit 1:0 über Gera-Süd, den dritten Platz belegte die BSG Horch Zwickau, die im Wiederholungsspiel (2:2 nach Verlängerung) mit 5:1 gegen Zeiss Jena erfolgreich waren. Die drei komplettierten also die künftige Oberliga.

Wenn man sich eine Tabelle der ersten Oberligasaison vornimmt, fällt auf den ersten Blick auf, daß sämtliche Namen nicht nur seltsam klingen, sondern 1994 weitestgehend in der Versenkung verschwunden sind. Während im bundesrepublikanischen Oberhaus derzeit mit Köln, Duisburg, Frankfurt, Dortmund, Stuttgart, HSV, 1860 München, Schalke, Bremen, Kaiserslautern und Karlsruhe elf von sechzehn Pionierbundesligisten noch immer dabei sind, trat von den vierzehn 1949er Debütanten in der allerletzten DDR-Oberligasaison 1990/91 nicht ein einziger an.

Das lag aber nicht nur an einer Veränderung der sportlichen Landschaft, sondern vor allem an den beständigen Namensänderungen der sozialistischen Eliteteams. Denn tatsächlich kickten einundvierzig Jahre später mit Zwickau, Erfurt, Halle, Marga und Leipzig immerhin noch fünf Debütanten im Oberhaus, gleichwohl unter völlig neuen Namen[3]. Einige der Teams hatten regelrechte Odysseen hinter sich, wie die Kumpel aus Marga, die über die Zwischenstation Brieske bis hin in die Bezirkshauptstadt Cottbus zu wandern hatten.

Es ist schon eine komische Sache mit diesen permanenten Namensänderungen. Ihre Geschichte zu erfassen, ist wahrlich eine Kunst für sich, nachzulesen im statistischen Teil dieses Buches, *Die Deutschen Vereine seit 1903*.[4] Zurück zum 3. September 1949, an dem der Oberligaball erstmalig freigegeben wurde. Schon einen guten Monat nach dem ersten Spieltag erhielt die *DS-Liga* aus politischen Gründen einen neuen Namen, denn nach der DDR-Gründung wurde ihr der Bandwurmname *Fußballoberliga der demokratischen Sportbewegung* verpaßt. Später setzte sich dann aber die griffigere Form *Oberliga der DDR* durch.

Die neue Klasse wartete gleich mit einem Paukenschlag auf. Denn dort, wo nach 14 Minuten das allererste Oberligator der Geschichte fiel, wurde auch das Rekordergebnis aller zweiundvierzig Jahre aufgestellt. Ort des Geschehen war der Potsdamer Vorort Babelsberg, Opfer war die heimische SG. Deren Kicker hatten nämlich beim 2:12 nicht den Hauch einer Chance gegen einen Friedrichstädter Gegner, der wie entfesselt aufspielte. Keine Frage also, wer erster Tabellenführer der Klasse war! Von Anfang an passierten aber auch eine Menge ungewöhnlicher Dinge. Da kickte beispielsweise Thüringen gegen Sachsen-Anhalt vor 25.000 Zuschauern in Erfurt ein Länderpokalspiel aus, bei dem es zu Zuschauerausschreitungen kam. Gesperrt aber wurde die völlig unbeteiligte Mannschaft von Fortuna Erfurt. Zwei Monate kein Heimspiel hieß das Urteil, womit das "undisziplinierte" Erfurter Publikum bestraft werden sollte. Die Fortuna-Bosse guckten ganz schön dumm aus der Wäsche. Der Höhepunkt aber kam am letzten Spieltag, als im Dresdener Hans-Steyer-Stadion Horch Zwickau und die SG Friedrichstadt aufeinandertrafen. Beide Teams waren punktgleich, die Friedrichstädter um Helmut Schön führten die Tabelle aufgrund des besseren Torverhältnisses an. Bei diesem Spiel ging es aber gar nicht um Sport. Auf höchster Ebene war nämlich das Schicksal der Friedrichstädter Erfolgself schon lange entschieden. Der Verein sollte aufgelöst, die Spieler auf die Dresdener Betriebssportgemeinschaften verteilt werden. Mit dieser wenig rosigen Zukunft bedacht war ein Friedrichstädter Titelgewinn für die Machthaber natürlich nicht mehr ratsam. Nun muß man dazu sagen, daß die Friedrichstädter quasi identisch mit der Mannschaft des liquidierten Dresdner SC war - und der war 1943 und 1944 immerhin noch Deutscher Meister gewesen. Während die Traditionalisten den Sportbossen ein Dorn im Auge waren, galten sie beim Dresdner Publikum als legitimer DSC-Nachfolger, erfreuten sich also großer Beliebtheit. Folglich ist kaum verwunderlich, daß sich über 60.000 im alten Ostraha-Gehege drängten, um ihre Kicker zur Meisterschaft zu feiern. Was dann passierte, darüber gehen die Meinungen bis heute weit auseinander. Fangen wir mit den Fakten an: Friedrichstadt verlor 1:5, womit Horch Zwickau erster DDR-Meister wurde. Ob sie das zu recht wurden, wird vermutlich für immer ungeklärt bleiben. Da ist die Rede von einem sehr schlechten Schiedsrichter Willi Schmidt aus Schönebeck, der Stunden vor dem Spiel noch auf den "richtigen" Sieger getrimmt worden sein soll.

> "Wir sind damals sehr demokratisch vorgegangen. Es war sehr kompliziert, die Einwohner und Spieler von Planitz zu überzeugen, daß zur Weiterentwicklung des Fußballsports die Stadt Planitz keine Voraussetzungen bot, da es keine Großbetriebe gab und die Privatindustrie liquidiert worden war. Es wurden drei Versammlungen durchgeführt, um die Mitglieder zu überzeugen, daß als Basis für die Weiterentwicklung nur der Großbetrieb Horch Zwickau in Frage kommen kann. Und in den 3 Versammlungen war es gelungen, aus den ersten Stimmenverhältnis von 3:110 zu einem 110:3 zu kommen. Die Überleitung von der SG Planitz zu Horch Zwickau war also sehr demokratisch vonstatten gegangen.
> (Der ehemalige Spieler des Planitzer SC, SG Planitz, Horch Zwickau, Karl Dittes, in einem Interview mit der Zeitschrift '11' vom 16. September 1982)

Empörte Dresdener Fans stürmen nach Abpfiff des Skandalspiels gegen Horch Zwickau den Platz.

Andere sagen, die brutale und nicht geahndete Spielweise der Zwickauer sei der Grund für das Sensationsergebnis gewesen (was dann allerdings wieder auf den Schiri zurückfallen würde), wieder andere behaupten, die Horch-Elf sei schlicht und einfach besser gewesen. Jedenfalls ging es nach Spielschluß hoch her, die Zuschauer stürmten das Spielfeld, es gab Prügeleien und die Polizei mußte eingreifen. Einer sprach anschließend Verräterisches: Walter Ulbricht höchstpersönlich. Der Landesboss freute sich nämlich öffentlich darüber, "daß es gerade die Mannschaft eines volkseigenen Betriebes ist, die die ersten Meisterehren in der DDR erwarb, womit die Richtigkeit des Weges der demokratischen Sportbewegung erwiesen sei."[5]

Der Rest der Geschichte ist so traurig, das wir ihn besser nur kurz erzählen: Einige Tage später wurde die SG Friedrichstadt zunächst gesperrt, kurz darauf gänzlich aufgelöst. Da waren allerdings ihre besten Kicker schon gen Westen verschwunden, wo sie fortan für St. Pauli, Hertha BSC und später den DSC Heidelberg kickten. Den Oberligaplatz der "Republikflüchtlinge" nahm die neuformierte Mannschaft der SG Volkspolizei Dresden ein. Werfen wir nach so vielen fragwürdigen Ereignissen nun noch einen Blick auf die positiven Seiten der ersten Oberligasaison: Da war vor allem die großartige Zuschauerresonanz. Durchschnittlich 10.100 Fans hatten die 364 Spiele besucht, wobei Friedrichstadt mit einem Durchschnitt von 28.230 Zuschauern pro Heimspiel absoluter Publikumsmagnet war.

Selbst Vorwärts Schwerin kam immerhin noch auf einen Schnitt von 4.640 Zuschauern. Und wo wir gerade bei den Zuschauern sind: die brandenburgische Knappen-Elf der SG Franz-Mehring Marga konnte durchschnittlich 5.310 Besucher auf ihrer Anlage begrüßen. Wenig? Nun, der Ort hatte damals gerade 3.500 Einwohner!

Sieben Punkte zum Klassenerhalt

Die erste Saison war beendet, die neue sollte neuen Zündstoff bringen. Denn inzwischen hatte sich in der späteren Hauptstadt der DDR einiges getan. Die Einführung des Vertragsspielertums in den drei Berliner Westsektoren bedeutete das (endgültige) Auseinanderbrechen des bis dahin noch vereinten Spreefußballs. Die Ostberliner Gemeinschaften mußten sich zurückziehen und wurden in die DDR-Spielklassen eingereiht. Natürlich auch in die Oberliga, die dafür auf 18 Mitglieder erweitert wurde.

Zu den zwölf der Vorsaison gesellten sich die beiden ehemaligen Gesamtberliner Stadtligisten Union Oberschöneweide[6] und VfB Pankow, dazu noch der Kreisligist (!) SG Lichtenberg '47. Aus den Landesligen stiegen EHW Thale, Turbine Weimar und Rotation Dresden auf. So ausgerüstet nahm die Nobelklasse nun also auch in (Ost-) Berlin den Spielbetrieb auf, doch am Saisonende war die Bescherung da! Leipzigs Meisterschaft, erst im Entscheidungsspielsieg gegen die punktgleichen Turbinen aus Erfurt gesichert, war ja schon eine Sensation.

Für die Politbüroler war viel schlimmer: daß neben Turbine Weimar alle drei Berliner Gemeinschaften zu den Absteigern zählte! Es überrascht, wie überrascht die Sportbosse davon waren, denn daß die notdürftig mit Nachwuchskräften aufgepäppelten Berliner die Klasse würden halten können, war wahrlich nicht zu erwarten gewesen. Schließlich hatte sich jeder halbwegs gute Kicker inzwischen in den Westen abgesetzt, wo der Vertragsfußball mit seinen zwar nicht üppigen aber dennoch verlockenden Einkünften reizte. Nun war guter Rat teuer, denn eigentlich sollte die Liga auf sechzehn Teams reduziert werden.

Damit aber wäre Berlins Fußball nur noch zweitklassig gewesen, und das ging natürlich nicht, zumal Pankow auch noch das Regierungsviertel vertrat! Die nun folgende Geschichte verdient es wahrlich, festgehalten zu werden, denn sie ist nicht nur skandalös, sie ist auch noch skurril.

Pankow verbleibt in der Oberliga, da das Berliner Regierungsviertel einen politischen Anspruch auf einen Oberligaplatz hat,

konnten Ostdeutschlands Fußballfreunde wenige Tage später in den offiziellen Regierungsblättern erstaunt nachlesen. Wenn ihnen das noch nicht reichte, so fanden sie wenige Zeilen später Nachschub: "Berlin als politisches, wirtschaftliches und kulturelles Zentrum braucht neben Pankow noch eine zweite Oberligaelf", hieß es da, womit auch Oberschöneweide vor dem Abstieg gerettet war!

Beide Klubs wurden Trägerbetrieben unterstellt[7] und blieben in der Oberliga. Die Reduzierung auf sechzehn Teams wurde verschoben, stattdessen blähte die Entscheidung die Klasse auf neunzehn Teilnehmer auf, denn auch die Kasernierte Volkspolizei müsse in der Oberliga ihren Platz finden, hatten die Funktionäre festgestellt. Das verschaffte Leipzig einen weiteren Eliteclub, denn die aus dem Boden gestampfte Armee-Retorte *Vorwärts* wurde in die sächsische Metropole geschickt.

nn Thale antrat, kochte der Harz! Vollbesetzte Tribünen beim Aufstiegsspiel gegen Mickten Dresden (später Sachsenverlag)

Ihr stand eine mehr als wechselvolle Geschichte bevor, die sie von Leipzig über Berlin bis hin nach Frankfurt an der Oder führte. Wobei sie sich im sportlichen Bereich zwischen überlegenen Titelgewinnen bis zur (derzeitigen) Fünftklassigkeit hin- und herbewegte. Die nächste Saison bewies, daß auch diktatorische Politik nicht automatisch zu herausragenden sportliche Leistungen führt. Zwar hatte sich Einheit Pankow ein wenig besser geschlagen als Vorgänger VfB[9], mit sechzehn Pluspunkten aber blieb den Regierungsvierteln dennoch nur der letzte Platz - und damit wiederum der Abstieg. Schweren Herzens gaben die Politiker nun doch ihren "politischen Oberligaanspruch" auf, und die von den Berliner Fußballfreunden konsequent geschnitten bedauernswerten Pankower stiegen rasch bis in tiefste Spielklassen ab.[8]

Für die folgende Saison 1952/53 konnte die höchste Klasse dann endlich auf siebzehn Teilnehmer reduziert werden, denn Berlin war immerhin noch mit Motor Oberschöneweide vertreten. Als am Saisonende abgerechnet wurde, da war es endgültig passiert: Die "Hauptstadt der DDR" war ohne Oberligisten, denn auch Oberschöneweide hatte sich als sportlich ungeeignet erwiesen!

Schon bahnte sich eine Lösung an. Gleichzeitig mit den Berlinern waren nämlich die Armeekicker der Leipziger Vorwärtself abgestiegen, und was lag näher, als beide Probleme miteinander zu verbinden?

Im April 1953 fanden Leipzigs Soldatenfußballer Stellungsbefehle nach Berlin in ihren Briefkästen, und der ZSK Vorwärts Berlin war geboren. (So ganz nebenbei wurde dadurch übrigens das Zeitalter der Delegierungen eröffnet, das sich fortan wie ein roter Faden durch die DDR-Fußballgeschichte ziehen sollte.) Damit sie nicht postwendend wieder abstieg, ließ man die neuformierte Elf zunächst in der zweithöchsten Klasse antreten, die sie mit deutlichem Vorsprung als Meister beendete.

Ein "Hurra" ging nun durch die Räume des Politbüros, denn Berlin hatte wieder einen, sogar sportlich qualifizierten, Oberligisten. Nun wollte man es wissen und gab sich mit der Vorwärts-Elf nicht zufrieden. "Für die Hauptstadt nur das Beste" hieß es, und bestes Team der Saison 1952/53 war Dynamo Dresden gewesen. Dort waren die Volkspolizisten die längste Zeit zu Hause gewesen, denn auch sie bekamen Stellungsbefehle und kickten fortan als Sportclub Dynamo Berlin. Den Fans der Elbestädtern blieb nur das Staunen - und ihr zweiter Oberligist, der SC Einheit.

1954/55 war Berlin also wieder mit zwei Mannschaften in der Eliteklasse vertreten, und nun begann der geplante Vormarsch des Spreefußballs. Der wurde zunächst vornehmlich durch die rot-gelben Armeekicker des FC Vorwärts geprägt. 1958 wurde die bei den Berliner äußerst beliebte Elf erstmalig DDR-Meister, anschließend gewannen sie noch fünf weitere Titel (1960, 1962, 1965, 1966,1969), ehe der Club 1971 nach Frankfurt an der Oder delegiert wurde.

Dabei soll übrigens ein gewisser Erich Mielke seine Finger im Spiel gehabt haben. Denn seine persönliche Zuckertruppe, der BFC Dynamo, hatte an der festgefügten Rangordnung im Spreefußball (Vorwärts vor Union, dann erst Dynamo) nichts ändern können, so sehr sie auch daran zu rütteln vermochte. 1971 liefen die Drähte zwischen MfS-Boss Mielke, Armeeminister Hoffmann und dem Bezirksparteichef von Frankfurt/Oder, Erich Mückenberger, heiß.

Die Oderstädter versprachen den Vorwärtskickern all das, was sie in Berlin - aufgrund von Mielkes Einfluß nicht bekamen. Ob es nun diese Verlockungen waren oder der mehr oder weniger direkte Wille des allmächtigen Mielke bleibt ungeklärt, die Vorwärtskicker verließen jedenfalls das Zentrum fußballerischer Künste und verdingten sich fortan in der Handballhochburg an der polnischen Grenze.

Dort ging es mit ihnen rasch den Bach herunter, denn sie fanden einfach kein Publikum. Die alten Recken verloren bald die Lust, vor einer Handvoll fußballignoranter Kritiker zu kicken. Dazu kam außerdem, daß nur noch diejenigen für den FC Vorwärts spielen durften, die sich für mindestens fünf Jahre zur Armee verpflichteten.

Das Fazit der Mielke-Aktion: Die Abdelegierung war nicht nur Wegbereiter für den BFC Dynamo, sondern löschte zudem eine der erfolgreichsten und beliebtesten Mannschaft der DDR aus.

Aus Sachsen werden Rostocker

Bleiben wir noch eine Weile in die Fünfzigern, denn das war die Zeit, in der es im DDR-Fußball wirklich drunter und drüber ging. 1954 brauchte das frisch in Karl-Marx-Stadt umbenannte Chemnitz auch einen Oberligisten, denn schließlich konnte unter dem Namen des politischen Philosophen nicht zweitklassig gekickt werden. Man griff auf das altbewährte Mittel der Delegierungen zurück, beorderte die erfolgreiche Elf von Wismut Aue ins Bezirkszentrum und das Problem wurde als gelöst betrachtet. Diesmal hatten die selbsternannten Volksvertreter die Wut ihres Volkes unterschätzt.

Kaum hatten nämlich die Auer Fans von der Delegierung erfahren, blockierten sie die erzgebirgischen Bergwerke und forderten die Rückkehr ihrer Kicker, "ansonsten würde niemand mehr einfahren". Da die Wismut-Hütten wichtiger Bestandteil der Volkswirtschaft waren, traf der Streik die DDR mitten ins Herz. Und tatsächlich erreichten die streikenden Kumpel, daß ihre Elf weiterhin vor Ort blieb. Zwar mußte sie offiziell als "SC Wismut Karl-Marx-Stadt" antreten, aber wen kümmerte das schon, schließlich spielte sie immer noch im Auer Lößnitztal.

Nur die Europapokalgegner der Mannschaft waren ein wenig verwirrt, gegen Karl-Marx-Stadt gelost zu werden, und dann in Aue zu spielen...

Allerdings gab es seinerzeit im sächsischen Erzgebirge eine derartige Ansammlung guter Kickerbeine, daß es eigentlich nur eine Frage der Zeit war, wann das Regime regulierend eingreifen würde. 1954 war es soweit. In Mecklenburg-Vorpommern war nach dem Abstieg von Anker Wismar und Vorwärts Schwerin der fußballerische Notstand ausgebrochen, was dem damaligen Rostocker Stadtratsvorsitzenden *Harry Tisch* überhaupt nicht paßte. Er schaute auf die Oberligalandkarte und entdeckte im Süden mit Zwickau, Aue und Lauter drei Erstligisten im Umkreis von dreißig Kilometern. Ein Anruf in Berlin, eine kurze Diskussion, danach ging alles seinen gewohnten Gang.

Eines Morgens hatten die Spieler von Empor Lauter ihre Delegierungsbescheide im Briefkasten, und im Oktober 1954, mitten in der Saison, kickten sie bereits an der Ostsee. Aus Empor Lauter wurde Empor Rostock, dann Hansa Rostock, also einer der beiden Clubs, die 1991 in die 1. Bundesliga aufgenommen wurden. Ob man da im sächsischen Lauter wohl noch wehmütig daran dachte, daß man eigentlich selbst Bundesligist sein könnte (müßte)?

1954/55 hatte man die gewünschte Idealzahl von vierzehn Oberligisten endlich erreicht, und da zudem Karl-Marx-Stadt, Berlin und Rostock im Oberhaus vertreten waren, zog Zufriedenheit ins Politbüro ein. Irgend jemand muß sich dann plötzlich daran erinnert haben, daß der Bruder, von dem man so viel lernen wollte, ein anderes Spielsystem aufwies. Er begann seine Saison nämlich im April statt im August und spielte den ganzen Sommer über durch bis in die späten Oktober. Das machen wir auch, hieß es in Berlin, und schon 1956 begann die erste Ganzjahressaison.

Kurt Zapf, Lauterer Fußballegende und einer derjenigen, der den Wechsel an die Ostseeküste mitmachte, erinnert sich: "Die Gespräche über unseren Umzug dauerten monatelang. Um die Sache schmackhaft zu machen, veranstalteten die verantwortlichen Männer eine Busfahrt mit uns und unseren Frauen, bei der sie uns die schönsten Erholungsheime in Kühlungsborn zeigten. Der Hintergrund war klar - wir sollten uns künftig keine Gedanken mehr um einen lukrativen Urlaubsplatz machen müssen"

Wie so viele von den zahlreichen Experimenten, die mit dem DDR-Fußball getrieben wurde, ging auch dieses schief. Denn was für ein Land wie die Sowjetunion mit seinen langen Wintern noch zweckmäßig ist, war in der DDR[10] ein völliger Fehlgriff. Fünf Jahre später ließ man den großen Bruder großen Bruder sein und kehrte reumütig zum westeuropäischen Standardsystem Herbst/Frühjahr zurück.

Ein Jahr später stieg eine Elf in die Oberliga auf, die 1953 schon einmal DDR-Meister gewesen war und in der Zwischenzeit eine Art unfreiwilliger Berlinförderung hatte betreiben müssen: Dynamo Dresden. Ihr Vorgänger war die Mannschaft der SG Volkspolizei gewesen, die 1950 den Platz der aufgelösten SG Friedrichstadt eingenommen hatte. Nachdem Ulbricht & Co am 27. März 1953 angeordnet hatten, alle VP-Mannschaften in "Dynamo" umzubenennen, war bereits zwei Wochen später Vollzug aus Elbflorenz gemeldet worden.

Die Dresdner waren also wahrlich nicht negativ aufgefallen und hatten grundsätzlich nur einen Fehler: Sie waren 1953 nach einem 3:2 im Entscheidungsspiel gegen Wismut Aue DDR-Meister geworden. Das war - wir hatten das schon - Grund genug, die Volkspolizisten nach Berlin zu delegieren, wo sie fortan unter dem Banner SC Dynamo antraten. Aus dem - und welche Dramatik steckt hinter diesen Worten! - Jahre später der BFC Dynamo wurde, mithin Dresdens Erzfeind Nummer 1! Auch Dynamos Geschichte ging selbstverständlich weiter. Allerdings zunächst nur im Unterhaus, wo die nach der Delegierung "übriggebliebenen" Kicker den Platz des SC DHfK Leipzig einnahmen, der seinen Spielbetrieb einzustellen hatte. Erst 1962 hatte man sich an der Elbe wieder soweit aufgerappelt, daß der Wiederaufstieg gelang. In die Oberligaspitze stießen die Schwarz-Gelben erst zum Ende der Sechziger Jahre erneut vor.

Ungeplante Meister

Der Sommer 1964 brachte dem DDR-Fußball einen Mythos.

Leipzig, so dachte man im Politbüro, braucht nun auch mal wieder einen Meister. Die Schreibtischtäter krempelten die Ärmel hoch, faßten die besten Kicker der beiden örtlichen Oberligisten Lokomotive und Rotation zusammen,  gaben dem geplanten "Meisterkader" den Namen Sport-Club und stellten schon mal den Meisterschaftssekt kalt. Die "überschüssigen" Spieler steckte man nebenbei in die BSG Chemie, die man "gnädigerweise" ebenfalls in der Oberliga mitspielen ließ.[11]

Am Saisonende blieb der Sekt kaltgestellt, denn genau das war auch dem Meisterkader SC passiert. Und zwar ausgerechnet vom Lokalrivalen und "Resteclub" BSG Chemie! Nun zum Mythos: Die Leipziger Fußballfans waren ziemlich sauer gewesen, daß die Politiker erneut so vehement in das Mannschaftsgefüge eingegriffen hatten. Daher flogen den Underdogs aus Leutzsch, also Chemie, scharenweise die Sympathien der Leipziger zu. Die Fans freuten sich nämlich diebisch, daß die Chemiker den hochgesteckten Plan der SC-Meisterschaft durchkreuzt hatten und selbst Meister geworden waren!

Mielkes Dynamos

1965 hatte man im Politbüro endlich das goldene Ei gelegt, das den DDR-Fußball zur europäischen Vollreife bringen sollte. In Magdeburg hatte alles begonnen, denn der dortige 1. FC war der erste von insgesamt elf "Fußballclubs und Leistungszentren des Fußballs"[12], die innerhalb weniger Jahre die Oberliga dominieren sollten. Mit ihnen beruhigte sich der Wirbel im DDR-Fußball ein wenig, was sich auch daran ersehen läßt, daß die Mannschaften nun wesentlich seltener ihre Namen wechseln mußten.

Sportlich hingegen waren es durchaus aufregende Jahre, denn abwechselnd gewannen Carl Zeiss Jena, 1. FC Magdeburg und Dynamo Dresden den sogenannten "Ehrenpreis des Generalsekretärs des ZK der SED und Vorsitzenden des Staatsrates der DDR für den DDR-Fußballmeister". Da zudem das Publikum ohne Unterlaß in die Stadien strömte und sich auch auf internationaler Bühne langsam Erfolge einstellten, herrschte allerorten große Zufriedenheit. Die Ruhe war trügerisch. Nicht nur, daß die in Berlin-Hohenschönhausen gelegte BFC-Dynamo-Saat langsam aufging und der DDR-Fußball damit zu einer Reihe von eher peinlichen Skandalen kam,

> Falko Götz, später geflüchteter BFC-Kicker, erinnert sich: "Die Stasi-Struktur hat man am besten bei Niederlagen gemerkt, denn dann ist man fast in Dienstrangform kritisiert worden, wozu man richtig strammstehen mußte"

sondern auch und vor allem die verstärkte Abschottung gegenüber dem westlichen Ausland ärgerte Kicker und Fußballfans. Besonders schlimm wurde es für diejenigen, deren Stars die Europacupauftritte nutzten, um in den "goldenen" Westen zu flüchten. Ein wahres Spießrutenlaufen schloß sich in der Heimat für die Treugebliebenen an, doch noch schlimmer erwischte es die, die beim Fluchtversuch (oder "angeblicher" Vorbereitung eines solchen) erwischt wurden. Die DDR-Führung reagierte in diesen Jahren äußerst dünnhäutig auf jegliche Kritik und vor allem, wenn DDR-Teams auf bundesrepublikanische trafen, herrschte hinter dem eisernen Vorhang Alarmstufe 1. Alle Einzelfälle darzustellen, würde den Rahmen dieses Buches bei weitem sprengen, folglich muß eine Reduzierung auf Einzelschicksale erfolgen. Von den "Flüchtlingen"[13] Norbert Nachtweih, Jürgen Pahl, Lutz Eigendorf und Falko Götz ist hierzulande viel geschrieben

> "In den letzten Jahren war es sogar so, daß MfS-Mitarbeiter an ihrem freien Sonnabend ins Stadion kommen mußten, obwohl sie sich gar nicht für Fußball interessierten. Der Zuschauerschwund sollte so kaschiert werden. (Der ehemalige Trainer des BFC Dynamo, Jürgen Bogs. aus: FuWo-Extra, "Das war unser Fußball im Osten")

worden, zumal die vier schließlich auch bei Bundesligisten unterkamen. Viel tragischer ist die Geschichte der beiden Dresdner Nationalspieler Peter Kotte und Matthias Müller, die im Januar 1981 auf dem Weg zu einem Länderspiel in Argentinien auf dem Flughafen Berlin-Schönefeld von der Stasi verhaftet wurden. Dabei wollten Kotte und Müller gar nicht fliehen, ihr Pech war nur, daß sie (angeblich) von den Plänen Webers wußten. Eine Woche blieben die beiden in Gewahrsam der Staatssicherheit, dann ließ man sie frei. Ihre Odyssee begann erst. Zurück in Dresden wurde ihnen mitgeteilt, daß sie nicht weiter für Dynamo spielen dürften und sich eine Gemeinschaft unterhalb der Bezirksliga suchen könnten.

Als 26jähriger Nationalspieler schloß Peter Kotte sich dem Bezirksligisten Fortschritt Neustadt an, mit dem er umgehend in die Liga (= zweithöchste Spielklasse) aufstieg. Erneut kam rotes Licht: Kotte durfte den Aufstieg nicht mitmachen, sein Kopf wurde auf dem Mannschaftsfoto wegretuschiert und er selbst kickte fortan in der zweiten Mannschaft der BSG Fortschritt. Wehrlos mußten er und Müller mit ansehen, wie sie aufs Abstellgleis geschoben wurden[14].

In den Achtziger Jahren wurde die Situation in der Oberliga immer unerträglicher. Mielkes BFC Dynamo war inzwischen zu nationaler Klasse zusammengestellt worden, und wo die spielerische Leistung nicht ausreichte, halfen fragwürdige Schiedsrichterentscheidungen nach. Zehnmal in Folge wurden die Roten Meister, dennoch herrschte bei ihren Heimspielen gähnende Leere.

Bei jedem Auswärtsspiel (nicht nur in Dresden) erklangen Sprechchöre vom Kaliber "Stasi raus" oder "Schiebermeister BFC". Am meisten zu bedauern waren sicherlich die Spieler selbst. Zwar kassierten sie überdurchschnittliche Gehälter und verfügten in Uckley bei Berlin über ein hochmodernes Trainingszentrum, doch im eigenen Land verhaßt zu sein ist sicherlich kein Zuckerschlecken. Und der Erfolgshunger der verantwortlichen Männer wirkte sich auch auf ihr Privatleben aus. Phasenweise müssen die Kicker sich wie Soldaten vorgekommen sein, denn zwischen 1981 und 1984 beispielsweise hieß es jeweils Donnerstagabend "Einrücken". Dann marschierten die Weinroten ins Trainingslager, aus dem es erst kurz vor Spielbeginn wieder ein Entrinnen gab.

Dynamos Führungsspitze tat allerdings nichts, um den schlechten BFC-Ruf aufzupolieren. Im Gegenteil, bei den lukrativen Europacupheimspielen kam es zu dubiosen Kartenverteilungen, bei denen das "gemeine" Fußballvolk außen vor blieb und nur "verdiente" Genossen und Genossinnen in den Friedrich-Ludwig-Jahn-Sportpark gelangten. Kein Wunder, daß die Berliner immer saurer auf ihren Meister wurden und scharenweise zum 1. FC Union abwanderten[15]. Pünktlich zur politischen Wende kam auch die sportliche Wende, denn 1988 feierten die Dynamos ihren letzten Meistertitel. Danach verschwanden sie - umbenannt in FC Berlin - in den Niederungen der Drittklassigkeit, verfügen aber immer noch über eine stattliche durch Transfers angehäufte Summe sowie eine recht gute Jugendarbeit.

Kommen wir zum Ende der Geschichte: Am 25. Mai 1991 beendete die seit dem 3. Oktober 1990 Oberliga Nordost genannte Klasse ihr Leben. Es wurde ein trauriger Abschied, denn mit ihr ging ein Stück Identifikation für die vielen tausend Fußballfreunde zwischen Rostock und Zwickau verloren, was sich nicht nur dadurch bemerkbar macht, daß der einst mit bis zu vier Teams im Europacup vertretene Ex-DDR Fußball inzwischen am Rande der Bedeutungslosigkeit angelangt ist.

Was durchaus nicht Schuld der Ostdeutschen ist, denn die kapitalkräftigen Westclubs beschränkten sich nach Grenzöffnung nicht allein darauf, die Stars wegzukaufen, sie warben so ziemlich jeden guten Kicker bis hinunter zur Bezirksklasse aus dem Osten ab. Mit dem Rest versuchen die finanzgeplagten Clubs nun, Anschluß an ein Fußballsystem zu finden, daß ihnen erst allmählich vertrauter wird.

Die Vereine stehen somit vor einer äußerst schwierigen Aufgabe, denn auch ihr Umfeld und vor insbesondere ihr Publikum, haben mit der Vereinigung eine Menge bislang unbekannter Probleme bekommen, die derart erdrückend sind, daß der samstägliche Stadionbesuch leider oft genug ausfallen muß.

Eine sportliche Bilanz der 42 Oberligajahre ist weniger wehmütig zu ziehen. Laut der ewigen Tabelle war die Mannschaft von Carl Zeiss Jena das beständigste Team, obwohl Wismut Aue drei Spieljahre mehr als die Jenaer (mit 35) auf dem Buckel hat. Mit ihren 38 Spielzeiten sind die Auer Veilchen Rekordhalter, daher war es für sie auch eine besondere Tragik, ausgerechnet in dem Jahr erstmalig absteigen zu müssen, in dem die Wende eine grundlegende Ligareform brachte, durch die sie in die Drittklassigkeit verbannt wurden.

Zurück zur Ewigen Tabelle. Jenas Verfolger heißt mit einem in 897 Spielen erworbenen Punktekonto von 1092:702 BFC Dynamo. Dem Rekordmeister folgt das technisch über lange Zeit wohl dominierende Dynamoteam aus Dresden. Akzente wurden der Klasse vornehmlich von ihrem Planmeister BFC gesetzt. So beendeten 1983 die Berliner die Serie mit einem Punktekonto von 46:6, den zweitplazierten FC Vorwärts Frankfurt mit nur 34 Pluspunkten deutlich auf die Plätze verweisend.

Schon in ihrem ersten Meisterjahr war den Berlinern ähnliches gelungen, allerdings war ihnen damals Dynamo Dresden mit 39 Zählern noch relativ dicht auf den Fersen gewesen.

Noch spannender war es 1980, als Dresden mit lediglich zehn Minuspunkten nur Zweiter wurde, denn der BFC hatte nur neun Zähler abgegeben. Entscheidend waren wohl die beiden Dresdener Niederlagen in den direkten Duellen (1:2 und 0:1).

Trotz permanenter Eingriffe von Staatsseite war die Oberliga bei den Fans beliebt, und erst als sich Dynamos Überlegenheit als zu eintönig erwies, gingen die Zuschauerzahlen entsprechend zurück. Wie eingangs erwähnt, wohnten den 8.046 Spielen fast 88.000.000 Zuschauer bei, wobei 1953/54 mit durchschnittlich 14.005 Fans pro Spiel Rekord gemeldet wurde. Überhaupt waren die Fünfziger - analog zu denen in westdeutschen Oberligen - Boomjahre, gefolgt von einem relativen Einbruch in den Sechzigern. Erst Mitte der Siebziger boomte die Oberliga mit einem Schnitt von gut 12.000 erneut. Bis die Dynamos aufdrehten, denn von 1981 bis 1990 ging die Durchschnittsbesucherzahl kontinuierlich zurück.

Mit einer Ausnahme: 1989. Aber da wurde auch Dynamo Dresden Meister.

Zwei Spieler müssen abschließend stellvertretend für alle genannt werden: Eberhard Vogel und Hans-Joachim Streich. Torjäger "Matz" Vogel (188 Oberligatreffer) hält mit 440 Oberligaeinsätzen für Jena und Karl-Marx-Stadt nicht nur einen einsamen Rekord, er war 1982 bei seinem letzten Spiel mit 39 Jahren auch einer der ältesten Aktiven. Der für Rostock und Magdeburg spielende "Strich" Streich, dem während seiner ganzen Karriere das Label "Konditionsmängel" anhaftete,[16] sicherte sich mit 229 Treffern in 378 Oberligaspielen den Titel des ewigen Torschützenkönigs und ist mit 102 Länderspielen (55 Tore) Rekordinternationaler der DDR.

Alles in allem ist dies eine eher wehmütige Bilanz, die durch die Entwicklung des ehemaligen DDR-Fußballs unter bundesrepublikanischer Ägide seit 1990 nicht viel besser wird. Aus der einst so stolzen Oberliga blieb nur Dynamo Dresden, dabei hätten die Fans zwischen Werra und Oder-Neisse schon allein aufgrund ihrer fußballerischen Tradition mehr als nur einen Bundesligisten verdient.

Wie sagte Erich Honecker einst so schön: "Den Sozialismus in seinem Lauf halten weder Ochs' noch Esel auf!". Offen bleibt die Frage, wer es denn nun doch geschafft. Der Kapitalismus etwa?

Zwischen Trinwillershagen und Krumhermersdorf

Ungeliebtes Kind, Spielball der Funktionäre - die Bezeichnungen für die zweithöchste Spielklasse der DDR sind so zahlreich, wie die Verbitterung der teilnehmenden Vereine groß ist. "Unter dem Deckel der Erstklassigkeit", das hieß auch in der DDR: "Aus den Augen - aus dem Sinn!"

Als 1949 die Oberliga eingerichtet wurde, beließ man die Landesligen als zweithöchsten Unterbau. In neun Staffeln stritten etwas mehr als 100 Gemeinschaften um fünf Landesmeister, die in einer anschließenden Aufstiegsrunde zwei neue Oberligisten ermittelten. Sachsenmeister SG Mickten sowie Eisenhüttenwerk Thale hießen die beiden Glücklichen am Ende. Für die übriggebliebenen Zweitligisten begann eine Zeit des stetigen Wandels.

In der Saison 1950/51 richteten die Sportbosse zwei Staffeln à zehn Teilnehmer ein, deren Meister automatisch aufstiegsberechtigt waren. Nur vier Jahre lang konnten Gemeinschaften wie Einheit Spremberg, Motor Nordhausen-West und Aktivist Kaiserode allerdings unter diesen Umständen zweitklassig kicken.

1954/55 wurde den beiden Staffeln eine dritte hinzugefügt, was am Saisonende eine Aufstiegsrunde nötig machte. Bereits in der ohne Wertung durchgeführten Übergangssaison 1955 wurde dann erstmalig eingleisig um Zweitligapunkte gespielt. Der vierzehn Gemeinschaften angehörenden Klasse sollte die Zukunft gehören, und tatsächlich blieb es auch bis 1962 dabei.

Dann jedoch besann man sich wieder auf die zweigleisige Lösung und richtete eine Nord- und eine Südstaffel ein, der jeweils 14 Klubs angehörten. Freilich prallten dabei Welten aufeinander. Neben Ex-Oberligisten wie Lokomotive Stendal und Wismut Gera nahmen eben auch Nobodies wie Vorwärts Gehlsdorf oder Aktivist Karl Marx Zwickau teil. Bis 1971 blieb es bei den beiden Staffeln, die allerdings zwischenzeitlich auf sechzehn Teilnehmer aufgestockt worden waren. Immerhin garantierten sie fest den Direktaufstieg für die beiden Meister, im Vergleich mit der bundesrepublikanischen Zweigleisigkeit ein eindeutiger Vorteil.

1971/72 folgte jedoch ein Rückschritt in die tiefste Vergangenheit. Aus den zwei Staffeln wurden fünf, denen über sechzig Mannschaften angehörten. Angesichts der lediglich 14 Klubs umfassenden Oberliga als Höchstklasse eine fast unverantwortbare Verwässerung des zweitklassigen Spielniveaus. Für die teilnehmenden Klubs, allen voran die Oberligaabsteiger, war es eine echte Tour de Force. Nach so reizlosen Paarungen wie gegen Motor Warnowwerft Warnemünde oder Aktivist Schwarze Pumpe hieß es für die Fünf Staffelsieger, am Ende der Saison in einer Aufstiegsrunde um den Klassenwechsel zu spielen. War dies geschafft, waren die Gemeinschaften in der Oberliga völlig überfordert. In der Regel erfolgte der sofortige Wiederabstieg.

Zwölf Jahre lang ließen die Sportbürobosse die Zweitligisten förmlich im eigenen Saft schmoren, dann erst reagierten sie. 1984/85 wurden erneut zwei Staffeln à achtzehn Mannschaften eingerichtet, wobei es zumindest wieder den Direktaufstieg als verdienten Lohn für die Meisterschaft gab. Bei diesem System blieb es dann auch bis zur letzten DDR- bzw. Nordostsaison 1990/91. Von Anfang an war die "Liga", wie die zweithöchsten Klassen allgemein bezeichnet wurden, völlig dem Gutdünken der Funktionäre ausgesetzt.

So mußten beispielsweise 1951 die eigentlich schon gesicherten Teams von Motor Nordhausen-West und Einheit Wismar in eine staatlich angeordnete Abstiegsentscheidungsrunde, weil die DS-Führung der HSG Wissenschaft Halle einen Zweitligaplatz zugewiesen hatte. Die Hallenser selbst wurden sieben Jahre später in den SC Chemie Halle eingegliedert, um nur einige wenige Monate später wieder ausgegliedert zu werden. Ihren Zweitligaplatz, den die "Wissenschaftler" 1958 noch völlig sicher hatten, verloren sie bei dieser Aktion allerdings. Und so fanden sie sich plötzlich in der Drittklassigkeit wieder.

Wie in der Oberliga, so wurden auch in der Liga zahlreiche Vereine auf Anordnung von oben umbenannt oder gar an andere Orte umdelegiert. Dabei rächten sich diese Art von Eingriffen nicht selten mit äußerst schlechten sportlichen Leistungen. So stiegen beispielsweise die drei mitten in der laufenden Saison delegierten Mannschaften Dynamo Berlin (die aus Leipzig kam), Dynamo Rostock (aus Berlin) und Dynamo Erfurt (aus Weimar) am Saisonende 1954 allesamt in die dritthöchste Klasse ab.

Auch in der DDR gab es - wie sollte es auch anders sein? - echte Fahrstuhlmannschaften. Die Mannschaft der Union Berlin gehörte mit ihren vier Aufstiegen sicherlich zu diesen. Die Wuhlheider geben ein sehr schönes Beispiel für die fehlende Spielklasse zwischen der ersten und der zweiten Liga ab. Ihre neun Zweitligajahre beendete die Mannschaft von Union Berlin insgesamt achtmal als Meister. Nur in der Saison 1989/90 langte es - ausnahmsweise - lediglich zur Vizemeisterschaft. Die Oberliga war freilich zu stark für die fleißigen Wuhlheider: nur von 1985 bis 1989 konnten sie sich über einen längeren Zeitraum im Oberhaus etablieren.

Ganz ähnlich war die Situation für Chemie Leipzig. Der arg gebeutelte Lieblingsklub der Messestadt Leipzig pendelte ebenfalls des öfteren zwischen erster und zweiter Klasse hin und her. Viermal insgesamt gelang den "Chemikern" der Oberligaaufstieg.

ANMERKUNGEN

(1) Auch in der DDR-Literatur wurde im übrigen vom "Ostzonenmeister" gesprochen. vergl. u.a.: Skorning (1978), Band 2, Seite 21.

(2) Horch Zwickau = BSG Sachsenring; KWU Erfurt = FC Rot-Weiß; Union Halle = HFC Chemie; Franz Mehring Marga = Energie Cottbus; Industrie Leipzig = 1. FC Lokomotive.

(3) Die ZSG Industrie wurde im April 1948 durch Fusion der Sportgruppen Leutzsch (Ex-TuRa), Lindenau-Hafen, Aue, Mitte und Böhlitz-Ehrenberg ins Leben gerufen. Am dem 16. August 1950 firmierte sie unter dem Titel BSG Chemie.

(4) Vom selben Autor im AGON Sportverlag (1995) erschienen.

(5) In: Friedemann (1991), Seite 18.

(6) Deren erste Mannschaft allerdings nach den Vorgängen um ihre Endrundenteilnahme 1949 geschlossen in den Westen übergewechselt war und dort den SC Union 06 Berlin gründete. Die sowjetischen Machthaber hatten den Oberschöneweidern die Ausreisegenehmigung zum Endrundenspiel gegen den HSV in Kiel verweigert, woraufhin die Unionern ohne gereist waren.

(7) Pankow als "Einheit" der staatlichen Verwaltung, Oberschöneweide als "Motor" der metallverarbeitenden Industrie.

(8) 1950/51 war der VfB mit 7:61 Punkten und 29:131 Tore abgeschlagen Letzter der Oberliga gewesen.

(9) 1954 Abstieg aus der 2. Liga, 1991 fusionierten sie mit ihrem Westberliner Kontrahenten VfB zu Pankow zum VfB Einheit zu Pankow, der derzeit in der Berliner Landesliga, 2. Abteilung spielt.

(10) Auch die anderen Blockstaaten stellten ihr Spielsystem zeitweilig auf eine Ganzjahressaison um: Albanien (1968 - 69); Polen (1948 - 62); Rumänien (1950-56); Tschechoslowakei (1948-57); Ungarn (1950-57).

(11)   Die BSG Chemie hatte schon einmal (16. August 1950 - 5. September 1954) bestanden und war anschließend im der SC Lokomotive aufgegangen.

(12)   So die offizielle DDR-Bezeichnung.

(13)   Offizieller DTSB- und DFV-Sprachgebrauch.

(14)   In: Querengässer (Kassel, 1994), Seite 15ff.

(15)   Der von der Gewerkschaft FDGB unterstüzte Club war allerdings - nicht zuletzt aufgrund seiner geschichtlichen Verbindung mit dem SC Union Oberschöneweide - immer beliebtester Club Ostberlins. Zum größten Bedauern der Wuhlheider aber nicht der der Staatsführung. Da die Gewerkschaft eine eher schwache Position in der Machthierarchie hatte, konnte sie ihrer Union kaum "stützend" unter die Arme greifen.

(16)   Als er 1982 zum wiederholten Mal darauf angesprochen worden war, entgegnete er wutentbrannt "Ich bin der beste Stürmer der DDR."

Unter dem Deckel
der Erstklassigkeit

Liga, die Zweite
(Die II. Ligen/Divisionen von 1949 bis 1963)

Wenn man heute den Klagen über das angebliche "Stiefkind 2. Liga" zuhört, dürfte man dem eigentlich nur ein müdes Lächeln abgewinnen, denn verglichen mit den "alten" 2. Ligen stehen die "neuen" praktisch im ständigen Medien-Rampenlicht.

Drehen wir das Rad der Geschichte um vierzig Jahre zurück, machen es uns gemütlich und schlagen eine beliebige *Kicker*-Ausgabe auf. Beispielsweise die vom 22. November 1954. 50 Pfennig kostete sie damals und warb auf dem Titelblatt mit drei lächelnden Seelers sowie der Bemerkung "Die Seelers kommen mit Fußball-Schuhen auf die Welt..." Die Seiten 2 bis 4 beschäftigen sich mit aktuellen Nationalmannschaftsproblemen und der Frage: "Darf ein Verletzter weiterspielen?", dann folgen zehn Seiten Berichterstattung über den letzten Oberligaspieltag, ehe auf den Seiten 19 bis 21 der "Globus" gedreht wird, denn diese sind dem ausländischen Fußball gewidmet. Es folgt eine Toto-Vorschau, abschließend das "Spiegelbild der Amateurligen". Auf der letzten Seite finden sich diverse Anekdötchen. Kein Sterbenswörtchen über die drei II. Divisionen, die zwischen 1949 und 1951 im Westen, Süden und Südwesten eingerichtet worden waren. Doch halt! Wer genauer hinguckt, findet auf der vorletzten Seite, versteckt zwischen Bremer und mittelrheinischen Amateurligen, den aktuellen Tabellenstand der süddeutschen II. Division. Seien wir kulant und gehen davon aus, daß im Westen und Südwesten an diesem Wochenende gerade spielfrei war, dann können wir uns zumindest über die Resultate der Südklasse freuen. In der Tabellenführer Aschaffenburg übrigens mit 0:1 beim Achten in Cham verloren hat, aber das nur so nebenbei. Nun mag das Problem vielleicht darin bestehen, daß wir zur Nordausgabe gegriffen haben und der Norden sich bei der Einrichtung einer zweithöchsten landesweiten Klasse so schwer tat, daß er es trotz diverser Versuche bis 1963 nicht schaffte. Freilich wird der zweithöchsten Spielklasse auch in entsprechenden Süd- oder Westausgaben nicht viel mehr Platz eingeräumt, denn erst Ende der 50er Jahre können sich die Horst-Emscher, Niederlahnsteiner und Straubinger eine Seite pro Ausgabe erkämpfen. Hier soll es schließlich nicht um eine Medienanalyse gehen, sondern um die Geschichte der II. Divisionen. Doch aus gutem Grund steht diese Geschichte am Anfang - denn schreiben Sie mal über etwas, über das nie geschrieben wurde! Kein Zweifel, die alten zweiten Ligen sind die vergessenen Kinder der deutschen Fußballnachkriegsgeschichte. Das macht die Aufgabe, über ihre Entstehung und Entwicklung zu berichten, nicht unbedingt einfacher.

> *Genau wie ihre großen Oberligabrüder, so waren auch die 2. Ligen Vertragsspielerklassen, in denen bis zu 320 Mark monatlich erkickt werden konnten. Auf Rasenplätzen allerdings, was zu einem großen Problem für viele Vereine wurde, die bis dato lediglich über einen Aschenplatz verfügten.*

Im Westen was Neues

Doch genug des Klagens, steigen wir ein in die Geschichte. Bald nach Einführung der Oberligen war deutlich geworden, daß sie einen vernünftigen Unterbau brauchten, denn die in unterschiedlicher Anzahl vorhandenen sogenannten "1. Amateurligen" hatten sich als ziemlich ungeeignet erwiesen.

Die dort versammelte breite Masse fußballerischer Mittelmäßigkeit war nämlich für die Oberligaabsteiger kein Maß, und es dauerte oft nur wenige Spieltage, bis die Meisterfrage geklärt war. Doch kaum waren die Mannschaften wieder aufgestiegen, sahen sie sich erneut den wesentlich herberen Oberligawinden hoffnungslos ausgesetzt und stiegen postwendend wieder ab. Es war unübersehbar, der Leistungsunterschied zwischen erster und zweiter Klasse war einfach zu groß, und das lag eben vor allem daran, daß die Zweitklassigkeit viel zu breit gestreut war. Zuerst traten die westdeutschen Amateurligisten auf den Plan.[1]

Sie griffen eine süddeutsche Idee auf und richteten im Herbst 1949 zwei 16er Staffeln ein, in denen neben so bekannten Namen wie Fortuna Düsseldorf, Westfalia Herne oder Borussia M.-Gladbach[2] auch eher unbekannte wie Hombruch 09, SC West Köln oder Turner-Bund Eickel auftauchten. All diejenigen eben, für die im Oberhaus kein Platz gefunden worden war. Doch 32 Zweitdivisionäre waren immer noch zuviel, und so schmissen die Westler drei Jahre später die Hälfte von ihnen hinaus.

Das bedarf wohl einer genaueren Erklärung: In der Debütsaison 1949/50 hatten sich noch vier Zweitligisten, die jeweils beiden Gruppenbesten nämlich, das Oberligaaufstiegsrecht gesichert. Sehr zum Ärger der Erstligisten, von denen folglich ebenfalls vier in den Fahrstuhl nach unten steigen mußten.

> *Als der TSV Hüls 1954 sportlich den Aufstieg in die 2. Division-West geschafft hatte, ging man ganz demokratisch vor. Da die Vertragsspielerklasse mit gewissen finanziellen Risiken verbunden war, berief man am 18. Juli eine Generalversammlung ein und ließ darüber abstimmen, ob die Blau-Schwarzen künftig vertraglich Fußball spielen sollten - oder ob die Mitglieder die drittklassige Amateurliga bevorzugten. 124 Ja-Stimmen sprachen eine deutliche Sprache, die Hülser wollten Zweitligist werden. Eine andere Frage war schwieriger zu klären: Die Stadt Marl hatte dem Club ein Darlehen von 30.000 Mark angeboten, unter der Voraussetzung, daß der "Sponsorenname" in das Clublogo aufgenommen würde. Drei Wahlgänge benötigte diese Frage, die zunächst mit 91:93 abgelehnt, dann mit 93:92 bejaht und schließlich mit 123:1 angenommen wurde. Womit aus dem TSV Hüls der TSV Marl-Hüls wurde.*

> *Auf den ersten Blick waren die Zuschauerzahlen bei den Zweitligaderbies gar nicht schlecht: Greifen wir wahllos einige heraus:*
>
> *Dezember 1956:*
>
> | | |
> |---|---:|
> | Bayer Leverkusen - Wattenscheid 09 | 4.000 |
> | SpVgg. Herten - VfB Speldorf | 2.500 |
> | VfB Bottrop - Marathon Remscheid | 3.000 |
>
> *18. Januar 1959:*
>
> | | |
> |---|---:|
> | Bayern Hof - Stuttgarter Kickers | 7.000 |
> | SV Wiesbaden - ASV Durlach | 2.000 |
> | Hanau 93 - 1. FC Bamberg | 3.500 |
>
> *Oktober 1960:*
>
> | | |
> |---|---:|
> | SSV Hagen - Schwarz-Weiß Essen | 6.000 |
> | VfL Benrath - STV Horst-Emscher | 3.000. |
>
> *Dennoch: Besucherzahlen zwischen 2.000 und 8.000 sind bei weitem zu wenig, um Profifußball anbieten zu können. Heutige Zweitligisten können ein Lied davon singen.*

Vier Absteiger bei einer 16er Staffel sind unzweifelhaft zu viele, was auch alle einsahen. Schon im nächsten Jahr, in der die Klasse übrigens in *II. Division* umgetauft wurde, stiegen nur noch die Staffelsieger automatisch auf. Die beiden Vizemeister erhielten eine weitere Chance in einer Zusatzrunde mit den Oberligadreizehnten und -vierzehnten, mit denen sie um zwei weitere Logenplätze kämpften. Doch auch das war nicht der Weisheit letzter Schluß und so tat man 1952 das einzig richtige: aus zwei 2. Ligen wurde eine und deren Meister und Vizemeister durften fortan direkt aufsteigen.

> 1958 wurde die Beckumer Spielvereinigung westdeutscher Meister und war somit aufstiegsberechtigt für die 2. Division. Aus finanziellen Erwägungen verzichteten sie aber und ließen den Sportfreunden aus Gladbeck den Vortritt, die sich sechs Jahre lang dort hielten und nur knapp den Einzug in die nachfolgende Regionalliga verpaßten. Überhaupt hatte sich die Geschichte für die Gladbecker gelohnt, denn besonders zu den Stadtderbies gegen Horst-Emscher strömten oft bis zu 20.000 Zuschauer in die Vestische Kampfbahn.

Damit können wir den Westen auch schon verlassen, denn bis zur Umwandlung der Oberligen in Regionalligen anläßlich der Bundesligaeinführung funktionierte die Zweitklassigkeit dort recht gut.

Süddeutsche Tradition

Der nächste, der sich eine II. Klasse zulegte, war der Süden[3], wo die Zweitligaidee ja ihren Ursprung hatte. Wenn man sich die Namen der dortigen Amateurligisten anschaut, weiß man warum. Denn Klubs wie Bayern Hof, Freiburger FC, Hessen Kassel, Hanau 93, Jahn Regensburg, 1. FC Pforzheim und Borussia Fulda[4] waren durch das Oberliganetz gefallen und seitdem dazu verdonnert, wortwörtlich auf dem Dorf um Punkte anzutreten.[5]

Doch im Süden ist die ganze Sache ein wenig vertrackter. Zwei Probleme trafen dort aufeinander: Eine mit zwanzig Teilnehmern völlig überfüllte Oberliga und diverse dubiose Herren, die sich um die Einrichtung einer Profimeisterschaft bemühten, wofür sie teilnahmewillige Klubs suchten. Beginnen wir mit der Oberliga. Weil 1946 der Abstieg ausgesetzt war[6] und zudem vier Aufsteiger hinzukamen, war aus der einstigen 16er Klasse eine 20er geworden. 1947 war man sich einig, daß es so nicht weitergehen könne und traf sich - mal wieder - in der wohlbekannten Fellbacher Pinte "Krone". Dort hob man das berühmt-berüchtigte "Fellbacher System" aus der Taufe, nach dem auch 1947/48 noch mit zwanzig Teams Oberligafußball gespielt werden sollte, von denen am Saisonende aber sechs in die Zweitklassigkeit entlassen würden. Damit würde die alte 16er Stärke wieder erreicht werden. Man freute sich darüber, trank ein Bier und fuhr nach Hause. Unttäuscht blieben einzig die 1947er Absteiger BC Augsburg, 1. FC Bamberg und Karlsruher FV. Sie hatten nämlich einen Antrag auf Einrichtung einer zweiten Spielklasse auf Vertragsspielerbasis gestellt, waren damit aber bei ihren Oberligafreunden gescheitert. Die Frustrierten waren ein gefundenes Fressen für einige Herren, die etwas ganz besonderes im Sinn hatten: Eine II. Liga auf Profibasis. Nun darf man nicht vergessen, daß der Krieg gerade erst zwei Jahre zuvor beendet worden war. "Recht und Ordnung" mußten sich auf allen Ebenen erst noch einstellen, in den Statuten nachkriegsdeutschen Fußballs also diverse Lücken vorhanden waren. Durch eine dieser Lücken wollten die "Profifunktionäre" schlüpfen.

Am 6. April 1947 findet sich in der Fachzeitschrift Sport Skandalöses:

In Stuttgart-Fellbach wurde die Bildung einer II. Süddeutschen Fußball-Division beschlossen. Ihr sollen angehören: Phönix Karlsruhe, ASV Feudenheim, 1. FC Pforzheim, Borussia Fulda, BC Augsburg, Jahn Regensburg, 1. FC Bamberg, Karlsruher FV, Stuttgarter SC, SSV Ulm, SC 1905 Wiesbaden, SV 1881 Ingolstadt, Rot-Weiß Frankfurt oder Hessen Kassel.

Der Stolz Theleys! Gerade haben die fußballspielenden Vertreter des 2.500-Seelen-Nests den Aufstieg in die Südwestgruppe der 2. Liga geschafft.

Da haben wir die drei in Fellbach so brüsk Zurückgewiesenen wieder, doch der *Sport* nahm der ganzen Sache gleich selbst den Wind aus den Segeln und kommentierte wie nun folgt:

D *ie Auswahl erfolgte also nicht allein nach Gesichtspunkten der Spielstärke (...) ob diesem Beschluß (unter Ausschluß der Öffentlichkeit!) irgendwelche praktische Bedeutung zukommt, läßt sich noch nicht überblicken. Auf keinen Fall kann diese Spielgruppe darauf rechnen, daß ihr Meister aufsteigt, denn zwischen Oberliga und Landesliga (= der "richtigen" zweithöchsten Spielklasse; Anm. d. Verf.) besteht eine bindende Abmachung, daß die Landesligameister aufsteigen...*

Den Vereinen drohe, so hieß es weiter, der Ausschluß aus den Landessportverbänden und auch die Oberliga Süddeutschland lehne jegliche Zusammenarbeit mit den, wie sie damals genannt wurden, "Unzufriedenen" ab. Vor allem regte man sich darüber auf, daß die sportlichen Leistungen nicht der

> "Nur die Ruhe, nur die Ruhe kann es tun" schallte es vor dem Spiel und zur Halbzeit von einer Schellackplatte durchs Chamer Stadion. Dieses Ritual, bei dem die meist vollständig anwesende 8.000-köpfige Einwohnerschaft im Stadion mitsang, war die ganz spezielle Motivationshilfe der Waldler.

einzig ausschlaggebende Punkt sein sollten, sondern Interessen der Städte, geschäftliche Überlegungen und Vereinstraditionen als wichtiger angesehen wurden.

Natürlich waren auch die offiziellen süddeutschen Fußballherren hell empört von dem, was sich diese "Geschäftemacher" da ausgedacht hatten und beeilten sich nun, selbst mit einer II. Division zu kommen. Daß die "Profiliga" letztlich nicht realisiert wurde, hat aber wohl eher seine Ursache darin, daß den beteiligten Vereinen einiges Ungemach bereitet worden wäre, dem sie lieber aus dem Weg gingen. Und 1950 war es dann ja auch offiziell und verbandstechnisch abgesichert soweit: Zwischen so dicken Karpfen wie Wacker München und den Stuttgarter Kickers hüpften kleine Hechte wie TSV Straubing und SG Arheilgen, jedenfalls hatte der Süden nun auch seine 2. Liga.

Fehlen noch zwei Regionen: der Südwesten und der Norden. Doch ehe nun Berliner Proteste aufkommen, sei gesagt, daß es an der Spree quasi zwangsweise zu einer zweithöchsten Spielklasse unter der Stadtliga gekommen war. Was sollte man auch schon anderes machen in der abgeschnittenen Ex-Hauptstadt. Da allerdings die Leistungsdichte der insularen Oberliga kaum der restlichen westdeutschen standhalten konnte, darf die Berliner Amateurliga, in der Klubs wie Alemannia Haselhorst und Concordia Wittenau um Punkte stritten, nun wirklich nicht mit den II. Ligen im Westen oder Süden auf eine Stufe gestellt werden.

Doch kommen wir nun zu den beiden verbliebenen Regionen und beginnen mit der einfacheren der beiden, dem Südwesten. Dessen Geschichte ist schnell erzählt. Im fußballerischen Niemandsland zwischen Mosel und Pfalz, dessen Hochburgen Kaiserslautern, Saarbrücken, Pirmasens und Neuendorf ja fest in der Oberliga etabliert waren, treffen wir ab 1951 auf eine II. Liga der Namenlosen: Die Meistertafel beginnt beim VfR Kirn, reicht über ASV Landau, Sportfreunde Saarbrückens, SpVgg. Andernach, SV St. Ingbert, SV Weisenau, VfR Kaiserslautern, SV Niederlahnstein bis hin zum SV Phönix Ludwigshafen. Was soll man noch zu einer Klasse sagen, deren Meister selbst Fußballexperten kein Begriff sind? Um die Verwirrung komplett zu machen, ein kurzer Blick auf die unteren Tabellenregionen: Dort finden sich Klubs wie

> Wer kennt sie nicht, die Geschichte mit dem gebrochenen Torpfosten beim Bundesligaspiel zwischen Mönchengladbach und Werder Bremen? Auch die 2.Liga-Südwest hat so eine Story zu bieten: Passiert ist sie in der Saison 1958/59, als der VfR Kirn den TSC Zweibrücken empfing. In der 57. Minute, es stand bereits 3:0 für die Gastgeber, faustete Zweibrückens Torhüter einen scharf geschossenen Ball mit letzter Kraft über die Latte, an die er sich anschließend hängte, um langsam wieder auf den Boden zurückzukommen. Er kam schneller dort an, als er dachte, denn die Latte brach – war der Keeper zu schwer – in der Mitte durch! Zehn Minuten lang herrschte hektische Betriebsamkeit, dann hatten Kirner Bastler die Latte zur Zufriedenheit des Schiedsrichters wieder gerichtet. Doch die Zweibrücker trauten dem Frieden nicht und beanstandeten die Reparaturarbeit, woraufhin das Match abgebrochen wurde.

1. FC Idar, Viktoria Hühnerfeld und Sportfreunde Herdorf - keine Bange, diese Namen nicht zu kennen ist keine Schande! Doch was können die Südwestklubs dafür, daß sie so unbekannt sind? Sie interessierte das damals alles nicht, denn sie hatten ihre II. Liga und damit dem Norden, der sicherlich über klangvollere Fußballnamen verfügte, einiges voraus!

Nebenstehend:
Derbystimmung!
Vor vollbesetzten Rängen duellieren sich die Sportfreunde Gladbeck und der STV Horst-Emscher. Horsts Schlußmann Bernhard Petrasch fängt die Kugel sicher vor Gladbecks "Bube" Steckel und Günter Mah! Links beobachtet Grabienski die Szene.

Falke statt Werder

Womit wir beim krassesten Beispiel der Folgen verbandsmäßiger Borniertheit wären. Denn während sich in den drei erwähnten Regionen die zweiten Ligen im Schatten der übermächtigen Oberliga nur mühselig durchbissen, ließ der Norddeutsche Fußball-Verband seine Oberligaabsteiger noch bis 1963 haltlos in die tiefste fußballerische Provinz stürzen.

Arminia Hannover beispielsweise erhielt nach ihrem Abstieg in die Verbandsliga Niedersachsen-West, wohin es die Blauen verschlagen hatte, Besuch von Falke Steinfeld und den Oeseder Sportfreunden. Ein Jahr zuvor waren noch der Hamburger SV, Werder Bremen und Eintracht Braunschweig zum Bischofsholer Damm gekommen. Die Zuschauerzahlen der Hannoveraner fielen folglich von gut 6.000 auf weit unter 2.000. Und sie stiegen auch dann nicht an, als die Arminen in der Spitzengruppe zu finden waren, denn die Gegner waren schlicht und einfach zu wenig attraktiv.

Kein Wunder bei zwei 16er Klassen, denn ganz so viele ruhm- und namhafte Teams hatte die norddeutsche Tiefebene nun auch wieder nicht. Der Norden besteht allerdings nicht nur aus Niedersachsen. Folglich verfügten auch Schleswig-Holstein, Hamburg und Bremen über eigene Amateurligen! Wen wundert's, daß neben den Kassierern der Oberligaabsteiger vor allem die Busfahrer graue Haare bekamen, denn Orte wie Gnarrenburg, Brunsbüttelkoog, Aumund-Vegesack oder Lägerdorf finden sich nicht auf jeder beliebigen Landkarte. Man muß den norddeutschen Fußballbossen allerdings zugute halten, daß sie es versuchten. Doch was sie auch anstellten, es klappte einfach nicht. Mehrfach wurden Pläne veröffentlicht, einige davon hatten sogar schon das DFB-Siegel bekommen, und doch kippte die ganze Sache jedesmal kurz der Realisation. So richtig klar ist eigentlich nicht, warum es nie klappte. Es wird immer wieder von Fürsprechern und Gegnern berichtet, die großen Entfernungen als Gegenargumente vorgebracht und grundsätzlich war es wohl auch nur eine eher geringe Zahl von Klubs, die die II. Liga wollten. Das war zwar im Westen, Südwesten und Süden nicht anders gewesen, doch hatten die dortigen Verbände in Eigenregie die entscheidenden Weichen gestellt und sich nicht ausschließlich auf die Vereine verlassen. Der NFV traute sich eben nicht, obwohl er einmal sehr nahe dran war! Am 21. Januar 1951 nämlich hatte man sich endlich durchgerungen, im Sommer 1952 loszulegen. Auch die DFB-Genehmigung lag bereits vor, als wieder einmal das Rückzugsignal kam. "Zuwenige Bewerber" hieß es. Die II. Liga-Nord kam nie. Die Oberligaabsteiger lernten die Provinzen ihrer Bundesländer kennen und waren froh, wenn sie den "Straßenbahnligen" (Bremen und Hamburg) bzw. "Dorfligen" (Niedersachsen und Schleswig-Holstein) wieder entrinnen konnten, sprich aufsteigen. Was nicht ganz einfach war, denn am Saisonende wartete noch eine Aufstiegsrunde auf die Klassensieger, in der sich zwischen acht und zehn Vereinen um zwei Aufstiegsplätze stritten. Logisch, daß dabei so mancher Traum zerplatzte.[7] Was zerplatzte Träume angeht, ist übrigens die Mannschaft des *SC Leu Braunschweig* Experte. Von 1960 bis 1962 gelangten die Löwenstädter nämlich dreimal in Folge in die Aufstiegsrunde zur Oberliga und stiegen doch nie auf. 1960 fehlten ihnen zwei Punkte gegenüber dem Heider SV, 1961 einer gegenüber Eintracht Nordhorn und 1962 verloren sie erst ein notwendig gewordenes Entscheidungsspiel mit 3:4 gegen den VfB Lübeck. Unverdrossen machten die Blau-Weißen weiter und erreichten 1963 die erstmalig eingerichtete Aufstiegsrunde zur Regionalliga Nord - und verloren ein Entscheidungsspiel gegen Barmbek-Uhlenhorst mit 1:3. Insgesamt brauchten sie fünf Regionalligaaufstiegsrunden, ehe sie 1969 endlich zum ersten und einzigen Mal aufstiegen. Damit hatten sie in neun Jahren achtmal eine Aufstiegsrunde erreicht und waren siebenmal gescheitert. In der Anekdote der Braunschweiger klang das Schicksal der drei II. Ligen schon an. Als 1963 die Bundesliga bzw. Regionalligen die Oberligen ablösten, wurden sie ersatzlos gestrichen, denn Fußballdeutschland hatte nun seine einheitliche zweithöchste Klasse. Ihr Schicksal paßt so richtig zur ganzen Geschichte: Nach Gebrauch wegwerfen.

ANMERKUNGEN

(1) Im Bereich des Westdeutschen Fußball-Verbandes gab es neun Amateurligen: drei in Westfalen, drei im Niederrhein und drei im Mittelrhein (seinerzeit Rheinbezirk genannt).

(2) Obwohl vom Volksmund schon lange Mönchengladbach genannt, hieß die Stadt bis zum 24. 10. 1960 offiziell München-Gladbach.

(3) Dort sprach man von Anfang an von einer II. Division, was ja auch näher am Englischen ist und in Anbetracht der amerikanischen Besetzung durchaus passend erschien.

(4) Der Freiburger FC war einst (1907) Deutscher Meister gewesen, Hanau 93 ist der älteste süddeutsche Fußballverein und war von 1933 - 1944 Gauligist, Hessen Kassel ist das Resultat einer eher unübersichtlichen Liaison diverser Kasseler Klubs, zu denen auch Ex-Gauligist SV Kurhessen zählte. Pforzheim und Borussia Fulda waren ebenfalls lange Zeit erfolgreiche Gauligisten gewesen.

(5) Im Süden gab es vier Amateurligen: Hessen, Baden, Württemberg und Bayern.

(6) Wie es heißt, blieb der 1946er Abstieg auf "höhere Weisung" hin ausgesetzt. Auf den beiden letzten Plätzen waren der Karlsruher FV und Ortsrivale Phönix gelandet, denen man exzellente Verbindungen zu den amerikanischen Militärbehörden nachsagte. Begründet wurde die Angelegenheit damit, daß der US-Profisport keine Absteiger kennen würde.

(7) Aufstiegsrunden gab es auch in den drei anderen Regionen.

Hoffen auf Sommerhitze
(Die Regionalligen von 1963 bis 1974)

Bösartig formuliert sind die "alten" Regionalligen ein Abfallprodukt der Bundesliga. Man wußte nicht so recht, wohin mit den 48 durchs Bundesliganetz gefallenen Oberligisten - und so wurden aus den fünf bis dato erstklassigen Oberligen eben fünf zweitklassige Regionalligen. Um ja keine Mißverständnisse aufkommen zu lassen: Die von ihren Eliteclubs befreiten Oberligen waren keineswegs reif für die Müllkippe, ganz im Gegenteil. Als regionalligistische Recyclingprodukte erfüllten sie durchaus die an eine zweithöchste Spielklasse gestellten Bedürfnisse. Anfänglich zumindest, aber dazu später mehr.

Drei Wochen vor dem Bundesligastart hieß es "Vorhang auf" in 44 Stadien quer durch die Bundesrepublik sowie Westberlin. Zuvor hatte es geharnischte Proteste derjenigen gegeben, die sich partout nicht mit ihrem neuen Zweitligastatus abfinden wollten, sondern der Ansicht waren, noch immer zur Crème de la Crème zu gehören. Wie im Kapitel *Europas Fußballentwicklungsland erwacht* beschrieben, war es nämlich bei der Besetzung der Bundesliga zu Härtefällen gekommen. Nur zu logisch, denn aus 74 Mannschaften die sechzehn besten auszusortieren, konnte nicht ohne Streit abgehen. Somit waren die Regionalligen einerseits zu einem Sammelbecken der Gefrusteten geworden, andererseits hatten sie mancherorts aber auch Begeisterungsstürme ausgelöst, denn plötzlich konnten sich die Zwerge der Nation mit den verschmähten Goliaths messen. Was waren da für Mannschaften miteinander vereint! Im Süden beispielsweise mußten sich die Altmeister Bayern München, SpVgg. Fürth, VfR Mannheim und Freiburger FC mit Mannschaften wie Amicitia Viernheim, SpVgg. Weiden und SpVgg. Neu-Isenburg messen, während die einstigen Westgiganten Fortuna Düsseldorf, Duisburger Spielverein, Westfalia Herne, Alemannia Aachen, Borussia Mönchengladbach und Rot-Weiß Essen nun in Herten, Bottrop oder Lünen auf den grünen Rasen traten. Im Norden sprach man von Friedrichsort, dem VfL Oldenburg (nein, nicht VfB!) oder Sperber Hamburg, bei denen Hannover 96, der FC St. Pauli und Altmeister Holstein Kiel anzutreten hatten. Und auch im Südwesten kam der Spitzenfußball in die Provinz, denn wer wußte schon wo Niederlohnstein, Dallheim oder Weisenau liegen, bevor die Neunkirchener Borussia oder die Wormser Wormatia dort um Punkte kämpfen mußten? Einzig die Berliner Regionalliga unterschied sich kaum von der ehemaligen Oberliga, was allerdings auch nicht verwundert, denn aus dieser hatte sich lediglich Hertha in Richtung Bundesliga verabschiedet[1]

Oberliganachfolger

Rein faktisch waren die Regionalligen "bereinigte" Oberligen. Sie umfaßten dasselbe Gebiet, übernahmen das Vertragsspielerstatut (die Erstligakicker waren ja nun Lizenzspieler) und anfänglich auch die großartigen Zuschauerzahlen. Sportlich betrachtet ging diese Rechnung aber nicht auf. Ein Beispiel: 1963 waren von den sechzehn süddeutschen Oberligisten fünf, nämlich 1860 München, 1. FC Nürnberg, Eintracht Frankfurt, Karlsruher SC und der VfB Stuttgart in die 1. Bundesliga aufgenommen worden. Zurück blieben elf mehr oder weniger glückliche Regionalligisten.

Die Südgruppe der Debütsaison 1963/64 aber startete mit 20 Teams, es waren also neun schon zu Oberligazeiten (als noch 74 Vereine erstklassig waren) lediglich zweitrangige Mannschaften aufgenommen. Dadurch kam es zu den erwähnten ungleichen sportlichen Vergleichskämpfen, sehr zur Freude der Kleinen natürlich.

Wenn klar ist, daß die Regionalligen nicht erst durch viele langwierige Debatten ins Leben gerufen werden mußten, sondern nach Bundesligaeinführung einfach "da" waren, können wir die Entstehungsgeschichte auch schon abschließen. Allerdings soll noch lobend erwähnt werden, daß damit zum ersten Mal in der deutschen Fußballgeschichte die Zweitklassigkeit landesweit vereinheitlicht wurde. Das war ein nicht zu unterschätzender Fortschritt im Kampf gegen die regionalegoistische Borniertheit vergangener Jahre!

Keine Zwergenaufstände

Kommen wir noch einmal zu den bereits erwähnten Zwergen der Nation. Die sorgten nämlich für diverse Rekorde und zeigten damit unfreiwillig schon früh auf, daß die Regionalligen nicht das letzte Wort in Sachen Zweitklassigkeit sein können. Nehmen wir den FC Emmendingen: 1965 hatten sich die Südbadener in der Regionalliga-Aufstiegsrunde erfolgreich gegen den VfR Heilbronn, FV Ebingen und SV Schwetzingen durchgesetzt und waren voller Hoffnung in der Südstaffel angetreten, Teams wie Bayern München und der Spielvereinigung Fürth zu zeigen, daß man auch am Oberrhein gegen eine Lederkugel zu treten verstand. Der Versuch mißlang eindrucksvoll! 36 Mal traten die Schwarz-Weißen an und ganze viermal endeten die neunzig Minuten **nicht** mit einem Debakel. Die Deppen der Nation waren sicherlich die Ulmer, denn auf deren Geläuf gelang den Emmendingern der einzige vielumjubelte Saisonsieg![2] Kein Wunder, daß die Schwaben ebenfalls den Weg in die Amateurklasse antreten mußten. Zurück zu den Emmendingern. Greifen wir einige ihrer Saisonhöhepunkte heraus: Gegen Beckenbauers Vorgänger beim FC Bayern unterlagen sie auf eigenem Platz

glatt mit 0:10. Weil sie mit genau demselben Resultat auch an der Reutlinger Kreuzeiche untergingen, wurden sie zu Deutschlands erstem Vertragsligisten, der zwei zweistellige Saisonniederlagen beklagen mußte.[3] Machen wir es kurz: Nach 36 Spielen hatten sie ganze vier Pluspunkte bei 158 Gegentoren (= vier pro Spiel) auf dem Konto. Genug also für alle Zeiten, denn die südbadischen Fußballgötter gelangten nie wieder in derart lichte Zweitligahöhen.[4]

Am tollsten aber trieben es die Zwerge im Südwesten, dem vielzitierten fußballerischen Niemandsland. Beginnen wir mit dem SV Niederlahnstein, 1962 noch Zweitligameister und seit 1973 mit dem Oberlahnsteiner Konkurrenten SC 09 zur Eintracht verschmolzen. Sechsmal verließen die Grün-Weißen in der Saison 1963/64 den Platz als Sieger und erreichten damit 13 Pluspunkte, was sie in einer internen Tabelle der Südwestabsteiger an die Tabellenspitze bringt. Den Rekord hält nämlich Germania Metternich. Obwohl das durchaus überraschend ist, denn 1965 war deren erster Versuch, sich in der Regionalliga zu etablieren, mit 17 Pluspunkten nur ganz knapp fehlgeschlagen. 1967 waren die Eifelaner wieder da, doch diesmal hatten sie wahrlich einen fußballerischen Offenbarungseid zu leisten: Mit ganzen drei Pluspunkten und 19 in 30 Spielen geschossenen Toren gingen sie als glorreichster Absteiger in die Fußballgeschichte ein. Drei von den Metternicher Treffern kassierte übrigens Mitabsteiger Phönix Bellheim, gegen den die Germanen auch einen der drei Punkte ergatterten.[5] Doch die Reihe der Südwestteams mit weniger als zehn Punkten ist noch nicht beendet. Hüllen wir sie in den Mantel des Schweigens und zählen lediglich die Verursacher der fußballerischen Debakel auf: SSV Mülheim (sieben Punkte in der Saison 1967/68), FC Teutonia Landsweiler-Reden (acht, 1968/69), SpVgg. Andernach (neun, 1971/72) und der FC Ensdorf (acht, 1973/74). Verlassen wir nun die fußballerische Diaspora Südwest und wenden uns den vier anderen Staffeln zu. Dort gab es zwar keine vergleichbaren Ausreißer, exotische Teams waren in ihnen aber allemal zu finden. So traten im Norden der TuS Haste (1967/68) oder Polizei SV Bremen (1971/72) auf regionalligischen Rasen, im Süden ragten neben den erwähnten Emmendingern die eher ruhmlosen VfR Pforzheim (1965/66) und TSG Backnang (1967/68) heraus. Nordrhein-Westfalen freute sich zeitweise über den Homberger Spielverein (1964/65) oder VfL Klafeld-Geisweid (1971/72) während in Berlin vor allem die Neuköllner Klubs Sportfreunde (1967/68) und Rot-Weiß (1972/73) für Erstaunen sorgten. Eines hatten sie alle gemeinsam: Den postwendenden Abstieg.

Hitzige Sommerschlachten

Hertha BSC Berlin stellte 1968 den aufstiegsrundeninternen Zuschauerrekord auf. Zu ihren vier Aufstiegsrundenspielen pilgerten nämlich sage und schreibe 300.000 Menschen, was einem Schnitt von 75.000 entspricht! Wie armselig hört sich dagegen die Zahl des Staffelkonkurrenten Göttingen 05 an, der insgesamt "nur" 56.000 Schaulustige anlockte. Für die Südniedersachsen dennoch eine tolle Sache, denn ein Schnitt von 14.000 bei einem lediglich 25.000 Zuschauer fassenden Stadion kann sich durchaus sehen lassen.

Freilich hatten die Regionalligen nicht nur sang- und klanglos untergehende Underdogs zu bieten, sondern auch eine Menge Topteams. Unter denen gärte es allerdings regelmäßig zum Saisonende. Und das lag vor allem daran, daß eine Regionalligameisterschaft noch lange nicht mit dem - normalerweise zu erwartenden - Aufstieg in die nächsthöhere Klasse, sprich Bundesliga, verbunden war. Womit wir beim leidigen Thema Aufstiegsrunden sind. Leidig vor allem deshalb, weil sie den beteiligten Teams einerseits kräftig die Geldschatullen füllten, sie andererseits aber auch regelmäßig um den verdienten sportlichen Lohn brachten. Denn von acht bzw. später zehn Teams durften ganze zwei in das Oberhaus bundesrepublikanischer Fußballkünste aufsteigen.[6]

Oft genug gab es nach Ende der hochsommerlichen Runden bitterlich geweinte Tränen. Da hatte beispielsweise Alemannia Aachen 1964 105 Tore geschossen - und blieb trotzdem zweitklassig, weil sie in der Aufstiegsrunde gegen Hannover 96 zu wenige schossen. Oder Holstein Kiel, die 1965 mit zehn Punkten Vorsprung Meister wurden - und in der Aufstiegsrunde den Mönchengladbacher Fohlen den Votrtritt lassen mußten. Es war schon eine Krux mit diesen Zusatzrunden. Da hatte man sich eine ganze Saison lang abgemüht und mitunter erst durch gehöri-

Wenn einem Verein das zweifelhafte Prädikat "Fahrstuhlmannschaft" gebührt, dann den Offenbacher Kickers: 1963 nur auf recht dubiose Art und Weise am Einzug in die Eliteklasse gehindert, gelangten die Männer vom Bieberer Berg 1968 endlich in die gelobte Klasse. Doch kaum waren sie drin, gings auch schon wieder abwärts. Offensichtlich aber waren die Kickers in einem Paternoster gelandet, denn sie fuhren einfach "durch" und standen bereits 1970 erneut in der Eliteklasse. Aber wie das mit Paternostern so ist, wenn man den Absprung nicht rechtzeitig wagt, geht es retour und ebenso erging es den Offenbachern, die schon 1971 wieder Regionalligist waren. Nur für ein Jahr versteht sich, denn 1972 waren sie wieder top. Und diesmal klappte es besser, denn glatte vier Jahre, bis 1976, verblieben sie im Oberhaus. Nach dem anschließenden Abstieg in die nunmehrige zweite Bundesliga dauerte es bis 1982, ehe sie wieder einmal Bundesligist wurden. Danach ging gar nichts mehr, denn 1985 waren die einstigen Helden erstmalig in die Drittklassigkeit abgestürzt.

ge Kraftanstrengungen den Titel errungen und mußte anschließend unter oft brütender Hitze innerhalb von wenigen Wochen sechs bis acht Spiele austragen, in denen es um alles ging. Eine Schwächeperiode zur falschen Zeit, der Ausfall des Spielgestalters oder Goalgetters zum ungünstigen Zeitpunkt - und die gesamte Saisonarbeit war dahin.

Göttingens Abwehrrecke Harald Evers reißt sich von seinem Barmbek-Uhlenhorster Gegenspieler los. Nach 90 Minuten endete die Partie vor 5.000 Zuschauern 2:2. - Wie es heißt, "glücklich für Barmbek-Uhlenhorst." (Saison 1970/71)

Einen Vorteil hatten die Runden allerdings: Die Sommerpause für die vielen tausend Fußballfans war kürzer! Und wie fasziniert das breite Publikum von der geballten Klasse war, die da in kurzer Zeit ihr gesamtes Leistungsvermögen offenlegen mußte, beweist wohl auch die Tatsache, daß es ein lesenswertes und ausschließlich den Aufstiegsrunden gewidmetes Bucht gibt! In Anbetracht des hierzulande wahrlich nicht breiten Angebot an Fußballbüchern ein nicht zu verachtender Aspekt.[7]

Der Preis des unglücklichsten Aufstiegsrundenexperten gebührt der Mannschaft vom Hamburger Millerntor. Sechsmal waren die Sankt Paulianer in die Aufstiegsrunde eingezogen,[8] erstritten sich 41 Punkte und stiegen doch nie auf! Immer kam ihnen jemand zuvor, aber am unglücklichsten waren sie wohl am 26. Juni 1966. Gerade hatten sie mit 1:0 an der Essener Hafenstraße gegen RWE gewonnen, doch statt sich zu freuen, schlichen die Braun-Weißen mit hängenden Köpfen vom Spielfeld, während um sie herum die Essener Aufstiegsfete stieg. Nur zwei Tore fehlten ihnen, denn die Essener hatten lediglich sechs Gegentreffer hinnehmen müssen, St. Pauli hingegen acht. Da beide jeweils zehn geschossen hatten, schlug der Aufstiegspegel für die Hafenstraßler aus, da half St. Pauli auch nicht, daß sie die beiden direkten Duelle gewonnen hatten. Bleiben wir gleich in Essen, denn die Rot-Weißen sind, gemeinsam mit den Offenbacher Kickers, die erfolgreichsten Teams: RWE erreichte fünfmal die Aufstiegsrunde und stieg dreimal auf, die Kickers waren sogar noch besser, denn von ihren vier Auftritten endeten drei mit dem Aufstieg. Ohne einige Dinge, die noch folgen werden, vorwegzunehmen: Anhand dieser beiden kann auch die Unzulänglichkeit der Regionalligen als zweithöchste Spielklassen angesehen werden. Denn sportlich betrachtet befanden sich beide Vereine im Niemandsland zwischen 1. Bundesliga, aus der sie mit ebenso schöner Regelmäßigkeit wieder abstiegen, wie sie die Regionalligen sportlich beherrschten. Schließen wir zunächst das Kapitel Aufstiegsrunden ab: Neben den Sankt Paulianern gab es nämlich noch weitere Experten: Tennis Borussia Berlin (6x teilgenommen/1x aufgestiegen), VfL Osnabrück (3/1), Karlsruher SC (4/0), Alemannia Aachen (3/1), Bayern Hof (3/0), Göttingen 05 (3/0), 1. FC Saarbrücken (3/0) und der SV Alsenborn (3/0).

Pfälzer Fußballdörfer

Alsenborn! Dieser Ortsname steht noch heute synonym für kometenhaften Aufstieg, obwohl der Glanz der Pfälzer ganz langsam zu verblassen beginnt. Erzählen wir die Wundergeschichte des 3.000-Seelen-Dörfchens ruhig noch einmal, auch auf die Gefahr hin, daß sie Einigen zum Halse heraushängt. Weil die blau-weiße Zuckertruppe in den Sechzigern so vielen Fußballfreunden Freude machte, haben sie ihr Denkmal einfach verdient. So, nun aber los: Vierzig Jahre lang kickten sie treu und brav gegen ihre Nachbarn und Klassenkonkurrenten vom Kaliber Phönix Otterbach und TuS Eisenberg, und nur wenn es gegen Ortsrivale SV Enkenbach ging, kochte die Region. Dann kam einer mit einem ganz großen Namen und nahm sich der Dorfkicker an: Fritz Walter, 1954er Weltmeister und bis dahin erstes und einziges Fußballidol der Bundesrepublik.[9] Der Rest der Geschichte ist schnell erzählt: 1965 Aufstieg in die Regionalliga Südwest, dort frühzeitiger Klassenerhalt und anschließend kontinuierlicher und gezielter Aufbau der Mannschaft. 1967 hatten Walter & Co. die erste Etappe auf dem Weg in die 1. Bundesliga erreicht.

Mit neun Punkten Vorsprung sicherte sich der SVA um Torjäger Schieck erstmalig die Südwestmeisterschaft und klopfte in der anschließenden Aufstiegsrunde recht heftig ans Bundesligator. Erst am vorletzten Spieltag zerplatzten ihre Bundesligaträume durch eine 2:3-Niederlage in Essen. Die Pfälzer ließen sich nicht beirren, aßen weiter fleißig Saumagen und starteten in der Folgesaison einen erneuten Anlauf in Richtung Oberhaus. Auch diesmal scheiterten sie. Als in der darauffolgenden Saison erneut die Aufstiegsrunde das Ende ihrer Träume bedeutete, war das Alsenborner Gespenst - zur Erleichterung der DFB-Herren[10] - endlich eingefangen. 1971 blieb der Truppe nur noch der 5. Platz, doch das böse Erwachen sollte erst drei Jahre später folgen. Nicht ganz unbeteiligt daran war ein Wecker der Saarbrücker Bauart. Bis heute nicht vollständig aufgeklärte Umstände veranlaßten nämlich den DFB dazu, den sportlich für die 2. Bundesliga qualifizierten Alsenbornern die Lizenz zu verweigern. Daß der Klub des DFB-Präsidenten, der 1. FC Saarbrücken, Nutznießer dieser Entscheidung wurde, mag Zufall gewesen sein, jedenfalls witterten alle den Alsenbornern Zugetanen Betrug und Verrat. Alle Sympathiebekundungen halfen nichts, die Pfälzer Dorfkünstler verschwanden in der Amateurliga Südwest und spielen heute in der A-Klasse, Staffel Nord. Da, wo sie nach Meinung einiger auch hingehören. Jedenfalls haben sie einen so wunderschönen Farbtupfer in der deutschen Fußballgeschichte hinterlassen, daß diese Geschichte, auch auf die Gefahr der Wiederholung hin, einfach noch einmal erzählt werden mußte. Schade nur, daß sie selber kaum noch davon profitieren können.

Meister Pr(ö)pper schießt so sauber...

Natürlich können in diesem Kapitel nicht alle Namen genannt werden, die genannt werden müßten. Eine Mannschaft aber darf auf keinen Fall vergessen werden: Der Wuppertaler SV. Die Bergischen sorgten in der Saison 1971/72 für ein Superlativ nach dem anderen, und daß dem so war, hatten sie vor allem einem Mann zu verdanken: Günter Pröpper.

"Meister Pröpper", wie er in Anlehnung an einen bekannten Fernsehspot von seinen Fans genannt wurde, säuberte regelmäßig die gegnerischen Abwehrketten. In 34 Spielen traf der Wuppertaler, man mag es kaum glauben, 52 Mal ins Schwarze!

Natürlich haben die fünf Regionalligen zahlreiche Anekdoten aufzuweisen. Eintracht Gelsenkirchen ist so eine. Der Klub aus dem Stadtteil Uckendorf stand seit seiner Gründung im Jahre 1950[11] im Schatten des übermächtigen FC Schalke 04. Da die Eintrachtler nichts lieber wollten, als endlich aus diesem Schatten herauszutreten, besorgten sie sich überall gute Kickerbeine. 1968 erhielten sie ebensolche just von den Schalkern. Willi Kraus hieß der Mann, doch er hatte, neben seiner fußballerischen Tätigkeit, noch eine zweite: die lukrative aber nicht ganz ungefährliche Einbrecherei. Deshalb war er auch von den Schalkern abgegeben worden, denn bei einem dieser Einbrüche war er erwischt und, nach Entzug der Spielerlizenz (im übrigen vor einer rechtskräftigen Verurteilung durch ein Gericht) umgehend von den Königsblauen gekündigt worden. Bei der Eintracht wollte man Kraus helfen, und nach zähen Gesprächen mit Verantwortlichen hatten die Uckendorfer tatsächlich eine erneute Spielgenehmigung für den Rechtsaußen erhalten. Willi Kraus erwies sich aber gar nicht als dankbar und verfolgte weiterhin seinen lukrativen Nebenjob, der ihm eine erneute Verhaftung und damit verbundenen endgültigen Lizenzentzug einbrachte. Für Eintracht Gelsenkirchen war die Sache erledigt, man spielte halt ohne Kraus weiter. Bis Viktoria Köln Protest einlegte. Die Kölner waren auf einem Abstiegsplatz gelandet und suchten nun verzweifelt nach einem Rettungsanker, den sie in Person von Willi Kraus auch fanden. Der hatte nämlich gegen die Höhenberger mitgespielt, und ehe sich die Gelsenkirchener versahen, waren sie es, die absteigen mußten, denn die hohen Herren des Westdeutschen Fußball-Verbandes hatten für die Kölner entschieden. Ein Platz in der Verbandsliga Westfalen, Gruppe 1 war alles, was den Sozialarbeitern aus Uckendorf von der "Affäre Kraus" blieb.

Kein Wunder also, daß die Männer aus dem Zoostadion mit einem Torverhältnis von 111:23 unangefochtener Westmeister wurden. Pröpper & Co. waren noch nicht zufrieden. Mit makelloser Perfektion fertigten sie in der anschließenden Aufstiegsrunde den VfL Osnabrück, Borussia Neunkirchen, Bayern Hof und Tasmania Berlin derart ab, daß sie ohne jeglichen Punktverlust in die Bundesliga einzogen. Weil sich ihre Aufstiegskonkurrenten ganz auf den Wunderstürmer Pröpper konzentrierten, hatten sich dessen Kollegen Jung, Lömm und Kohle nämlich so richtig austoben können. Saubermeister Pröpper schoß "nur" acht der 26 WSV-Tore, mit denen sie sämtliche Gegner besiegten. Mit dem WSV müssen wir kurz die Zweitklassigkeit verlassen, denn ihrem unnachahmlichen Siegeszug zu folgen, ist einfach zu reizvoll: In ihrer Bundesligadebütsaison belegten sie den vierten Platz und qualifizierten sich damit für den UEFA-Cup, in dessen erster Runde sie Polens Vielfachmeister Ruch Chorzów begrüßen konnten. Nur mit viel Pech scheiterten die Bergischen Löwen und hatten damit ihren Zenit erreicht, denn nun ging es ebenso schnell wieder bergab, wie es zuvor bergauf gegangen war. Bereits 1975 mußte man am Fuße des Wuppertaler Zoos wieder zweitklassige Fußballkost futtern, 1980 dann gar nur noch drittklassige Schmalkost.

> 1973 kam es zum ersten echten "Einbruch" in einem Fußballstadion der Republik. Es war in Gelsenkirchen, beim Kick zwischen dem STV Eintracht Gelsenkirchen-Horst (diesem Fusionsungetüm, das so etwas wie die letzte Verzweiflungstat der örtlichen Schalker Konkurrenz war) und den Rot-Weißen Kleeblättern aus Oberhausen. Ort des Geschehens war das Fürstenbergstadion und es passierte, als RWO gerade von der rechten Seite einen Angriff auf das Gelsenkirchener Gehäuse vortrug. Plötzlich verschwand der ballführende Oberhausener buchstäblich im Boden, denn die darunter liegenden Stollen der Zeche Nordstern hatten sich bemerkbar gemacht. Ob sie die desolaten Leistungen der auf ihnen Kickenden nicht mehr ertragen konnten, ist bis heute ungeklärt, jedenfalls brauchte man eine Menge Sand, ehe die Partie wieder angepfiffen werden konnte. Der Eintracht half das alles nichts, denn am Saisonende war die Zweitligaqualifikation um Längen verpaßt und das sorgte dann für ganz andere Einbrüche - im Vereinsleben nämlich. Spätestens seitdem ist Schalke die auch von Gegnern unbestritten anerkannte Gelsenkirchner Nummer 1.

Vom Mülheimer Stoffmehl gestört, stürmt Franke (Schwarz-Weiß-Essen) vorwärts. Interessant die ungewöhnlichen Stutzen des Mülheimers.

Ende mit Gezeter

Eigentlich können wir nun schon zum Ende der Regionalligageschichte kommen, die - aus organisatorischer Sicht - so spannend gar nicht ist. Just zum Ende wurde es noch einmal hektisch. Lassen wir uns davon nicht anstecken und gehen chronologisch vor. Am 30. Juni 1973 war nach langen Auseinandersetzungen endlich der Durchbruch gelungen und Deutschlands Fußballgötter hatten die zweigleisige 2. Bundesliga als das neue *non-plus-ultra* verabschiedet. Wie am Beispiel Offenbach und Essen bereits angedeutet, war nämlich die Lücke zwischen 1. Bundesliga und den fünf Regionalligen so groß, daß eine Menge von Vereinen schlichtweg durchfiel. "Für die 1. zu schwach, für die 2. zu stark", hieß es regelmäßig in Berichten

> Am 10. Mai 1964 war das Herner Schloß Strünkede Zeuge einer Massenprügelei. Die Westfalia war im letzten Spieltag auf die Düsseldorfer Fortuna getroffen, es ging eigentlich um nichts mehr, doch beide Teams gingen ganz schön zur Sache. Bei einer Aktion verpaßte Hernes Stürmer Clement dem Düsseldorfer Torhüter Görtz eine klaffende Kopfwunde, woraufhin der Keeper vom Platz getragen werden mußte. Einem Düsseldorfer Kicker brannte kurz danach die Sicherung durch, und er wurde, nach einem Revanchefoul an Clement, vom Schiedsrichter vorzeitig zum Duschen geschickt. Das wiederum fanden die mitgereisten Fortuna-Fans nicht allzu toll und stürmten das Spielfeld, um dem Schiedsrichter ans Leder zu gehen. Mitten aus dem Getümmel erklang der verzweifelte Pfiff des bedrängten Unparteiischen, der das Spiel nur noch abbrechen konnte. Und dann? Nun, die WFV-Spruchkammer bestrafte tatsächlich die Düsseldorfer, da es deren Anhänger gewesen waren, die das Spielfeld gestürmt hatten! In Herne wurde übrigens 1970 auch der erste Zaun ums Spielfeld gezogen. Ein Zaun, der die Fußballwelt gerade im Westen veränderte, war doch der für viele Fans so wichtige direkte Kontakt mit den Spielern nun nicht mehr möglich.

über die Bundesligaabsteiger, und ein Blick auf diese bestätigt das: Fortuna Düsseldorf, Rot-Weiß Essen, Borussia Neunkirchen, Kickers Offenbach (zweimal) und Fortuna Köln stiegen nämlich direkt nach dem Bundesligaaufstieg wieder ab. Gleichzeitig sind damit auch die Fahrstuhlmannschaften der zehnjährigen Regionalligageschichte genannt (mit der Ausnahme Fortuna Köln allerdings). Mit den 2. Bundesligen glaubte man die richtigen Lückenbüßer gefunden zu haben, doch bevor sich dies bestätigen oder widerlegen sollte, gab es noch ein anderes Problem: Ähnlich wie bei Einführung der Bundesliga hieß das Motto der Tage nämlich "40 aus 83", sprich, aus einer Vielzahl von Regionalligisten (83 nämlich) mußten die vierzig besten ausgewählt werden. Und was das für ein Theater war, darüber folgt mehr im dafür zuständigen Kapitel *Zweitklassige Fußballherrlichkeit*.

ANMERKUNGEN

(1)   Allerdings schöpfte Hertha in der Bundesliga nun die Zuschauersahne ab, und die Berliner Regionalligisten verfielen alsbald in ein gemeinsames Klagegeheul ob der katastrophalen Zuschauerzahlen.

(2)   Neben dem Sieg in Ulm knöpften sie noch Darmstadt 98 (2:2) und Wacker München (2:2) jeweils einen Zähler ab.

(3)   Zur Ehrenrettung der Emmendinger sei gesagt, daß der FC Bayern seinerzeit so ziemlich jeden Gegner an die Wand spielte. So gewannen sie beispielsweise mit 11:2 beim Freiburger FC, 9:2 beim Lokalrivalen FC Wacker und 10:0 gegen Darmstadt 98.

(4)   Obwohl sie 1971 noch einmal die Aufstiegsrunde zur Regionalliga erreichten (aber nur den vierten und damit letzten Platz belegten). 1988/89 gaben sie ein einjähriges Gastspiel in der Amateuroberliga Baden-Württemberg.

(5)   Die anderen Metternicher Opfer waren Saar 05 Saarbrücken (1:1) und Wormatia Worms (ebenfalls 1:1, sogar in Worms).

(6)   Die Zusammensetzung der Aufstiegsrunden wurde nach drei Jahren geändert: 1964, 1965 und 1966 nahmen an den beiden Gruppen jeweils vier Teams teil. Automatisch qualifiziert waren die fünf Meister Süd, Südwest, Nord, West und Berlin, sowie zwei nach einem "Rollsystem" festgelegte Vizemeister. Berlins Vizemeister blieb dabei allerdings ausgeschlossen. Die beiden verbliebenen Vereine kickten in zwei Qualifikationsspielen um den achten und letzten Teilnehmer. Dabei trafen 1964 der Westvize auf den Südwestvize, 1965 Nord- auf Südvize und 1966 Nord- auf Südwestvize. Ab 1967 nahmen Meister und Vizemeister aller fünf Staffeln automatisch an den beiden Runden teil, die dazu auf jeweils fünf Teilnehmer erweitert worden waren.

(7)   *Höllenglut an Himmelfahrt*, herausgegeben von Ulrich Homann, erschienen im Klartext-Verlag Essen. Das Buch läßt eigentlich nur zwei Dinge vermissen: Im statistischen Teil die bis 1966 üblichen Qualifikationsspiele sowie im umfangreichen Anekdotenteil eine breitere Darstellung der besten 05-Mannschaft, die Göttingen jemals hatte (1965 bis 1967)!

(8)   Eigentlich stand St. Pauli sogar siebenmal in der Aufstiegsrunde, aber 1965 scheiterten sie bereits in der Qualifikation mit 1:0 und 1:4 n.V. am SSV Reutlingen.

(9)   Allerdings muß hinzugefügt werden, daß Fritz Walter nicht nach Alsenborn zog, um den SVA aufzupeppen, sondern daß er ganz einfach in einen Strudel hineingeriet und sein Name dann für zusätzlichen Wirbel im Zusammenhang mit den Alsenbornern sorgte.

(10)   Obwohl niemals offen geäußert, graute dem DFB davor, ein Dorf wie Alsenborn in die 1. Bundesliga aufzunehmen.

(11)   Der Club entstand 1950 durch Fusion zwischen den Ex-Gauligisten SV Alemannia und SV Union.

Zweitklassige Fußballherrlichkeit
(Die 2. Bundesliga seit 1974)

Ähnlichkeiten zum großen Bruder sind unübersehbar. Schon rein zeitlich, denn wie die Erste, so brauchte auch die Zweite Bundesliga ein gutes Jahrzehnt mehr oder weniger leidenschaftlicher Diskussionen, ehe sie endlich grünes Licht bekam. Daß sie, wie einst Ende der 50er die Eliteklasse, Wunschkind einer breiten Öffentlichkeit und bis dahin vor allem an der Starrköpfigkeit krawattentragender Verbandsfunktionäre gescheitert war, und sie zudem ebenfalls Lizenzspieler als Personal beanspruchte sind weitere Parallelen. Damit enden auch schon die Gemeinsamkeiten, denn ein gewaltiger Unterschied fällt auf den ersten Blick auf: Anstelle der sechzehn Erstligisten wie einst im August 1963, nahmen elf Jahre später vierzig Zweitligisten das Punkterennen auf. Logischerweise traten sie nicht alle in einer Klasse an, sondern wurden vom DFB-Bundestag auf zwei Staffeln verteilt. Das hatte natürlich seinen Grund.

Fürsorglich wie die Hüter des deutschen Ligafußballs nun einmal sind, machten sie sich nämlich große Sorgen um die Budgets ihrer Zweitdivisionäre. Was durchaus berechtigt war, denn in den beginnenden Siebzigern hatte es immer wieder finanzielle k.o.-Meldungen verschiedener Regionalligisten gegeben, die bei der zunehmenden Preistreiberei im deutschen Fußball nicht mehr mithalten konnten. Auch diesbezüglich sollten die neuen Klassen Wunder wirken, wenngleich die Öffentlichkeit eher skeptisch war. Die Pessimisten gaben zu bedenken, daß der Reiz des Neuen sich wohl in den ersten Jahren positiv bemerkbar machen und die durchaus namhafte Klassenbesetzung ein Übriges dazu beisteuern würde, ansonsten aber Paarungen wie Barmbek-Uhlenhorst gegen DJK Gütersloh oder VfR Heilbronn gegen Röchling Völklingen sicherlich nicht für Massenbesuche langen dürften. Es werde, so orakelten nicht wenige, zu finanziellen Katastrophen kommen, denn die Etats der Teams veränderten sich in der neuen, konzentrierteren Zweitklassigkeit zwangsläufig, wozu auch der DFB beitrug. Er verlangte nämlich eine Rücklage von 100.000 DM pro Teilnehmer, die im DFB-Tresor darauf warteten, eventuelle Zahlungsunfähigkeiten aufzufangen. Und auch die Forderung nach einem mindestens 15.000 Personen fassenden Stadion, sowie die Verpflichtung, innerhalb von drei Jahren für Flutlicht zu sorgen, verringerte die Sorgenfalten der Kassierer in Mülheim-Styrum, Wilhelmshaven oder Worms keineswegs.

Ganze zwei Jahre von der Idee zur Umsetzung

Kümmern wir uns erst einmal um die Vorgeschichte. Zwölf Jahre nach der Ersten kam also die Zweite Bundesliga, und es war wahrlich eine schwere Geburt. Die Landesfürsten wollten sich nämlich nicht noch eine Taube auf ihr Dach setzen lassen, sprich, nicht auch noch die zweithöchsten Fußballteams aus ihrer Gewalt entlassen müssen.[1] Sie wehrten sich mit Händen und Füßen und gaben erst dann nach, als der DFB auf die Verwaltung der neuen Klassen verzichtete und sie in die Hände der Provinzverbände legte. Nun ging es erst richtig los, denn natürlich meinte jeder Landesverband, ihm stünden die meisten Zweitligaplätze zu. Die schon von der Bundesligaeinführung bekannten regionalen Eifersüchteleien mündeten in diversen offen ausgetragenen Auseinandersetzungen.

Zumindest in einem waren sich alle einig: Die neue Klasse war aus sportlichen Gründen dringend nötig und würde wohl auch das Loch zwischen schmaler Erstklassigkeit und breiter Zweitklassigkeit stopfen können. Unter diesem Aspekt einigten sich am 30. Juni 1973 die Delegierten des DFB-Bundestags schließlich und beschlossen, den Zweitligavorhang schon im Folgejahr zu heben. Zwei Klassen à 20 Vereine, getrennt durch einen mehr oder weniger geraden Strich auf Höhe der Linie Aachen-Siegen-Göttingen, waren als das *non-plus-ultra* auserkoren worden. Vollziehen wir einen kurzen Exkurs in die Geschichte, denn wie schon gesagt brauchte man einige Jahre, ehe die Beschlußreife hergestellt wurde. Schon 1963 hätte Hermann Neuberger neben der Ersten am liebsten auch noch die Zweite Bundesliga ins Leben gerufen[2], war damals aber brüsk von allen abgewiesen worden, die sich mit der 1. Bundesliga Denkmal genug gesetzt hatten. Gut zehn Jahre lang ruhten die Funktionäre sich auf ihren Lorbeeren aus, ehe sie Anfang der 1970er erneut verhandlungsbereit waren. 1972 gelang der bahnbrechende Durchbruch. Nach zähen Verhandlungen und wohl auch unter dem Eindruck des Bundesligaskandals war die Notwendigkeit einer gründlichen Reform des hochklassigen Fußballs von den meisten eingestanden worden. Der DFB-Bundestag verabschiedete eine Resolution, in der ein Bundesligaunterbau gefordert wurde. Damit hatten die fünf Regionalligen - übergangslose Nachfolger der einstigen erstklassigen Oberligen - ausgedient, und das war auch gut so. Denn insbesondere die Bundesligaabsteiger hatten immer wieder mit Schaudern daran gedacht, daß nun statt der stadionfüllenden Münchner Bayern oder Gladbacher Borussen Vereine wie VfL Klafeld-Geiswied oder TuS Haste zu Besuch kommen würden, und man seinen Anhängern zunächst einmal zu erklären hatte, wo diese exotischen Orte denn auf einer Landkarte zu finden seien, ehe sie dann, in weitaus geringerer Zahl, ihren Obulus entrichteten. Kurzum, eine Ligareform war dringend geboten und vor allem für Fahrstuhlmannschaften wie Kickers Offenbach oder Rot-Weiß Essen, sowie "ewige Zweite" wie FC St. Pauli oder VfL Osnabrück kam die geplante 2. Bundesliga wie gerufen. Für sie war die Luft in der Bundesliga zu rauh und in der Regionalliga zu lau. Mit atemberaubendem Tempo ging es nun weiter: Schon ein Jahr nach der grundsätzlichen Einigung traf man sich wieder und beschloß die Einrichtung der zweigleisigen Klasse, die bereits ein Jahr später den Spielbetrieb aufnahm! Ganze zwei Jahre hatte man also von der Idee bis zur Realisation gebraucht, verglichen mit den über sieben Jahren bei der Bundesligaeinführung ein erstaunliches Resultat für die obersten Fußball Machthaber. Während dieser zwei Jahre war noch viel mehr passiert. Dieses zum Beispiel: Zwanzig Jahre nach dem Wunder von Bern hatten sich die Schön-Schützlinge durchaus erwartungsgemäß den zweiten Weltmeistertitel gesichert, was allerdings nur insofern mit der 2. Bundesliga zu tun hat, als daß der WM-Titel die Fußballmanie im Lande ins schier Unermeßliche steigen ließ und dafür sorgte, daß das Volk - seinen Frust ob des Bundesligaskandals vergessend - in Massen in die Stadien strömte. Nein, was wichtiger war, waren die Schlammschlachten bei der Qualifikation der vierzig Auserwählten. Eigentlich könnten wir nun zum Bundesligakapitel zurückblättern, einige Vereinsnamen austauschen und die Geschichte wäre erzählt. Denn von 85 Regionalligisten vierzig auszuwählen ist ein ähnlich undankbarer Job, wie ihn die Bundesligaväter 1962 hatten ausführen müssen.

"Die wollen uns doch ausbluten lassen. Die Bundesliga erdrückt uns. Der DFB tut nichts dagegen. Die ganze zweite Klasse geht noch vor die Hunde." Armin Möbius, sächsischer Fußballexperte in Diensten des einstigen fränkischen Aushängeschilds Bayern Hof, brachte seine Wut mit deutlichen Worten zum ~~~~~~~~~~~~~~~~~~~~ einander Bayern Hof, Schweinfurt 05, Jahn Regensburg und der FC Augsburg aus der zweiten Klasse abgestiegen waren.

Punkt für Punkt dem großen Ziel entgegen

Schnappen wir uns den vielzitierten roten Faden und hangeln uns langsam vom 30. Juni 1973 bis zum 3. August 1974. Eine gute Woche nachdem in Frankfurt der DFB-Bundestag die Regularien für die künftige Zweitklassigkeit beschlossen hatte, begann die unwiderruflich letzte Regionalligasaison, die plötzlich doppelt spannend war. Eine Frage stand im Mittelpunkt: Wie kann man sich für die neue Klasse qualifizieren? Denn eins war klar, beinahe jeder der 80 Regionalligisten hatte nun nur noch ein Ziel: die 2. Bundesliga. Um ja keine Unruhe aufkommen zu lassen, tickerte die Frankfurter DFB-Zentrale rasch die Qualifikationsbedingungen in Richtung der um Aufnahme Nachsuchenden. Diese erfuhren, daß die Abschlußpositionen der Regionalligajahre 1969/70 und 1970/71 einfach, 1971/72 und 1972/73 zweifach und 1973/74 dreifach gewertet werden sollten und die dabei erzielte Punktebasis entscheidend für die Aufnahme sei.[3] Auch eine regionale Aufteilung wurde frühzeitig getroffen.

In den ersten Jahren waren die Ränge prall gefüllt, vor allem bei Schlagerspielen wie Schweinfurt 05 gegen FC Augsburg. Der 05er Aumeier markiert gerade das 1:0. Augsburgs Keeper Modick ist machtlos.

Danach sollte die Nordstaffel aus elf Westclubs, sieben Nordlichtern und zwei Berliner Vertretern bestehen, während im Süden sieben Südwest- und dreizehn Südregionalligisten Aufnahme finden sollten. Abzüglich der beiden Bundesligaabsteiger selbstverständlich, denn die waren automatisch qualifiziert, wohingegen die 1974er Regionalligaabsteiger ungeachtet ihrer angehäuften Qualifikationspunkte künftig nur noch auf drittklassigen Fußballplätzen kicken durften. Aufsteiger aus den Amateurligen gab es keine, was nicht das letzte Mal sein sollte, denn die dritthöchsten Klassen wurden auch in den Folgejahren als "bewegliche Masse" behandelt.

Angesichts dieser Konstellation muß die letzte Regionalligasaison schlichtweg als Thriller bezeichnet werden. Denn in jedem Match ging es um mehr als nur zwei Punkte. Bis zum allerletzten Spieltag wurde um jeden einzelnen Tabellenplatz bitterlich gefightet, bedeutete schließlich ein Sprung auf die nächsthöhere Position den Zugewinn von drei Qualifkationspunkten! Am 5. Mai 1974 war alles vorbei, und das große Rechnen konnte beginnen.

Als alles ausgerechnet war, gab es hier strahlende und dort lange Gesichter. Greifen wir einige der Zielphotoentscheidungen heraus: In Schleswig-Holsteins Landeshauptstadt Kiel flossen Tränen, denn der Zweitligazug war nur ganz knapp am städtischen Aushängeschild KSV Holstein vorbeigerauscht und die Küste hinab nach Wilhelmshaven gefahren. Die dortige Olympia-Elf hatte zwar wie die Kieler Störche auch nur 91 Qualifikationspunkte erstritten, durfte aber aufgrund der besseren Saisonabschlußposition (7.) vor dem Dreizehnten aus Kiel das Abenteuer 2. Bundesliga auf sich nehmen. Die glücklichsten Gesichter gab es wohl in Mannheim. Den Waldhof-Buben, die seinerzeit durch ihr Kartoffelchipsimage auffielen[4], war die Qualifikation trotz zweier Jahre in der Drittklassigkeit (1970-72) recht frühzeitig gelungen, für den Lokalrivalen VfR aber sah es ganz düster aus. Mit 28 Qualifikationspunkten war der ehemalige deutsche Meister nur auf Rang 16 der Liste angelangt, von der Qualifikationsreife also drei Plätze entfernt. Trotzdem konnte er den Einzug ins Überhaus feiern, denn die weitaus besser mit Punkten versorgten Teams Hessen Kassel, Freiburger FC und Jahn Regensburg belegten die drei Abstiegsplätze, was sie die Zweitligaqualifikation kostete und den Mannheimern ermöglichte.

Erst am 20. Juli 1974, knapp zwei Wochen vor dem Zweitligastart, waren alle vierzig Teams beisammen. Eigentlich wären nämlich die Pfälzer Dorfkicker vom SV Alsenborn mit 95 Qualifikationspunkten sicherer Zweitligist gewesen, hätte man nicht ein Haar in der Suppe entdeckt. Die Schnuckeltruppe aus Enkenbach-Alsenborn war vom Nominierungskomitee ihres Regionalverbandes benannt worden, erhielt aber vom eigenen Verbandsvorstand die rote Karte gezeigt! Die wirtschaftlichen Voraussetzungen würden fehlen, dabei hatten die SVAler gerade erst mühsam ihr Stadion auf 18.000 Plätze ausgebaut. Das südwestdeutsche Verbandssportgericht hob die Lizenzverweigerung im Juli wieder auf, woraufhin der SWFV-Vorstand vor das DFB-Bundesgericht zog. Das entschied dann abschließend, daß den Alsenbornern die wirtschaftlichen Voraussetzungen tatsächlich fehlen würden und berief stattdessen den 1. FC Saarbrücken ins Unterhaus. Als die Kunde von dieser Entscheidung ins Land zog, gab es überall spontane Demonstrationen. Denn das die Saarbrücker nachrücken durften, machte viele stutzig. Wie schon 1963 bei der Bundesligaeinrichtung waren es nämlich sie, die von DFB-Entscheidungen profitierten. Nur zu gerne wies man darauf hin, daß ein gewisser Hermann Neuberger schließlich aus der Saarmetropole käme.

Genug der Einzelschicksale. Kaum hatte man die vierzig Auserwählten beisammen, geriet der Reigen auch schon wieder durcheinander. Tennis Borussia Berlin beispielsweise war fest in der Nordgruppe eingeplant worden. Zwar kickte die Truppe noch in der Bundesligaaufstiegsrunde mit, aber das hatten sie schon so häufig erfolglos getan, daß kaum einer einen Pfifferling auf sie gab. Stolzenburg & Co. verblüfften alle, verteilten reihenweise lila Veilchen und befanden sich plötzlich in der *belle-etage* des deutschen Fußballs! Von einem derartigen TeBe-Erfolg völlig überrascht, stand der Berliner Fußball-Verband vor einem Problem. Eigentlich waren nämlich zwei Plätze für seine Vertreter vorgesehen gewesen, doch nach dem Ausfall von TeBe hielt einzig Wacker 04 das Berliner Zweitligafähnchen hoch.

Angesichts der zu erwartenden Finanzprobleme bei vier Bundesligisten verzichtete man nach langen Beratungen darauf, Hertha Zehlendorf oder Blau-Weiß 90 nachzunominieren und spekulierte hingegen darauf, daß TeBe wohl aus der ersten Liga postwendend wieder absteigen würde.

> Würzburg und Jngolstadt, zwei eher kleine Städte, brachten das Kunststück fertig, zwei Zweitligisten gleichzeitig in ihren Mauern zu führen. 1977/78 kickten sowohl Würzburg 04 als auch Lokalrivale Kickers in der Südgruppe, 1979/80 waren es die Jngolstädter ESV und MTV, die sich gegenseitig die Zuschauer wegnahmen.

Knapp 500 Kilometer westlich knallten nach der Berliner Entscheidung die Sektkorken, denn dadurch wurde dem 1. FC Mülheim-Styrum die Hintertür zur neuen Spielklasse geöffnet. Die ließen sich die Streichung ihres Stadtteilnamens Styrum von den Mülheimer Stadtvätern versüßen, kickten zwei Jahre lang zweitklassig und zahlen noch heute für das damalige Abenteuer, denn in der westdeutschen Fußballzange Duisburg-Oberhausen-Essen-Wuppertal war kein Überlebensspielraum für sie.[5]

Das leidige Zuschauerproblem

Kommen wir endlich zur Sache. Für die künftigen Zweitligisten hatte der DFB ein besonderes Bonbon parat: Nicht nur, daß die zwar lukrativen, aber eben auch nervenaufreibenden Aufstiegsrunden verschwanden und an ihre Stelle der Direktaufstieg der beiden Meister rückte, nein, die Zweitligisten bekamen sogar einen dritten Aufsteiger geschenkt! Um den zu ermitteln, bedurfte es nun doch wieder einer separaten Aufstiegsentscheidung der unbeliebten Art.

Kaum war nämlich die Saison im Norden und Süden abgeschlossen, trafen sich die beiden Vizemeister, um den dritten Neubundesligisten zu ermitteln. Knisternde Spannung war garantiert, obwohl die Sache manchmal recht einseitig verlief. So in der Debütsaison, als Bayer 05 Uerdingen den FK Pirmasens nach einem 4:4 im Hinspiel glatt mit 6:0 im Rückspiel abkanzelte und anschließend zur erfolgreichsten Fahrstuhlmannschaft der Bundesligageschichte avancierte - während Pirmasens inzwischen in den Niederungen des Amateurfußballs verschwunden ist.[6]

Passend zum Namen präsentierte sich die Zweite Klasse bald als Zwei-Klassen-Gesellschaft, was sich vor allem in enormen Unterschieden bei den Besucherzahlen bemerkbar machte. Denn während beispielsweise Borussia Dortmund vor 42.000 Zuschauern auf die DJK Gütersloh traf, kickte Barmbek-Uhlenhorst vor 276 Getreuen gegen Arminia Bielefeld. Es soll aber nicht der Eindruck entstehen, daß dies ein Nordproblem gewesen sei. Im Süden war es ähnlich, denn dort riß 1860 München sämtliche Zuschauerrekorde an sich und begrüßte an einem einzigen Nachmittag mit 50.000 genauso viele Fans gegen den FC Augsburg, wie der FC Homburg in seinen 19 Heimspielen der ganzen Saison.

Gleichwohl waren am Saisonende fast alle zufrieden. Im Norden beispielsweise waren die 380 Spiele von 2.318.943 zahlenden Zuschauern besucht worden, was einem Schnitt von 6.102 entspricht. Berücksichtigt man, daß in dieser Klasse mit Barmbek-Uhlenhorst und Wacker 04 zwei Minusrekordlieferanten kickten, eine erstaunliche und absolut befriedigende Zahl.

Pleiteliga

Allen Unkenrufen zum Trotz war die neue Klasse also erfolgreich gestartet, doch die strahlenden Gesichter der Kassierer sollten bald Sorgenfalten bekommen. Schon in der zweiten Saison gingen die Zuschauerzahlen nämlich allerorten rapide zurück. Das lag nicht nur an solch biederen Mannschaften wie dem Spandauer SV, der 1975 aufgestiegen war und dafür gesorgt hatte, daß Berlin nun doch vier Proficlubs in seinen buchstäblichen Mauern versorgen mußte. Nein, der Reiz des Neuen war einfach weg und weder lockte Fortuna Köln in Göttingen die Zuschauer in Scharen an, noch füllte Mainz 05 den Fürther Ronhof. Das Wort vom "gesundschrumpfen" der Liga machte die Runde. Wenn sich erst die Spreu vom Weizen, also Klubs à la BSV Schwenningen, Wacker 04 Berlin und Kickers Würzburg von Hannover 96, 1. FC Nürnberg und Arminia Bielefeld getrennt hätten, dann, ja dann wären die 2. Bundesligen Maß aller Dinge. Das hoffte man zumindest. Vergebens, denn mit jeder neuen Spielzeit nahm die Zahl der Problemkinder zu, verursacht durch drastisch zurückgehende Zuschauerzahlen.[7] Denn Zweitligafußball war nicht unbedingt billig, die Kicker wollten schließlich angemessene Entschädigungen kassieren und die Reisen waren auch nicht im Handumdrehen zu bewältigen. Für die Klubs markierte die Klasse einen engumgrenzten Rahmen, in dem ihnen eigentlich nur zwei Möglichkeiten blieben: Entweder sie verstärkten ihre Teams derart, daß sie in der Spitzengruppe mitkicken konnten - oder sie verschwanden im breiten Mittelfeld, was gleichbedeutend mit katastrophalen Zuschauerzahlen war. Mainz 05, Röchling Völklingen und DSC Wanne-Eickel erkannten von sich aus, daß die dünner gewordene Zweitligaluft für sie keine gesunde war - und zogen sich freiwillig ins Amateurlager zurück. Anderen mußte der DFB buchstäblich die Luft abdrehen.

Wenn Spandau antrat, gab es Tore satt. Ausnahmsweise kann hier Keeper Ulrich Bechem vor den Essenern Hörster (Mitte) und Nabrotzki klären.

Nach und nach erhielten der Bonner SC, Rot-Weiß Oberhausen, 1860 München, FC St. Pauli, Rot-Weiß Essen, Offenbacher Kickers, Blau-Weiß 90 Berlin und Westfalia Herne keine neue Lizenz, da man in Frankfurt meinte, den Etat beanstanden zu müssen. Interessant daran ist, daß es sich, mit Ausnahme des Bonner SC, allesamt um Teams handelte, welche die andere Möglichkeit gewählt hatten: Weit über gesunde Maßen hinaus hatten sie hochbezahlte Kicker in ihren Kadern versammelt und nachdem der erhoffte und beinahe notwendige Bundesligaaufstieg mit diesen nicht geklappt hatte, war der freie Fall ins Bodenlose die logische Folge gewesen. Die Sache mit dem Gesundschrumpfen funktionierte also offensichtlich nicht. 1978 bekam die 2. Bundesliga auch ihre sportliche Rechnung präsentiert: Alle drei Vorjahresaufsteiger (Bielefeld, Nürnberg und Darmstadt) waren nämlich im Elitehaus gescheitert. Damit war klar geworden, daß auch die erhoffte sportliche Überbrückung zwischen erster und zweiter Spielklasse buchstäblich in die Hose gegangen war. Da zudem viele Mannschaften aus den finanziellen Problemen inzwischen Konsequenzen gezogen und aus ihren Profikickern wieder Feierabendprofis gemacht hatten (was gar nicht im Sinne des Erfinders war), wurde die Unterhausfrage wieder aktueller.

> *Ein Verein profitierte besonders von den Finanzproblemen der anderen: SpVgg. Bayreuth. 1987/88 und 1988/89 waren die Wagnerstädter sportlich bereits abgestiegen. Doch blieben sie durch die Lizenzverweigerungen für Rot-Weiß Oberhausen und Kickers Offenbach dennoch zweitklassig. Als die Schwarz-Gelben 1989/90 allerdings wiederum auf einem Abstiegsplatz einliefen, war es vorbei mit ihrem Glück. Die Oberfranken mußten den Weg in die Bayernliga antreten.*

Aus zwei mach eins

Guter Rat war teuer und so griff man auf einen zurück, der schon alt - aber dafür billig - war: Die beiden Klassen sollten zu einer einzigen zusammengelegt werden, in der dann wirklich nur noch die Crème de la Crème der deutschen Zweitklassigkeit versammelt werden würde. Dann ging es plötzlich ganz schnell. Kurz und schmerzlos beschloß ein außerordentlicher DFB-Bundestag am 7. Juni 1980, die Zusammenfassung schon zur Saison 1981/82 vorzunehmen. Die betroffenen 42 Zweitligisten[8] reagierten mehr oder weniger geschockt, denn für einige von ihnen bedeutete dies der Abstieg schon vor Saisonbeginn. Bevor wir darauf eingehen, schauen wir uns erst einmal an, wie es zu der Bundestagsentscheidung gekommen war. Alles begann am 27. Oktober 1979, als der Norddeutsche Fußball-Verband auf dem ordentlichen Berliner DFB-Bundestag einen Antrag stellte, die Zahl der Mannschaften im bezahlten Fußball deutlich zurückzuschrauben. Nachdem sich eine Kommission eingehend mit diesem Antrag beschäftigt hatte, war der erwähnte außerordentliche Bundestag einberufen worden, auf dem die Kommission zwei von ihr erarbeitetete Vorschläge vorlegte:

Modell A: eine eingleisige zweite Bundesliga mit 18 oder 20 Mannschaften
Modell B: eine zweigleisige zweite Bundesliga mit je 16 Teilnehmern

Ersparen wir uns an dieser Stelle, die daran anschließende endlose Diskussion wiederzugeben und kommen gleich zum Ergebnis: Mit der denkbar knappen Mehrheit von 84 zu 77 Stimmen entschieden sich die Delegierten für das nachdrücklich von DFB-Präsident Neuberger empfohlene Modell A, wobei es vor allem aus dem Süden Gegenstimmen gab, während der Norden und Berlin fast geschlossen für die Eingleisige eingetreten waren.

Von den 60 Profimannschaften würden gut die Hälfte wirtschaftlich auf wackeligen Füßen stehen, und eine Verringerung der Proficlubs könnte dem Abhilfe schaffen, hieß es von den Befürwortern, während Bürstadts Vorsitzender Hiltel als Sprecher der Gegner den Bundestag als "Stunde der Chirurgen" bezeichnete, weil er

Bleiben wir im Ruhrpott und wandern einige Kilometer ostwärts. Dort steht seit 1974 das Westfalenstadion neben der altehrwürdigen Kampfbahn Rote Erde. Letztere hatte zwar schon große Tage gesehen (man denke nur an das 5:0 gegen Benfica Lissabon), aber sie war einfach zu klein für das große Dortmund. Nun war Borussia bereits 1972 aus der 1. Bundesliga abgestiegen und seither auf der Jagd nach der Regionalligakrone gewesen. Eigentlich sah es am Borsigplatz ziemlich düster aus, kein Geld, kein Erfolg, keine Zukunft? Da kam die 74er WM wie gerufen. Mit ihr hatte die Stadt Dortmund die Chance erhalten, endlich ein bundesligagerechtes Stadion zu bekommen. Und kaum war die "Goldgrube Westfalenstadion" fertig, trumpfte auch der BVB wieder auf. 53.000 Zuschauer bei einem Zweitligaspiel gegen die DJK Gütersloh bedeuteten seinerzeit einsamen Zuschauerrekord und 1976 stieg die Truppe um den ungarischen Filigrantechniker Zoltan Varga auch endlich wieder in die höchste Klasse auf. Heute ist selbst das Westfalenstadion zu klein, aber das gehört nicht in dieses Kapitel.

Vereine abschneiden würde, "die auch von ihrer wirtschaftlichen Basis her gesund seien."[9] Darmstadts Boss Dr. Engelbrecht bemängelte zudem, daß die 2. Bundesliga auf dem außerordentlichen Bundestag lediglich mit zwei Stimmen vertreten sei, viel zuwenig, wo es doch gerade um ihr Schicksal ging. Die Würfel waren gefallen und nun ging es darum, wer die Zeche zu zahlen hatte. Genau das hatte man nämlich in Düsseldorf zu klären vergessen. Schon zwei Wochen später reichte der DFB[10] den Qualifikationsschlüssel nach. Danach waren automatisch qualifiziert:

Die drei Bundesligaabsteiger, der nicht aufgestiegene Zweite sowie die Vereine auf den Plätzen 3 und 4 der beiden Gruppen.

Die verbliebenen zwölf Plätze wurden nach einem Platzziffersystem vergeben, bei dem die Saison 1978/79 einfach, 1979/80 doppelt und 1980/81 dreifach gewertet werden sollten. Die Absteiger konnten naturgemäß nicht berücksichtigt werden, ebenso wenig gab es Aufsteiger aus den Amateurligen. Unter den Zweitligisten brodelte es, Vor allem die Südclubs waren ganz und gar nicht damit einverstanden und verlangten eine Übergangslösung von zwei bis drei Jahren. Erbost zogen sie - erfolglos - vor das DFB-Schiedsgericht und drohten sogar mit ordentlichen Gerichten. Es war aber auch zu ärgerlich! Göttingen 05 beispielsweise (man mag mir verzeihen, daß ich das Schicksal ausgerechnet der Mannschaft herausgreife, für die ich seinerzeit die dicksten Tränen vergoß) war gerade wieder ins Unterhaus eingezogen, als sie die Düsseldorfer Schockmeldung wie ein Keulenschlag traf. Sie gingen, wie ihre Mitaufsteiger, mit 52 Qualifikationspunkten belastet in die Abschlußsaison der Zweigleisigen.

Es bedurfte keiner prophetischen Fähigkeiten um vorauszusagen, daß das Erreichen der Eingleisigen ins Reich der Träume zu verweisen war. Und doch hatten Detlev Wolter & Co. 42 Zweitligaspiele zu absolvieren, die allerspätestens zur Halbserie zu reinen Freundschaftsspielen verkommen waren. Um keine Mißverständnisse aufkommen zu lassen: Die Eingleisige war nötig, und es war höchste Zeit geworden, sie endlich einzuführen. Ein wenig mehr Sensibilität bei ihrer Einrichtung hätte den Verantwortlichen gut zu Gesicht gestanden.

Auftakt zur eingleisigen 2. Bundesliga: Im Duell der Traditionsklubs setzte sich Schalke 04 gegen 1860 München durch. Im Bild oben erzielt Manfred Drexler den 3:1 Endstand.

Hessen Kassels Wundertat

Nur einem Aufsteiger gelang der Sprung ins kalte Wasser der Eingleisigen: Hessen Kassel. Die Nordhessen schwammen auf einer Publikumswelle und zogen mit knappem Vorsprung vor dem SSV Ulm 46 ins neue Unterhaus ein. Dort wurden sie in den ersten Jahren zu einer der dominierenden Crews und erwarben sich den unbeliebten Beinamen des "ewigen Vierten".[11] Trotz allen Tohuwabohus war die Saison 1980/81 ordnungsgemäß abgeschlossen worden. Zwanzig verbliebene Zweitligisten hatten am 1. August 1981 eine neue Seite im Geschichtsbuch aufgeschlagen. Schon die Paarungen des ersten Spieltags erinnerten an ganz große Fußballzeiten: SpVgg. Fürth gegen Hertha BSC, Schalke 04 gegen 1860 München. Die Traditionalisten unter den Fußballfans bekamen leuchtende Augen.

257

Ein besonderes Kapitel ist der Mannschaft vom Herner Schloß Strünkede gewidmet. 1973 hatte ein Herr namens Erhard Goldbach sein Herz für den Traditionsverein entdeckt und seine im Ölgeschäft erworbenen Millionen in den Klub gesteckt, was vor allem durch den Schriftzug Goldin auf den blauen Leibchen der Herner Elitekicker erkennbar war. 1977 "verschönte" der Ölmulti schließlich auch noch den Vereinsnamen um den Zusatz: "Goldin" und gab das Erreichen der 1. Bundesliga als Nahziel aus. 1978 belegte die Elf den 12. Platz, 1979 immerhin schon den Fünften, nachdem man lange Zeit recht erfolgreich die Spitzenpositionen mitgekickt hatte. 1979/80 sollte die große Stunde endlich schlagen und mit einem 1:0 Sieg im ersten Saisonspiel in Herford lief es auch ganz gut an. Plötzlich platzte die Benzinbombe, Goldin war pleite, der Hauptsponsor verschwunden und verfolgt von Interpol. Hernes Goldbach war also buchstäblich versiegt. Sofort trat der DFB auf den Plan und entzog den Ruhrgebietlern nachträglich die Lizenz, schon am nächsten Wochenende traten sie in der Amateuroberliga Westfalen an, während ihr vakanter Platz von Rot-Weiß Lüdenscheid eingenommen wurde. Und erstaunlicherweise gelang den Nachrückern, die zuvor mit 106 Gegentoren abgestiegen waren, tatsächlich der Klassenerhalt. Von Westfalia Herne hörte man nie wieder etwas auf höherklassigen Fußballplätzen, heute kämpft sie noch immer ums finanzielle Überleben. Brutal bekamen die Westfalen die Gefahr der Abhängigkeit von nur einem Sponsor vor Augen geführt.

Wie schon 1974, so boomte die neue Klasse auch 1981 und zog Zuschauer in Scharen an, wozu allerdings so exquisite Teams wie Schalke, Hertha, Hannover 96 und 1860 München gehörig beitrugen. Nun gab es ein neues Wort, das die Runde machte: die zweite Großstadtliga. In der neuen Abenteuerklasse kickten nämlich mit Worms, Fürth und Bayreuth nur noch drei, pardon, "Dörfer" mit weniger als 100.000 Einwohnern. Dem standen mit Hannover, München, Berlin, Stuttgart, Köln und Gelsenkirchen Riesen gegenüber - aber man hatte ja eine Leistungskonzentration angestrebt. Wie schon bei der Zweigleisigen, so sollte sich auch bei der Eingleisigen bald herausstellen, daß die Not Nachbar blieb. Denn die Überschuldung gewisser Vereine ging unvermindert fort, an anderer Stelle waren die Vereine, denen die Lizenz entzogen wurde, bereits genannt worden. Fassen wir uns kurz und kommen zum Ende. Dreizehn Jahre nach dem Start der Eingleisigen kann eine durchaus positive Bilanz gezogen werden:

Nie zuvor war das Ober- wie Unterhaus des deutschen Fußballs in sich so gefestigt, so unangefochten von allen akzeptiert. Sportlich bewies die Eingleisige rasch, daß sie das Maß aller Dinge in der Welt zwischen Hopp oder Top ist. Wirtschaftlich hat sie es inzwischen ebenfalls bewiesen, denn zwar gibt es mit schöner Regelmäßigkeit zum Saisonende harte Kämpfe zwischen diversen Klubs und dem DFB bezüglich einer Neuerteilung der Spiellizenz. Letztlich sind die Zweitligisten aber dennoch gesünder, als sie es in den Siebzigern waren. Schließlich bietet die Klasse Saison um Saison eine Ansammlung von illustren Teams. Einzig ihr Label von der Großstadtliga mag noch als Makel gelten, ist aber dennoch mit einer gewissen Logik verbunden, denn Orte wie Bürstadt, Göttingen, Kiel oder Bayreuth können mit der Konkurrenz aus Leipzig, Hannover oder Mannheim einfach nicht mithalten.

ANMERKUNGEN

(1)   Mit Einführung der 1. Bundesliga war die Organisation von den Regionalverbänden auf den DFB übergegangen.

(2)   Der damalige Vorsitzende des Saarländischen FV war mit seinem Antrag, ab 1964/65 eine zweigeteilte 2. Liga einzurichten, gescheitert.

(3)   Es wurde jeweils der reziproke, also umgekehrte Wert genommen. Konkret bedeutet das: Für das Erreichen des ersten Platzes einer 18er Staffel gab es 18 Punkte, während der letzte nur noch einen einzigen Punkt erhielt.

(4)   Der Verein nannte sich von 1972 bis 1978 SV Chio Waldhof.

(5)   1994 kickten sie, zurückbenannt in 1. FC Mülheim-Styrum, in der fünfthöchsten Landesliga Niederrhein, Staffel 3.

(6)   Uerdingen ist gerade erst der fünfte Aufstieg ins Oberhaus gelungen, Pirmasens hingegen
ist inzwischen fünftklassig.

(6)   Allerdings dürfen die Finanzprobleme der Klubs nicht allein mit fehlenden Zuschauern
begründet werden. Die Zeit der großen Fußballmanie auf breitester Basis, die in den 60ern
dafür gesorgt hatte, daß mitunter bis zu 10.000 Zuschauer zu Bezirksligaspielen gepilgert
waren, ist unwiderruflich zu Ende gegangen. Zudem veränderte sich das Freizeitverhalten
der Bürger und die zunehmende Fernsehvermarktung der 1. Bundesliga trug ein Übriges
dazu bei.

(7)   Durch den Abstieg von Hertha, Bremen und Braunschweig war eine Aufstockung der
Nordgruppe auf 22 Teilnehmer notwendig geworden.

(8)   Niedersachsen Fußball Nr. 6 vom 18. Juni 1980, Seite 4. Im übrigen ist gerade Bürstadt
leuchtendes Beispiel für die Richtigkeit von Hiltels These, denn die VfRler kicken
inzwischen fünftklassig und sind finanziell wesentlich "kränker", als sie es jemals zu
Zweitligazeiten waren.

(9)   Obwohl auch die Eingleisige unter Leitung der Regionalverbände bleiben sollte, hatte der
DFB die Organisation übernommen.

(10)   Die Hessen belegten 1982/83, 1983/84 und 1984/85 den undankbaren vierten Platz, der
zu nichts anderem berechtigte, als in der nächsten Saison wiederum zweitklassig zu
kicken.

Hummeln, Europacupsieger und die Drittklassigkeit
(Die Amateuroberligen von 1974 bis 1994)

Schon der Name machte die Trennung zwischen den beiden höchsten Spielklassen und der dritten deutlich: Statt Bundes- hieß es Amateurligen, später immerhin Amateuroberligen. Wen es dorthin verschlagen hatte, für den war das Fußballspielen (offiziell) nur noch Freizeitbeschäftigung, der ging erst nach Feierabend zum Training und hatte gefälligst am Sonntagnachmittag zu spielen. Solange die Erst- und Zweitklassigkeit aus mehr als einhundert Teams bestand, war das eigentlich kein Problem, doch spätestens nach der "zweitbundesligischen" Konzentration der Elitefußballer auf 40 Mannschaften gerieten die dritthöchsten Spielklassen ins Kreuzfeuer der Kritik. Und das ist ganz und gar nicht überraschend, denn bei Einführung der 2. Bundesligen Nord und Süd waren einige ganz namhafte hinten rausgefallen: Der Freiburger FC und Holstein Kiel zum Beispiel, vor langer Zeit waren sie Deutsche Meister gewesen, oder die einstigen Vizemeister Karlsruher FV und 1. FC Pforzheim.

Die Aufzählung aller ehemaligen Ober- und Regionalligisten sparen wir uns besser, denn sie würde den Rahmen sprengen. In jeder der 17 Amateurligen waren illustre Namen zu finden. So ganz nebenbei haben wir nun auch schon das Kernproblem erwähnt: 17 Spielklassen. Knapp 290 Mannschaften waren darin versammelt, die Lücke zur nächsthöheren vierzigköpfigen 2. Bundesliga war gigantisch. Ganz plötzlich offenbarten sich nun die Versäumnisse der letzten gut 25 Jahre, in denen man sich zwar um die beiden höchsten Spielklassen kümmerte, den Rest aber sich selbst überlassen hatte. Derart unbeachtet fristeten die Amateurligen jahrzehntelang ein Mauerblümchendasein. Greifen wir uns den Südwesten heraus: 1946 regte sich dort auch das drittklassige Leder wieder, und man führte sieben Amateurligen für den Bereich ein.[1] Bis 1952 kickte man so verteilt vor sich hin, dann war deutlich geworden, daß der Unterbau für die inzwischen etablierte Oberliga und die frisch eingeführte 2. Liga zu breit war. Logische Konsequenz war die Zusammenfassung der drei Pfälzer mit der Rheinhessischen Staffel zur Amateurliga Südwest. Parallel dazu bestanden weiterhin Staffeln im Saarland sowie im Rheinland.[2]

So ging es bis 1974 unverändert weiter, und da die regionalen Spitzenteams in der 1. Bundesliga (Kaiserslautern) bzw. Regionalliga versammelt waren, waren drei Staffeln gar nicht einmal ungeeignet. Als die Regionalliga Südwest im Zuge der Ligareform ersatzlos wegfiel, hätte eigentlich Handlungsbedarf bestanden. Denn die verschmähten Zweitdivisionäre Südwest Ludwigshafen, Gummi-Mayer Landau, Eintracht Bad Kreuznach, FV Speyer, SV Alsenborn, VfB Theley, FC Ensdorf, TuS Neuendorf und Sportfreunde Eisbachtal bevölkerten nun die drei genannten Amateurstaffeln und mußten sich dort mit Union Hülzweiler, TuS Bad Marienberg und SV Horchheim auseinandersetzen. Den Landesfürsten war das Schicksal ihrer einstigen Hätschelkinder offensichtlich gleichgültig. Sie räumten die Amateurligen lediglich frei (d. h. sie ließen entsprechend viele Klubs absteigen), reihten die Ex-Regionalligisten ein und wandten sich mit gefalteten Händen der neuen 2. Bundesliga zu. Ähnlich ging man in der gesamten Republik vor. Kein Wunder also, daß die Amateurligen so exotische Namen wie "Schwarzwald-Bodensee" oder "Westfalen 2" trugen. Nur im Norden hatte man Mitleid mit dem Zweitligaausschuß, was vielleicht daran lag, daß er besonders üppig ausgefallen war.

Schwere Zeiten für die SpVgg. Bayreuth.
Nur ein Punkt sprang beim Heimkick gegen den FC Memmingen heraus,
da half auch Udo Blinningers akrobatischer Einsatz nicht mehr. (Saison 1992/93)

VfB Oldenburg, Arminia Hannover, SV Meppen, OSC Bremerhaven, OSV Hannover, Holstein Kiel, Concordia Hamburg, Phönix Lübeck und dem Heider SV war nämlich der Zugang zur Zweitklassigkeit verwehrt worden, und für die norddeutschen Funktionäre wäre es ein Einfaches gewesen, diese neun Klubs auf die vier bestehenden Amateurligen Hamburg, Bremen, Schleswig-Holstein und Niedersachsen zu verteilen. Da wären sie dann auf Teams der Gewichtsklasse TuS Schwachhausen-Horn, SV Curslack-Neuengamme, FC Schöningen 08 und TSV Schlutup getroffen.

Nun ja, warum sollte es ihnen besser gehen, als ihren südwestdeutschen Leidensgenossen. Die norddeutschen Verbandsfürsten aber befanden, daß es ihnen besser gehen solle und beschlossen, die gesamte norddeutsche Tlcftbenc mit einer einzigen flächendeckenden Spielklasse aufzufüllen!

Zum ersten Mal in der Geschichte wurde damit das eiserne Gesetz gebrochen, wonach Amateurfußball Landesverbandssache ist.[3] Die Norddeutschen wurmte wohl noch immer das Gelächter aus den 50er Jahren, als es in der ganzen Republik schon lange 2. Ligen gegeben hatte, nur in Norddeutschland eine entsprechende Einrichtung einfach nicht hatte gelingen wollen. Damals hielten sich die Fußballfans im ganzen Lande die Bäuche ob der norddeutschen Provinzialität, diesmal aber machten sie große Augen, denn diese Entscheidung revolutionierte den gesamten Amateurfußball! Wie schnell die ganze Sache vor sich ging, zeigt ein Blick auf den Kalender. Dort ist verzeichnet, daß sich am 30. Juni 1973 Deutschlands Fußballgötter einigten, die Regionalligen abzuschaffen und zwei zweite Bundesligen einzuführen. Ganze vier Tage später beschlossen die Nordlichter die erwähnte landesweite dritte Klasse einzuführen - Hut ab vor **dem** Tempo! Und als kurze Zeit später auch noch der DFB sein Ja-Wort gab, konnte konkret geplant werden. 18 Teams sollte die in Anlehnung an längst vergangene glorreiche Fußballtage *Oberliga Nord* genannte Klasse umfassen.

Neun der Teilnehmer standen mit den gescheiterten Regionalligisten auch schon fest. Zu ihnen gesellten sich je zwei Hamburger, Bremer und Schleswig-Holsteiner, dazu drei Niedersachsen, und man war komplett. Wie groß der Schritt war, zeigt sich daran, daß in der restlichen Bundesrepublik nun über 200 Klubs drittklassig waren, während es im Bereich des Norddeutschen Fußball-Verbandes nur noch derer 18 waren!

Nun waren es die Norddeutschen, die sich die Bäuche vor Lachen hielten, wenn sie von nordbadischen Schlagerpartien zwischen Viktoria Bammental und VfB Knielingen hörten, während sie echte Leckerbissen vom Kaliber Holstein Kiel gegen Arminia Hannover besuchen konnten.

Der Traum vom Direktaufstieg

Drei Jahre brauchte der Rest des Landes, ehe er aufwachte. Bis dahin hatten die anderen Regionalverbände trotzig in dreizehn Amateurligen kicken lassen und sämtliche Zeitzeichen geflissentlich übersehen. 1978 ging es plötzlich doch. Man hatte einen besonderen Reiz benötigt, um die Verbandsgrenzen endlich zu sprengen und sich in übergreifenden Klassen zu vereinen. Da war nämlich die Sache mit dem Aufstieg. Solange es noch dreizehn Amateurligen gab, schloß sich die bekannte Haßliebe *Aufstiegsrunde* ans Saisonende an. Die Klubs aus Eppingen, Aschaffenburg, Aalen und Recklinghausen hatten davon nun endgültig die Nase voll, denn dadurch wurden sie regelmäßig um ihren verdienten Saisonlohn gebracht.

Es mußte endlich der Direktaufstieg her. Da war nämlich auch noch der schon lange geträumte Fußballtraum: Allen Meistern von der Zweiten Liga bis zur C-Klasse den automatischen Aufstieg zu garantieren. Ausgehend von acht möglichen Zweitliga-Aufsteigern richtete man im Norden wie im Süden jeweils vier Amateuroberligen ein, deren Meister direkt aufstiegsberechtigt waren. Beginnen wir mit dem Süden, denn dort ging die ganze Sache recht reibungslos über die Bühne. Die Amateurligen Hessen und Bayern, wie sie schon seit 1947 bzw. 1962 bestanden, blieben in ihrer bisherigen Form existent und wurden lediglich in Amateuroberligen umbenannt.

Dazu gesellten sich die Staffeln Baden-Württemberg (ehemalige Amateurligen Nordwürttemberg, Schwarzwald-Bodensee, Nordbaden und Südbaden) sowie Südwest (Südwest, Saarland, Rheinland). Vier Staffeln, vier Meister, vier Aufsteiger: Im Süden war man zufrieden.

Nun zum Norden: Dort gab es ja bereits die Nordstaffel und auch Berlins ehemalige Amateurliga hatte nichts weiter nötig als eine Namenskorrektur. In Westfalen faßte man die beiden Gruppen zu einer zusammen, Mittel- und Niederrhein vereinten sich ebenfalls, womit auch der Norden über vier Klassen verfügte.

Und doch gab es hier eine Besonderheit: Im Bereich der Oberliga Nord waren nämlich Vereine aus vier Landesverbänden zusammengefaßt, einzigartig für die ganze Republik. Somit ist es durchaus verständlich, daß die Nordlichter einen weiteren Aufstiegsplatz für sich reklamierten. Sie präsentierten auch gleich eine Lösung: Berlin, Insel inmitten der DDR, verfüge über nicht annähernd so viele Eliteteams wie der Norden. Warum ließ man nicht einfach den Spreemeister mit dem Nordvize um den letzten Aufstiegsplatz kicken? Gesagt getan, die Berliner bissen in den sauren Apfel und schickten fortan ihren Meister in eine zusätzliche Aufstiegsqualifikation.

Zwar war der Traum des direkten Aufstiegs für alle Meister nun (schon wieder) zerplatzt, aber das störte bis auf die betroffenen Berliner kaum jemanden.

Für die anderen sieben Oberligachampions war es endlich soweit. Jeweils Ende Mai erhielten sie auf ihrer Meisterfeier das Aufstiegszertifikat und konnten anschließend geschlossen in den sonnigen Süden jetten, um ihre müden Knochen der wärmenden Sonne auszusetzen. Nicht nur die Meisterkicker waren glücklich. Auch die Funktionäre konnten sich zufrieden zurücklehnen und ihr Werk bewundern: Direktaufstieg von der ersten bis zur dritten Klasse, was darunter kam, darüber decken wir lieber den Mantel des Schweigens und es interessiert im Zusammenhang mit den Amateuroberligen sowieso nicht.

Wie das nun mal so ist, wenn man sich auf seinen Lorbeeren ausruht, kommt oft das böse Erwachen. Es waren die Nordlichter, die dafür sorgten. Mit ihrem erfolgreichen Antrag auf Zusammenfügung der beiden Zweiten Bundesligen zu einer einzigen sorgten sie dafür, daß der Traum vom Direktaufstieg wieder zerplatzte. Es kam knüppeldick für die Drittligisten. Die 1981er Meister MTV Ingolstadt, SV Sandhausen, 1. FC Paderborn, Mainz 05, Viktoria Griesheim, 1. FC Köln Amateure, FC St. Pauli und Preussen Berlin konnten sich für ihre Titel nicht viel mehr als einen Meisterschaftswimpel kaufen, denn der Zweitligaaufstieg war kurzerhand ausgesetzt worden. "Aber ihr könnt doch um die Deutsche Amateurmeisterschaft mitspielen" hieß es aus Frankfurt. Nur, wen interessierte das schon. Oder wissen Sie etwa noch, wer 1981 diesen Titel gewann? Die Amateure des 1. FC Köln waren es, durch ein 2:0 über den FC St. Pauli, den ein Lizenzentzug ins norddeutsche Fußballarmenhaus verschlagen hatte. Jedenfalls waren die Meister stinksauer auf den DFB.

Der verteilte eine Menge warmer Worte, das Versprechen, sich demnächst um die dritten Klassen zu kümmern und wandte sich wieder seinem neugeborenen Sorgenkind 2. Bundesliga zu. Übrig blieben acht mal 18 Oberligisten, die nun schon zum zweiten Mal innerhalb von nur sieben Jahren um den Aufstieg gebracht worden waren[4] und vor der wenig verlockenden Aussicht standen, demnächst wieder in Aufstiegsrunden zu müssen. Genauso kam es auch. Von nun an durften die Oberligameister ihre Sommerurlaube wieder mit auszehrenden Zusatzrunden verbringen.

Die Flüge auf südeuropäische Sonneninseln wurden wieder annulliert. Die Sache mit den Aufstiegsrunden! Sicher, sie brachten Geld in die (manchmal arg leeren) Kassen der Drittligisten. Und zudem attraktive Gegner in die Stadien, denn wann sonst konnten beispielsweise Göttinger Fußballfreunde schon mal den MSV Duisburg im Jahnstadion bewundern, oder Bürstadts VfRler auf die Münchner Löwen treffen, die altehrwürdige Arminia aus Hannover Hertha BSC Berlin empfangen?

Allein, was bringt das alles, wenn man nach einer lang andauernden, kräftezehrenden Saison innerhalb von einem Monat sechs Spiele auszutragen hat, gegen Gegner, die zur absoluten Spitze zählen und es nur zwei Aufstiegsplätze pro Vierergruppe gibt? Es half nichts, die Aufstiegsrunden mußten wieder als Reifetest herhalten. Man hatte das Versprechen noch im Ohr, wonach die dritten Ligen die nächsten wären, denen eine Reform zuteil werden würde. Bis dahin war es noch ein langer Weg und wer weiß, was passiert wäre, wenn sich nicht in den ausgehenden 80ern die DDR-Bürger so vehement gegen ihr Regime aufgelehnt hätten, so daß es zur Vereinigung kam. Denn erst als die ostdeutschen Fußballer hinzukamen, kumulierte die Situation ins Unerträgliche. Zunächst einmal bekamen die Drittligisten wieder einmal eine bittere Pille zu schlucken.

Amateure zahlen die Vereinigungszeche

1991 sollten erstmalig Klubs aus der Vereinigungsrepublik in gemeinsamen Klassen antreten. Logisch, daß es bei der Zusammenlegung von zwei so unterschiedlichen Fußballnationen wie der Bundesrepublik und der DDR zu Ecken und Kanten kommen mußte. Unlogisch aber, daß man die Ecken und Kanten beinahe ausschließlich auf die ostdeutschen Vereine sowie die dritten Ligen verteilte. Denn der Bundesliga schadete die Aufnahme von Dynamo Dresden und Hansa Rostock nicht, im Gegenteil. Auch die zweite Liga konnte mit ihren sechs neuen Mitgliedern und der nur ein Jahr andauernden erneuten Zweigleisigkeit recht gut leben, denn am Direktaufstieg änderte sich nichts. Die Amateuroberligen! 1990 erlaubte man gnädigerweise noch zwei von 138 Teams den Zweitligaaufstieg, 1991 wurde es noch besser.

> Im Nordosten, also der ehemaligen DDR, sorgte der 1. FC Magdeburg für das Novum, erster drittklassiger Europapokalsieger gewesen zu sein. Die Elbestädter hatten 1974 den Europapokal der Pokalsieger (2:0 Sieg über Milan AC) gewonnen und mußten ihre sportliche Regenerierungsphase just zu jener Zeit nehmen, als der DDR-Fußball aufgelöst wurde. Somit verpaßte "Der Klub", wie er - analog zum 1. FC Nürnberg - von den ostdeutschen Fußballfreunden genannt wird, die Qualifikation sowohl für die 1. als auch für die 2. Bundesliga. "Kein Problem", dachte man im Ernst-Grube-Stadion, "wir steigen direkt wieder auf." Da hatten aber die Magdeburger die Rechnung ohne ihre Ligakonkurrenten gemacht, denn zum Saisonende 1993/94 hatten sie gar die Drittklassigkeit verspielt und treten 1994/95 in der vierthöchsten Amateuroberliga Nordost an. Dort warten Klubs wie der 1. FC Aschersleben oder FSV Hettstedt auf die Elbestädter, die 1990 im UEFA-Cup noch knapp gegen Girondins Bordeaux unterlagen. Wie sagte einst Michail Gorbatschow zu seinem früheren "Bruder" Erich Honecker?: "Wer zu spät kommt, den bestraft das Leben". Für die Magdeburger ist die Strafe sehr hart ausgefallen, aber sie waren wirklich spät dran. Zu spät.

Inzwischen gab es elf Amateuroberligen, denn zu den bestehenden acht hatten sich drei ostdeutsche gesellt, wobei allerdings die ehemalige Westberliner zuvor in diesen drei aufgegangen war. Elf Klassen, elf Meister - und nun raten Sie mal, wieviel davon aufsteigen durften! Ganze zwei! - von 175. Die Oberligisten verloren so langsam die Lust und gingen - vergebens - auf die Barrikaden. Die Drittligafrage lag nun auf dem Tisch, und sie begann langsam zu stinken. Ohne Zweifel, es war höchste Eisenbahn, etwas zu unternehmen, ansonsten würde die Lücke zwischen Zweit- und Drittklassigkeit unüberbrückbar werden. Die Regionalverbände nahmen die Sache nun in ihre Hände und was sie daraus machten, daß findet sich im Kapitel *Die Regionalligen*. Bleiben wir noch ein wenig bei den Amateuroberligen, die 1994 unwiderruflich ihren Abschied als dritthöchste Spielklassen nahmen und anschließend als vierthöchste Ligen weitergeführt wurden.[5]

Ziemlich genau zwanzig turbulente Jahre standen sie im Rampenlicht, wobei sie sich allerdings die meiste Zeit auf Provinzbühnen befanden, denn man kann sie getrost als Stiefkinder der Medien bezeichnen. Obwohl es viel zu früh für ein Resümée ist, steht fest, daß sie bei ihrer Einführung sicherlich eine Weiterentwicklung auf der dritthöchsten Spielebene waren und spätestens mit dem Direktaufstieg von 1978 bis 1980 als optimal bezeichnet werden konnten. Mit der eingleisigen 2. Bundesliga wurden sie immer häufiger zu einem Abfalleimer der beiden Profiligen, was ihnen zumindest den namhaften Profimüll vom Schlage 1860 München, Eintracht Braunschweig, MSV Duisburg, Kickers Offenbach, Rot-Weiß Essen, Arminia Bielefeld, Rot-Weiß Oberhausen und Fortuna Düsseldorf bescherte.

Es hat sicherlich seinen Reiz, wenn der MSV Duisburg beim SV Wermelskirchen anzutreten hat und dafür sorgt, daß das, was man gemeinhin als "Stadion" bezeichnet, aus allen Nähten platzt. Und phasenweise gab es auch recht erkleckliche Zuschauerzahlen, zum Beispiel, wenn Rot-Weiß auf Schwarz-Weiß Essen traf. Oder 1860 München, das, sehr zum eigenen Leidwesen, über viele Jahre die eigenen Kassen und die der Ligakonkurrenten, für die es das Topspiel des Jahres war, füllte. Denn wann explodiert beim *TSV Eching* schon mal der Fußballhimmel? Gleichwohl war es eine Zwei-Klassen-Gesellschaft. Denn während einige wenige die großen Zuschauermassen anzogen, mußte sich die breite Masse mit den Krümeln zufrieden geben. Am besten kann dies wohl ein Griff in die Kiste mit den Zuschauerzahlen belegen.

Nehmen wir die Saison 1988/89. Rekordhalter ist die Braunschweiger Eintracht, die durchschnittlich 6.759 zahlende Zuschauer an der Hamburger Straße begrüßen konnte. Nicht viel schlechter stand Arminia Bielefeld da, zu deren Heimspielen im Schnitt 6.260 Zuschauer pilgerten, und auch 1860 München konnte sich durchschnittlich noch über 6.240 Löwenfans freuen. Wenn wir den Spieß nun umdrehen, finden wir am anderen Ende den SC Charlottenburg, der sich über 1.684 Zuschauer freute. Wie glücklich wären die SCCler gewesen, würde es sich dabei um die Durchschnittszahl handeln! Nein, 16 Spiele hatten sie gebraucht, um auf diese gigantische Zuschauermenge zu kommen, oder anders gesagt, durchschnittlich 105 zahlende Zuschauer hatten den Weg ins Mommsenstadion gefunden. Im Vergleich zu Union 06 schwammen die Charlottenburger noch im Geld, denn die Unioner erreichten 1982 einen Durchschnittsbesuch von - genau 79 zahlenden Zuschauern!

Einen ganz besonderen Rekord hat die Kurstadtelf der Spielvereinigung Bad Pyrmont aufzuweisen. Eigentlich fing es ganz gut an, denn 1974/75 belegten die Rot-Weißen mit einem fast ausgeglichenen Punktekonto (33:35) den vierten Platz der Nordgruppe. Doch schon im Folgejahr war es mit ihrer Herrlichkeit vorbei. 11:57 Punkte lautete die niederschmetternde Bilanz am Saisonende und es war nur zu logisch, daß das gleichbedeutend mit dem Abstieg war. Doch nicht so im Norden. Denn durch den Aufstieg von Arminia Hannover und dem VfL Wolfsburg war für die Pyrmonter immer noch Platz, und sie durften weiter mitspielen. Die Folgesaison ging dann vollends daneben, denn mit 4:64 Punkten brachen sie sämtliche Minusrekorde und ihr Torverhältnis von 20:159 kann sich auch sehen lassen. Heute kicken die Kurstädter in der Hannoverschen Bezirksklasse Staffel 3, wo sie auf Gegner wie Deutsche Eiche Hotteln und Hannovera Gleidingen treffen. Das hat man nun von Höhenflügen.

Dabei halten sie gar nicht den absoluten Minusrekord, den nämlich stellte 1983 der TuS Makkabi Berlin auf, als er 13 Zuschauer zu seinem Kick gegen die Reinickendorfer Füchse begrüßen konnte. Tageseinnahme 98,- DM, wundert sich noch jemand, daß Makkabi 1987 in der Fußballvereinigung Wannsee aufging? Freilich darf nicht der Eindruck entstehen, nur Berlins Oberligisten hätten Zuschauerprobleme gehabt: 1985 begrüßten Hessen Kassels Amateure zum Match gegen Viktoria Sindlingen ganze zwanzig Zuschauer; im Jahr zuvor waren zum westfälischen Derby FC Gohfeld gegen VfL Reken 55 Fans gepilgert. Bayerns Rekord datiert aus dem Jahre 1981, als der Partie ASV Neumarkt gegen ESV Ingolstadt 50 Neugierige beiwohnten. Immerhin einer mehr als der Hummelsbüttler SV im Match gegen den Wolfenbüttler SV zählte. Alles in allem offenbart sich nun aber doch ein regionales Ungleichgewicht in punkto Zuschauerzahlen. Nehmen wir noch einmal die Saison 1988/89 zur Hand: Durchschnittlich gut besucht wurden die Partien in Bayern (1.680 im Schnitt), Westfalen (1.560), Nordrhein (1.014) und Baden-Württemberg (1.009). Schlechter sah es im Norden (869), Südwesten (798) und Hessen (757) aus, miserabel in Berlin (288).

Drei weitere Vereine schrieben ihre Namen in das Buch der Amateuroberligen: ASC Schöppingen, Hummelsbüttler SV und Stahl Hennigsdorf ging wirtschaftlich die Oberligapuste aus. Die Schöppinger, 1986 noch von dem Altinternationalen Bernard Dietz in die Aufstiegsrunde zur 2. Bundesliga geführt, nahmen 1992 finanziell völlig erschöpft freiwillig ihren Oberligahut und kicken heute in Westfalens untersten Klassen herum. Den ostdeutschen Hennigsdorfern war kurz vor Saisonbeginn 1992/93 der Stahl ausgegangen und die Brandenburger mußten sich ebenfalls aus der Amateuroberliga zurückziehen. Das tollste aber leistete sich der Klub aus dem Hamburger Stadtteil Hummelsbüttel: 1981 waren die "Hummeln" erstmalig in die Oberliga Nord aufgestiegen, mußten aber als 13ler (von 18!) den sofortigen Wiederabstieg hinnehmen, da der Norden aus der Konkursmasse der gerade aufgelösten 2. Bundesliga-Nord kräftig Ausschuß erhielt (VfB Oldenburg, Göttingen 05, Holstein Kiel und OSV Hannover stiegen ab). 1984 tummelten die Hummeln aber wieder im Konzert der Großen mit und marschierten direkt in die Zweitliga-Aufstiegsrunde. Dort schlug der Oberligist ohne Heimvorteil (der eigene Tegelsbarg-Platz war wegen einer einzigen nachbarschaftlichen Lärmbeschwerde -immerhin verirrten sich regelmäßig um die 200 Zuschauer zu den Hummeln-Heimspielen! - gesperrt worden) zwar Tennis Borussia Berlin mit 2:0 und Eintracht Hamm mit 3:0, wurde aber dennoch nur Gruppenletzter. Immerhin hatten den vier Spielen 5.500 Zuschauer beigewohnt und der HuSV-Schatzmeister träumt vermutlich heute noch von derart astronomischen Zahlen. Denn danach begann der bislang einzigartige Absturz. Die folgende Oberligasaison beendeten die Hummeln noch auf Rang Sieben, im November 1986 aber hatten sie endgültig ausgestochen. Zuvor jedoch gab es den ersten Spielerstreik der Oberligageschichte, denn zur Heimpartie gegen den SV Meppen am 21. September 1986 traten die Spieler nicht an! Wenn sie schon ohne Aufwandsentschädigungen und Siegprämien spielen sollten, wollten sie zumindest die problemlose Freigabe zum Saisonende zugesichert bekommen - und als dies vom HuSV-Vorstand verweigert wurde, streikten sie halt. Es folgten einige Wochen hanseatischen Tohuwabohus, dann war der Verein endgültig am Ende: Der Rückzug des (einzigen) Sponsors Peter Bartels konnte nicht verkraftet werden, und so schmissen die Hummeln mitten in der Saison das Handtuch, womit die Oberliga-Nord ihren schillerndsten Klub verlor und die Saison mit nur 17 Teilnehmern beendete.

Statt gegen den SV Meppen anzutreten, traten Hummelsbüttels Kicker in den Streik.
Sie sorgten damit für ein Novum in der deutschen Fußballgeschichte.

Solch ein Vergleich hinkt, denn die Zuschauerzahlen stiegen und fielen mit der mehr oder weniger attraktiven Klassenbesetzung. Und da kickten in der vorgestellten Saison in Bayern mit 1860 München und Schweinfurt 05 zwei Publikumsmagneten, im Westen sorgte Arminia Bielefeld für einen Gesamtanstieg und am Nordrhein besorgte dies der MSV Duisburg.

Etwas ganz anderes wird deutlich: Der Ligafußball erfuhr eine zunehmende Konzentration die dafür sorgte, daß viele bekannte Namen langsam aber sicher aus den höchsten Klassen verschwanden. Im Laufe der Zeit versanken Bayern Hof, Röchling Völklingen, Arminia Hannover, 1. FC Pforzheim, Rot-Weiß Oberhausen, Wormatia Worms, Wacker 04 Reinickendorf, 1. FC Magdeburg, Hallescher FC, FK Pirmasens, Schweinfurt 05, Hamborn 07 und Schwarz-Weiß Essen in der Viertklassigkeit - und das sind nur die bekanntesten von den Bekannten!

Der Traditionsverlust hatte natürlich Folgen. Denn trotz inzwischen fehlender sportlicher Klasse klingt "Arminia Hannover" noch immer wesentlich besser als "TuS Hoisdorf", wie auch Bayern Hof im Vergleich zur Spielvereinigung Unterhaching als verdienter Fußballmethusalem noch immer mehr Publikum hinterm Ofen vorlockt, als die Neumünchener Starkickergemeinde.

Nachwuchsteams

In ihren zwanzig Jahren waren die Amateuroberligen auch so etwas wie eine "Bundesliga-Nachwuchsrunde". Bayer Leverkusen, Bayer Uerdingen, 1. FC Köln, VfL Bochum, Borussia Dortmund, Schalke 04, Wattenscheid 09, Hamburger SV, Eintracht Braunschweig, Werder Bremen, Hertha BSC, Tennis Borussia, Blau-Weiß 90 Berlin, VfB Stuttgart, Karlsruher SC, Bayern München, 1. FC Nürnberg, Hansa Rostock, FC Homburg, 1. FC Kaiserslautern, 1. FC Saarbrücken, Eintracht Frankfurt, Offenbacher Kickers und Hessen Kassel waren zeitweise oder kontinuierlich vertreten und einige von ihnen überragten die Klassen um Längen. Die Küken des SV Werder Bremen beispielsweise, die lange Jahre hindurch zur absoluten Elite der Nordoberliga zählten und auf ihrem heimischen Platz 11 (links vom Weserstadion) fast unbezwingbar waren. Oder der Geißbock-Nachwuchs, der 1981 die Deutsche Amateurmeisterschaft ins Franz-Kremer-Stadion holte. Oft genug wurden diese Amateurteams - die natürlich nicht aufstiegsberechtigt waren - Meister in ihren Klassen. Um den anderen Vereinen keine Aufstiegschancen zu vereiteln, durfte in diesen Fällen der nächstplazierte Klub nachrücken, wobei interessanterweise keinem dieser Nachrücker der Aufstieg in die Zweitklassigkeit gelang. Werders Amateure verbauten aber dennoch zweimal einen Nordaufstiegsrundenplatz: 1982 waren sie vor Arminia Hannover und Göttingen 05 Meister geworden. Während Vizemeister Arminia noch in die Aufstiegsrunde einzog, verflogen die Göttinger Hoffnungen, den zweiten dem Norden zustehenden Aufstiegsrundenplatz einzunehmen, ebenso wie die der Kieler, denen 1983 dasselbe Schicksal widerfuhr. Der Dritte, so hatten die Funktionäre beschlossen, ist nicht mehr aufstiegsrundenberechtigt. Womit der Norden jeweils nur mit einem Team antrat und die Göttinger bzw. Kieler Kicker ihren Sommerurlaub antreten konnten. 1984 ging es dann plötzlich doch, denn der SV Lurup wurde trotz des lediglich dritten Ranges (hinter Werders Amateuren und St. Pauli) für die Entscheidungsspiele gemeldet.

Geldsorgen

Überhaupt der Aufstieg! Mehrfach gab es tumultartige Szenen, weil der DFB einem der acht Meisterclubs die Zweitligalizenz schon vor Beginn der Aufstiegsrunde verwehrte. 1986 hatte es angefangen: Im Südwesten war die ruhmreiche Wormser Wormatia endlich wieder zu alter Größe emporgestiegen und hatte sich den Titel vor dem Newcomer aus dem 800-Seelen-Nest Salmrohr gesichert. Weiter südlich war Bayerns höchste Klasse von den Nobodys der SpVgg. Landshut angeführt worden, die ihre namhafte Konkurrenz von 1860 München, FC Augsburg, SpVgg. Fürth in die Schranken gewiesen hatten. Kaum waren die Schampusflaschen an Rhein und Isar geöffnet worden, blieb den Fans das Prickeln im Halse stecken. Die Geschichte der Wormser ist schnell erzählt und viel zu ernst, um damit Schabernack zu treiben: Sie konnten die DFB-Hürde beim Lizenzierungsverfahren nicht nehmen, weil ihre in früheren Zweitligajahren angehäufte Altschuldenlast noch immer zu groß für die hohen Herren aus Frankfurt war. Die Sache mit den Landshutern ist aber eine ganz skurrile Angelegenheit: Sie verpaßten nämlich schlicht und einfach, ihren Lizenzantrag pünktlich einzureichen! Schadenfroh schob sich Vizemeister München 60 an ihnen vorbei und sah sich bereits in der Zweiten Bundesliga, denn wer waren schon Ulm 46, FSV Salmrohr und Kickers Offenbach? Ein kümmerlicher Aufstiegsrundenpunkt ließ die Löwen zum Gespött der Bayern machen - und sogar die Landshuter konnten darüber wieder lachen. Worms' Vertreter Salmrohr machte es besser, denn die Dorfkicker stiegen gemeinsam mit Ulm 46 ins Abenteuer 2. Bundesliga ein. Für die Wormatia aber war die Lizenzverweigerung das endgültige Aus. Im Folgejahr wurde man noch Vizemeister, danach ging es immer steiler bergab. 1993 folgte der sportliche Oberligaabstieg und im Mai 1994 meldete man - mit etwa einer Million Mark Schulden - Konkurs an[6]. 1993 erwischte es einen weiteren Traditionsclub, der allerdings einen ganz frischen Namen trug. Die alte Leipziger BSG Chemie, 1964 sensationeller DDR-Meister, war nach vorausgegangener Fusion mit Chemie Böhlen zum FC Sachsen Leipzig geworden, wobei dem neuen Klub die treue Chemie-Anhängerschaft folgte. Dank des besseren Torverhältnisses waren die Sachsen 1993 Meister vor dem Bischofswerdaer FV 08 geworden und bereiteten sich gerade auf die Aufstiegsrunde vor, als ein Schreiben aus Frankurt eintraf: Nein, hieß es darin, die finanziellen Voraussetzungen seien nicht gegeben. Traurig packten die Leutzscher Kicker ihre Stiefel beiseite und überließen dem Vizemeister aus Bischofswerda das Aufstiegsrennen, das dieser allerdings nicht sonderlich erfolgreich absolvierte.

Links:
Fliegende Männer im
Berliner Mommsenstadion.
Entscheiden Sie selbst,
wer schöner fliegt:
FC Stahl Eisenhüttenstadts
Ulf Wiemer oder
sein Konkurrent
von Tennis Borussia.

Eine besonders traurige Geschichte ist die des Klubs aus der Berliner Wuhlheide. Der 1. FC Union, mehr oder weniger Nachfolger des traditionsreichen SC Union 06 Oberschöneweide, wurde von 1992 bis 1994 dreimal in Folge Staffelsieger der Nordostoberliga Mitte, stand also theoretisch dreimal ganz kurz vor dem Aufstieg. Eben nur theoretisch: Im ersten Jahr scheiterten sie noch auf sportlichem Wege an den VfLern aus Wolfsburg, doch im Folgejahr wurde auch die Aufstiegsrunde erfolgreich beendet. An der Wuhlheide träumte man bereits von künftigen Derbies gegen Hertha BSC und Hansa Rostock, als das Damoklesschwert des DFB alles zunichte machte, denn aufgrund der Finanzgebaren verwehrten die Frankfurter Richter den Ostberlinern die Zweitligalizenz, worauf Westberlins Tennis Borussia unter lautstarken Protesten des 1. FC Union aufstieg.

Unverdrossen machten sich die Unioner daran, wieder Meister zu werden. Wochen vor dem Saisonende hatten sie es geschafft, die Vorbereitung auf die Aufstiegsrunde konnte beginnen. Und wieder kam das DFBsche Nein! - diesmal durften sie gar nicht erst an der Aufstiegsrunde teilnehmen. Für die laufende Regionalligasaison hofft man nun an der Alten Försterei, daß es diesmal klappen wird mit dem Aufstieg. Und vor allem mit dem DFB-Segen.

Beenden wir die Oberligageschichte an dieser Stelle, wenngleich sie eigentlich noch andauert. Nur eben nicht mehr auf dritthöchster Spielebene, sondern auf vierthöchster. Und als Unterbau für die vier Regionalligen sind sie - mal wieder - geeignet; hoffen wir, das dies noch ein wenig so bleibt.

Anmerkungen

(1) Südwest Hinterpfalz, Südwest Westpfalz, Südwest Vorderpfalz, Südwest Rheinhessen-Nahe, Saarland, Rheinland-Süd und Rheinland-Nord.

(2) Die beiden rheinländischen Staffeln waren von 1950 bis 1952 auf drei erweitert worden. Von 1952 bis 1957 gab es nur eine einzige Rheinlandstaffel, von 1957 bis 1963 dann wiederum zwei, ehe die Amateurliga Rheinland Usus wurde.

(3) Ein kurzes Wort über die Verbandsstruktur. Die vier genannten Landesverbände sind im Regionalverband Norddeutscher FV zusammengefaßt. Ebenso sind Westfalen, Niederrhein und Mittelrhein im Westdeutschen, Südwest, Rheinland und Saarland im Südwestdeutschen sowie Hessen, Nordbaden, Südbaden, Württemberg und Bayern im Süddeutschen zusammengefaßt.

(4) Auch bei Einführung der zweigleisigen 2. Bundesliga (1974) hatte es keine Amateuraufsteiger gegeben.

(5) Allerdings teilte der Norden die Klasse in zwei Staffeln auf und im Nordosten (= Ex-DDR) wurden aus drei Staffeln zwei gemacht.

(6) Ein Klub mit dem Namen VfL Wormatia Worms wurde inzwischen neugegründet.

Regionalligen - konzentrierte Drittklassigkeit
(Die "neuen" Regionalligen seit 1994)

"Das beste für uns wäre die Wiedereinführung der Regionalliga mit ihren interessanten und lukrativen Spielen. Nur so haben wir im Amateurlager eine Überlebenschance"[1], sagte einst der ehemalige Erkenschwicker Präsident Anton Stark. Gerade waren seine Schwarz-Roten zum zweiten Mal aus der 2. Bundesliga abgestiegen und damit wieder in der Amateuroberliga Westfalen gelandet, dem Leichenhaus der westdeutschen Fußballelite.

Am Sonntag, dem 31. Juli 1994 war es für die Erkenschwicker endlich wieder soweit. Zwar hatte Anton Stark sein Amt zwischenzeitlich abgegeben, aber als die Spielvereinigung im heimischen Stimberg-Stadion auf die SV Edenkoben traf (und mit 2:0 gewann) - waren die Regionalligen wieder da. Ob es die waren, die Stark im Kopf hatte, als er seine Hoffnung aussprach, ist fraglich. Denn statt wie einst auf Wattenscheid 09, Fortuna Düsseldorf oder Fortuna Köln treffen die Recklinghäuser Vorstädter nun auf VfB Wissen, Wattenscheid 09 Amateure und den 1. FC Bocholt.

Sicher, die neue Klasse trägt den alten Namen - und doch gibt es gewaltige Unterschiede. Nicht nur, daß sie lediglich dritthöchste Klasse ist, es ist auch sonst viel passiert, seit im Mai 1974 der letzte Spieltag der "alten" Regionalliga abgepfiffen wurde. Werfen wir einen kurzen Blick zurück und erinnern uns der Teams, die damals noch zweitklassig waren, heute aber völlig in der Versenkung verschwunden sind: Barmbek-Uhlenhorst, Olympia Wilhelmshaven, Arminia und OSV Hannover, Bremerhaven 93, Heider SV, Itzehoer SV, VfL Pinneberg und Phönix Lübeck im Norden. Röchling Völklingen, Wormatia Worms, Eintracht Kreuznach, FK Pirmasens, Gummi-Mayer Landau, SV Alsenborn, Südwest Ludwigshafen, TuS Neuendorf, VfB Theley, Sportfreunde Eisbachtal, FV Speyer und FC Ensdorf im Südwesten. SpVgg. Bayreuth, Bayern Hof, VfR Heilbronn, VfR OLI Bürstadt, Schweinfurt 05, Freiburger FC und Jahn Regensburg im Süden und Rot-Weiß Oberhausen, 1. FC Mülheim-Styrum, Schwarz-Weiß Essen, DJK und Arminia Gütersloh, Rot-Weiß Lüdenscheid, Sportfreunde Siegen, OSC Solingen, Eintracht Gelsenkirchen, Westfalia Herne und Viktoria Köln[2] im Westen. Eine Menge Namen, manche klangvoll (der Freiburger FC war 1907 sogar Deutscher Meister; Schwarz-Weiß Essen 1959 Pokalsieger!), viele längst vergessen. Dazu kommen die Berliner Klubs, die 1973 noch in einer geteilten Stadt spielten und von denen Wacker 04, Blau-Weiß 90, Westend 01, Rapide Wedding, 1. FC Neukölln, BSV 92, BBC Südost, BFC Preussen und Alemannia 90 ihren Regionalliga-Status verloren[3].

Zwanzig Verbliebene

Am Beispiel Berlin sind die Veränderungen am deutlichsten auszumachen. Die einstige (Halb-)Stadtliga mit dem Namen Regionalliga gibt es nicht mehr, die Vereinigung zwischen Bundesrepublik und DDR hat es möglich (bzw. nötig) gemacht. Das aber hat einen absolut positiven Effekt auf die Spreeclubs, die so lange in ihrer Insellage isoliert waren[4] und nun endlich wieder gegen Aue, Leipzig und Erfurt um Punkte kicken können.

Aber was heißt wieder? - Erstmalig, denn vor 1945 spielten sie mit den brandenburgischen Klubs um Punkte, während die sächsischen und thüringischen ihre eigene Klasse hatten[5]. Zurück ins Jahr 1994. Viele Teams sind also gegangen, und sie wurden durch neue ersetzt. Diese Newcomer tragen Namen wie: SV Wehen, SpVgg. Unterhaching, TSV Vestenbergsgreuth, SV Lohhof, SG Egelsbach, TSF Ditzingen, SC Verl, FSV Salmrohr, TuS Paderborn-Neuhaus, SCB Preußen Köln, 1. FC Bocholt, SC Hauenstein, SV Edenkoben, VfB Wissen, SV Lurup-Hamburg, VfL 93 Hamburg, Kickers Emden, VfL Herzlake, FC Bremerhaven, SV Wilhelmshaven '92 und TuS Hoisdorf, Türkiyemspor Berlin und Optik Rathenow und waren 1974, sofern sie überhaupt schon existierten[6], gerade einmal lokalsportlich interessierten Insidern bekannt.

Einst gab es fünf Klassen mit 83 Klubs, heute sind es nur noch vier mit 72 Teams. Wer blieb?

Wo Topfavorit Arminia Bielefeld auftaucht, strömt das Publikum. In Erkenschwick kamen 5.500, die eine 1:3 Niederlage ihrer Spielvereinigung miterleben mußten. In dieser Szene allerdings setzt sich Libero Peter Dewitz gegen Peter Hobday durch.

Ganze neunzehn Vereine, die 1974 der Regionalliga "Auf Wiedersehen" sagten, waren bei ihrer Wiedergeburt dabei: Alemannia Aachen, Arminia Bielefeld, SpVgg. Erkenschwick, Preußen Münster, Borussia Neunkirchen, FC Augsburg, Darmstadt 98, SpVgg. Fürth, Hessen Kassel, VfR Mannheim, Eintracht Braunschweig, Göttingen 05, Concordia Hamburg, Holstein Kiel, VfB Lübeck, VfL Osnabrück, Tennis Borussia Berlin, Hertha Zehlendorf und der Spandauer SV; dazu kommen die Wattenscheider Amateure, deren Elitetruppe 1994 allerdings in der 2. Bundesliga antritt[7]. Genug mit der Wühlerei in der Vergangenheit, konzentrieren wir uns lieber auf die Gegenwart. In den vier Klassen fallen zwei Hochburgen auf: Berlin mit acht und Hamburg mit vier Teilnehmern. Neben diesen beiden sind sieben weitere Metropolen vertreten (Frankfurt, München, Stuttgart, Köln, Essen, Bremen und Leipzig), denen mit Vestenbergsgreuth (500 Einwohner), Salmrohr (800), Hoisdorf, Herzlake und Hauenstein (jeweils um 5.000) die Dörfer der neuen Klasse gegenüberstehen.

Nicht nur bei der Einwohnerzahl offenbaren sich tiefe Kluften. Man schaue sich nur den Kader von Arminia Bielefeld an! Vom Namen her eher vergleichbar mit dem eines Zweit- oder gar Erstligisten, als mit dem des Nachbarn und Ligakonkurrenten SC Verl. Und doch taten sich die Alm-Jünger am ersten Spieltag sehr schwer, als sie über ein 0:0 gegen Wattenscheid 09 nicht hinauskamen. Deren Amateure wohlgemerkt!

---

151 Drittligisten

Warum aber waren die alten Klassen eigentlich wiederbelebt worden? Um diese Frage zu beantworten, müssen wir nun doch ein wenig in den Keller der unterklassigen Fußballgeschichte hinabsteigen.

Als 1974 die beiden zweiten Bundesligen eingeführt wurden, da fielen die Regionalligen Süd, Südwest, West, Nord und Berlin ersatzlos weg. Nur der Norden ließ sie als Amateuroberliga weiterexistieren und machte damit einen gewaltigen Schritt in Richtung einer Leistungskonzentration des Drittligafußballs[8]. Daneben wurde sie auch in Berlin, ohne Bundesligaaufsteiger Tennis Borussia, als höchste Landesklasse weitergeführt[9]. In den anderen drei Regionen passierte nichts, denn dort beließ man es beim vorhandenen Unterbau der Amateurligen, und das hatte fatale Folgen. Zunächst einmal für die nicht in die Zweite Liga aufgenommenen Klubs. Hessen Kassel beispielsweise traf nun statt auf den 1. FC Nürnberg oder 1860 München auf FV Sprendlingen und SSV Dillenburg; Westfalia Herne begrüßte statt Borussia Dortmund den BV Brambauer am Schloß Strünkede.

Kein Wunder, daß den nunmehrigen Drittligisten die Sache überhaupt nicht paßte, und sie vehement eine weitere Ligareform forderten. Die dann 1978 mit der Einführung der acht Amateuroberligen Bayern, Baden-Württemberg, Hessen, Südwest, Nordrhein, Westfalen, Nord und Berlin auch tatsächlich kam. In ihnen wurde die Amateurelite zumindest ein klein wenig konzentriert, das Gelbe vom Ei war es aber noch lange nicht. Vor allem die Zweitligaabsteiger beklagten sich immer wieder ob des freien Falles in die tiefste Fußballprovinz. Denn je mehr man im Bundesligaunterhaus in Richtung einer einzigen landesweiten Klasse tendierte, desto größer wurde die Lücke. Als 1981 die "Eingleisige" tatsächlich kam, da offenbarte sie sich als tiefes Tal. 10 Erstligisten, 20 Zweitligisten, 151 Drittligisten - noch Fragen?

Was folgte, war ein altbekanntes Ritual. Wie schon bei Einführung der Ersten und Zweiten Bundesliga, gab es so viele Meinungen wie Funktionäre. Da der DFB ein demokratischer Verband sein will, ließ er alle zu Wort kommen, wodurch natürlich eine Menge Zeit verstrich. Nachdem dann 1991 dann auch noch alle ehemaligen DDR-Vereine aufgenommen werden mußten, war die Drittligafrage so dringend wie nie zuvor.

Es waren sich auch alle einig, daß es so wie bisher in keinem Fall weitergehen könne, denn durch den Beitritt des Nordostdeutschen Fußballverbandes war die Zahl der Oberligisten auf stolze 175 angeschwollen, denen gerade einmal 24 Zweitligisten gegenüberstanden[10]. Das größte Ärgernis für die Amateurklubs waren die nur vier Aufstiegsplätze, die man ihnen zugestanden hatte, wobei in den Aufstiegsrunden auch noch zwei Zweitligisten hinzustießen, die letztlich wie erwartet einen der begehrten Plätze belegten.

Lösungsvorschläge

Die hohen Frankfurter Herren setzten eine Sonderkommission ein, die sich mit der Spielklassenreform befassen sollte. Umgehend zog man sich hinter verschlossene Türen zurück, um in aller Ruhe die richtige Lösung "auszubrüten", die nach und nach an die Öffentlichkeit gelangte: Vertragsamateure sollten es sein, mithin würde die reine Amateurbasis, wie sie bis dahin (auf dem Papier) bestand, verschwinden. Jeweils 18 Vereine sollten die neuen Ligen umfassen, wobei die Frage nach der Qualifikation noch zu klären sei. Ach ja, im Sommer 1994 schon sollte der Startschuß fallen, auch darüber war man sich anscheinend recht schnell einig geworden. Nun stand aber noch immer das größte Problem an - wieviel Klassen sollten eingerichtet werden?

Vier Möglichkeiten boten sich den Herren:

3 Staffeln   (Nord-Nordost, West-Südwest und Süd)

4 Staffeln   (Nord, West-Südwest, Nordost und Süd)

4 Staffeln   (Nordost mit einem Teil des Nordens, West mit dem restlichen Norden, Süd und Südwest mit einem kleinen Teil des Südens)

5 Staffeln   (Nord, Nordost, West, Südwest, Süd)

Während die ersten drei schon längere Zeit in der Diskussion gewesen waren, überraschte der letzte Vorschlag. Er war nötig geworden, nachdem die Südwest-Klubs (also aus den Bundesländern Rheinland-Pfalz und Saarland) auf eine eigene Klasse gepocht hatten[11]. Erst nach langen und zähen Verhandlungen gaben sie ihre Forderung auf und die neue Klasse konnte verbandsübergreifend geplant werden, womit der vierte - und unbeliebteste - Vorschlag vom Tisch war.

3 oder 4 Staffeln?

Nun war man sich selbst in Frankfurt uneinig. Die einen (die extra eingesetzte Kommission) favorisierten das Drei-Staffeln-Modell, die anderen (Egidius Braun & Co) das Vierer-Modell mit der gemeinsamen West/Südwest-Staffel. Die Frankfurter Bosse standen vor einem kleinen Problem: Sie hatten dem Nordostdeutschen Fußballverband einen immerwährenden Direktaufsteiger in die 2. Bundesliga versprochen, um das ehemalige Plangebiet der DDR-Funktionäre sportlich aufzupäppeln.

Dazu durfte man die Ostclubs natürlich nicht mit der norddeutschen Fußballelite wie Eintracht Braunschweig und VfL Osnabrück in eine Klasse stecken. Letztlich setzte sich die Kommission durch, denn im Frühjahr 1993 hieß es: Die neue Liga nimmt im Sommer 1994 ihren Spielbetrieb in drei Staffeln, Regionalligen genannt, auf.

Man hatte sich für die sogenannte "Proporz-Lösung" entschieden, nach der die Anzahl der spielenden Herrenmannschaften den Ausschlag gab. Die Rechnung war ganz einfach: Im Bereich der Regionalliga Süd spielen 36,34% aller dem DFB gemeldeten Seniorenmannschaften, im Westen/Südwesten 31,25% und im Norden/Nordosten 32,31%[12]. DFB, Süddeutscher FV und Westdeutscher FV argumentierten unisono, daß dies ja doch eindeutig für eine Dreiteilung spreche und beschlossen eben diese trotz erheblicher Proteste vor allem aus dem Norden und Nordosten.

Dort hieß es, daß die Lösung keine sei, da sie a) die Entfernungen nicht berücksichtige und b) die unterschiedlich dichte Bevölkerungsverteilung zum Nachteil der ländlichen Regionen ausgelegt würde. Tatsächlich bedeutete das Dreier-Modell, daß ungefähr die Hälfte der gesamten Bundesrepublik in einer einzigen Klasse zusammengefaßt werden sollte. In der beispielsweise Holstein Kiel zum fälligen Punktspiel bis hinunter nach Aue an die tschechische Grenze fahren sollte, während im Westen/Südwesten derartige Entfernungen unbekannt waren. Die Nordoberligisten mäkelten aber vor allem an ihrem Vorsitzenden Engelbert Nelle herum, der sich ihrer Meinung nach nicht adäquat in den zuständigen DFB-Gremien eingesetzt habe[13]. Aller Protest half nichts. Am 29. Mai 1994 verabschiedete auch der DFB-Beirat das vorgestellte Modell - womit die dreigestaffelte Regionalliga endgültig beschlossen war.

Nicht nur im Norden und Nordosten war man unzufrieden. Auch im Westen und Südwesten der Republik konnte man sich nicht so recht damit anfreunden, daß aus den drei Oberligen Nordrhein, Westfalen und Südwest nun eine einzige Regionalliga werden sollte, obwohl gerade der Westdeutsche Verband zu den vehementen Befürwortern des beschlossenen Modells gezählt hatte. Insbesondere die Südwestclubs sahen ihre Felle in Anbetracht der namhaften Konkurrenz aus Aachen, Bielefeld, Essen, Wuppertal usw. davonschwimmen. Der WFV hatte für alles gesorgt. Nach einem sorgsam ausgeklügelten Verteilerschlüssel durften die drei alten Oberligen (Nordrhein, Westfalen und

> Mecklenburg-Vorpommern ist einziges Bundesland ohne Regionalligist und hat mit Hansa Rostock überhaupt nur ein einziges Team im höherklassigen Ligafußball vertreten. Nordrhein-Westfalen hingegen hat 12 Regionalligisten aufzubieten, gefolgt von Niedersachsen mit deren neun. Die weiteren Plazierungen: Berlin (8), Bayern, Baden-Württemberg und Hessen (je 6), Rheinland-Pfalz (5), Brandenburg und Hamburg (je 4), Schleswig-Holstein und Sachsen (je 3), Thüringen und Bremen (je 2), sowie Saarland und Sachsen-Anhalt mit jeweils einem Team.

Südwest) je sechs Teilnehmer stellen, für Parität (zumindest in der Startsaison[14]) war also gesorgt. Im Süden war es ähnlich, denn je sechs Teams aus Hessen, Bayern und Baden-Württemberg sollte das neue Gebilde umfassen und dort waren sich alle einig, daß das alles auch ganz richtig sei.

Im Norden und Nordosten hingegen kochte die Volksseele inzwischen richtig. Auf beiden Seiten der Elbe war man höchst unzufrieden und protestierte auf allen Ebenen. Vor allem die Ex-DDR-Klubs waren sauer, denn Ihnen blieb bei dieser Lösung nur noch ein Abglanz ihrer einstigen Pracht. Neun Nord- und neun Nordostclubs sollte die Staffel umfassen und wenn man davon ausging, daß sich mindestens vier Westberliner qualifizieren würden[15], blieben ganze fünf Plätze für die einstigen Hammer-und-Sichel-Teams! Eindeutig zuwenig, hieß es. Das schon lange unüberhörbare "der Osten blutet fußballerisch aus" wurde immer deutlicher vernehmbar.

Zunächst stellte der DFB sich stur. Das Dreiermodell war beschlossen und man war gewillt, es auch umzusetzen, komme was da wolle. Erst als die Proteste nicht enden wollten, gab man in Frankfurt doch noch nach, was allerdings noch lange nicht hieß, daß man den vorgetragenen Argumenten Recht gab. Jedenfalls wurde eine Übergangslösung beschlossen, nach der die Oberliga Nord in ihrer gewohnten Form bestehen blieb und die drei Nordoststaffeln zu einer eigenständigen Regionalliga zusammengefaßt wurden. Bis maximal 1996 soll die Zweiteilung der Klasse bestehen bleiben können, wobei dies eine "Kann-Bestimmung" ist.

Denn zunächst will man Erfahrungen mit der viergleisigen Klasse sammeln und sich erst nach Ende der 1995/96er Vorrunde entscheiden. Nun waren endlich alle mehr oder weniger zufrieden und die Gemüter konnten sich beruhigen. Was auch Zeit wurde, denn schließlich sollte die neue Klasse schon in wenigen Monaten den Spielbetrieb aufnehmen!

> *"Es ist ja praktisch die alte DDR-Oberliga, verstärkt mit Mannschaften aus dem Westen Berlins".*
> Joachim Steffens, Trainer FC Sachsen Leipzig, über die Regionalliga Nordost

Vertragsspieler

Für die künftigen Regionalligisten veränderte sich einiges. Zum einen müssen sie mindestens zwölf Vertragsspieler (Halbprofis) in ihrem Kader haben, erhalten dafür aber auch verstärkt Geld aus den öffentlichen Fernsehtöpfen. Im Süden und Westen/Südwesten gibt es 175.000 DM pro Klub und Saison, im Norden und Nordosten wegen deren "Sonderrolle" lediglich 100.000 DM.

Trotz neuer (alter) Namen: Die Tribüne im Kölner Höhenberg blieb auch bei Preußen Kölns 1:1 gegen die SpVgg. Erkenschwick mit 1.400 zahlenden Zuschauern eher spärlich besetzt.

Die Exklusivfernsehrechte sicherten sich die öffentlich-rechtlichen von ARD und ZDF, wobei allerdings kaum zu erwarten ist, daß die Sportschau nun von der Partie SV Edenkoben gegen VfB Wissen berichten wird. Vielmehr dürfte die regionale Klasse im besten Fall von den dritten Kanälen betreut werden.

Kommen wir abschließend noch einmal zum Sport. Nachdem die viergleisige Klasse beschlossen war, mußte man sich einen Schlüssel ausdenken, nach dem die Teilnehmer ausgewählt werden sollten. Der DFB überließ dies den eingerichteten regionalen Gremien, die umgehend ihre Lösungen präsentierten. Im Nordosten und Westen machte man es sich einfach: Die Oberligaschlußsaison 1993/94 war allein ausschlaggebend, denn die jeweils besten sechs der drei Staffeln qualifizierten sich für die neue Klasse, eventuelle Zweitligaaufsteiger aus den Regionen gedachte man durch die Tabellensiebten aufzustocken. Im Süden ersann man ein Dreijahressystem, ähnlich dem bei der Einführung der 2. Bundesliga vor zwanzig Jahren. Was dem Zweitligaabsteiger Darmstadt 98 den Kopf rettete, denn als Neunter der abgelaufenen Oberligasaison wären die Lilien ansonsten in die Viertklassigkeit durchgereicht worden. Der Norden hatte es am leichtesten, denn dort wurde die alte Oberliga lediglich umbenannt und auf 18 Vereine ausgedehnt.

Auch die Auf- und Abstiegsregelung für die neue Klasse wurde vereinheitlicht: Die Meister steigen automatisch in die 2. Bundesliga auf, mindestens drei Vereine müssen in die Oberligen (also die Klassen unterhalb der Regionalligen) absteigen. Mindestens, denn für jeden Zweitligaabsteiger muß ein weiterer Klub in den sauren Apfel beißen.

Theoretisch betrachtet war nun alles geregelt. Bald gab es die ersten Problemkinder. Die Amateure von Bayer Leverkusen beispielsweise verzichteten freiwillig auf die neue Klasse, womit ein Streit zwischen Rot-Weiß Oberhausen und dem Bonner SC entbrannte, der erst am ersten Spieltag der Regionalliga beigelegt wurde. Die Oberhausener waren 1993/94 als Aufsteiger auf dem siebten Platz gelandet, punktgleich mit dem Bonner SC. Nach dem Verzicht der Leverkusener Amateurelf (die Fünfter wurde) waren also beide Vereine qualifiziert. Der Nordrhein präsentierte zwei Zweitligaabsteiger - Rot-Weiß Essen und den Wuppertaler SV. Einer konnte durch den Wiederaufstieg der Düsseldorfer Fortuna noch ausgeglichen werden, der andere aber kostete die Oberhausener den Platz. Ein einziges Tor trennte die Niederrheiner von den Bonnern, die eine Tordifferenz von +8 aufwiesen, wohingegen die Kleeblattelf nur +7 erreicht hatte. Der Ärger am Niederrhein war groß, sämtliche Anträge, die neue Klasse mit neunzehn Vereinen starten zu lassen, wurden abgeschmettert. RWO ist also - wieder - viertklassig.

Im Nordosten gab es vergleichbare Probleme. Nachdem der Hauptsponsor des 1. FC Schwedt seinen Rückzug angekündigt hatte, verzichteten die Oderstädter auf ihren Platz, den sie als Fünftplazierter der Nordstaffel eigentlich sicher hatten. Nun wurde die ganze Sache kompliziert, denn der Nordosten hatte mit Tennis Borussia und Carl Zeiss Jena zwei Zweitligaabsteiger zu beklagen, die zunächst einmal in der neuen Klasse untergebracht werden mußten. Tennis Borussia Berlin wurde der alten Oberligastaffel Mitte zugeordnet, Jena kam in die Südgruppe, was den dortigen Sechstplazierten Hertha Zehlendorf bzw. Bischofswerda 08 - zunächst einmal - die Regionalligaqualifikation kostete. Nach Schwedts Rückzug wurde eine Zusatzrunde eingerichtet, an der neben Zehlendorf und Bischofswerda auch noch der Siebte der Nordgruppe, Optik Rathenow, teilnahm.

Die Dreierrunde wurde letztlich von Bischofswerda und Zehlendorf angeführt, und da zwischenzeitlich der FSV Zwickau den Zweitligaaufstieg feiern konnte, durften beide in die Regionalliga einziehen. Im Nordosten war man noch nicht fertig: Kurz vor Saisonbeginn mußte nämlich der Leipziger Vorstadtklub 1. FC Markkleeberg das Handtuch werfen. Den Sachsen war das Geld ausgegangen, und da eine geplante Fusion mit dem VfB Leipzig nicht die erhoffte Qualifikation brachte, war erneut ein Platz unbesetzt. Zunächst hieß es, daß die Nordoststaffel mit lediglich 17 Vereinen starte, doch zwei Wochen vor Saisonbeginn setzte der NOFV doch noch ein Entscheidungsspiel zwischen Optik Rathenow (Sechster der Nordstaffel) und Wacker Nordhausen (Siebter der Südstaffel, aus der Markkleeberg ausgeschieden war) an. Die Vorstadtberliner gewannen das Match mit 4:3 und wurden letzter Regionalligist. Inwieweit die Rathenower Mannschaft die fehlende Sommerpause (und zusätzliche Nervenbelastung) verkraftet hat, bleibt allerdings abzuwarten.

Auch im Süden gab es Streit. Ausgetragen wurde er zwischen Hessen Kassel und dem SV Wehen, gelöst wurde er vom FSV Frankfurt. Die nordhessischen Löwen waren nämlich pleite. Es kam zum Konkurs, aus dessen Masse sich der FC Hessen Kassel gründete und den Platz des "alten" KSV Hessen einnahm. Das aber stank den Wehenern, die meinten, ein neues Team müsse, laut Statuten, ganz unten anfangen. Der Hessische Fußball-Verband entschied nach endlosen Verhandlungen, die Neugründung als Umbenennung zu behandeln, womit dem FC Hessen der Platz des KSV Hessen zustand. Traurig und zornig bereiteten sich die Wehener auf die Viertklassigkeit vor, als plötzlich der FSV Frankfurt in der Aufstiegsrunde zur 2. Bundesliga auftrumpfte und einen Regionalligaplatz freimachte. Nun konnte es also am 29. Oktober zum Duell zwischen dem FC Hessen Kassel und dem SV Wehen kommen, und da die ganze Sache dann als Regionalligapaarungen firmieren wird, werden beide zufrieden sein.

Eingleisige 3. Liga?

Als dieser Artikel entstand, hatte die Regionalliga gerade ihren ersten Spieltag hinter sich. Es war ein buchstäblich heißer gewesen, denn wie ich am eigenen Leibe erfahren durfte, war die Emder Luft auch abends um 19.00 Uhr noch ziemlich warm. Die vier Klassen feierten einen gelungenen Start. Überall kamen recht erkleckliche Zuschauerzahlen zusammen, es gab einige Überraschungen, wie das bereits erwähnte 0:0 der Bielefelder, oder der 5:1-Sieg der Lüneburger Aufsteiger über den TuS Hoisdorf, TeBes 0:0 in Rathenow. Die Euphorie über die neue Klasse ist riesig, und tatsächlich hat sie schon erheblich mehr Medienaufmerksamkeit erhalten, als die Amateuroberligen in ihren gesamten zwanzig Jahren.

Rechts:
Göttingens slowakischer Neuzugang Marian Valach
zieht gegen Cisek und Gellrich den Kürzeren.
Am Ende setzte es eine deftige 1:4 Heimniederlage
der 05er gegen den VfB Oldenburg.

Obwohl gerade im Norden immer wieder festgestellt werden muß, daß sich der NDR und die meisten niedersächsischen Tageszeitungen offensichtlich abgesprochen haben, aus dem Land einen Bannkreis für Fußballfans zu machen, die sich in Enthaltsamkeit zu üben haben. Das ist eine regionale Problematik.

Die Frage nach der Entwicklung muß - noch - unbeantwortet bleiben. Die neuen Klassen werden es nicht einfach haben, denn Zuschauerzahlen unter 1.000 dürften häufiger vorkommen, als so manchem lieb ist. In Anbetracht der erheblich gestiegenen Kosten kann sich der geringe Zuschauerzuspruch als fatal erweisen, vor allem dann, wenn sich die Vereine hauptsächlich auf finanzielle Zuwendungen einzelner Großsponsoren stützen. Westfalia Herne und der Hummelsbüttler SV[16] sollten als warnende Beispiele dienen, was aber offensichtlich keinen allzu großen Abschreckungs-charakter hat. Festzustellen bleibt, daß die Regionalligen eine positive Veränderung des deutschen Spielklassensystems sind. Vielleicht wird es ja auch in Deutschland eines Tages etwas Ähnliches wie in England geben, wo die ersten vier Spielklassen landesweit organisiert und rechtlich vom *non-professional* Fußball abgetrennt sind.

Auf der Insel funktioniert die ganze Sache recht gut, allerdings sind dort die Entfernungen auch nicht mit denen in Deutschland vergleichbar. Dennoch, mit einer eingleisigen 3. Liga kann eines Tages gerechnet werden. Bis dahin sollten wir den Regionalligen fest die Daumen drücken, denn die Stiefkinder der beiden Profiligen haben allemal besseres verdient, als sie bislang bekamen.

ANMERKUNGEN:
(1)   Ulrich Homann (Hg.), Essen 1991, S. 137.

(2) Nicht alle diese Vereine bestehen heute noch: Bremerhaven 93 ging 1974 im OSC auf; VfR Wormatia Worms meldete 1994 Konkurs an; Gummi-Mayer Landau heißt heute wieder ASV; TuS Neuendorf heißt seit 1982 TuS Koblenz; der VfR OLI Bürstadt hat seinen Sponsorenzusatz OLI inzwischen wieder abgelegt; DJK und Arminia Gütersloh fusionierten 1978 zum FC und hoffen, bald ebenfalls in die Regionalliga aufzusteigen. Der OSC Solingen trat lange Jahre als SG Union Solingen in der 2. Bundesliga an, ehe er 1991 Konkurs anmelden mußte - ein Nachfolgeverein mit dem Namen 1. FC Union ist bereits in der Amateuroberliga Nordrhein angekommen; Eintracht Gelsenkirchen-Horst nahm 1978 seinen alten Namen STV Horst-Emscher wieder an und Viktoria Köln fusionierte 1994 mit dem SC Brück zum SCB Preussen Köln - der wiederum Regionalligist ist.

(3) Auch in Berlin hat sich einiges getan: Blau-Weiß 90 meldete 1992 Konkurs an und spielt heute unter dem Namen SV Blau Weiss in der Kreisliga A - 3. Abteilung; der BBC Südost mußte sich 1990 auflösen, weil er kaum noch Mitglieder hatte und Alemannia 90 fusionierte 1994 mit Wacker 04 zur SG Alemannia/Wacker, die in der Verbandsliga Berlin u. a. auf den BFC Preussen und Rapide Wedding trifft - so sieht man sich wieder!

(4) Von 1950 bis 1990 spielten die Westberliner bzw. Ostberliner Klubs in eigenen Klassen.

(5) Berlins Vereine spielten von 1933 bis 1945 in der Gauliga Berlin-Brandenburg, die thüringischen Klubs gehörten zur Gauliga Mitte, während Sachsen seine eigene Gauliga hatte.

(6) Knapp vier Monate vor Ende der letzten Regionalligasaison war der TSV Vestenbergsgreuth gegründet worden; Türkiyemspor Berlin, 1978 als BFC Izmirspor gegründet, trägt seinen aktuellen Namen seit 1985. Der TuS Paderborn-Neuhaus ist das Produkt der 1985er Fusion zwischen 1. FC Paderborn und Ex-Zweitligist TuS Schloß Neuhaus; Preußen Köln wurde 1994 durch Zusammenschluß von SC Brück und Viktoria Köln - die 1974 noch Regionalligist waren - gegründet. Der FC Bremerhaven entstand am 24. 1. 1992 aus dem VfB Lehe, dem sich zuvor die erste Mannschaft des Ex-Zweitligisten OSC angeschlossen hatte. Der SV Wilhelmshaven '92 ist das Produkt der Verschmelzung der ersten Mannschaft des Ex-Regionalligisten Olympia Wilhelmshaven und des Newcomers SV Wilhelmshaven, dessen einstige Urzelle SpVgg. 05 zwischen 1939 und 1945 Gauligist war.

(7) 1974 kickten die Amateure der SG 09 noch in der Amateurliga Westfalen - Staffel 2 während Eintracht Braunschweig seinen Betriebsunfall Bundesligaabstieg gerade wieder reparierte.

(8) Die Amateuroberliga Nord wurde zum großen Vorbild, in ihr waren erstmalig Amateurvereine aus verschiedenen Landesverbänden (Niedersachsen, Schleswig-Holstein, Hamburg und Bremen) vereint.

(9) Also Amateurliga Berlin, ab 1978 Amateuroberliga Berlin.

(10) Nach der Vereinigung waren die Ex-DDR-Oberligisten wie folgt verteilt worden: Die ersten belden kamen in die 1. Bundesliga, die folgenden vier automatisch in die 2. Bundesliga, die Mannschaften auf den Plazierungen 7 bis 12 spielten mit den beiden Zweitligameistern um zwei weitere Zweitligaplätze. Die dabei nichtqualifizierten sechs Teams, sowie die beiden letzten der Oberliga wurden auf drei Amateuroberligen verteilt, denen auch die bisherigen Westberliner Oberligisten zugeordnet wurden.

(11) Es war das erste Mal in der deutschen Ligageschichte, daß Amateurvereine aus verschiedenen Regionalverbänden in einer Klasse vereint werden sollten (Südwestdeutscher Fußball-Verband sowie Westdeutscher Fußball-Verband; bzw. Norddeutscher und Nordostdeutscher Fußball-Verband).

(12) Es handelt sich ausschließlich um dem DFB gemeldete Herrenmannschaften; keine Damen- oder Jugendteams.

(13) in: 05-Aktuell Sportmagazin Ausgabe 5 vom 18.12.1993.

(14) Zu fragen ist, inwieweit die Südwestclubs nicht sportlich eliminiert werden.

(15) Bei Tennis Borussia, Reinickendorfer Füchse, Türkiyemspor und Herthas Amateuren konnte man von einer Qualifikation ausgehen.

(16) Beiden Vereinen wurde ihre einseitige Abhängigkeit von Sponsoren (Herne = Goldbach; Hummelsbüttel = Bartels) zum Verhängnis. Herne schied 1979 nach dem ersten Spieltag aus der Zweiten Bundesliga aus, nachdem ihr Sponsor - verfolgt von Interpol - das Weite gesucht hatte; die Hummelsbüttler zogen sich im November 1986 aus der laufenden Oberligasaison zurück, da die Spieler aufgrund ausbleibender Bezüge nicht mehr bereit waren, für den Verein anzutreten.

Kein Platz in der Männerwelt?

Auch Deutschlands Frauen spielen Fußball

90 Jahre deutscher Liga-Fußball heißt das vorliegende Buch, das sich auf nahezu 300 Seiten ausführlich mit der Geschichte des deutschen Ligafußballs beschäftigt - und doch eine Klasse bislang völlig ignoriert hat. Man kann nun sagen, das hätte Tradition, denn der erste Meister, der in dieser Klasse 1974 ermittelt wurde, ist lediglich Insidern bekannt: TuS Wörrstadt. Das Problem ist, so seltsam es auch klingen mag, daß es sich dabei um eine Frauenmannschaft handelt. Damals waren die Frauen belächelt worden, und auch wenn sich das inzwischen geändert hat, ist Frauenfußball für viele immer noch ein Randereignis im Fußball. Denn, Hand aufs Herz, Geschlechtsgenossen, wer weiß schon, wer 1994 Deutscher Fußballmeister der Frauen geworden ist? Und wer von uns, der aus dem Stehgreif heraus zehn der 72 Männer-Regionalligateams nennen kann, muß nicht bei den Vereinen der beiden Staffeln der 1. Frauenbundesliga passen? Geben wir ein wenig Nachhilfe: Deutscher Meister 1994 wurde die Mannschaft vom TSV Siegen, die im Finale am 19. Juni den SV Grün-Weiß Brauweiler mit 1:0 besiegte. Und was die beiden Bundesligen betrifft: 1994/95 kickten in der Nordgruppe: TSV Siegen, Grün-Weiß Brauweiler, Tennis Borussia Berlin, FC Eintracht Rheine, Fortuna-Sachsenroß Hannover, Eintracht Wolfsburg, Schmalfelder SV, FC Rumeln-Kaldenhausen, Turbine Potsdam und Wattenscheid 09; und in der Südgruppe: TuS Niederkirchen, FSV Frankfurt, SG Praunheim, VfR Saarbrücken, SC Klinge-Seckbach, TuS Ahrbach, VfL Sindelfingen, TuS Wörrstadt, Wacker München und FSV Schwarzbach. Was im übrigen im (Männer-)Bundesliga-Sonderheft des *Kicker* auf Seite 176, links oben, nachgelesen werden kann.

Auf Seite 176, links oben. Das trifft das Dilemma sehr anschaulich. Das Bundesligasonderheft umfaßt 206 Seiten, nennt sich schlicht "*Bundesliga 94/95*", trägt den Untertitel: "*Alles über die 1. und 2. Bundesliga*" und räumt den Bundesliga- Frauenfußballerinnen doch nur eine halbe Seite ein. Die dann auch noch, wie die Überschrift "Damen und Jugend" aussgt, mit den A- und B-Jugendlichen (Männern) geteilt werden muß. Geben wir nicht nur dem *Kicker-Team* die Schuld, denn das wäre zu einfach. Wir Männer, und das sage ich ganz selbstkritisch, machen es den fußballspielenden Frauen nicht einfach, auf dem grünen Rasen (und nicht nur dort) gleichberechtigt zu sein.

Platzverbote

Schon seit langem treten Frauen mit Begeisterung gegen die runde Lederkugel - oft sogar erfolgreicher als ihre männlichen Gegenstücke. Nehmen wir die Nationalelf: Die der Frauen wurde 1991 Vierte bei der WM, die der Männer schied 1994 bereits im Viertelfinale aus. Gehen wir chronologisch vor. Den Frauen stand - organisatorisch betrachtet - vor allem ein Gegner gegenüber: der DFB. "Fußball ist Männersache" hieß es unmißverständlich auf allen Plätzen und die alten (weisen?) Männer in der Frankfurter Zentrale wiesen auf dem 1955er Bundestag brüskiert jegliche Form des Frauenfußballs zurück. Damit nicht genug, sie untersagten ihren Vereinen sogar, Frauen aufzunehmen oder ihnen Sportplätze zur Verfügung zu stellen.

Erst 1970 (!) hob der DFB-Bundestag das Verbot wieder auf, und das wohl auch nur, weil es kaum noch eine(r) befolgt hatte. In vielen zukunftsorientiert denkenden Vereinen waren nämlich zwischenzeitlich Frauen- und Mädchenmannschaften eingerichtet worden, die auch schon fleißig in Freundschaftsspielen gegeneinander antraten. Und als sich der DFB außerstande sah, den Frauen weiterhin das Fußballspielen zu verbieten, da öffnete man seine Arme und lud sie in den mächtigen Sportverband ein. Es wurden Richtlinien für den organisierten Spielbetrieb erlassen, und schon 1972 begannen in allen Landesverbänden Meisterschaften. Auch das große Ziel einer Deutschen Meisterschaft wurde bald erreicht, denn 1974 wurde eingangs erwähnter TuS Wörrstadt durch ein 4:0 über Eintracht Erle

> *Deutschland war nicht das einzige Land, das sich schwer mit den weiblichen Fußballerinnen tat. Nachstehend ein Auszug aus Alfred Wahls Werk La balle au pied, Histoire du Football:"Frauenfußball hatte eine erste Glanzzeit zum Ende des 19. Jahrhunderts, als die Spielerinnen aufgebauschte Kniehosen trugen, in denen sie unter die Augen Tausender von Zuschauern traten. Eine französische Meisterschaft, an der Mannschaften aus Reims, Quevilly und Paris teilnahmen, fand unter Führung eines gesonderten Bundes im Laufe der 1920er Jahre statt. 12.000 Menschen wohnten einem Spiel zwischen Frankreich und England bei, das 1920 im Pariser Pershingstadion ausgetragen wurde. Frauenfußball löste eine Polemik aus; die einen stöhnten von verlassenen Herden und entblößten Beinen, die anderen erwiderten, daß die Frauen während des Krieges Männeraufgaben ausgeführt hätten und daß sie frei seien, einen Sport zu wählen. Um 1930 war das Spiel beinahe vollständig verschwunden und kam erst nach 1960 wieder auf. Reims gewann 1979 ein Weltturnier. Damals zählte man 18.000 Spielerinnen in Frankreich, während in Dänemark beispielsweise 27.000 gezählt wurden. Zur Ergänzung: Am 29. März 1970 wurde Frauenfußball vom Französischen Verband anerkannt, 1974 die erste Meisterschaft durchgeführt. 1985 spielten 26.558 Frauen in 1.100 Clubs.*

erster offizieller Frauenmeister. Erster offizieller, denn ein Jahr zuvor waren die Wörrstädterinnen schon einmal Meister geworden. Weil noch nicht alle sechzehn DFB-Landesverbände ihre Meister für die Endrunde gemeldet hatten, geriet ihr 3:1 Sieg gegen Bayern München in Vergessenheit - und die "Ehrentafeln der Deutschen Damen-Meister" beginnen erst 1974.

Schweizer Länderspiel

1977 klotzte der bis dahin fest in Männerhand befindliche DFB. Mit der Hamburgerin Hannelore Ratzeburg und der Weißenburgerin Christel Rother wurden eine Referentin für Frauenfußball in den Spielausschuß, sowie eine Frauenvertreterin für den Schulfußballausschuß gewählt, die sich fortan engagiert für ihre Mitstreiterinnen einsetzten. Wobei sie sich zu Anfang oft einem Clan skeptischer Männer gegenübersahen, was sich inzwischen, wie Hannelore Ratzeburg berichtet, "erfreulicherweise verändert hat".

Den nächsten sportlichen Höhepunkt gab es am 10. November 1982. Im altehrwürdigen Koblenzer Stadion traf die bundesdeutsche Nationalmannschaft zu ihrem ersten Länderspiel auf die Schweiz - und gewann 5:1. Auffällig ist, daß die Schweiz offensichtlich immer wieder Steigbügelhalter des Deutschen Fußballs ist, denn auch bei den Männern waren einst (1908) die Eidgenossen erster Gegner gewesen.

> *"Duisburg zum Beispiel ist ein riesiges Ballungszentrum mit unheimlich vielen Vereinen, der KBC hat in der normalen Meisterschaft 30 bis 50 Zuschauer, da kann kein Verein von leben. Da haben die Spielerinnen immer selber investiert. Jch habe die Trikots gewaschen und Tee gekocht, wir sind mit unseren eigenen Pkws gefahren, haben Spielerinnen umsonst abgeholt." Martina Voss, früher KBC Duisburg, heute TSV Siegen*

Auf dem Weg ins Pokalfinale: FSV Frankfurt.

Zurück zu den Frauen. Das Länderspiel war eigentlich gar nicht das allererste gewesen, es war lediglich das erste offizielle. Denn 1957 soll es in Berlin eine "Europameisterschaft" gegeben haben, bei der Teams aus Deutschland, England, Österreich und den Niederlanden vor zumeist sehr leeren Rängen gegen die Lederkugel traten. Wobei zu sagen ist, daß die damaligen Initiatoren nicht nur sportliche Gedanken hatten, sie betrachteten die ganze Sache eher als eine Art Belustigung der Männerwelt, wie überhaupt einige von privaten Geschäftemachern organisierte Turniere einen ähnlichen Charakter hatten, wie die noch heute üblichen "Frauen-Ringkämpfe".[1]

Eine Initialzündung ging von dem 1966 in England gegründeten Frauenfußballverband aus, der im Folgejahr erneut eine "Europameisterschaft" ausrichtete. Und die war dann eher sportlicher Natur, daher ist auch ihr Sieger bekannt: England schlug die eine Mannschaft bundesrepublikanischer Frauen mit 4:0 - schon gewußt? Schlag auf Schlag ging es weiter, denn 1969 wurde in Italien sogar eine "Weltmeisterschaft" von Vereinsmannschaften ausgetragen, an der auch bundesrepublikanische Kickerinnen aus Bad Neuenahr und Illertissen an den Start gingen.

In der Zwischenzeit hatte der DFB sein Herz für die einst so belächelten Frauen entdeckt und die Organisation unter seine Fittiche genommen. Was sich zunächst einmal eher hemmend auswirkte, denn an der 1971 in Mexiko stattfindenden zweiten "Weltmeisterschaft" konnte keine deutsche Elf teilnehmen, da der Männerbund für seine neuen weiblichen Mitglieder erst Richtlinien für die Meisterschaft schaffen mußte - und die wurden erst, wie erwähnt, 1974 herausgegeben.

Konzentrationen

Kommen wir zum Thema, der Frauenmeisterschaft. Bis 1985 spielte jeder Landesverband seine eigenen Meister aus, die anschließend in einer Endrunde in Hin- und Rückspiel um den Titel des Deutschen Meisters stritten. Zufrieden waren die Frauen damit nicht, denn die Leistungsunterschiede in den sechzehn Staffeln waren einfach zu groß. Es mußten Klassen her, in denen die besten Teams zusammengefaßt werden konnten, denn nur so war eine weitere Leistungssteigerung möglich. Der Westen machte den Anfang. 1985 präsentierten Westfalen, Mittel- und Niederrhein die Regionalliga West, in denen die besten zwölf Teams der Rhein-Ruhr-Emscher-Zone zusammengefaßt wurden. 1986 ging mit der Oberliga Nord eine vergleichbare Staffel für Niedersachsen, Hamburg, Bremen und Schleswig-Holstein vom Stapel, im übrigen Deutschland aber kickten weiterhin ca. 110 Teams in elf Staffeln um die Endrundenteilnahme. Ein Jahr später stand dann auf dem DFB-Bundestag in Bremen die Frage nach Einführung einer Bundesliga auf der Tagesordnung.

Tatsächlich gaben die Belegleiten den Frauen grünes Licht, womit Planungen für eine zweiteilige Bundesliga aufgenommen werden konnten. 1989 wurde dann zum erfolgreichsten Jahr des deutschen Frauenfußballs. Am 2. Juli liefen Marion Feiden-Isbert, Frauke Kuhlmann, Jutta Nardenbach, Sissi Raith, Andrea Haberlaß, Doris Fitschen, Silvia Neid, Petra Damm, Martina Voß, Heidi Mohr und Ursula Lohn ins Stadion an der Bremer Brücke zu Osnabrück ein, um im Europameisterschaftsendspiel die Norwegerinnen mit 4:1 zu bezwingen. Der Titelgewinn und vor allem der damit verbundene Prestigezuwachs verhalfen den Frauen noch im selben Jahr zum Durchbruch innerhalb des DFB. Auf dem Trierer Bundestag beschlossen die Anwesenden, schon 1990/91 die zweigeteilte Bundesliga starten zu lassen. Zugelassen wurden die jeweiligen Regionalmeister, dazu stießen vier Regionalliga-West-Teams und zwei norddeutsche Oberligisten. Die ganze Sache stand (und steht) aber auf wackeligen finanziellen Beinen, denn Sponsoren sind rar beim Frauenfußball. Zwei Teams verzichteten daher auch von vornherein auf ihren Bundesligaplatz: Polizei SV Bremen und Lorbeer Rothenburgsort-Hamburg. Für sie traten im August 1990 Fortuna-Sachsenroß Hannover und der SC Poppenbüttel an, als in beiden Staffeln der Startschuß fiel.

Nach dem Gewinn der Europameisterschaft gratulierte DFB-Präsident Hermann Neuberger, lange Zeit ein Gegner des Frauenfußball, den Siegerinnen persönlich. Eine Betroffene, Martina Voss: "Ich steh da irgendwie drüber. Es gibt immer viele, die dann auftauchen, wenn der Erfolg da ist. Das ist überall so. Ich finde es ein bißchen schade, daß er das so hingestellt hat, als sei er schon lange ein Freund vom Damenfußball. Ich bin der Meinung, man kann doch ruhig dazu stehen, daß man Vorurteile gehabt hat, und das nun akzeptiert. Aber es gibt jetzt leider viele, auch im DFB, die sagen, wir fanden euch ja schon immer toll. Als wir nach dem Spiel hörten, wie der DFB-Präsident sagte: 'Wir haben das gut gemacht', da konnten wir nur den Kopf schütteln.

Jeweils zehn Teams kicken seitdem in beiden Gruppen um Ligapunkte, zum Saisonabschluß treffen die beiden Meister auf die Zweiten der anderen Gruppe, die Sieger dieser Spiele ermitteln dann abschließend im Finale den Deutschen Meister. Eins war rasch klar, auch die beiden Bundesligen können die Zweiklassengesellschaft im Frauenfußball (noch) nicht überwinden. 1991 begann es gleich mit einem Minusrekord durch die Kickerinnen des 1. FC Neukölln: Achtzehn mal traten die Blau-Gelben an, achtzehn mal gingen sie als Verliererinnen vom Platz, am Saisonende wiesen sie 8:102 Tore auf. Bislang gab es Saison für Saison solche frühzeitig abgeschlagenen Teams. 1992 waren es der Uni SV Jena mit fünf Punkten und der SC Poppenbüttel mit sechs, 1993 sicherte sich Jahn Delmenhorst ganze vier und 1994 war Ex-Meister KBC Duisburg mit fünf Punkten auch nicht viel besser. Auffallend ist, daß die Punktelieferanten allesamt aus dem Norden kamen, wo wohl der Leistungsunterschied größer ist als im Süden.

Pokalendspiel

Seit 1981 kicken die Frauen auch um einen Vereinspokal. Das Endspiel findet als Vorspiel zu dem der Männer statt[2] und ist immer wieder eine gute Gelegenheit für die Frauen, für einen kurzen Moment ins Rampenlicht des großen Fußballs zu gelangen, der weiterhin männlich dominiert ist. Auffällig an den beiden Bundesligen ist die relativ große Zahl der Mannschaften aus kleinen Orten.

Pokalsieger 1994:
Die Damen des TSV Siegen
gewannen mit 1:1 (6:5
nach Elfmeterschießen) gegen
Grün-Weiß Brauweiler.

Dazu zählen 1994: Grün-Weiß Brauweiler, Schmalfelder SV, FC Rumeln-Kaldenhausen, TuS Niederkirchen, SC Klinge-Seckach, TuS Ahrbach, TuS Wörrstadt und FSV Schwarzbach. Rein sportlich betrachtet ragen zwei Mannschaften heraus: SSG 09 Bergisch Gladbach und TSV Siegen. Besonders die Bergisch Gladbacherinnen um Anne Trabant-Haarbach können eine stolze Bilanz vorweisen, denn neben ihren neun Meistertiteln gewannen sie auch dreimal den Pokal. Höhepunkt der Vereinsgeschichte aber war der 1981er Gewinn des (inoffiziellen) Weltpokals in Taiwan. "National waren die Damen der SSG 09 ja schon lange Spitze, nun aber waren sie die besten der Welt" schreibt dazu die vereinseigene Chronik und dem ist eigentlich nur noch hinzuzufügen, daß die bergischen Frau-

> *Auch in der ehemaligen DDR kickten Frauen gegen die Lederkugel und sahen sich gewaltigen Behinderungen ausgesetzt. Erst 1979 erlaubten die alternden Herren im Politbüro den Kickerinnen die Ermittlung eines Meisters, da sie die ganze Sache allerdings im Freizeitsport ansiedelten, entfielen sämtliche Förderungen, die dem Leistungssport zustanden. Sogar ein Länderspiel verzeichnet die DDR-Chronik, am 9. Mai 1990 trafen die Kickerinnen im Karl-Liebknecht-Stadion zu Potsdam-Babelsberg auf eine Auswahl der Tschechoslowakei, der sie mit 0:3 unterlagen.*

en auf insgesamt 109 Länderspieleinsätze (bis zum 3. Juli 1993) kommen. Deren 253, erspielt durch 17 Kickerinnen weist das Team des TSV Siegen auf. Fünfmal Deutscher Meister, fünfmal Deutscher Pokalsieger, die Truppe um Silvia Neid ist derzeit absolute Spitze im deutschen Frauenfußball und nicht umsonst der aktuelle Deutsche Meister. Für Rekordmeister Bergisch Gladbach hingegen sind inzwischen schlechtere Zeiten angebrochen, denn die Grün-Weiß-Roten sind in der vergangenen Saison erstmalig aus der Nordgruppe der Bundesliga abgestiegen.

ANMERKUNGEN:

(1) Es gibt allerdings keinerlei Belege dafür, daß diese Veranstaltung tatsächlich stattgefunden hat.

(2) Es ist der Tag des sogenannten "Vereinspokalfußballfest".

Anzahl der weiblichen DFB-Mitglieder sowie Anzahl der Frauenmannschaften								
1971	74.880	1.110	1979	379.846	2.252	1987	474.797	3.137
1972	111.579	1.788	1980	384.598	2.457	1988	479.098	3.058
1973	134.590	2.031	1981	383.171	2.701	1989	484.144	2.997
1974	162.125	1.811	1982	407.102	2.891	1990	495.891	2.902
1975	197.961	1.790	1983	405.337	3.284	1991	521.029	3.109
1976	215.817	1.798	1984	437.045	3.430	1992	534.202	3.606
1977	274.033	2.102	1985	441.932	3.443	1993	573.728	3.868
1978	333.675	2.238	1986	450.709	3.300			

Jahr	Meister BRD/DDR	Pokalsieger BRD/DDR
1973	TuS Wörrstadt (inoffiziell)	
1974	TuS Wörrstadt	
1975	Bonner SC	
1976	FC Bayern München	
1977	SSG Berg. Gladbach	
1978	SC Bad Neuenahr	
1979	SSG Berg. Gladbach/Motor Mitte K.-M.-Stadt	
1980	SSG Berg. Gladbach/Wismut K.-Marx-Stadt	
1981	SSG Berg. Gladbach/Turbine Potsdam	SSG Berg. Gladbach
1982	SSG Berg. Gladbach/Turbine Potsdam	SSG Berg. Gladbach
1983	SSG Berg. Gladbach/Turbine Potsdam	KBC Duisburg
1984	SSG Berg. Gladbach/Motor Halle	SSG Berg. Gladbach
1985	KBC Duisburg/Turbine Potsdam	FSV Frankfurt
1986	FSV Frankfurt/Turbine Potsdam	TSV Siegen
1987	TSV Siegen/Rotation Schlema	TSV Siegen/Rotation Schlema
1988	SSG Berg. Gladbach/Rotation Schlema	TSV Siegen/Wismut K.-M.-Stadt
1989	SSG Berg. Gladbach/Turbine Potsdam	TSV Siegen/Rotation Schlema
1990	TSV Siegen/Post Rostock	FSV Frankfurt/Post Rostock
1991	TSV Siegen	SV Grün-Weiß Brauweiler
1992	TSV Siegen	FSV Frankfurt
1993	TuS Niederkirchen	TSV Siegen
1994	TSV Siegen	SV Grün-Weiß Brauweiler

Anhang

Abkürzungen und Erläuterungen

ABKÜRZUNGEN:

ATB	Arbeiter Turner-Bund (1893 gegründet, 1919 in ATSB umbenannt)
ATSB/ATUSB	Arbeiter Turn- und Sport-Bund (Nachfolgeverband des ATB, 1933 zwangsaufgelöst)
DFA	Deutscher Fußballausschuß (1948 - 50, "Übergangsname" des verbotenen DFB)
DFB	Deutscher Fußball-Bund (1900-1933; 1950 Wiedergegründet)
DFV	Deutscher Fußball-Verband (1933 als DFB-Nachfolger von den Nazis eingerichtet, ab 1934 Fachamt Fußball des DRL)
DFV der DDR	Deutscher Fußball-Verband der DDR (1958-1990)
DJK	Deutsche Jugendkraft (katholische Sportorganisation, 1922 gegründet, 1935 verboten, 1947 wiedergegründet)
DRA	Deutscher Reichsausschuß für Leibesübungen (freiwilliger Dachverband der deutschen Sportverbände, 1917 gegründet, 1933 Selbstauflösung)
DRL	Deutscher Reichsbund für Leibesübungen (indirekter Nachfolger des DRA, 1934 gegründet, ging 1938 im NSRL auf. Im Gegensatz zum DRA mußten dem DRL sämtliche Vereine angehören)
DS	Deutscher Sportausschuß (1948 als Vorläufer der späteren DDR-Fachsportverbände gegründet)
DT	Deutsche Turnerschaft (1868 gegründet, ging sie 1936 im DRL auf)
FDGB	Freier Deutscher Gewerkschaftsbund (teilte sich ab 1948 mit der FDJ die Sportorganisation in der DDR)
FDJ	Freie Deutsche Jugend (war ab 1948 - gemeinsam mit dem FDGB - verantwortlich für den DDR-Sport)
IG	Interessengemeinschaft zur Wiederherstellung im Arbeitersport (1929 gegründete kommunistische Sportorganisation, ab 1930 KG)
KdF	Kraft durch Freude (für die Freizeitorganisation zuständige Untergruppe der nationalsozialsichen Arbeitsfront)
KG	Kampfgemeinschaft für Rote Sporteinheit (1930 als Nachfolger der IG gegründet, 1933 verboten)
NSRL	Nationalsozialistischer Reichsbund für Leibesübungen (löste 1938 den DRL ab, 1945 von den Alliierten als nationalsozialistische Organisation verboten)

ERLÄUTERUNGEN:

Grundsätzlich habe ich zwischen vier verschiedenen Vereinstypen unterschieden: Bürgerliche, Konfessionelle, Proletarische und Völkische. In vielen Fällen ist diese Einteilung viel zu grob und es müßte eigentlich eine - aus Platzgründen entfallene - Einzeldifferenzierung stattfinden.

Bürgerliche	Vereine, die dem DFB und/oder der DT angehörten. Diese Verbände gaben sich betont unpolitisch ("vaterländisch-national"). Die Vereinsmitglieder stammten in den meisten Fällen aus dem bürgerlichen Lager, wobei es Ausnahmen gab. Der FC Schalke 04 beispielsweise muß aufgrund seiner Mitgliedschaft im DFB trotz seiner ausschließlich aus Arbeitern bestehenden Mitglieder als "bürgerlich" bezeichnet werden.
Konfessionelle	Vereine, die der katholischen Sportorganisation DJK angehörten bzw. angehören
Proletarisch	Vereine, die dem Arbeitersport angehörten (ATB, ATSB, IG, KG). Diese Vereine hatten ein grundsätzlich politisches (klassenkämpferisches) Selbstverständnis
Völkische	Bezeichnung für alle Vereine, die von den Nazis *nicht* verboten wurden. Die Bezeichnung soll nicht gleichbedeutend damit sein, daß der Verein als "nationalsozialistisch" einzuschätzen war; sondern dient einzig der Unterscheidung von den proletarischen und konfessionellen Vereinen, die 1933 bzw. 1935 verboten wurden.

Bücher:

Zunächst einmal ein herzliches "Dankeschön" an vier Bücher, die mir in scheinbar ausweglosen Situationen immer wieder hilfreich zur Seite gestanden haben:

Der kleine Duden   Fremdwörterbuch
Der kleine Duden   Sprachtips
Wahrig,   Deutsches Wörterbuch
Wörterbuch der Synonyme und Antonyme

Atlasz, R. (Hg.)	Barkochba, Makkabi-Deutschland 1898-1938 (Tel Aviv, 1977)
Ausschuß Dtsch. Leibeserzieher (Hg.)	Das Spiel (Frankfurt/Main, 1959)
Baroth, H.-D.	Des deutschen Fussballs wilde Jahre (Essen, 1991)
Baroth, H.-D.	Anpfiff in Ruinen (Essen, 1990)
Baroth, H.-D.	"Jungens, Euch gehört der Himmel!" (Essen, 1988)
Becker, C.	Die ideologische Ausrichtung und die politische Stellung der Turn- und Sportvereine in der Zeit des Nationalsozialismus, dargestellt am Beispiel der Stadt Hannover (Magisterarbeit) (Göttingen, 1993)
Becker, P. u. Pilz, G.-A.	Die Welt der Fans, Aspekte einer Jugendkultur (München 1988)
Beiersdorfer, D. (NE)	Fußball und Rassismus (Göttingen, 1993)
Bernett, H.	Sportpolitik im Dritten Reich, Aus den Akten der Reichskanzlei (Schorndorf, 1971)
Bernett, H.	Der jüdische Sport im nationalsozialistischen Deutschland 1933-1938 (Schorndorf, 1978)
Biese, H. u. Peiler, H.	Flanken, Tore und Paraden, 100 Jahre Fußball in Kassel (Kassel, 1993)
Bitter, J.	Die Fußball-Geschichte des VfL Osnabrück (Osnabrück, 1991)
Böttiger, H.	Kein Mann, kein Schuß, kein Tor (München, 1993)
Bracher, Funke, Jacobsen (Hg.)	Nationalsozialistische Diktatur (Bonn, 1986)
Bracher, Funke, Jacobsen (Hg.)	Die Weimarer Republik, (Bonn, 1987)
Bringmann, G. (Hg.)	Fußball-Almanach 1900-1943 (Kassel, 1992)
Buford, B.	Unter Hooligans (München, 1994)
Burck u.a. (Redaktion)	DJK Werkbuch Deutsche Jugendkraft (Düsseldorf, 1992)
Bunzl, J. (Hg.)	Jüdischer Sport in Österreich (Wien, 1987)
Buss, W., (Hg.)	Die Entwicklung des Sports in Nordwestdeutschland 1945-1949 (Duderstadt, 1984)
Conrad, W. u. Jaubel, J.	Frisch, Fromm, Fröhlich, Frei (Reinbek, 1971)
DDR Handbuch Band 1 und 2	Bundesministerium für innerdeutsche Beziehungen (Bonn, 1984)
Denecke, V.	Die Arbeitersportgemeinschaft: eine kulturhistorische Studie über die Braunschweiger Arbeitersportbewegung in den zwanziger Jahren (Duderstadt, 1990)
Derivaux, J.-C.	Bremer SV von 1906: blau-weiße Kicker aus d. Bremer Westen (Bremen, 1987)
Der große Brockhaus,	Handbuch des Wissens. 15, völlig neubearbeitete Auflage (Leipzig, 1933)
DDR Handbuch,	VEB Verlag Enzyklopädie Leipzig (1979)
Deutsches Fußball-Handbuch für das gesamte Gebiet des DFB (Leipzig, 1927)	
Deutschlands Fußball-Meister	Reprints der Kicker Bücher aus dem Jahre 1941 (Kassel, 1990)
Diem, C.	Der deutsche Sport in der Zeit des Nationalsozialismus, (bearbeitet von L. Peiffer), (Köln, 1980)
Dreßen, W. (Hg.)	Selbstbeherrschte Körper, Turnvater Jahn - Olympia Berlin '36 - Kinderspiele (Berlin, 1986)
DSFS	Fußball Jahrbuch Deutschland 1920-21 (Leichlingen, 1993)
DSFS	Fußball Jahrbuch Deutschland 1921-22 (1994)
DSFS,	Die deutschen Gauligen, 1933-39 u. 1939-42 und 1942-45
DSFS-Magazin	Eintracht Frankfurt (1983)
DSFS	Borussia Mönchengladbach, Die Geschichte eines außergewöhnlichen Vereins in der Statistik (1981)

DSFS — Verbandsspiele und Meisterschaften 1902 - 1933 aus Westdeutschland (Ludwigshafen, 1989)

Fischer, A. (Hg.) — PLOETZ Die Deutsche Demokratische Republik. Daten, Fakten, Analysen (Würzburg, 1988)

Fischer, H. — "Wie schön ist doch das Fußballspiel..."; Fußball in Marburg (1905-1980); (Marburg, 1983)

Formann, H. u. Pohl, G. — Tief im Westen, Das Phänomen VfL Bochum (Essen, 1994)

Friedemann, H. (Hg.) — Sparwasser und Mauerblümchen (Essen, 1991)

Fuge, J. — Leutzscher Legende (Kassel 1995, Lizenzausgabe)

Garbáty Cigarettenfabrik (Hg.) — Kurmark Cigaretten Sport Wappen I: Fußball (Berlin-Pankow, 1930)

Gerhardt, Dr. W. (Hg.) — 60 Jahre DFB (Köln, 1960)

Gehrmann, S. — Fußball - Vereine - Politik; Zur Sportgeschichte des Reviers 1900-1940 (Essen, 1988)

Görtemaker, M. — Deutschland im 19. Jahrhundert, (Bonn, 1989)

Graham, A. D. I. — European League & Club Historie, ed. Austria (Isle of Skye, 1990)

Grimm, H. (Hg.) — Fußballgeschichte des Kreises Höxter (Beverungen, 1994)

Grüne, H. — Who's who des Deutschen Fußballs; Die deutschen Vereine von 1903-1992 (Kassel, 1992)

Grüne, H. — Enzyklopädie der Europäischen Fußballvereine, Die Erstliga-Mannschaften Europas seit 1885 (Kassel, 1994)

Grüne, H. — Vereinsaufstellungen der Verbände: Niedersächsischer FV, FV Schleswig-Holstein, Hamburger FV, Berliner FV, Bremer FV, FuL Westfalen, FV Mittelrhein, FV Niederrhein, Nordbadischer FV, Saarländischer FV

Günter, R. — Im Tal der Könige (Essen, 1994)

Haffner, S. — Von Bismarck zu Hitler (München, 1987)

Haldas, G. — Die Legende vom Fussball (Lausanne, 1989)

Hamburger Fußball-Verband — 100 Jahre Fußball in Hamburg (Hamburg, 1994)

Hansen, K. (Hg.) — Verkaufte Faszination, 30 Jahre Fußball-Bundesliga (Essen, 1993)

Heinrich, A. — Tooor! Toor! Tor! (Nördlingen, 1994)

Hockings, R. — Hockings' European Cups, who won which where when (Emsworth, 1990)

Hoffmeister, K. — 150 Jahre Sport in Braunschweig (Braunschweig, 1982)

Homann, U. (Hg.) — Bauernköppe, Bergleute und ein Pascha (Essen, 1991)

Homann, U. — Höllenglut an Himmelfahrt (Essen, 1993)

Homann, U., Thoman, E. — Als die Ente Amok lief (Essen, 1989)

Hofer, W. — Der Nationalsozialismus, Dokumente 1933-1945 (Frankfurt/Main, 1957)

Hopf, W. (Hg.) — Fußball, Soziologie und Sozialgeschichte einer populären Sportart, (Münster; Hamburg, 1994)

Horak, R. u. Reiter, W. (Hg.) — Die Kanten des runden Leders: Beiträge zur europäischen Fußballkultur (Wien, 1991)

Hyll, L. — Süddeutschlands Fußballgeschichte von 1897-1988 in Tabellenform (Karlsruhe, 1988)

Keppel, R. (Hg.) — Die Deutsche Pokalgeschichte 1935-1988 (Rotenburg/F.)

Keppel, R. (Hg) — 25 Jahre Fußball-Bundesliga (Rotenburg/F., 1988)

Keppel, R. (Hg.) — Die deutsche Fußball-Oberliga 1946 - 1963 Band 1 und Band 2 (Hürth, 1989)

Kicker Almanach — bzw. Kicker Fussball Almanach (Nürnberg), (diverse Ausgaben)

Kleßmann, C. — Die doppelte Staatsgründung, (Bonn, 1986)

Kleßmann, C. — Zwei Staaten, eine Nation (Bonn, 1988)

Klostermann u.a. — Sport-Lexikon 1948. Anschriftenverzeichnis sämtlicher Sportverein der Britischen Zone und Jugendherbergen der US-British- und Französischen Zone, (Münster, 1948)

Koppehel, C. (Bearbeiter) — Geschichte des deutschen Fußballsports, Band III der Schriftenreihe des DFB (Frankfurt/Main, 1954)

Kinder, Hilgemann, (Hg.) — dtv-Atlas zur Weltgeschichte, Band II (München, 1966)

Krüger, A. (Hg.) — Beiträge zur niedersächsischen Sportgeschichte (Duderstadt, 1986)

Krüger, A. (Hg.) — Die Entwicklung der Turn- und Sportvereine - Forum für Sportgeschichte, Jahrbuch 1983 (Berlin 1984)

Kühn, F. — Die Arbeitersportbewegung. Ein Beitrag zur Klassengeschichte (Münster, 1981; Nachdruck der Ausgabe Rostock, 1922)

Kuper, S. — Football against the Enemy (London, 1994)

Landefeld, Nöllenheidt, (Hg.) — "Helmut, erzähl mich dat Tor..." (Essen, 1993)

Laugisch, K. (Hg.) — Geschichte des österreichischen Fußballsports (Wien, 1967)

Lindner, R. — Breuer, H.Th.; "Sind doch nicht alles Beckenbauers" Frankfurt/Main, 1979)

Literaturverzeichnis

Lindler, R.	Der Fußballfan, Ansichten vom Zuschauer (Frankfurt/Main, 1980)
Luh, A.	Der Deutsche Turnverband in der ersten Tschechoslowakischen Republik (München, 1988)
Mandell, R.D.	The Nazi Olympics (London, 1972)
Martin, H.-G.	Deutschlands Fußball, Geschichte eines rasanten Aufstiegs (Düsseldorf, 1990)
MDR (Hg.)	HISTORIE - Bildes des DDR-Fußballs (Video, 1993)
Meyers großes Taschenlexikon	in 24 Bänden/hrsg. und bearb. von Meyers Lexikonredaktion; 4. vollst. überarb. Auflage (Mannheim, 1992)
Michler, J.	Endspielfieber (Nürnberg, 1941)
Modellversuch Journalisten Weiterbildung der FU Berlin (Hg.), Der Satz "Der Ball ist rund" hat eine gewisse philosophische Tiefe (Berlin, 1983)
Müllenbach, Becker, (Bearb.)	Deutsche Fußballmeister, Band 1 und 2 (Nürnberg, 1941)
Müller-Möhring u.a.	1000 Tips für Auswärtsspiele (Essen, 1993)
Neuendorff, E.	Die deutschen Leibesübungen (Berlin und Leipzig)
Neuendorff, E.	Die Deutsche Turnerschaft 1860 - 1936 (Berlin, 1936)
Nicklaus, H.	Vom Kommunalsport zum Deutschen Sportausschuß, (Schorndorf, 1982)
Niedersächsisches Inst. f. Sportgesch.	Sport in Hannover von der Stadtgründung bis heute (Göttingen, 1991)
Niemeyer, K.-H.	70 Jahre Fußball ... und kein Ende (Ilsede, 1982)
Oliver, G.	The Guinness Record of World Soccer (Enfield, 1992)
Parlasca, S.	Kartelle im Profisport (Ludwigsburg-Berlin, 1993)
Pauling, H. (Hg.)	75 Jahre Fußball in Stadt und Land Göttingen (Göttingen, 1956)
Pieper, W. (Hg.)	Der Ball gehört uns allen (Löhrbach)
Planck, K.	Fusslümmelei. Über Stauchballspiel und englische Krankheit, Nachdruck der Ausgabe Stuttgart 1898 (Münster, 1982)
Planckert, K.	30 Jahre Gau Nordwestsachsen im Verband Mitteldeutscher Ballspielvereine (Leipzig, 1927)
Pramann, U. (Hg.)	Fußball und Folter Argentinien '78 (Reinbek, 1978)
Prüß, J.-R. (Hg.)	Spundflasche mit Flachpaßkorken (Essen, 1991)
Rölcke, E.	Lüneburger Sport-Klub von 1901 e.V. Chronik Band 1 + 2 (Lüneburg, 1993)
Rohr, Simon	Fußball-Lexikon (München, 1993)
Rosenzweig, L.	75 Jahre Verband Berliner Ballspielvereine (Berlin, 1972)
Rosenzweig, L.	Fußball in Berlin (Berlin, 1987)
Röwerkamp, Ballnus	Schwarz und Weiss, das sind die Farben (Gelsenkirchen, 1993)
Querengässer, K.	Fußball in der DDR 1945-1989, Teil 1: Die Liga (Kassel, 1994)
Schlegel, Behrendt	Fußball - Magnet für Millionen (Berlin, 1976)
Schulze-Marmeling, D.	Der gezähmte Fußball, zur Geschichte eines subversiven Sports (Göttingen, 1992)
Schulze-Marmeling, D.	"Für Fußball hättest Du mich nachts wecken können" Zur Geschichte von Sport und Arbeit in der Region Hamm (Göttingen, 1992)
Schulze-Marmeling, D.	Borussia Dortmund: der Ruhm, der Traum und das Geld (Göttingen 1994)
Schröder, U.	Stars für Millionen (Bayreuth, 1974)
Schultz, J	"Sport Heil". Gründung und Etablierung eines Braunschweiger Sportvereins vor dem Hintergrund der Jahre 1933/34 (Duderstadt, 1993)
Seitz, N.	Bananenrepublik und Gurkentruppe (Frankfurt/Main, 1987)
Shirer, W. L.	The Rise and Fall of the Third Reich (New York, 1967)
Simon, G. (Hg.)	Fußball informativ (Berlin, 1986)
Skrentny, W. (Hg.)	Als Morlock noch den Mondschein traf (Essen, 1993)
Skorning, Dr. L. (Gesamtred.)	Fußball in Vergangenheit und Gegenwart, Band 1 (Geschichte des Fußballsports in Deutschland bis 1945) und Band 2 (Geschichte des Fußballsports in der DDR bis 1976) (Berlin, 1978)
Der Sport in Schleswig-Holstein	Jahrbuch 1978, (Kiel, 1978)
Sportmuseum Berlin	Sport in Berlin, Redaktion Steins, Behrendt, Pfister (Berlin, 1991)
Stark, Farin	Das Fussball Lesebuch (Reinbek, 1990)
Steinhöfer, D.	Hans von Tschammer und Osten, Reichssportführer im Dritten Reich (Berlin, 1973)
Stemme, Harder (Hg.)	Fußball intern (Gütersloh, 1974)
Tannhauer, W.	Geschichte und Struktur des Fußballsports im südhannoverschen Raum (Hann.-Münden, 1988)
Tarras, S.	Die großen Fußballvereine der Welt (München, 1988)
Teichler, Hauk (Hg.)	Illustrierte Geschichte des Arbeitersports (Berlin, Bonn, 1987)
Ueberhorst, H (Mitverf.)	Arbeitersport- und Arbeiterkulturbewegung im Ruhrgebiet (Opladen, 1989)

Union-Cigarettenfabrik	Sammel Album König Fußball (Dresden, 1938)
Vanka, K. (Hg.),	Malá encyklopedie fotbalu (Praha, 1984)
Vinnai, G. (Hg.)	Sport in der Klassengesellschaft (Frankfurt, 1972)
Wahl, A. (Hg.)	Des Jeux et des Sports (Metz, 1986)
Wahl, A.	La balle au pied. Histoire du Football (Paris, 1990)
Wangerin, D.	The Fussball Book, German Football Since the Bundesliga (Perton, 1993)
Weber, H.	Von der SBZ zur DDR, 1945-1967 (Hannover, 1968)
Wistrich, R.	Wer war wer im Dritten Reich ? Ein biographisches Lexikon (München, 1983)
Zeilinger, G.	Die Pionierzeit des Fußballspiels in Mannheim 1894 - 1919 (Mannheim, 1992)
Zeilinger, G.	Die Fußball-Hochburg Mannheim 1920 bis 1945 (Mannheim, 1994)
Zimmermann, L.	Geschichte des Fußballs in der Region Bodensee-Oberschwaben - Bilder * Episoden * Hintergründe - (Mochenwangen, 1983)

Zeitschriften und Periodika

11 (Wiesbaden)

Amtliche Bekanntmachungen für den Raum Göttingen (1945-1950)

05-Aktuell Sportmagazin (Göttingen, seit Oktober 1993)

Berliner Fußball-Woche

Berliner Fußball-Woche (Sonderhefte 1991/92, 1993/94 und 1994/95)

DSFS - Statistik - Die Amateuroberliga

ELFMETER - A British Look at German football

France Football (Paris)

Frankfurter Rundschau

Fußball - Illustrierte Sportzeitschrift (diverse Jahrgänge)

Fußball- und Leichtathletik-Illustrierte Sportzeitung (Elberfeld) (diverse Jahrgänge)

Fußball-Weltzeitschrift (Wiesbaden)

Die Fußball-Woche (diverse Jahrgänge)

FUWO, Die neue Fußballwoche

FUWO-Extra Das war unser Fußball im Osten (Berlin, 1990)

FUWO - Extra; Neue Bundesliga! und Zweite Liga

FUWO/Deutsches Sportecho Sonderausgabe

Göttinger Presse

Göttinger Tageblatt

Hessisch-Niedersächsische Allgemeine (HNA)

IG-Kurier, Mitteilungsblatt der Interessengemeinschaft der Sammler von Fußball-Emblemen in Europa e.V. (Hannover, Schwabmünchen, Aachen)

Der Kicker (diverse Jahrgänge)

Kicker-Sportmagazin (diverse Jahrgänge)

Kicker-Sportmagazin Bundesliga Sonderhefte (seit 1974/75)

Kickers-Sportmagazin Sonderheft, Damen-Fußball-Bundesliga 1990/91

Libero (Wiesbaden)

Millerntor Roar (Hamburg)

Nachrichtenblatt für den Rheinischen Spielverband bzw. Rheinisch-Westfälischen Spielverband (1900-1904)

Neuer Hannoverscher Kurier (29.5.1945-16.7.1946)

Neues Deutschland

Niedersachsen-Fußball (Barsinghausen)

Niedersachsen Sport (diverse Jahrgänge)

Reviersport (Essen)

Sport Beobachter (diverse Ausgaben)

Sport im Bild

Sportkritik

Der Sport-Kurier (diverse Ausgaben)

Sport Magazin -Olympia Verlag- (diverse Jahrgänge)

Übersteiger (Hamburg)

Westfalen-Sport

World-Soccer

Vereinsbroschüren

50 Jahre VfL Altenbögge-Bönen (1978)
90 Jahre Ligafussball Altona 93, die Jahre 1947-1983
100 Jahre Altona 93 (1993)
50 Jahre Sportvereinigung 1910 e.v. Andernach (1960)
40 Jahre Fußball, 1946-1986; Chronik des Fußballkreises Aurich (1986)
60 Jahre Fußball TSV Eintracht Großenritte-Baunatal (1979)
75 Jahre Beckumer Spielvereinigung 1910-1985 (1985)
50 Jahre FV Union Böckingen (1958)
70 Jahre 1921-1991 -Festschrift- Polizei-Sportverein Bremen e.v. (1991)
50 Jahre Fußball, TuS Bremerhaven 93
25 Jahre Deutscher Fußballbund (1925)
75 Jahre B.V. Borussia 09 (Dortmund) - 1909-1984 (1984)
75 Jahre TSG Dülmen (1994)
90 Jahre ASV Durlach 1902-1992 (1992)
Geschichte des Eisenhüttenstädter FC Stahl (Kobbeln, 1994)
80 Jahre FC 03 Emmendingen (1983)
75 Jahre Fußball in Friedrichsort (1983)
60 Jahre SC 1900 e.v. Geislingen (1960)
75 Jahre VfB 1900 Gießen e.v. (1975)
50 Jahre FC Gladbeck 1920/52 e.V. (1970)
Jubiläumsschrift des 1. Sport-Club 05 Göttingen e.v. (50 Jahre) (1955)
60 Jahre 1. S.C. 05 Göttingen (1965)
Unser Verein stellt sich vor, 70 Jahre 1. S.C. 05 Göttingen (1975)
75 Jahre 1. Sport-Club von 1905 Göttingen (1980)
75 Jahre Spielvereinigung Göttingen 07 e.v. (1982)
50 Jahre SSV Hagen
75 Jahre Hammer Spielvereinigung (1978)
75 Jahre Sport-Verein Arminia e.v. Hannover (1985)
50 Jahre Hasper SV
75 Jahre SC Hassel (1994)
100 Jahre TuS Hattingen (1963)
20 Jahre SC Herford (1992)
75 Jahre SV Höntrop (1991)
125 Jahre Turnen und Sport in Iserlohn (1971)
75 Jahre Kehler FV
90 Jahre FC Kilia Kiel 1902-1992 (1992)
25 Jahre Spielvereinigung Leipzig (1924)
75 Jahre Mannheimer FC 1908 Lindenhof e.V. (1983)
90 Jahre VfR Mannheim 1896-1986 (1986)
75 Jahre VfR Neumünster von 1910 e.v. (1985)
40 Jahre Fußballverband Niederrhein 1947-1987 (1987)
75 Jahre Offenburger Fußballverein e.v.
40 Jahre Viktoria 09 e.v. Recklinghausen (1949)
75 Jahre VfB Rheine
25 Jahre Schleswig-Holsteinischer Fußball-Verband e.v. (1972)
75 Jahre Sportfreunde Siegen e.v. (1974)
Sechs Jahrzehnte FC Singen 04 (1964)
Union Solingen: Geschichte und Geschichten vom Bundesligisten (1978)
50 Jahre FC 1910 e.V. Tailfingen (1960)
50 Jahre VfB Theley (1969)
25 Jahre Fußball- und Leichtathletik Verband Westfalen e.v. 1946-1971 (1971)
Jubiläumsschrift des Westdeutschen Spielverbandes e.v. 1899-1924 (1924)